本书译自

欧洲侵权法与保险法丛书

第 4 卷

（欧洲侵权法与保险法中心编辑）

理事会成员

M. 富尔（M. Faure），马斯特里赫特

A. 费尼韦斯（A. Fenyves），维也纳（执行副主任）

H. 考茨欧（H. Koziol），维也纳（执行主任）

U. 马格努斯（U. Magnus），汉堡（执行副主任）

W. V. H. 罗杰斯（W. V. H. Rogers），诺丁汉

本书主编/[奥]伯恩哈德·A.科赫
[奥]赫尔穆特·考茨欧
译　者/陈永强　徐同远　王文胜
　　　　赵文杰　崔文倩　陈　颖

比较法视野下的人身伤害赔偿

撰写人

洛朗·布洛克（Laurent Bloch）
罗兰·布雷姆（Roland Brehm）
弗朗西斯科·D.布斯内利（Francesco D.Busnelli）
乔瓦尼·科曼德（Giovanni Comandé）
赫尔曼·库西（Herman Cousy）
迪米特里·德罗斯绍特（Dimitri Droshout）
比尔·W.杜瓦（Bill W.Dufwa）
伯恩哈德·A.科赫（Bernhard A.Koch）

赫尔穆特·考茨欧（Helmut Koziol）
乌尔里希·马格努斯（Ulrich Magnus）
米克尔·马丁-卡萨尔斯（Miquel Martín-Casals）
克里斯托弗·拉德（Christophe Radé）
若尔迪·里沃特（Jordi Ribot）
W.V.霍顿·罗杰斯（W.V.Horton Rogers）
何塞普·索莱·费利乌（Josep Solé Feliu）
威廉·H.范博姆（Willem H.van Boom）

中国法制出版社
CHINA LEGAL PUBLISHING HOUSE

丛书中文版序

赫尔穆特·考茨欧[*]

欧洲侵权法与保险法中心（*European Centre of Tort and Insurance Law*，ECTIL，www.ectil.org）是在奥地利、德国和瑞士政府部门和保险公司的支持下于1999年在奥地利维也纳建立的。其宗旨是在国内、国际和共同的欧洲侵权法和保险法的领域内从事比较法律研究。除此之外，它曾是并且目前仍是欧洲侵权法团队的宏伟项目的机构依托。该团队由亚普·施皮尔于1993年创建，其宗旨是起草一部未来的欧洲侵权法，即欧洲侵权法原则。欧洲侵权法研究所（*Institute for European Tort Law*，ETL，www.etl.oeaw.ac.at）是由奥地利科学院于2002年6月创建的。欧洲侵权法研究所和欧洲侵权法与保险法中心合作从事侵权法的比较法研究。欧洲侵权法与保险法中心的重点主要在于应用法律研究，而欧洲侵权法研究所则主要关注基础问题。两个机构之间的持续合作展示出这两个重点经常可以成功地结合，并产生出既可以阐明基础问题又有实际相关性的研究成果。世界范围内超过30个法域的250多名专家和实务工作者都对欧洲侵权法研究所和欧洲侵权法与保险法中心的项目做出贡献。他们研究的结果出版后将近40卷，大多数列入"侵权法与保险法"系列丛书。除了对原则的评论外，我在这方面要提及下述研究项目：医疗事故；对非金钱损失的赔偿；社会保障对侵权法的影响；对人身伤害的赔偿；对人体的生物医学研究的责任和可保性；卫生保健部门的无过错赔偿；纯粹经济损失；恐怖主义；针对大众媒体侵害人格权的保护；侵权

---

[*] 赫尔穆特·考茨欧（Helmut Koziol），欧洲侵权法与保险法中心主任、奥地利维也纳大学荣休教授。

法与责任保险；侵权法中的儿童；侵权法与管制法；欧盟的侵权法；转基因生物引起的经济损失；惩罚性赔偿金；损害的合并与分割；欧洲人权法院法律体系中的侵权法；以及两卷本的"欧洲侵权法精要"，它们涉及有关自然因果关系和损害的重要案例。

两个机构还寻求通过对其他学者国际性的杰出研究提供发表的论坛来促进对欧洲和比较侵权法的理解和发展：同行参考的《欧洲侵权法杂志》。欧洲侵权法年会提供了对有关欧洲国内体系和欧盟法中的侵权法的最新信息和评论的进一步来源（年会的成果发表在"欧洲侵权法年刊"系列中，并由欧洲侵权法数据库提供补充）。

欧洲侵权法研究所和欧洲侵权法与保险法中心坚信比较研究基于诸多理由而成为必要，因而从事这一研究。鉴于这些理由对我们的中国同仁而言颇有干系，而不仅仅因为东亚地区也在讨论私法的协调，我认为在这方面说几句可能是很有用的。

首先，毫无疑问，每个人都会通过研究外国法律体系，通过努力去理解其他法律思维的方式，通过发现解决问题的新工具并通过听说其他国家的不同经验和解决途径而极大获益并受到启示。比较法——以及法律史——使人更为虚心，促进对基本观点的理解，解释共同的基础以及替代的解决方案，并且基于所有这些，极大地支持了改进现有法律体系或起草更好的新体系的机会。不言自明，它扩展了人们的视域，甚至激励人们不仅考虑邻近的或类似自身的法律体系，而且考虑远隔的法律体系。因而，欧洲侵权法团队以及欧洲侵权法研究所和欧洲侵权法与保险法中心通常包括来自中国、日本和韩国的法律工作者。基于类似的理由，中国同仁对欧洲法律体系及其发展有着很大的兴趣。我们对那些启动对欧洲侵权法研究所和欧洲侵权法与保险法中心出版的大量丛书的翻译工作，并因此使得我们研究工作的结论和理念得以引起我们中国同仁关注的人深表感激。而且，我们也想对那些从事对这些丛书的极为困难和艰辛的翻译工作的人表示谢意。

而且，也必须指出，外国法律体系越不同，从中获得启示就更危险。所谓"不同"，我不仅是指私法部分，比如侵权法，甚至整个私法中存在的不同，而且或多或少也包括贯穿整个法律体系的基本分歧。因而，欧洲法律人——美国侵权法对之有着激烈作用——应当考虑陪审团的影响，这对（绝大多数）欧洲法律体系而言仍属未知；他应当关注美国令人吃惊的承担程序费用的制度；关注美国范围狭隘得多的社会保障体系以及行政刑法在美国并不像在欧洲那么常见这一事实。这些因素中的一些可能有重要意义，例如，就承认惩罚性损害赔偿而言，美国和欧盟形成对比。

就私法特别是侵权法的协调而言，我们应当认为，对可为所有旨在协调其法律体系的国家接受的侵权法的共同观念的发展将面临相当多的困难：

不同法律体系以及它们的基本理念之间的深刻差异应当得到克服，基本不同的惯性法律思维方式也应得到调和。这一目标仅能通过首先了解其他法律体系，通过增加对其他法律体系惯性思维方式的理解，以及通过意识到实质上在所有法域会出现同样难题但使用了不同的工具来解决他们并且有时不同的考虑甚至是决定性的来达成。因而，来自不同国家的法律工作者深入的比较研究和宽泛的讨论是一个必要条件。否则，将不可能设计出一个可为所有相关国家接受的，并且可以作为将来协调甚至统一的路线图的新的并且一致的总体概念。

为了在促进协调中成功使用比较法，我们对工作方法的选择必须很认真。我愿意提及欧洲侵权法团队，它在起草《欧洲侵权法原则》时发展出下述程序。基于比较基础来讨论侵权法的基本主题。为了获得对不同法律体系有关任何特定主题所采用的方法的必要综述，该团队的成员起草了一份问卷，该问卷被发送给各个法律体系中受邀起草国别报告的专家。这些问卷包括了抽象的问题以及案例。

这一双重进路的理由就是，通常非常抽象的答案给人印象是，法律体系是类似的，或者恰恰相反，是非常不同的，但在考察有重大影响的案例的结果，可以发现，恰好相反。例如，侵权人是否应当赔偿因其过错行为造成的所有损害这一抽象问题可能从一个国家报告人那里获得"否定"的答案，而从另一个报告人那里获得"肯定的"答案。前者可能解释说,受害人不能就被告造成的、不具备充分性的(不能预见的)或者未为受侵犯的规则的保护性目的所纳入的损害获得赔偿。不过,如果要求提供支持专家主张的案例并询问其判决理由(*ratio decidendi*),可能会惊奇地发现,结果仍然是同样的,因为,第一个报告人否认责任是因为损害并未为规则的范围所覆盖,而另一个报告人则是认为缺失因果关系的要素而反对责任。

我想再次感谢所有从事欧洲侵权法研究所和欧洲侵权法与保险法中心研究丛书翻译和出版的同仁。我们很感激我们的中国同仁现在更容易注意到我们的研究,我们希望这一在中国和欧洲法律工作者之间的相互关系和合作将加深双方的共同关切。

丛书译序

译事多艰。自晋唐至于明清又迄于民国，前贤先辈仆继不绝者，尽欲追索异域光华，玉石相攻，以开中华文物之繁华生动。直面如此英雄气度，枯燥的译事之后，也倏然增添了一抔神圣与庄严。

本丛书之选译，均为欧洲侵权法与保险法中心累积数十年功力所成，内容涉及医疗责任、公私法衔接、损害赔偿、侵权法与管制法、侵权法与保险法、人格权等十个主题，洋洋数百万言，既有基础之夯实，又有前沿之展望；既有微观之精要，又有宏观之洞见——穷究人间大法，发幽今世正道，大义微言，锥指正义，当堪近世难得的学界盛典，饕餮美宴。

本套丛书选译，一则为介绍当代欧洲侵权法前沿与基础问题之研究状况，二则为我国侵权法研究与立法方向提供一全新视野。对立法而言，我国《侵权责任法》于2009年底颁布，2010年施行，但揆案条文，多属对从前司法解释所取得成果的继承，少有创新，甚至偶有不及，造成许多疏漏。其一，对于当代社会所出现之新生现象认识不足；某些新现象，如人体试验、大众媒体侵权等，是否应纳入侵权法范畴之中，其在侵权法中究竟如何定位、如何规制，立法与研究对此罕有言及。其二，随着社会交往日益扩大与复杂，当代侵权法之任务与界限相较之以往均产生了很大变迁，而我国侵权法立法之基本制度形态还大体保留着十九、二十两个世纪之交的面貌；对于侵权法功能之萎缩（社会保险、社会保障对侵权法功能之挤占），伦理体认之变化（过错责任原则与损失分散之较量），多有不及。其三，对于侵权法与公法衔接，关注不够。对此，本译丛均有涉及，对我国侵权法完善之意义，不言而喻。

对学术研究而言，本译丛之意义多体现于方法层面。目下国内比较法研究著述虽繁，但对于比较研究之方法却并无统一定见与成熟体系；

有所感想，或为学者个人天资所及，怀玉袖中，不愿示人，或为数十年研习所生之思维习惯，并无深刻检讨，遑论方法体系。而本译丛所选书目，均采用比较法之研究方法，对欧洲主要国家侵权法制度以调查问卷方式分专题予以调查，受访者牵涉甚广，学者、法官乃至律师等，均昭然在列，如此则可窥见对同一问题各国法体系之认知、定位与处理方式，既有学说理论，又有事务处理。如此比较，一可保证针对性，二可保证明确性，三可保证全面性。概念之厘定、制度之搭建、体系之旨归，同时并举，既有微观甄别，又有宏观比对，堪称良法，可资鉴戒。当然，如此方法之为可能，首先得益于欧洲侵权法统一这一时代大背景；至于我国，因无此等法体系统一之现实需求，故而对此方法之全盘继受也似无强烈必要。然则本译丛亦愿将其视为一种例证与鞭策，敦促我国学界学人，对国内现行比较法之研究方法、成果、感想，尽快加以体系化、科学化、实证化，使其不再仅为学人之俊秀者的一种洞见，而成为一种实证之科学，惠泽后来。

如此学问，对于我国立法学术助益之大，不言自明；而如此学问不能交通于汉语学界，殊为憾事。故而我辈虽不才，强自勉力，精选十册专著，译成汉语，介绍与我国学者。《孟子》中载，华夏古礼，以钟鼓为大器，新铸新成，必献牺牲以衅之，以其上可通天人，下可安社稷；译丛译者诸君，以一己之身，甘为觳觫牺牲，霜鬓皓髯，献给繁花初现的汉语学界。

然而，译事之功，仅是远征之始；译事虽毕，绝非学养可成。许章润教授曾主编德国法儒萨维尼之研究专刊，侈译国外经典，坚实备至；而在最后却忧心言道：汉语世界之学者，尚不具备欣赏萨维尼的水平。旅德学人虽摩肩接踵，不绝于途，而往往为一叶所障，"既至宝山，空手而归"。异曲同工者，欧洲侵权法与保险法研究中心主任、维也纳大学荣休教授赫尔穆特·考茨欧先生，在给本译丛作序时也谆谆告诫，比较法之难，不在语言交通，而在于概念体系、思维方式、方法论、乃至于法律共同体之不同体认；压抑原初的价值取向而单纯撷取其制度设计，颇难融于本土法制。东西学人，相隔万里，洞见斯同，可谓佳话；

然则郁结之中，也当引人思索。余以为，我国为继受法国家，而又受民族主义之影响，故而在继受之外，又当考虑本土固有制度与固有资源的开掘与匹配。如此历程，比之日本等单纯继受，更为艰辛；而惟其如此，则达成继受法制与本土资源之协调，就成了我辈学人天命所归。余想夫德国继受罗马法时，曾有"经由罗马法、超越罗马法"之豪言；而今，我辈处在如此机缘之间，心怀"经由德国法，超越德国法"之胸襟，重铸中华文明新一千年之法秩序，当不为过！

译事既毕，掩卷扪心。遥想夫唐人侈译梵文，而有中华数百年心性哲学之异彩纷呈，由法相而天台、而华严、而禅，绚烂无比；继起儒学之风，由昌黎而敦颐、而张载、而二程、而朱子，鼓荡天下八百余年，气象万千；而今，本译丛译事甫毕，虽不敢比肩于晋唐先烈，而青灯黄卷中，亦有片刻心雄：骐骥挽骏，尘随马去；学界同仁，共奋其袂，以其固执的啃食，咬穿文化的藩篱，为我中华文物制度，再开下又一个八百年！呜呼，踵烨增华，于斯为盛，如此，诚可馨香而祝之矣！

值此梓行之际，思及丛书所以大行天下者，则感慨之外，又心生感念：中国法制出版社不计利益得失，对本丛书之出版慨然应允，胸襟气度，殊值敬佩；中国人民大学法学院朱虎博士，为本译丛事务，奔忙劳顿，最终促成本译丛印行；出版社领导诸公及策划编辑戴蕊女士，慨允于前，牵线于中，敦促于后，兢兢业业，在此谨致谢忱。此外，本译丛诸位译者，均为当代中国青年才俊，联袂襄赞，共谋中国法学奠基大业；其中最应珍视者，不惟译事克竟，又有戮力同心、共酬大业之精旨，当堪旌表。

李昊* 谨识

---

* 北京航空航天大学人文与社会科学高等研究院副院长。

欧洲侵权法与保险法中心将本书献给
司长拉乌尔·克诺科（Raoul Kneucker）博士
恰逢他从奥地利教育、科学与文化部退休之际
以此表示我们对他一贯的支持和担当所怀有的感激与谢意

前　言

人身伤害赔偿无疑是侵权法当中的关键领域之一。与此同时，对立法者、法官、律师和学者来说，这是最为利害相关的一个主题，而对受害人来说，它在实践中自然也是事关重大。鉴于欧洲国家之间紧密的相互关系，不仅某个单独的国家司法管辖区在这个方面很重要，而且它与其他法律体系的关系也越来越具有重要的意义。因此，学习其他国家对人身伤害所产生的损失进行归责的方法，就是必要的。

这正是日内瓦欧洲侵权法与保险法中心着手这样一个比较研究项目的原因所在，这个项目在十个欧洲法律体系之中比较其赔偿的构成要件和范围。这十个法律体系即奥地利、比利时、英国、法国、德国、意大利、荷兰、西班牙、瑞典和瑞士。手头的这本书包括了来自这些司法管辖区的所有报告，还包括依据它们作出的一个比较分析。我们恳切地希望，本书能对所论及的这些法律体系的差异与类似，为读者提供有价值的见解。

国别报告者们以有限的篇幅提供了所有必要的信息，我们感谢他们完成了这项困难的任务。此外，对瓦尔特·多拉尔特（Walter Doralt）、卡特林·卡纳－施特罗巴赫（Kathrin Karner-Strobach），尤其是对罗兰·布雷姆（Roland Brehm）将比较研究报告翻译成法语，我们表示由衷感谢。最后，我们要感谢欧洲侵权法与保险法中心的工作人员，特别是萨比娜·甘特纳（Sabine Gantner），弗里茨·波普（Fritz Popp）和唐娜·斯托肯胡贝尔（Donna Stockenhuber），感谢他们在出版本书的过程中给予的可贵帮助。

伯恩哈德·A. 科赫、赫尔穆特·考茨欧
2002 年 11 月于维也纳

目　录

■ 调查问卷 …………………………………………………………… *1*

　导论 / 1

　一、基本问题 / 1

　二、案例 / 3

第一部分　国别报告

■ 奥地利的人身伤害赔偿 …………………………………………… *7*

　一、基本问题 / 7

　　（一）损害赔偿法与社会保障法的互动 / 7

　　（二）责任原则与制定法依据 / 9

　　（三）证明责任的分配 / 19

　　（四）受害人的责任分担 / 20

　　（五）人身伤害场合的赔偿请求权 / 20

　　（六）死亡场合的赔偿请求权 / 28

　　（七）赔偿的范围与方式 / 34

　　（八）责任保险对于受害人的意义 / 38

　　（九）国际私法 / 43

　二、案例 / 43

（一）案例1 / 43
（二）案例2 / 45
（三）案例3 / 46

■ 比利时的人身伤害赔偿 ······ *49*

一、基本问题 / 49

（一）侵权法与社会保障法 / 49
（二）责任原则与制定法依据 / 64
（三）证明责任 / 80
（四）共同过失 / 82
（五）人身伤害赔偿 / 83
（六）死亡赔偿 / 86
（七）赔偿的范围与方式 / 86
（八）第三方责任保险 / 87

二、案例 / 89

（一）案例1 / 89
（二）案例2 / 89
（三）案例3 / 90

■ 英格兰的人身伤害赔偿 ······ *92*

一、基本问题 / 92

（一）侵权法与社会保障法 / 92
（二）责任原则和制定法依据 / 94
（三）证明责任 / 104
（四）共同过失 / 105
（五）人身伤害：可获赔的损害 / 106
（六）死亡：可取得的赔偿 / 115

（七）损害赔偿金额 / 117
（八）责任保险 / 119

二、案例 / 120

（一）案例1 / 120
（二）案例2 / 121
（三）案例3 / 122

法国的人身伤害赔偿 …………………………………… **124**

一、导论 / 124

（一）处于异质体系中心的社会保障制度 / 132
（二）责任的一般法 / 141
（三）一般法上受害人过错的角色 / 160
（四）特别制度 / 162
（五）人身伤害赔偿 / 172

二、案例 / 177

（一）案例1 / 177
（二）案例2 / 179
（三）案例3 / 184

德国的人身伤害赔偿 …………………………………… **186**

一、基本问题 / 186

（一）损害赔偿法与社会保障法的互动 / 186
（二）责任原则与制定法依据 / 188
（三）证明责任的分配 / 210
（四）受害人的共同过失 / 211
（五）人身伤害中应得到赔偿的损害 / 212
（六）死亡案件中应赔偿的损害 / 214

（七）赔偿的范围和种类 / 215

（八）责任保险对受害人的意义 / 216

（九）国际私法 / 216

二、**案例** / 217

（一）案例 1 / 217

（二）案例 2 / 218

（三）案例 3 / 219

■ 意大利的人身伤害赔偿 *221*

一、**基本问题** / 221

（一）导论 / 221

（二）侵权法和社会保障法的相互作用 / 226

（三）责任原则和制定法依据 / 228

（四）证明责任 / 241

（五）共同过失 / 241

（六）人身伤害中的可赔偿损害 / 249

（七）死亡情形中的可获赔损害 / 253

（八）赔偿的范围和方式 / 256

（九）第三人责任险对受害人的重要性 / 260

二、**案例** / 260

（一）案例 1 / 260

（二）案例 2 / 261

（三）案例 3 / 262

附　录 / 262

■ 荷兰的人身伤害赔偿 *264*

一、**基本问题** / 264

（一）侵权法与社会保障法的相互作用／264
　　（二）责任原则和制定法依据／267
　　（三）证明责任／282
　　（四）共同过失／284
　　（五）人身伤害中可得的损害赔偿／286
　　（六）死亡情形中可获得的损害赔偿／290
　　（七）赔偿的范围和方式／290
　　（八）第三方责任保险对受害人的重要性／291
二、案例／293
　　（一）案例1：截瘫／293
　　（二）案例2：膝盖手术／295
　　（三）案例3：生活费用损失／296

西班牙的人身伤害赔偿 ……………………… *298*

一、基本问题／298
　　（一）侵权法与社会保障法的相互作用／298
　　（二）责任原则和制定法依据／304
　　（三）证明责任／326
　　（四）共同过失／329
　　（五）人身伤害案件中的可赔偿损害／334
　　（六）死亡案件中的可赔偿损害／340
　　（七）赔偿的范围和方式／343
　　（八）第三方责任保险对受害人的重要性／352
二、案例／356
　　（一）引论／356
　　（二）案例1／357
　　（三）案例2／360

（四）案例3 / 364

瑞典的人身伤害赔偿 **366**

一、基本问题 / 366

（一）侵权法与社会保障法的相互作用 / 366

（二）责任原则和制定法依据 / 383

（三）证明责任 / 392

（四）共同过失 / 394

（五）人身伤害可获得的赔偿 / 398

（六）死亡案例中可获得的赔偿 / 399

（七）赔偿的范围和方式 / 399

（八）第三人责任险对受害者的重要性 / 401

二、案例 / 402

（一）案例1 / 402

（二）案例2 / 403

（三）案例3 / 403

瑞士的人身伤害赔偿 **404**

一、基本问题 / 404

（一）损害赔偿法与社会保障法的互动 / 404

（二）责任原则与制定法依据 / 407

（三）证明责任的分配 / 415

（四）受害人的共同过失 / 419

（五）身体伤害场合应赔偿的损害 / 421

（六）死亡场合应赔偿的损害 / 429

（七）附：非物质损害（精神损害）（"抚慰"）/ 433

（八）赔偿的数额与类型 / 434

（九）附：律师费 / 441

（十）责任保险对于受害人的意义 / 442

（十一）国际私法 / 443

　二、案例 / 444

　　　（一）案例1 / 444

　　　（二）案例2 / 447

　　　（三）案例3 / 449

第二部分　比较报告

■ 比较分析 ······ **453**

　一、基本问题 / 453

　　　（一）侵权法和社会保障法的相互作用 / 453

　　　（二）责任原则与制定法依据 / 456

　　　（三）证明责任 / 466

　　　（四）共同过失 / 467

　　　（五）人身伤害案件中可索赔的损害赔偿 / 469

　　　（六）致人死亡案件中的损害赔偿 / 479

　　　（七）赔偿的范围和方式 / 483

　　　（八）第三方责任保险对受害人的重要意义 / 489

　　　（九）结论 / 490

　二、案例 / 492

　　　（一）案例1 / 492

　　　（二）案例2 / 497

　　　（三）案例3 / 500

■ 结论 ······ **503**
■ 索引 ······ **505**

调查问卷

导 论

本研究的目的是比较欧洲数国（奥地利、比利时、英国、法国、德国、意大利、荷兰、西班牙、瑞典和瑞士）的人身伤害赔偿法。具体涉及交通事故、医疗事故和缺陷产品三大热门领域的损害问题。各国的报告将阐述责任的前提（基于过错的责任还是严格责任）、实践中举证责任的重要分配以及损害特别是非金钱损失的赔偿范围。最后，因其与人身伤害赔偿错综复杂的联系，我们将简单提及社会保障法对受害方的意义及其与侵权法的关系。

我们将特别关注法院对人身伤害的实际处理，因而将着重描述司法情况。在基本问题的论述之后，将讨论3个提出重要问题的案例，以便比较典型个案中法院判赔的情况，同时考查举证问题和法院判赔的数额。

一、基本问题

（一）侵权法与社会保障法的相互关系（社会保险机构所作的损害赔偿；对侵权者提起的追偿，特别是"保险的配额优先权"）

（二）责任原则与制定法依据

1. 有关责任的规定概览（责任类别、一般规定和特别规定、责任

限度）

2. 过错责任（过错的概念、实践中的要求、合同责任和侵权责任的区别；过错责任的缩减）

3. 替代责任和企业的责任问题（适用范围、对抗、合同责任和侵权责任的区别）

4. 严格责任（适用范围、一般规定和类推；请特别着重于交通、医疗和缺陷产品领域）

5. 原因不确定案例中的责任问题（机会丧失？多种可能的因果关系？）

6. 交通法中的特别规定

（三）举证责任（特别有关损害、原因、不法行为和过错以及严格责任的其他要求；合同责任和侵权责任的区别；医疗领域的特殊性）

（四）共同过失［一般条件；减轻自身损害的义务（Schadensminderungspflicht）；后果（赔偿的减少或否定）］

（五）人身伤害案例中可获得的赔偿（医疗和护理费用、增加的支出、暂时或永久丧失劳动能力导致的收入损失、职业发展妨碍、养老金损害、操持家务能力的丧失、非金钱损失；提出索赔的资格范围、法律咨询和代理人费用）

（六）死亡案例中可获得的赔偿（养家能力损失评估、非金钱损失、提出索赔的资格范围、法律咨询和代理人费用）

（七）赔偿的范围和数额（特别门槛与限额；非金钱损失的赔偿数额；分期支付赔偿和一次性支付赔偿的判决；分期支付和一次性支付的评估；利息）

（八）第三方责任险对受害者的意义（强制责任险、保险额度、第三方直接索赔、侵权者破产案例中的意义）

二、案例

（一）案例 1

酷爱运动的 16 岁中学生 P 被一辆卡车撞倒。卡车车主为 D1，驾驶人为 D2，P 本人在事故中无任何过失。事故导致 P 截瘫，余生生活无法自理，因而他无法开始向往的医学学习，也不可能从事任一职业。在 P 所向往的职业领域工作的医生，入行时平均年薪约为 6 万欧元，接近退休时可达 20 万欧元，而顶级的医生则可达到 50 万欧元。

P 可以提起哪种索赔？亲属也有权索赔吗？

（二）案例 2

P 是两个小学生的母亲，平时在家操持家务。一次膝关节手术后，出现了并发症，必须再动一次手术，并且进行为期 6 个月的治疗。

1. 若 P 的第一次手术在 D1 医院进行而其并发症是因责任医生 D2 的失误引发的，那么 P、两个孩子和 P 的丈夫有权提起何种索赔？

2. 若无法确定 P 的并发症是由 D2 的失误引发还是因 P 本人处理不当而导致，那么 P 可提出何种索赔？

（三）案例 3

顶级律师 S 在因 D 的过失而致的交通事故中丧生，留下妻子和一个 12 岁的女儿。S 是家里的绝对经济支柱，其对家庭的贡献包括里维埃拉一幢度假别墅的开支，此外还每月给妻子 5,000 欧元。S 的月平均收入是 20,000 欧元。

1. 遗孀和女儿可提出哪些索赔？
2. 如果 S 本人也有过失，其法律后果是什么？

第一部分
国别报告

Compensation for Personal Injury in
a Comparative Perspective

奥地利的人身伤害赔偿

伯恩哈德·A. 科赫　赫尔穆特·考茨欧

一、基本问题

(一) 损害赔偿法与社会保障法的互动

1. 社会保障在奥地利的意义

在奥地利,社会保障法具有极为重要的意义:99%的奥地利居民享有社会保障法的保护。[1] 就此,需要说明的是,参与社会保障的义务以及自主投保的权利与国籍无关,而是根据属地主义原则与在国内的工作地点相关联。[2] 在欧洲联盟和欧洲经济区内,适用自由就业、自由迁徙的原则,为了确保这一原则的实现,在不同成员国的保险缴纳时间应加在一起。

但社会保障的意义并不仅仅体现在其几乎覆盖了全部的居民,也体现在社会保障所提供的保险给付的范围。社会医疗保险要么提供

---

[1] W. Holzer, The Interaction of Tort Law and Social Security under Austrian Law, in: U. Magnus (Hrsg.), Tort Law and Social Law (2002) Rz. 8 und 9.

[2] K. Grillberger, *Österreichisches Sozialrecht* (5. Aufl. 1998) S. 22 f.; W. Selb, Probleme des Teritorialitätsprinzips, in T. Tomandl (Hrsg.), *Auslandsberührung in der Sozialversicherung* (1980) S. 17 ff.

实物保障（医疗、疗养护理等），要么支付现金。[3] 现金支付尤其表现在医疗保险赔偿场合，[4] 在丧失劳动能力时，雇员根据其保险缴纳时间而获得26周或52周的赔偿，数额为其工资收入的50%至75%。

3　　事故保险则对工伤事故或特定职业病的受害人提供保障。[5] 在治疗费用的赔偿请求权之外，受害人首先是在劳动能力降低时获得伤残保险金，其数额根据劳动能力降低的程度与保险事故发生前的工资收入来确定。[6]

2. 社会保障法与损害赔偿法的关系

4　　在人身伤害领域，损害赔偿法和社会保障法的适用范围存在广泛的重叠：若身体伤害和健康损害系由第三人造成，并且具备充分的归责依据，则原则上可以适用损害赔偿法；只有在雇主给雇员造成损害的场合才存在例外。另一方面，社会保障对人身伤害的覆盖，与损害是否由第三人造成及是否可归责于该第三人之间无关；[7] 就此而言，社会保障法的适用范围要远远大于损害赔偿法的适用范围。

5　　在损害赔偿法与社会保障法都能适用的领域，二者并非相互排斥，而是并存适用。这是有意义的，其原因在于，损害赔偿法所着眼的是非常广泛的赔偿，这不仅涉及赔偿的数额，也涉及应予赔偿的损害类型；[8] 与损害赔偿法相反，社会保障法并不为所发生的损害提供全面赔偿，特别是，仅在极小的范围内关注精神损害。毕竟，1990年引入的《普通社会保障法》（ASVG）第213a条只规定了"对完整性的赔偿"：雇员的身体的完整性或精神的完整性因工伤事故或职业病而遭受严重的、持续性的损害的，若工伤事故（或职业

3　就此参见K. Grillberger（上注2），S. 35 ff.
4　就此参见K. Grillberger（上注2），S. 41 ff.
5　K. Grillberger（上注2），S. 55 ff.
6　K. Grillberger（上注2），S. 68 f.
7　参见W. Holzer（上注1），Rz. 11.
8　W. Holzer（上注1），Rz. 6.

病）系因他人有重大过失地违反有关雇员保护的规定所致，则雇员可以请求适当的赔偿。[9]

第三人以应承担责任的方式造成人身伤害的，对于社会保障也具有意义，因为社会保险机构可以向应承担责任的加害人进行追偿，在这种情形下，社会保险机构只不过是预先赔偿而已。也就是说，根据《普通社会保障法》第332条，在保险机构根据法律规定向受害人进行保险给付的范围内，受害人的损害赔偿请求权以法定移转的方式移转给保险机构。同样的规则也适用于自由职业者、农民、公务员和公证人员所参与的社会保险。[10]

不过，社会保险机构不得向雇主进行追偿，除非损害系因重大过失或故意所致。对雇主给予如此优待的理由是，雇员事故保险的保险费用是由雇主缴纳的。[11] 但是，在重大过失的场合，也存在特殊之处，即，保险机构本身就对加害人享有请求权，从而不发生受害人所享有的赔偿请求权的移转。其结果就是，遭受损害的雇员的共同过失对其不具有意义。对雇主的求偿权不包括"对完整性的赔偿"。[12]

（二）责任原则与制定法依据

1. 责任构成要件概述

根据《普通民法典》（ABGB）第1295条第1款所规定的过错责任一般构成要件，任何人均有权"就加害人因过错而给其造成的损害向加害人请求损害赔偿；损害可以是违反合同义务所致，也可以是不存在合同关系时所致。"

---

9   K. Grillberger（上注2），S. 70 f.
10 参见 W. Holzer（上注1），Rz. 13.
11 就此参见 K. Grillberger（上注2），S. 52.
12 W. Holzer（上注1），Rz. 14 und 15.

9　　这个一般条款既对责任作了限制，也对责任作了扩张。一方面，在行为的客观可归责性之外，过错责任还要求存在相当因果关系和不法性。另一方面，在特定的情形，可能会减轻证明责任、过错标准作有利于受害人的严格化以及为第三人的行为承担责任。除此之外，还存在针对个别危险的无过错责任的特别法规则。

10　　《普通民法典》第1295条第1款所提到的违反合同义务具有一些特殊之处，这些特殊之处源自当事人之间的债务关系。由此，过错的证明责任被倒置（《普通民法典》第1298条），替为履行合同而安排的人所承担的辅助人责任被扩张（《普通民法典》第1313a条）。在合同主给付义务就是对人的身体施加影响的那些情形（例如与医生订立的医疗合同）之外，合同责任的特殊规则还在于违反纯粹的保护义务与照顾义务的场合，[13] 保护义务与照顾义务对于合同当事人的身体完整性具有特殊的意义。

2. 过错责任

（1）损害

11　　任何责任的基本要件当然是发生了损害；在人身伤害的场合，所关注的不是最初的伤害，而是由此导致的结果性损害。如后文所述，奥地利的损害赔偿法就此并不先验地将非物质损害排除在外。[14] 此外，对于应予赔偿的损害，也不存在最低数额的限制；原则上，极其轻微的损害也使得受害人享有赔偿请求权（相应的数额也很小）。

12　　在奥地利，身体伤害的概念也是在广义上来加以理解，包括"对身体的或精神的健康和完整性的任何损伤"。[15] 例如，伤者遭受痛苦，其可以请求治疗费用的赔偿，也可以因身体发生消极变化而

---

[13] 不过，证明责任规则能否适用于此的问题仍有争议，相关的讨论参见 H. Koziol, *Österreichisches Haftpflichtrecht I* (3. Aufl. 1997) Rz. 16/30 ff. 该处提供了更多的例证。

[14] 见下文边码49、60及其以下内容。

[15] H. Koziol, *Österreichisches Haftpflichtrecht II* (2. Aufl. 1984) S. 115.

请求抚慰金。

在非自愿生下孩子（错误出生，*wrongful birth*）的特殊场合，奥地利最高法院最近开始承认，如果医疗过错导致父母被剥夺了选择的机会，并因此导致将所生出的有残疾的子女抚养成人所需费用增加，则父母享有赔偿请求权。[16] 不过，在同一个判决中，子女自己的请求权（错误生命，*wrongful life*）则未被承认。

（2）因果关系

被告人方面的情事，只有当构成损害发生的必要条件（*conditio sine qua non*）时，才能导致责任成立。[17] 不过，这一必要条件说一方面得到了扩张，另一方面又受到限制。

若数人共同促成了损害的发生，并且其各自所造成的损害部分能够得以确定，则该数人仅各自承担相应的份额。若他们对损害后果发生的促成程度无法加以确定，或者他们故意地共同造成了损害的发生，则承担连带赔偿责任（《普通民法典》第1301条及其以下各条）。

若存在多个行为人，但事实上仅其中一个人导致了损害的发生（选择因果关系），则类推适用《普通民法典》第1302条。其结果是，在这种场合，行为人只不过是可能促成了损害的发生（但应是具体地可能造成损害），但也要承担连带责任。在累积因果关系的场合，即，多个原因同时造成损害的发生，但每一个人的行为都能够造成全部损害的发生，其结果也是所有的行为人承担连带责任。[18] 对于超越因果关系的场合（时间上先后相继发生的、各自独立存在的多个原因），尚无统一的处理方案。奥地利最高法院认为应由时间上的第一个加害人承担责任，其不应当仅仅因为之后出现一个同样会

---

16 *Oberster Gerichtshof* (OGH) [1999] *Juristische Blätter* (JBl), 593.
17 F. Bydlinski, *System und Prinzipien des Privatrechts* (1996) S. 186 f.
18 R. Reischauer in: P. Rummel (Hrsg.), *Kommentar zum Allgemeinen Bürgerlichen Gesetzbuch II* (2. Aufl. 1992, 以下简称 Rummel, ABGB II) § 1302 Rz. 13.

17　　必要条件的这些例外情形的共同之处在于，存在一个可归责于责任人的、至少是具体的危险行为，且这一行为有可能导致了损害的发生。[20]

18　　继续进行上文所述的对《普通民法典》第1302条的类推适用，并根据《普通民法典》第1304条所明确表达的受害人与有责任的思想，[21] 若可能导致损害发生的多个因素中的一个因素应归咎于受害人的领域，则受害人也要承担部分损害。同时，按照多数说，若该因素涉及的是一个意外事件，也是如此。[22]

19　　在衡量过程中对责任进行限制的一种方式是，以相当性理论[23]对原因力进行客观的评价，其结果就是，原则上，作为必要原因的情事在性质上至少必须在当时能够导致该消极后果的发生。

(3) 不法性

20　　只有一项不法的、造成损害发生的行为，才能产生责任。按照在奥地利通行的行为不法理论，[24] 要根据行为本身来判断，而不是根据所造成的消极后果来判断（当然，消极后果也可以成为某项行为的不法性的证据）。

19　R. Reischauer in Rummel, ABGB II (1992) § 1302 Rz. 14.
20　基本内容见 F. Bydlinski, Haftung bei alternativer Kausalität, [1959] JBl, 1（关于类推适用，特别是参见第8页以下）。
21　参见下文边码46及以下。
22　这一理论溯源于 F. Bydlinski: Probleme der Schadensverursachung nach deutschem und österreichischem Recht (1964), insbes. S. 86 ff.; Aktuelle Streitfragen um die alternative Kausalität, in: FS *Beitzke* (1979) 3 (30 ff.); Haftungsgrund und Zufall als alternativ mögliche Schadensursachen, in: FS *Frotz* (1993) 3. 司法实践也部分地追随了他的立场：OGH [1994] *Evidenzblatt der Rechtsmittelentscheidungen* (in der Österreichischen Juristenzeitung, *EvBl*) Nr. 13; [68] *Entscheidungen des Österreichischen Obersten Gerichtshofs in Zivilsachen* (SZ) Nr. 207. 不同的观点参见 OGH [1992] JBl, 522; [1994] JBl, 540 (Anm. R. Bollenberger).
23　R. Reischauer in Rummel, ABGB II (1992) § 1295 Rz. 12 ff.
24　H. Koziol, *Haftpflichtrecht I*（上注13）Rz. 4/2, 4/13.

除违反个别约定的合同义务（包括保护义务和照顾义务）之外，特别地，违反那些规定某人应从事特定行为以避免损害发生的具体法律规范（所谓保护性法律[25]，参见《普通民法典》第 1311 条第 2 句），也构成不法。不过，只有当该法律规范所指向的危险成为现实时（法律规范的保护目的），才产生责任；[26] 对于这以外的其他损害，则不存在不法性。对于不法性的界定，在身体伤害之后发生结果损害[27]（例如在医院发生感染）或第三人受到惊吓[28]的场合，特别困难。 21

除此之外，一般来说，对所谓绝对权的任何侵害，都是被禁止的，就此不需要存在一项具体的行为规范（虽然绝对权会通过各种各样的命令性规范或禁止性规范具体化成一项一项的权利）。最重要的绝对权是生命权和身体完整权。不过，并非所有的身体伤害都构成不法；相反，要考虑所有的情况（例如行为的危险性，对相互冲突的利益进行的权衡，采取不同行为的可期待性）来对所从事的行为进行评价。基于这些原则，人们发展出了一些典型的行为义务（其结果是责任严格化），例如这样一项一般规范：任何人以其道路或建筑而开启了交通的，在可期待的范围内，必须对交通参与人进行保护，[29] 或者，原则上，任何人创造了危险源或能够控制其领域的，必须防止危险变为现实。[30] 22

最后，《普通民法典》第 1295 条第 2 款禁止任何人故意违反善良风俗加损害于他人，不论受保护的是何种法益。 23

---

[25] 典型的保护性法律如有关道路交通规则的行为规范。详见 M. Karollus, *Funktion und Dogmatik der Haftung aus Schutzgesetzverletzung* (1992).

[26] H. Koziol, *Haftpflichtrecht I*（上注 13）Rz. 3/26 ff.，8/17 ff.（insbes. 8/23 ff.）.

[27] 参见 OGH 1 Ob 738/83（医生在救治某个遭受身体伤害的病人时存在医疗过失）.

[28] 例如 OGH [1995] ZVR Nr. 46, [1997] *Zeitschrift für Verkehrsrecht* (ZVR) Nr. 75, [2001] ZVR Nr. 52 (Anm. E. Karner). 若第三人自己的健康受到了损害，则受侵害的是其自身对完整性所享有的权利。

[29] R. Reischauer in Rummel, *ABGB II* (1992) § 1294 Rz. 5.

[30] R. Reischauer in Rummel, *ABGB II* (1992) § 1294 Rz. 4.

24 　　不法性的要件排除了受害人有效地同意他人进行侵害的情形。[31] 不过，其前提是受害人完全有权处分其所被侵害的法益，这特别排除了合法同意他人将其杀害的可能。[32] 对身体伤害的同意，也只有在不违背善良风俗的限度内才是允许的。[33]

25 　　受害人同意从而使得他人的侵入变为合法的典型情形，是医生与病人之间的医疗合同，不过，该合同仅仅就约定范围内的行为（从而特别是不针对医疗过失）排除医生的责任。

26 　　一项本身违法的行为，若发生在紧急防卫（《普通民法典》第19条）的场合，则并不成立责任。[34] 在紧急避险的场合，行为也可以被正当化，但仅限于加害人的利益大于受害人利益的情形，否则只是被免除责任。[35] 无论如何，在紧急避险的场合，可能根据《普通民法典》第1306a条产生公平责任。[36]

（4）过错

27 　　根据责任法的基本原则（《普通民法典》第1295条），加害人仅对有过错的行为承担责任，也就是说，仅在其自身可被责难的情况下才承担责任。在违反保护性法律或违反交往安全义务[37]时，只要就法律规范的违反具有过错就够了，不需要如一般情形那样要求对损害的发生具有过错。原则上，通常要按照主观标准对行为进行判断，[38] 也就是说，要看加害人是否能够认识到其行为的不法性、是否

---

[31] H. Koziol, *Haftpflichtrecht I*（上注13）Rz. 4/90 ff.（特别是4/93，涉及对侵害的同意与对危险的同意之间的界线）。关于自甘冒险的问题，参见 H. Koziol, *Haftpflichtrecht I*（上注13）Rz. 4/38 f.，4/95.
[32] 参见《刑法典》（StGB）第77条。
[33] 参见《刑法典》（StGB）第90条第1款。
[34] R. Reischauer in P. Rummel（Hrsg.），*Kommentar zum Allgemeinen Bürgerlichen Gesetzbuch I*（3. Aufl. 2000，以下简称 Rummel, ABGB I）§ 19 Rz. 20.
[35] R. Reischauer in Rummel, *ABGB I*（2000）§ 1306a Rz. 5 f.
[36] H. Koziol, *Haftpflichtrecht I*（上注13）Rz. 4/69 ff.
[37] 参见上文边码21。
[38] H. Koziol, *Haftpflichtrecht I*（上注13）Rz. 5/35.

本能够合法地从事行为。

不过，在《普通民法典》第1299条的意义上，要特别地运用客观的过错标准。行为人使得外界认为其具有特殊能力的，就属于这种类型。若其没有尽到就其专业技能而言通常可期待其尽到的注意，其就应当对此承担责任（这以外的其他情形则仍然适用一般的原则）。[39]

就过错而言，首先要区分故意与过失。[40] 过失是指未尽到应尽的注意。按照轻率的程度，进一步区分重大过失和轻微过失，这种区分对于赔偿的范围而言具有决定性的意义（但这并不适用于此处所关注的身体伤害问题）。[41] 就此要考虑，一个谨慎的人是否也会从事这种错误行为，或者说，一个谨慎的人是否绝对不会从事这种行为。至于雇员在多大范围内直接或以被追偿的方式就其作为辅助人的行为承担责任的问题，还要对轻微过失再作进一步的区分：对于所谓的可以原谅的不慎（这是过失的最轻微的程度），雇员自己根本不用承担责任。[42]

（5）侵权能力

原则上，只有具备侵权能力的人，才就其过错承担责任。对此，根据《普通民法典》第153条，条件是成年（也就是年满14周岁）并且具备"运用理性"的能力。不过，除此之外，无侵权能力人也可以在《普通民法典》第1310条的框架内根据公平原则对客观的不法行为承担补充性的责任，[43] 就此特别是要综合权衡加害人的具体的认识能力、受害人在保护自己的利益时有可能"顾及到了加害人"，

---

39 H. Koziol, *Österreichisches Haftpflichtrecht II* (2. Aufl. 1984) S. 182 ff.
40 关于二者之间的界线，参见 R. Reischauer in Rummel, *ABGB II* (1992) § 1294 Rz. 20 ff.
41 参见下文边码49。
42 《雇员责任法》（DHG）第2条第3款。在程度更重的其他过错的场合，雇员的赔偿责任可能根据公平原则而减轻或（在轻微过失场合）免除（《雇员责任法》第2条第1款）。关于雇主的追偿权的限制，并参见《雇员责任法》第4条。
43 关于这种"公平责任"在责任法体系中的地位，特别是参见 F. Bydlinski（上注17）S. 218 ff.

以及双方当事人的财产状况。就加害人一方而言，还要考虑可能存在的责任保险。[44]

3. 辅助人责任

31 虽说原则上每个人都只应当对自己的行为承担责任，但是对此存在很多的例外。

32 至少，根据《普通民法典》第 1315 条，为处理其自己的事务而使用第三人的，如果该第三人"不适任"（即通常不适宜于从事所委任的事务）或者其知道该第三人是"危险的"并且第三人实现了这种危险（例如，其知道该第三人有纵火的癖好，该第三人在从事所委任的事务时纵火）的话，要为该第三人的错误行为承担责任。[45]

33 此外，商人要为其履行债务而安排的所有辅助人承担责任，不论这些辅助人的具体人格特性如何（《普通民法典》第 1313a 条）。不过，这一责任仅覆盖与债务履行相关联的损害，不涉及仅仅是在债务履行时碰巧发生的损害。[46]

34 同时，还存在一些其他的特殊法律规范，有的是对《普通民法典》第 1315 条所规定的辅助人责任进行扩张，有的则是对该责任进行限制。[47]

4. 无过错责任——危险责任

（1）特别法规定的构成要件

35 虽然《普通民法典》已经针对一些特定的危险规定了证明责任倒置，从而规定了更为严格的过错责任（针对建筑物、道路及动物），

---

[44] 就此参见 H. Koziol, *Haftpflichtrecht II*（上注 15）S. 312 f.；F. Kerschner, Freiwillige Haftpflichtversicherung als "Vermögen" iS des § 1310 ABGB? [1979] *Österreichische Juristenzeitung*（ÖJZ），282.

[45] F. Bydlinski（上注 17）S. 212 ff.

[46] F. Bydlinski（上注 17）S. 206 ff.

[47] 例如《普通民法典》第 1319a 条（关于道路管理人的责任），《铁路与机动车责任法》第 19 条第 2 款，《原子能责任法》AtomHG 第 17 条；就此参见 H. Koziol, *Haftpflichtrecht II*（上注 15）S. 359 ff.

一些特殊的责任法以及其他法律中的单一规范又规定了危险责任。[48]

实践中最为重要的特别法是《铁路与机动车责任法》(EKHG),该法为机动车或铁路的运行中发生的损害规定了保有人的无过错责任。其他的与危险责任有关的规范规定在如《原子能责任法》、《航空法》和《森林法》之中。

奥地利在加入欧洲联盟之前就已经根据欧共体指令的要求制定了《产品责任法》。不过,关于该法所涉及的是不是危险责任,尚存在争议,[49] 但是其所涉及的至少是一种无过错责任。

(2) 类推适用

这些不同的危险责任规范不但被类推适用于类似的危险,并且,所有特殊规范的概括性类推适用(不过此前其运用是受到限制的)也得到了承认,这种类推适用正在发展出一项一般性的原则。[50]

相应的,除了那些明确规定了的危险之外,若某个危险"就其一般性质而言大大超出了现代生活中通常危险的一般程度而危及到了第三人的利益",则也要考虑适用危险责任。[51]

(3) 危险责任的基本原则

若某个物的单纯存在或其使用带来了特殊的危险,但其本身并不被禁止,那么,只要被告可以对这种在经济上归属于他的危险源进行控制,因危险的实现而遭受损害的人就可以向被告要求损害赔偿,不需要考虑被告是否从事了错误的行为。在很多场合(但并非

---

48 关于过错责任与危险责任之间的、更严格一些的责任形式的范围,参见 H. Koziol, *Haftpflichtrecht I*(上注13)Rz. 6/1 ff.
49 赞同的如 R. Welser, *Produkthaftungsgesetz* (1988) S. 30; W. Posch in Schwimann, *Praxiskommentar ABGB* VIII (1997) § I PHG Rz. 1; C. W. Canaris, Die Gefährdungshaftung im Lichte der neueren Rechtsentwicklung, [1995] JBl, 2 (6, m. w. N.). 反对将之界定为危险责任的有 H. Koziol, *Grundfragen der Produktehaftung* (1980) S. 17 ff., 53 ff.
50 H. Koziol, Umfassende Gefährdungshaftung durch Analogie? *FS Wilburg* (1975) S. 173; ders. (上注39) S. 575 ff.
51 R. Dittrich/H. Tades, *ABGB* (35. Aufl. 1999) § 1295 E. 696.

在所有的法律中），保有人的这种责任都存在限额。[52] 此外，保有人通常可以证明损害的发生系归因于不可抗力或其他某个不可避免的事件，从而免除责任。例如，根据《铁路与机动车责任法》第9条第2款，如果某事件的发生系归因于作为被告的保有人的领域以外的情况，而不是归因于所引发的特殊的运营危险，则该事件是不可避免的，被告由此免除责任。不过此处仍进一步要求保有人及其辅助人"尽到了依所处的情形所应尽到的全部注意"，从而，《铁路与机动车责任法》所规定的危险责任并没有完全与对被告行为的评价及相应的可归责于被告的过错相脱离。[53]

5. 特殊的交通法规则

41　　除上文所提到的特别法就机动车和铁路[54]所规定的危险责任外，还有一些其他的特别法规范，特别是《航空法》（LFG）中的责任规范。在有关运输合同责任的规范（《航空法》第154条及其以下各条）[55] 之外，《航空法》第146条及其以下各条规定了航空器[56]运行发生事故[57]造成航空器所运输的人或物以外的其他人员伤害或财物损害时的危险责任（并规定了责任最高限额[58]）。

52　参见下文边码93。
53　关于《铁路与机动车责任法》第9条第2款所规定的注意标准，详见 P. Apathy, *Kommentar zum* EKHG（1992）§ 9 Rz. 15 ff.
54　参见上文边码36。关于直接适用或类推适用这些规则的其他相关交通工具，参见 P. Apathy, *Kommentar zum* EKHG（1992）§ 2 Rz. 5 ff. 是否愿意进行类推适用，思路并非前后一致，就此参见 OGH［65］SZ Nr. 112（对于汽艇不适用危险责任）。
55　对此首先要适用国际公约（特别是华沙公约）的规定。
56　《航空法》第149条一方面规定了每起损害事故的绝对最高限额（依航空器的最大重量而定，最高为65,405,551欧元），同时也规定了相对的最高限额（总数的三分之一用于财产损害的赔偿，三分之二用于人身伤害的赔偿；每位受伤人员的最高赔偿额为1,090,093欧元）。
57　对这一概念要进行广义的理解，仅参见 OGH［65］SZ Nr. 111（动物因为直升飞机突然发出的声音而受到惊吓）。
58　这些条文也适用于自带动力的航空模型（《航空法》第146条第1款）。

(三) 证明责任的分配

原则上,在责任法中也是原告必须对具备请求权全部构成要件加以证明。也就是说,原则上,受害人必须证明,其遭受了损害、对这一损害应予赔偿、损害系由被告的不法[59]且可归责的行为所造成。[60]

因果关系的证明负担,在特定的条件下会通过表见证据[61]或因果关系的推定来加以减轻。[62]

若损害系因违反合同义务[63]或法定义务(特别是违反保护性法律[64])所致,根据《普通民法典》第1298条,推定被告存在过错。[65]不过,这种过错推定原则上仅涉及轻微过失;对于有关其存在重大过失的指责,只有当被告基于合同的约定对轻微过失不承担责任的场合,才要由被告来证明其不存在重大过失(《普通民法典》第1298条第2句)。

此外,在被告控制着某种特殊危险的场合,《普通民法典》也规定了有关过错的证明责任的倒置。[66]

42

43

44

45

---

59 虽然不法性要由法官来进行判断,但成立不法性所依据的事实则要由原告来加以证明。
60 更多内容详见 H. Koziol, *Haftpflichtrecht* I(上注 13)Rz. 16/1 ff.
61 R. Reischauer in Rummel, *ABGB* II(1992)§ 1296 Rz. 4 f.
62 关于其边界,参见如 H. Koziol, Der Beweis des natürlichen Kausalzusammenhanges, in: A. Koller (Hrsg.), *Haftpflicht- und Versicherungstagung* 1999, S. 79 (85 ff.).
63 这也包括与合同义务类似的义务如保护义务与注意义务(Schutz- und Sorgfaltspflichten)。
64 典型判例如 OGH [64] SZ Nr. 143。在学说著作中,《普通民法典》第1298条是否适用于保护性法律(就此已在上文边码 21 中介绍)的场合是有争议的,相关例证参见 H. Koziol, *Haftpflichtrecht* I(上注 13)Rz. 16/40 (Fn. 165, 167).
65 对相关讨论的综述参见 H. Koziol, *Haftpflichtrecht* I(上注 13)Rz. 16/21 ff. 该处提供了更多的例证。
66 《普通民法典》第970条、第1319条、第1320条;就此亦参见 H. Koziol, *Haftpflichtrecht I*(上注 13)Rz. 16/35.

（四）受害人的责任分担

46　　受害人的行为也促成了损害发生的，受害人自己也要承担损害，其责任份额要根据其自身过错与被告的过错之间的关系来确定（《普通民法典》第 1304 条）。[67] 无法确定这种关系的，则双方以相同的份额共同承担损害。受害人的辅助人的过错也要由受害人自行承担，就此不区分是履行辅助人还是事务辅助人。[68]

47　　《普通民法典》第 1304 条也相应地适用于危险责任，这包含两个方面的内容：不但受害人的共同过失会使保有人的责任减轻，受害人领域内的、能构成危险责任的危险，也要根据其与被告的过错或与应由被告承担责任的另一危险之间的关系来加以考量。[69]

48　　此外，根据《普通民法典》第 1304 条，受害人还应承担减损义务，包括如在身体受伤害时就医的义务。[70]

（五）人身伤害场合的赔偿请求权

49　　从有关身体伤害场合损害赔偿的基本规则（《普通民法典》第

67　在加害人的过错极为严重的场合，对受害人一方的极为轻微的过错不予考虑。

68　对此存在争议，在判例（如 OGH［64/140］SZ Nr. 140）以外，参见如 S. Dulllinger, Mitverschulden von Gehilfen,［1990］JBl 20, 91；R. Reischauer in Rummel, ABGB II (1992) § 1304 Rz. 7；H. Koziol, Die Zurechnung des Gehilfenverhaltens im Rahmen des § 1304 ABGB,［1997］JBl, 201；不同的观点参见如 A. Kletečka, Mitverschulden durch Gehilfenverhalten (1991)；M. Karollus, Gleichbehandlung von Schädiger und Geschädigtem bei der Zurechnung von Gehilfenverhalten［1994］ÖJZ, 257.

69　参见 R. Reischauer in Rummel, *ABGB* II (1992) § 1304 Rz. 8.

70　H. Koziol, *Haftpflichtrecht* I（上注 13）Rz. 12/85 ff.

1325 条[71]）可知，身体伤害场合的赔偿义务覆盖全部的医疗费用、收入损失以及抚慰金。此外，视情况还需要对可能发生的容貌毁损进行赔偿。[72]

1. 医疗费、护理费及所增加的费用

在身体伤害的场合，由加害人进行物理上的恢复原状在现实上已不可能，因此要考虑的是进行金钱赔偿。首先要确认的是，医疗费以及因残疾导致的费用增加都属于积极损害，因此，在任何场合，无论过错程度如何，都要予以赔偿，在危险责任的场合也是如此（参见《普通民法典》第 1325 条，《铁路与机动车责任法》第 13 条）。

医疗费的赔偿数额所指向的并不一定是最廉价的治疗方法所需的费用，而是取决于怎么样能够实现最佳的治疗效果。就此，所要考虑的并不仅仅是医疗服务的质量，而是要考虑与为实现治疗目标而支出费用有关的所有情况。[73] 不过，受害人仅仅对事实上已经发生了的医疗费享有赔偿请求权，奥地利最高法院[74]现在拒绝对"虚拟的医疗费"的赔偿。当然，受害人可以在想要进行治疗时请求预付医疗费。

受害人[75]也可以就其近亲属到医院探望实际支出的费用请求赔偿。[76] 判决赔偿的探望费用的数额取决于受害人因受伤而需要什么样的帮助。从而，在受害人因受轻伤而短期住院时其近亲属进行多次

---

[71] 《普通民法典》第 1325 条规定："伤害他人身体的，应当支付受害人的医疗费用，赔偿受害人所丧失的收入，在受害人丧失劳动能力时并应赔偿其将来会丧失的收入；此外，还应根据请求向受害人赔偿与所发生的情况相适应的抚慰金。"

[72] 亦参见下文边码 86 及其以下内容。

[73] R. Reischauer in Rummel, *ABGB II* (1992) § 1325 Rz. 15 .

[74] OGH [70] SZ Nr. 220；最高法院就此特别参考了以下著作中的论述：P. Apathy, Fiktive Operationskosten, [1986] *Österreichische Richterzeitung* (ORZ) 265；R. Reischauer, Ersatz fiktiver Heilungskosten (§ 1325 ABGB), [1992] *Versicherungsrundschau* (VR) 72；Ch. Huber, *Fragen der Schadensberechnung* (2. Aufl. 1995) S. 266 ff.

[75] 关于第三人受损害的问题，参见 H. Koziol (上注 13) Rz. 13/20.

[76] 例如 OGH [62] SZ Nr. 116.

探望，也有可能给予探望费的赔偿。[77]

53 此外，受害人无法完全康复的，由此必然给受害人的后续生活带来的费用增加，赔偿义务人也必须给予赔偿，例如辅助行走器具的费用、轮椅的费用、为住宅加装残障设施所需费用[78]、为汽车加装残疾人辅助设施所需费用[79]等等，都属于此。

54 那些因为受伤而失去意义的花费则不应给予赔偿，例如所错过的一场表演的门票费用。[80]

55 关于实际进行护理所需的费用，[81] 奥地利最高法院判决，在由家庭成员进行护理时，按照聘请专业护理人员进行护理所需支出的费用进行计算，[82] 也就是进行客观的计算。不过，在由母亲进行无时限的护理的场合，奥地利最高法院没有判决按照聘请六个有专业学位的护士——要进行二十四小时不间断的护理，聘请专业护士的话需要聘请六个——进行护理所需的费用来计算，而是将未受专业训练的、超负荷劳动的母亲所提供的护理按照两个专业护士的工作量来计算。[83] 在因加害人轻微过失而遭受伤害的场合，受害人也可以请求按照主观标准来计算赔偿数额，并非仅能请求按照客观抽象的标准计算损害数额。[84]

2. 收入损失以及丧失从事家务劳动的能力

56 此外，按照通说，因劳动能力降低而导致的收入损失也属于积

---

[77] R. Reischauer in Rummel, *ABGB* II (1992) § 1325 Rz. 16; F. Harrer in M. Schwimann, *Praxiskommentar ABGB* VIII (2. Aufl. 1997) § 1325 Rz. 17.

[78] OGH [1987] ZVR Nr. 9; [1991] ZVR Nr. 50.

[79] OGH [1989] ZVR Nr. 60; [1991] ZVR Nr. 109.

[80] 就此参见 R. Reischauer in Rummel, *ABGB* II (1992) § 1293 Rz. II.

[81] OGH [1980] ZVR Nr. 302; [1984] ZVR Nr. 181; [1987] JBl, 522; [1988] ZVR Nr. 108.

[82] OGH [62] SZ Nr. 71; [1998] ZVR Nr. 128; [71] SZ Nr. 146; 另参见 F. Harrer in Schwimann, *Praxiskommentar ABGB* VIII (1997) § 1325 Rz. 14 und 15.

[83] OGH [71] SZ Nr. 146.

[84] OGH [1990] ZVR Nr. 121.

极损害,[85] 其理由是,劳动能力构成一种独立的财产利益,从而其减少也导致财产损失。不过,这种积极损害仅存在于根据职业类别和经济情况通常会发生的财产损失;[86] 主观上的特定创收机会仅在赔偿可得利益的场合才予考虑,而可得利益的赔偿仅在重大过失的场合才会涉及。[87]

若身体伤害没有导致能够进行具体计算的收入损失,但确实极有可能会发生这种损失,则法院会判决赔偿"抽象的定期金"。[88] 可以用在奥地利法中常见的客观抽象的损失计算方式来对此加以说明。[89] 无偿为他人工作的人也可以就其劳务的价值获得赔偿。相应的,在丧失家务劳动能力的场合,也要进行赔偿,就此要考虑此前实际所从事的家务劳动的种类、强度以及因此聘请其他人提供家政服务时所需支出的费用。[90]

根据奥地利的劳动法,雇主在雇员生病时必须继续支付工资,因此,雇员的收入损失相应地转由雇主承担。从而,对于雇主为保护雇员的利益而必须支付给雇员的工资和津贴,加害人必须予以赔偿;但对于雇主本身因经营受干扰而遭受的损失,加害人则无须赔偿。[91] 也就是说,赔偿权利人是受害人本人,但是其请求权在雇主向

57

58

---

85 OGH [10] SZ Nr. 105; [1998] ZVR Nr. 144; F. Bydlinski, *Probleme der Schadensverursachung* (1964) S. 50 ff.; H. Koziol, *Haftpflichtrecht* I (上注13) Rz. 2/42 f.
86 F. Bydlinski (上注85) S. 51 f.
87 参见 OGH [1957] EvBl Nr. 219: 农民的儿子因为残疾而没有得到其父母的农场,这时就存在可得利益的损害。
88 最近一段时间的案例参见如 [1993] ZVR 165; [1987] ZVR Nr. 81; [1989] ZVR Nr. 133; [1990] ZVR 121; [1997] *Recht der Wirtschaft* (RdW) 529; 学理上参见 F. Harrer in Schwimann, *Praxiskommentar ABGB* VIII (1997) § 1325 Rz. 48 ff.
89 参见 H. Koziol, *Haftpflichtrecht* II (上注15) S. 134 ff.
90 OGH [1968] JBl, 143 (Anm. V. Steininger); R. Reischauer in Rummel, *ABGB* II (1992) § 1325 Rz. 39; F. Harrer in Schwimann, *Praxiskommentar ABGB* VIII (1997) § 1325 Rz. 44 ff. 关于"家庭主妇受伤时的收入损失",详见 Ch. Huber (上注74), S. 441 ff.
91 关于个案中的赔偿内容,参见 G. Iro, Zum Umfang des Schadenersatzes in den Lohnfortzahlungsfallen, [1996] RdW, 297.

其支付工资的范围内移转给雇主。[92]

3. 容貌毁损以及经济前途受阻

身体伤害导致容貌毁损的,还应给予"更好前途面临障碍的赔偿"[93](《普通民法典》第1326条,《铁路与机动车责任法》第13条第5项),[94]并且不论可归责性的程度如何。这一规则的意义在于,一方面,其明确了,所造成的不利后果虽然并不属于收入损失,但不论过错程度如何,都会导致赔偿请求权的产生;这种类型的不利后果无论如何也不能界定为是积极损害。另一方面,《普通民法典》第1326条对发生损害的可能性仅规定了较低程度的要求,从而降低了主张的难度。[95]《普通民法典》第1326条是否仅涉及财产损害,还是也涉及精神损害,是有争议的;但是,这一问题意义不大,因为即使此处不应包括精神损害的赔偿,在抚慰金的场合也应对精神损害予以考虑。[96]

4. 抚慰金

根据《普通民法典》第1325条,不论过错的程度如何,都要赔偿适当的抚慰金;根据最近的改革,同样的规则也几乎直接适用于危险责任和产品责任的领域(参见《铁路与机动车责任法》第13条第4项,《产品责任法》第14条)。[97]由此,在身体伤害的场合,精神损害赔偿的范围被规定得远大于其他的场合。[98]其原因在于,一方

---

[92] 判例以类推适用《普通民法典》第1358条以及《保险合同法》第67条的方式来支撑这一结论:OGH [67] SZ Nr. 52.
[93] 最初所考虑的特别是因容貌毁损而导致成婚困难。
[94] 就此参见 P. Apathy, Historisches und Dogmatisches zur Entschädigung für die Verhinderung des besseren Fortkommens, *FS Strasser* (1993) S. 1.
[95] 就此详见 H. Koziol, *Haftpflichtrecht* II (上注15) S. 142 ff.
[96] 就此参见 E. Karner, *Der Ersatz ideeller Schäden bei Körperverletzung* (1999) S. 219 ff.
[97] 详见 E. Karner (上注96) S. 7 ff.
[98] 详见 E. Karner/H. Koziol, Compensation of Non-Pecuniary Loss under Austrian Law, in W. V. H. Rogers (Hrsg.), *Damages for Non-Pecuniary Loss in a Comparative Perspective* (2001) Rz. 7, 11 ff.

面，身体伤害涉及的是最高位阶的人格权利的侵害；另一方面，这种伤害使得精神损害在一定程度上客观化成为了可能，由此也就在一定程度上降低了衡量的难度。

《普通民法典》第1325条规定的是"对身体的伤害"，其应被理解为：对身体和精神的健康与完整所造成的任何消极影响，都被包括在内；[99] 后来的那些法律所使用的表述也是如此。[100] 鉴于此，在受害人遭受纯粹的心理伤害的场合，受害人也有权请求抚慰金；唯一的条件是，这种损害达到了造成疾病的程度。[101]

就如任何一种损害赔偿一样，抚慰金也是一种补偿方法。[102] 抚慰金应当覆盖因遭受不法侵害而引发的所有的痛苦与情感伤害，使得受害人能够获得安慰，并由此使得其情感重新发生积极的变化。[103]

通说认为，抚慰金的计算，一方面要考虑伤害的程度及其对于健康状态的影响，另一方面要考虑痛苦的持续时间及其严重程度。[104] 要强调的是，对于伤害所造成的纯粹的精神上的痛苦也要予以考虑，例如，因身体畸形或活动受限而引发的消极情感。[105] 此外，抚慰金也应当使受害人就其丧失生活乐趣以及因受伤而产生低人一等的感

61

62

63

---

[99] R. Reischauer in Rummel, *ABGB* II (1992) § 1325 Rz. 1; K.-H. Danzl/K. Gutiérrez-Lobos/O. F. Müller, *Das Schmerzengeld in medizinischer und juristischer Sicht* (7. Aufl. 1998) S. 106 ff., 136 ff.; E. Karner（上注96）S. 68 ff. OGH [1995] ZVR Nr. 46；[1997] ZVR Nr. 75.

[100] 参见《铁路与机动车责任法》第1条与第13条，《产品责任法》（PHG）第1条第1款。

[101] 最新的赞同这一观点的有 OGH [2001] ZVR Nr. 52（Anm. E. Karner）und Nr. 73（Anm. E. Karner）. 更多内容详见 E. Karner/H. Koziol（上注98）Rz. 16.

[102] F. Bydlinski, [1965] JBl, 253 f.; OGH [1976] JBl, 315.

[103] OGH [1989] ZVR Nr. 90, 104, 121 und 135；[1990] ZVR Nr. 118 und 158. 另参见 R. Reischauer in Rummel, *ABGB* II (1992) § 1325 Nr. 43.

[104] OGH [1995] ZVR Nr. 73；[1997] ZVR Nr. 82.

[105] 典型判例参见 OGH [1995] ZVR Nr. 44 und 73. 另参见 K.-H. Danzl/K. Gutiérrez-Lobos/O. F. Müller（上注99）S. 133 ff.; E. Karner（上注96）S. 88 ff.

觉而获得补偿。[106]

64 　　具体的受害人所遭受的痛苦的程度是无法衡量的，因此，在对赔偿数额加以确定时必须要找到客观的依据。就此，要从伤害的严重程度以及具有普通情感的人出发，当然，也要对受害人的具体情况加以考虑。[107] 此外，要强调的是，被害人的能力以及其是否会认为这一数额的赔偿足以补偿其所受到的痛苦，都不需要加以考虑；要考虑的只是，受害人从所判决的赔偿数额中通常能够获得什么样的安慰。[108] 最后，有意思的是，按照奥地利的观点，虽然抚慰金并没有什么特殊的损害赔偿功能，但是大家却承认，加害人过错严重的话会导致受害人的心理伤害加剧。[109]

65 　　不久前，奥地利最高法院判决认为，受害人因为受伤而丧失了对疼痛的感知能力的，基于严重的人身伤害而享有精神损害赔偿请求权。[110] 赔偿数额与判决给具有疼痛感知能力的受害人的赔偿数额大体相似，在具体的案件中赔偿数额分别为 1,400,000 奥地利先令（合 101,742 欧元）和 1,500,000 奥地利先令（合 109,009 欧元）。

66 　　法律并未对抚慰金的数额作出规定，在实践中则是反复使用"抚慰金数值表"，[111] 其为不同的痛苦等级确立了按日计算的数值。[112]

---

106 参见 OGH［48］SZ Nr. 69 =［1975］JBl, 645（Anm. R. Strasser）;［1982］JBl, 263.
107 E. Karner（上注96）S. 85 ff. ; K. -H. Danzl, Die (psychische) Gesundheit als geschütztes Rechtsgut des § 1325 ABGB,［1990］ZVR, 19 f. ; K. -H. Danzl/K. Gutiérrez-Lobos/O. F. Müller（上注99）S. 108.
108 参见 E. Karner（上注96）S. 135 f.
109 F. Bydlinski［1965］JBl, 254; E. Karner（上注96）S. 93. OGH［48］SZ Nr. 69 =［1975］JBl, 645（Anm. R. Strasser）;［1982］JBl, 263.
110 OGH［1993］ZVR Nr. 150;［1995］*Recht der Medizin*（RdM）, 116;［2000］ZVR Nr. 54. 持赞同立场的有 E. Karner（上注96）S. 123 ff. , 138 f. ; K. -H. Danzl/K. Gutiérrez-Lobos/O. F. Müller（上注99）S. 116 f. , 129 f.
111 参见 K. -H. Danzl/K. Gutiérrez-Lobos/O. F. Müller（上注99）S. 108 ff.
112 目前，林兹大区法院（das Landesgericht Linz）（［2001］ZVR Nr. 20）建议采用的规则如下：严重的痛苦，赔偿每天 4,500 奥地利先令（327.03 欧元）；中等程度的痛苦，赔偿每天 2,600 先令（188.95 欧元）；轻微痛苦，赔偿每天 1,300 先令（94.47 欧元）。

但是，奥地利最高法院表示反对这种方式，要求为全部痛苦确立一个整体的数额。[113] 不过，在轻微伤害场合计算赔偿总额时，这个表格很有用处；[114] 与之相反，在严重伤害的场合，精神痛苦则非常重要，从而这个表格只能提供非常有限的参考。[115]

以下为抚慰金数额给出了一些例示，其中所涉及的主要是交通事故、医疗事故和缺陷产品所造成的人身伤害。数额首先以奥地利先令来表示，并在括号中给出相应的欧元数额。

- 小腿骨折：85,000[116]（6,177）到 150,000[117]（10,900）
- 完全丧失性能力：240,000[118]（17,441）到 650,000[119]（47,237）
- 女性丧失生育能力：700,000[120]（50,870）
- 完全失明：500,000[121]（36,336）到 700,000[122]（50,870）
- 半身瘫痪：700,000[123]（50,870）到 1,500,000[124]（109,009）

最新的案例表明，严重伤害场合的抚慰金数额有了显著提高。已经有上诉法院作出的生效判决将抚慰金判决到了 2,000,000 奥地利先令（145,346 欧元）以上。[125] 奥地利最高法院在 2001 年就一宗因早产引发的严重的持续性损害事故判决支付抚慰金 2,085,778 奥地利先令（151,582 欧元）。[126] 其后，在 2002 年 4 月，最高法院判决

---

[113] OGH [1988] ZVR Nr. 98; [1989] ZVR Nr. 130.
[114] K. -H. Danzl/K. Gutiérrez-Lobos/O. F. Müller（上注99）S. 112 ff.
[115] E. Karner（上注96）S. 92.
[116] Oberlandesgericht (OLG) Innsbruck 10. 2. 1999, 4 R 258/98t.
[117] OLG Innsbruck 3. 10. 2000, 2 R 200/00d.
[118] OGH 14. 12. 1982, 2 Ob 148/81.
[119] OGH 30. 8. 1988, 2 Ob 89/88.
[120] OGH 20. 12. 1988, 2 Ob 61/88.
[121] OGH 20. 6. 1989, 2 Ob 74/89.
[122] OGH 8. 4. 1986, 2 Ob 14/86.
[123] OGH 8. 7. 1987, 8 Ob 49/87.
[124] 参见 OGH [1997] ZVR Nr. 66.
[125] 例如 OLG Wien [2001] ZVR Nr. 43. 就此亦参见 W. Kossak, [2001] ZVR, 227.
[126] OGH 6. 9. 2001, 2 Ob 201/01z.

向一位严重残疾的事故受害人支付抚慰金 218,218 欧元。[127]

5. 请求权人

69 原则上，必须由直接的受害人（或其继承人）直接行使因身体伤害而产生的全部赔偿请求权。这尤其也适用于亲属探望的费用或类似的、第三人在受害人治疗过程中所支出的费用。

70 当然，若直接受害人的近亲属亲眼目睹了其受伤或死亡或看到了相应的新闻，由此受到了惊吓，从而导致该近亲属本人的健康受到损害（例如患上反应性抑郁症），则该近亲属自己也享有抚慰金请求权。[128] 根据最新的判例，直接受害人的近亲属本人并未遭受健康损害时，也可以因失去亲人而就其精神痛苦获得赔偿；不过，这仅适用于加害人的行为至少存在重大过失的情形。[129] 相应的规则应当也适用于因为关系非常密切的同事或邻居遭受严重伤害而精神特别痛苦的情形。

6. 律师费

71 按照奥地利的诉讼法，民事诉讼中的败诉方应当按照胜诉方所支出的数额向其赔偿必要的代理费。不过，费用不是按具体支出的来计算，而是客观地根据法定收费标准进行计算。[130] 例外的场合，如果无法要求其他的赔偿，并且行使权利所需的费用是完全必须支出的，则在代理费以外可能还根据侵权法的基本原则判决赔偿行使权利所需的费用。

（六）死亡场合的赔偿请求权

1. 概述

72 受害人因身体伤害而死亡的，根据《普通民法典》第 1327 条的

---

[127] OGH [2002] ZVR Nr. 66.
[128] OGH [1995] ZVR Nr. 46；[1997] ZVR Nr. 75.
[129] [2001] ZVR Nr. 73 (Anm. E. Karner).
[130] 详见 M. Bydlinski, *Kostenersatz im Zivilprozeß* (1992).

规定，不但要赔偿全部费用，而且要就死者生前依法所应提供的、死者遗属因其死亡而丧失的扶养费，向死者遗属进行赔偿。这一规定涉及的只是因受害人死亡而产生的损害赔偿义务；因此，在这之外，对于死亡之前因身体伤害而造成的损害，仍适用《普通民法典》第1325条的规定。相应的规则也存在于危险责任的领域，参见如《铁路与机动车责任法》第12条。

《普通民法典》第1327条以及危险责任领域的相应规则具有特殊的意义，其原因在于，死者的遗属由此才获得对行为人的请求权，也就是说，由此获得损害赔偿法的保护。否则的话，遗属的赔偿请求权将无法加以解释，相反，行为人的行为只是违反了旨在保护死者身体完整性的保护义务，该保护义务原则上并不给与死者存在法律关系的第三人提供保护。[131] 由此，《普通民法典》第1327条所规定的损害以外的其他损害，第三人原则上无法主张赔偿，因为第三人只是"间接受害人"。[132] 这意味着，例如死者的近亲属无法以如下的理由来主张赔偿请求权：死者因为早逝而无法再增加其财产，由此，和死者之后自然死亡的场合相比，遗产少了很多。[133]

2. 全部费用

《普通民法典》第1327条规定了全部费用的赔偿，其所指的首先是丧葬费用。[134] 原则上，请求权人是那些承担了丧葬费用的人。[135] 对于近亲属而言，还应当赔偿其置办丧服的费用[136]、参加葬礼的路费[137]以及发布讣告的费用。这一法律规则是有意义的，其原因在于，

---

131 参见 H. Koziol, *Haftpflichtrecht II*（上注15）S. 146.
132 参见 OGH [71] SZ Nr. 5; R. Reischauer in Rummel, *ABGB II* (1992) § 1327 Rz. 2 und 4.
133 参见 OGH [44] SZ Nr. 39.
134 R. Reischauer in Rummel, *ABGB* II (1992) § 1327 Rz. 7.
135 参见 P. Apathy, *Kommentar zum EKHG* (1992) § 12 Rz. 4.
136 OGH [1999] ZVR Nr. 126.
137 F. Harrer in Schwimann, *Praxiskommentar ABGB* VIII (1997) § 1327 Rz 7.

否则的话，有可能因为因果关系的问题而无法成立赔偿义务：人必有一死，因而，行为人的行为并非丧葬费用产生的必要原因。[138] 当然，并不确定的是，若自然死亡的话，是否会由同一个人来承担这些费用。

75　　按照最近的判决，遗产分割程序所支出的费用无须予以赔偿。[139] 原则上，对于遗属获得法律咨询或法律代理所支出的费用，也同样不需要进行赔偿，因为这些涉及的是第三人的财产损害，对于这些人来说，行为人并没有从事什么不法行为，这些费用也不能归入有例外规定的扶养请求权。能请求赔偿的只有与扶养请求权有关的诉讼费用：遗属在对行为人提起的诉讼程序中胜诉的话，根据一般的费用赔偿规则，诉讼费用也应当向遗属进行赔偿（《民事诉讼法》第41条及其以下各条）。

3. 因丧失扶养而产生的请求权

76　　只有死者生前依法应提供或在将来本应为之提供扶养的那些遗属，才可以就丧失扶养向行为人请求损害赔偿。若死者只是基于合同约定或自愿而为某人提供扶养，则该被扶养人无法获得保护。[140]

77　　要赔偿的是遗属"因此而丧失的"东西。通说认为仅法定的被扶养人是请求权人，其结果必然是，扶养费也要按照依法所负担的扶养的标准来计算，而不是按照之前实际提供的扶养来计算。[141] 不过，自相矛盾的是，通说又支持按照之前实际提供的扶养来计算，[142] 当然，多数人认为应仅限于"实际提供的扶养与法定应提供的扶

---

[138] Winiwarter, *Kommentar* IV (2. Aufl. 1844) 587 就已经指出了这一点。

[139] OGH [1980] ZVR Nr. 240; H. Koziol, *Haftpflichtrecht* II（上注15）S. 149 f. 不同观点参见 R. Reischauer in Rummel, *ABGB* II (1992) § 1327 Rz. 10.

[140] [1992] JBl, 44; [1998] ZVR Nr. 20. 持批评意见的有 H. Koziol, *Haftpflichtrecht* II（上注15）s. 151 ff.

[141] 参见 H. Koziol, *Haftpflichtrecht* II（上注15）S. 156.

[142] OGH [1994] ZVR Nr. 90 und 129; F. Harrer in Schwimann, *Praxiskommentar* ABGB VIII (1997) § 1327 Rz. 15; R. Welser, *Bürgerliches Recht* II (12. Aufl. 2001) 315.

相差不大且有可能是合理的"的情形；也就是说，实际提供的内容在性质上必须仍然属于扶养。[143] 此外，与一般规则存在差异的还有，若死者之前实际提供的扶养少于其依法所应提供的扶养，则要按照法定的扶养来计算。[144]

要强调的是，扶养不应理解为仅仅是金钱给付，也可以是配偶为其提供家务劳动。从而，死者生前从事家务劳动的，死者的配偶也可以向行为人主张赔偿请求权。[145] 该请求权指向的是所丧失的家务劳动的金钱价值；[146] 即使死者的配偶没有聘请家政服务员来接手家务劳动，也应当进行赔偿。[147]

赔偿应由加害人以定期金的方式支付。在确定其金额时，也要考虑将来的收入增长：要确定的是，在将来，"按照事物的可预期的通常发展"，收入会变成什么样子。[148] 从而，定期金的数额可以适当地作不同的调整，根据具体的情况也可能会下调。有重要理由时，遗属可以要求一次性赔偿金而不是定期金，[149] 就此也要考虑加害人经济上的给付能力（参见《铁路与机动车责任法》第14条第3款）。

在估算赔偿数额时还要考察，死者的配偶一方是否因为死者的死亡而无须再提供扶养，也就是说，计算起来，死者的死亡是否给其带来了增益。[150]

---

143 参见如 *Ehe- und familienrechtliche Entscheidungen*（EFSlg）Nr. 29.44 und 51.523；[1998] ZVR Nr. 20；[2000] JBl, 115.
144 OGH [1967] ZVR Nr. 39.
145 OGH [1990] JBl, 723；[1993] ZVR Nr. 64；F. Harrer in Schwimann, *Praxiskommentar ABGB VIII*（1997）§ 1327 Rz. 17.
146 OGH [1978] ZVR Nr. 22.
147 参见 OGH [1981] ZVR Nr. 121. 这以客观抽象的损害赔偿计算方式来加以解释，参见 H. Koziol, *Haftpflichtrecht II*（上注15）S. 157；OGH [1993] ZVR 64.
148 OGH [1977] ZVR Nr. 134.
149 OGH [41] SZ Nr. 155.
150 OGH [1990] ZVR Nr. 50；F. Harrer in Schwimann, *Praxiskommentar ABGB* VIII（1997）§ 1327 Rz. 21.

81 　　死者对其死亡具有与有过失的话，有权获得扶养的遗属的赔偿请求权会因此减少数额（参见《铁路与机动车责任法》第7条第2款）：这里所涉及的虽然不是享有赔偿请求权的受害人的共同过失，即不是扶养权利人的与有过失，从而不能直接适用《普通民法典》第1304条，但是，应当认为，扶养义务人的未尽注意属于扶养权利人的风险范围，因而，其扶养义务人的与有过失也要由扶养权利人来承担。[151]

82 　　根据司法实务的主流意见，死者的遗属再婚的，其请求权根据《普通民法典》第1327条的规定终局性地消灭。[152] 学说则持与之相反的立场，认为：新的配偶所提供的扶养不足时，在该不足的范围内，遗属的请求权应当仍然存在。[153]

4. 抚慰金请求权

83 　　在讨论"抚慰金请求权"的话题时，需要区分两个问题：一方面是死者的请求权应如何处理，另一方面涉及遗属自身的请求权。在1996年的司法实务转向之后，第一个问题得到了简单而明确的回答：受害人因可归责的行为而在死亡之前遭受痛苦，并由此在死亡时享有对加害人的抚慰金请求权的，其请求权移转给其继承人。[154] 换句话说，抚慰金请求权可以继承；在受害人死亡之后，抚慰金请求权由谁享有，要根据继承法的规则来判断。

84 　　近亲属因为失去亲人而遭受的精神痛苦，则涉及另一个完全不同的问题：加害人的行为虽然因为损害了死者的身体完整性而构成

---

[151] OGH [1981] JBl, 265; A. Kletečka, *Mitverschulden durch Gehilfenverhalten* (1991) S. 83 f.; H. Koziol, *Haftpflichtrecht* I (上注13) Rz. 12/80 ff.; R. Reischauer in Rummel, *ABGB* II (1992) § 1327 Rz. 35.

[152] OGH [53] SZ Nr. 155; [60] SZ Nr. 249; [1990] ZVR Nr. 86.

[153] P. Apathy, Schadensersatz wegen entgangenen Unterhalts und Wiederverheiratung, [1983] JBl, 397; F. Harrer in Schwimann, *Praxiskommentar ABGB* VIII (1997) § 1327 Rz. 45.

[154] OGH [69] SZ Nr. 217; 就此亦参见 W. Jelinek, Die Persönlichkeit des Verletzten und das Entstehen des Schmerzengeldanspruchs, [1977] JBl, 1.

不法，或者虽然加害人根据危险责任的规则而应就死者的死亡承担责任，但遭受精神损害的却是第三人。就如所违反的法律规范的保护范围被认为原则上不包括第三人所受财产损失一样，在奥地利，第三人所受的精神损害也不能被归入规范的保护范围。[155] 进一步说，《普通民法典》第 1327 条为第三人所规定的例外仅是其所丧失的扶养请求权，但并未为第三人规定其因死者死亡而遭受的精神损害。当然，这导致了 F. 比德林斯基（F. Bydlinski)[156] 所描绘的令人印象深刻的、让人吃惊的结果：一条狗死亡后，行为人的过错符合特定要件的话，所有权人都能够就其精神损害（即丧失了其特别珍视的东西）请求赔偿（《普通民法典》第 1331 条）；父母失去了孩子，却不能请求精神损害赔偿。

这样的结果显然与价值观念不符，因而某些学者对其给予了有力的批评，[157] 奥地利最高法院则总是对这些批评意见给予充分的考虑。第一步，对于自己共同经历了近亲属的受伤或死亡并因受惊吓而遭受健康损害的人，[158] 最高法院承认其享有抚慰金请求权。[159] 其依据在于，按照《普通民法典》第 1325 条，行为人除对其近亲属的死亡承担责任外，还要对其本身所受的身体伤害承担责任，因而应当

---

155 就此参见 F. Bydlinski, Der Ersatz ideellen Schadens als sachliches und methodisches Problem, [1965] JBl, 246 und 251; R. Reischauer in Rummel, *ABGB* II (1992) § 1325 Rz. 1; H. Koziol, *Haftpflichtrecht* I（上注 13）Rz. 11/11; E. Karner/H. Koziol（上注 98）Rz. 16 ff.

156 F. Bydlinski, [1965] JBl, 246.

157 参见 H. Koziol, *Haftpflichtrecht* I（上注 13）Rz. 11/11; E. Karner（上注 96）S. 101; ders., Rechtsprechungswende bei Schock- und Fernwirkungsschäden Dritter? [1998] ZVR. 183; ders., Schmerzengeld für Angehörige, [2001] *ecolex*, 37. 亦参见 Ch. Huber, Antithesen zum Schmerzengeld ohne Schmerzen—Bemerkungen zur objektiv-abstrakten und subjektiv-konkreten Schadensberechnung, [2000] ZVR, 229 f.

158 OGH [1995] ZVR Nr. 46; [1997] ZVR Nr. 75; 亦参见 E. Karner, [1998] ZVR, 182 ff.

159 对于事故发生时 8 岁大的一个小孩所遭受的心理创伤，给予一笔数额为 200,000 奥地利先令（近 15,000 欧元）被认为是适当的。

给予抚慰金。第二步是，对于没有直接共同经历近亲属的死亡，但因其死讯而遭受惊吓并造成疾病的人，也承认其抚慰金请求权。[160] 不久前，也就是 2001 年 5 月 16 日，奥地利最高法院[161]作了极具意义的进一步尝试。最高法院宣布，即使本身并未遭受《普通民法典》第 1325 条意义上的健康损害并造成疾病，在加害人有重大过失或故意的场合，也应就丧失近亲属而获得精神损害赔偿。仅仅是在轻微过失或危险责任的场合，可归责性才没有达到必要的程度。

（七）赔偿的范围与方式

1. 基本规则

86　　《普通民法典》第 1323 条、第 1324 条规定，赔偿义务的内容取决于过错的程度：在轻微过失的场合，仅赔偿积极损害。到了重大过失的程度，才进行"完全赔偿"；"完全赔偿"包括全部利益的赔偿，这也包括"消除所造成的伤害"，后者无疑应当理解为是精神损害的赔偿。[162] 此外，《普通民法典》第 1332 条规定，在轻微过失的场合，仅赔偿所损害的物的"一般价值"，即应当进行客观的、抽象的计算；与之相反，在重大过失和故意的场合，则要以按主观计算的利益为准。[163] 该法并进一步规定，只有当"回复至之前的状态"不可能或行不通时，才要以金钱的形式对损害进行赔偿；从而，应当首先考虑恢复原状。

87　　当然，对于人身伤害的领域而言，这些一般规则意义不大，因

---

[160] OGH［2001］ZVR Nr. 52（Anm. E. Karner）.
[161] OGH［2001］ZVR Nr. 73（Anm. E. Karner）.
[162] 就此参见 H. Koziol, *Haftpflichtrecht* I（上注 13）Rz. 11/3 ff. 该处并提供了更多的例证。
[163] 就此详见 H. Koziol, *Haftpflichtrecht* I（上注 13）Rz. 10/1；ders., Characteristic Features of Austrian Tort Law, in H. Hausmaninger et al.（Hrsg.）, *Developments in Austrian and Israeli Private Law*（1999）S. 168 ff.

为特殊规则规定了与一般规则不同的内容，这些内容一方面考虑到了受侵害的法益的特殊意义，另一方面也考虑到了精神损害（痛苦）毕竟在一定程度上具有客观化的可能性。[164]《普通民法典》规定了第1325条身体伤害场合赔偿的基本规则，有关危险责任的各个单行法以及产品责任法也规定了完全相似的规则（参见如《铁路与机动车责任法》第13条、《产品责任法》第14条）。此处需要强调的是，过错责任和危险责任的这种广泛一致性特别也涉及精神损害的赔偿。

2. 损害赔偿的方式

如上文所述，《普通民法典》第1323条规定以恢复原状优先。在身体伤害的场合，一般来说无法由加害人来恢复原状，因此这里只涉及金钱赔偿的问题。至于通过一次性赔偿金还是定期金来进行赔偿的问题，对于已经发生了的损害或者已经可以预见其内容的损害而言，不存在任何困难：赔偿原则上应当一次性支付。与之相反，在持续性损害的场合，则困难一些；《普通民法典》没有规定应当以定期金还是一次性赔偿金的方式对受害人给予赔偿。

首先讨论财产损害。对于财产损害，在各个单行法中总是能够找到更为直接的规则。例如，《铁路与机动车责任法》第14条第1款就规定，对于将来的损害即劳动能力降低、费用增加以及扶养请求权丧失，要通过支付定期金的方式给予赔偿。[165] 这一规则也适用于以《普通民法典》为依据的请求权。[166] 定期金也符合一般的基本原则，因为，只有在损害发生了以后，才可以进行损害赔偿，而收入损失或者费用增加，要在将来才会发生。不过，《铁路与机动车责任

88

89

---

164 上文边码49及其以下已经作了说明。
165 根据《铁路与机动车责任法》第14条第2款，这一定期金应当按月预先支付。
166 OGH［67］SZ Nr. 135; 2 Ob 68/95; 亦参见 E. Kunst, Der Kapital- und Rentenschaden in der Haftpflicht und Haftpflichtversicherung, ［1978］ZVR, 65.

法》第 14 条第 3 款也规定，如果赔偿义务人有一次性支付的经济能力，则赔偿权利人基于重要理由可以要求一次性赔偿金。同样的规则被认为也可以适用于以《普通民法典》为依据的请求权。[167]

90　　对于持续性的收入减少或者持续性的发生费用，要判决支付定期金；[168] 若预计不会再有好转，则要支付终身定期金或者更确切地说直至受害人达到退休年龄。[169] 情况发生变化的，受害人或加害人都可以就对其有利的变化加以主张。[170] 在确定应支付给受害人的定期金的数额时，应使受害人最终能够支配的净值与其继续从事职业时的净值相同（净损）。[171] 损害发生时受害人尚未获得收入的，则要考虑可能的发展情况。在未成年的受害人因受伤害而丧失劳动能力的场合，要判断其本会从事何种职业、本可以取得什么样的收入，当然会面临巨大困难。司法实践在考虑受害人的能力与打算的同时，也考虑其父母的职业。[172] 若不存在具体的收入损失，从而要支付抽象的定期金，则其数额要根据职业阶层的典型特征来确定，就此也要考虑受害人所受的教育和能力以及经济环境特别是劳动力市场供需关系。[173]

91　　若就将来的损害判决给予一次性赔偿金，则应考虑若不进行一次性赔偿的话所应支付的定期金，并考虑劳动能力降低预计将持续

---

[167] OGH［1990］ZVR Nr. 121；［67］SZ Nr. 135；［68］SZ Nr. 90；［71］SZ Nr. 5；F. Bydlinski（上注 85）S. 50 ff.；H. Koziol, *Haftpflichtrecht* II（上注 15）S. 134.

[168] OGH［1963］ZVR Nr. 67.

[169] OGH［1964］ZVR Nr. 228；［1985］ZVR Nr. 46.

[170] OGH［1971］EvBl, Nr. 120；［1994］ZVR Nr. 94；［1998］JBl, 454；［1998］ZVR Nr. 21 und 94.

[171] OGH［1961］ZVR Nr. 81；［1998］ZVR Nr. 21 und 144.

[172] 参见 OGH［1966］EvBl, Nr. 354；［1981］ZVR, Nr. 218；OGH 20. 1. 2001, 2 Ob 16/01v.

[173] 最高法院非常奇怪地原则上只判决一笔仅相当于收入减少数额一半的定期金，参见 OGH［1982］ÖRZ, Nr. 9；［1984］ZVR Nr. 48. 学者所给予的正确批评参见 R. Reischauer in Rummel, *ABGB* II（1992）§ 1325 Rz. 34.

的时间长度；也就是说，是要将定期金折算为一笔一次性的资金。[174] 由此，其数额将必然在很大程度上取决于对可能性的判断，这不但涉及健康状况的发展以及与之相应的劳动能力的变化，也涉及所处环境的改变（劳动力市场、工资水平变化等等）。从而，一次性赔偿金很难与真正发生的损害保持一致。

至于将来所发生的精神损害，法律则未规定其应以定期金还是一次性赔偿金来赔偿。赞成以定期金赔偿的观点认为，原则上仅在损害发生之后才应予赔偿；此外，数额的确定不应依赖于不具确定性的诊断，而应当可以根据实际情况进行调整。不过，按照通说，抚慰金应为一笔一次性的、整体衡量后判定的赔偿金，仅在例外的场合才判决定期支付抚慰金。[175]

3. 免赔额以及最高限额

在《普通民法典》所规定的过错责任的领域，对于财产损害和抚慰金，都既不存在免赔额（*Selbstbehalt*）*，也不存在最高限额。当然，在危险责任的领域，大多数法律都规定了最高限额。责任人根据《铁路与机动车责任法》在受害人死亡或受伤时所应承担的责任的限额为，每年支付定期金 17,520 欧元，或者一次性赔偿金 292,000 欧元。这一限额既包括了财产损害，也包括了抚慰金。以最高限额来对危险责任进行限制的方式，受到了有力的批评。[176] 立法者在其后有关危险责任的立法中注意到了这些批评，并且没有再规定

---

* OGH [1989] ZVR Nr. 107.

175 就此更多的例证参见 K.-H. Danzl/K. Gutiérrez-Lobos/O. F. Müller（上注99）S. 187 ff. 反对以定期金方式支付的理由有，程序并未结束，受害人总是必须不断地对损害与后果加以证明；重新核定数额的机会又蕴藏着使人陷入心理病态的危险，让人总是去想着要主张权利（die Gefahr begehrungsneurotischer Fixierungen），而不是积极地去战胜命运（Bewältigung des Schicksals）。参见 E. Karner（上注96）S. 150 f.

176 "Selbstbehalt"一词，直译为由受害人自行负担的部分。——译者注

176 H. Koziol, *Haftpflichtrecht* I（上注13）Rz. 6/24 ff.；E. Karner（上注96）S. 27 ff.

最高限额。[177] 奥地利有关人身伤害的法律没有规定免赔额，《产品责任法》第2条中所规定的最低损失额（*Schwellenbetrag*）仅适用于对物的损害**。

4. 利息

94 　　根据《普通民法典》第1333条，债务人迟延履行其所负的支付义务时应向债权人支付利息；在民法领域，利率为4%。《普通民法典》第1333条所规定的是客观迟延，也就是说不以过错为要件；学者认为，其依据的是不当得利法的理念。[178] 这一观点是正确的，其原因在于，客观的损害计算系基于权利行使的思想（*Rechtsverfolgungsgedanke*），其出发点是，在损害发生之时，赔偿请求权就取代了被侵害法益的位置，并且，赔偿请求权在损害发生之时就已到期，因而从这时起就应当计算利息。[179] 与之相反，在就主观估算的损害（可得利益）主张权利时，债务在主张权利之后才到期；利息相应地也就从这时才开始计算。[180] 在定期金债务的场合，在未信守所确定的到期时间时，才开始支付迟延利息。[181]

（八）责任保险对于受害人的意义

1. 概述

95 　　任何一种责任保险，特别是那些强制规定的责任保险，都有两

177　参见如1994年《基因技术法》、1999年的《原子能责任法》、1999年的《矿物原料法》。

178　奥地利《产品质量法》第2条规定，对物的损害，只有在损失超过500欧元时，才给予赔偿。——译者注

178　W. Wilburg, Zur Lehre von der Vorteilsausgleichung, [82] *Jherings Jahrbücher*, 147; OGH ** [1998] JBl, 312.

179　参见 H. Koziol, *Haftpflichtrecht* I（上注13）Rz. 15/6.

180　H. Koziol, *Haftpflichtrecht* I（上注13）Rz. 15/8.

181　H. Koziol, *Haftpflichtrecht* I（上注13）Rz. 15/7.

个方面的好处：一方面，保险确保受害人能够实现其对加害人的损害赔偿请求权，另一方面，保险在很大程度上避免赔偿责任给责任人带来的经济后果（这往往是毁灭性的）。[182] 反之，保险的缺点则在于，损害赔偿法的预防效果因责任保险而大打折扣；当然，通过责任保险的相应安排（免赔额、惩罚性积分体系、保险费提高），可以在很大程度上避免这一负面效果。[183]

2. 强制责任保险

强制责任保险属于保险法制度中的一个例外。强制责任保险特别是规定在引入了特殊危险源的场合，在这种场合，首先要考虑的因素是损害发生的可能性、预计会发生的损害的严重程度以及面临危险的法益（特别是人的生命与健康）的位阶。《保险合同法》（VVG）仅在第 158b 条至第 158i 条中对强制责任保险作了特殊规定。对于受害人而言，《保险合同法》第 158c 条尤其具有意义：即使保险人对投保人不负给付义务，也仍然在强制最低保险金额内对受害人承担给付义务。[184] 保险人也不得向受害人主张扣除应支付的到期保险费（《保险合同法》第 158g 条）。不过，《保险合同法》第 152 条所规定的风险排除规则也适用于受害人：投保人故意造成损害发生的，保险人不承担责任。[185]

实践中极具意义的是针对机动车行驶的强制责任保险；[186] 其系基于欧洲有关机动车强制责任保险的公约。根据《机动车法》（KFG）第 36 条第 4 项，针对所有因机动车使用而发生的损害投保法定最低

---

[182] 参见 M. Hübsch in H. Honsell (Hrsg.), *Berliner Kommentar zum Versicherungsvertragsgesetz* (1999), § 158b Rz. 5.

[183] 参见 H. Koziol, *Haftpflichtrecht* I（上注 13）Rz. 1/17.

[184] 参见 M. Schauer, *Das Österreichische Versicherungsvertragsrecht* (3. Aufl. 1995) S. 412.

[185] 参见 M. Schauer（上注 184）S. 413.

[186] M. Hübsch（上注 182）§ 158b Rz. 12 ff. 对德国与奥地利的机动车保险法之间的差异作了综合讨论。

限额以上的责任保险,是允许机动车在公共道路上行驶的前提条件。[187] 该责任保险必须覆盖对机动车的所有人、基于所有人的同意而使用机动车的人以及车内全部乘车人的请求权(《机动车责任保险法》第 2 条第 2 款)。

98　　如前所述,驾驶人和所有人都可能根据《普通民法典》承担无限制的过错责任,所有人也可能根据《铁路与机动车责任法》承担无过错责任,但该责任受到最高限额的限制。强制的最低保险金额以《铁路与机动车责任法》所规定的责任最高限额为依据。法律针对不同的机动车类型规定了不同的最低保险金额(《机动车责任保险法》第 9 条)。目前,机动车的最低保险金额原则上为 1,090,092 欧元;19 座(乘客座位)以内的公共汽车的最低保险金额为 2,180,185 欧元,每增加 5 个座位则最低保险金额增加 545,046 欧元。[188] 此外,对于危险物品的运输有特殊的规则。不过要强调的是,保险合同所约定的保险金额往往都远高于法定的最低保险金额。[189]

99　　在法律规定了投保义务但义务人没有投保的场合,为了给交通事故受害人的赔偿提供保障,《交通事故受害人保障法》(VerkOG)第 2 条第 1 款第 1 项规定由保险行业协会承担这些损失。每个保险企业应当将其保费收入的一定比例的资金交由协会支配(《交通事故受害人保障法》第 1 条第 4 款)。无法查明事故车辆时,或者保险人因投保人故意造成损害发生而拒绝赔付时,或者保险企业破产时,

---

[187] 仅对公法上的较大的地方公共团体(Gebietskörperschaften)设有例外(《机动车法》第 59 条第 2 款)。
[188] 按照司法部所提出的一项法律草案,这一金额应提高至每辆机动车 300 万欧元(每辆公共汽车 600 万欧元,每增加 5 个座位则增加 1.5 万欧元)。
[189] 根据维也纳市政保险公司(Wiener Städtischen,奥地利一家主要的保险公司)提供的信息,其客户中,大约有 70% 所订立的保险合同的保险金额超过了最低金额(http://www.wienerstaedtische.at/mobilitaet/kfzhaftpflicht/index.php3)。

也适用同样的规则。[190]

对于航空事故,也规定了强制责任保险:一方面,根据《航空法》第163条,飞机或者自带动力的航空模型的保有人必须投保责任保险,责任保险所针对的是给航空器所运输的人或物以外的其他人员或财物造成的损害。保险金额必须达到《航空法》第149条所规定的责任最高限额。[191] 另一方面,保有人必须为每位乘客投保针对舱内事故的保险,死亡或持续性丧失劳动能力情形的最低保险金额为550,000奥地利先令(39,970欧元)(《航空法》第164条第1款);在对事故进行保险赔偿后,损害赔偿请求权消灭(《航空法》第164条第3款)。此外,针对乘客的损害赔偿请求权,保有人还必须为每位乘客投保金额不少于3,000,000奥地利先令(218,019欧元)的责任保险,航空公司必须为每位乘客投保金额至少为5,000,000奥地利先令(363,364欧元)的责任保险(《航空法》第164条第5款)。

100

根据1999年的《原子能责任法》第6条第1款,核设施的运营企业必须为其责任投保责任保险;保险期限必须持续至运营结束后至少十年。针对每次保险事故的保险金额必须至少40,600,000欧元,此外,针对利息的保险金额必须至少4,060,000欧元。同样,针对其他责任保险所未覆盖的危险,核材料的承运人必须投保每次保险事故的保险金额不少于4,060,000欧元的责任保险(《原子能责任法》第7条)。

101

此外,《管道线路法》规定了管道线路的保有人投保责任保险的

102

---

[190] 在这种场合,所应支付的金额不应超过全部保险的保费收入的0.5%(《交通事故受害人保障法》第2条第5款)。
[191] 责任最高限额根据航空器的重量而分为不同的等级,对于最大重量在20 kg以下的航空模型,最高限额为12,000,000先令(872,074欧元),对于最大重量不超过14,000 kg的航空器,最高限额为900,000,000先令(65,405,550欧元)。这一数额中的三分之一用于财产损害的赔偿,三分之二用于人身伤害的赔偿。

义务。

103　　根据《产品责任法》第 16 条，产品的生产者或进口者负有按照诚信交易中通行的方式和范围投保保险的义务，以确保其能够履行《产品责任法》所规定的损害赔偿义务。不过，这里也允许以其他的适当方式来保障损害赔偿请求权的实现。因此，该法所规定的并不属于本来意义上的强制责任保险，但其属于强制责任保险的一种变形。[192]

104　　基因工程的营运人也是如此：营运人应当要么投保保险，要么以其他的适当方式，来保障其损害赔偿义务的履行（《基因技术法》第 79j 条）。保险金额取决于危险的程度，数额在 9,800,000 奥地利先令（712,194 欧元）与 56,000,000 奥地利先令（4,069,679 欧元）之间。

3. 受害人的地位

105　　在责任保险的场合，受害人原则上并不享有对保险人的直接请求权；对于强制责任保险也是如此（《保险合同法》第 158 条第 5 款）。不过，《机动车责任保险法》第 26 条为机动车责任保险规定了一个实践中极具意义的例外：受害人可以直接向保险人主张其赔偿请求权；机动车的保有人和保险人承担连带责任。类似的规则也适用于航空器的责任保险（《航空法》第 166 条）。

106　　但是，在受害人对保险人不享有直接请求权的场合，法律也以特殊的方式给受害人提供保护：[193] 投保人处分其对保险人所享有的债务清偿请求权的，其处分对受害人不发生效力（《保险合同法》第 156 条第 1 款）；投保人的其他债权人要求对该请求权采取执行措施的，对受害人也不发生效力。在投保人破产的场合，以该请求权优先向受害人进行清偿（《保险合同法》第 157 条）。

192　参见 M. Schauer（上注 184）S. 392，该处提供了更多的例证；并参见 M. Hübsch（上注 182）§ 158b Rz. 2.

193　就此参见 M. Schauer（上注 184）S. 410 ff.

（九）国际私法

根据《有关国际私法的联邦法》（IPRG）第48条第1款，如果各个当事人与其他国家的法律之间不存在共同的更为紧密的关系，则侵权损害赔偿请求权原则上适用行为地法（*lex loci delicti*）。[194] 由此所适用的实体法适用于赔偿请求权的从责任构成要件到法律后果的所有方面。[195]

在单行法所规定的例外规定[196]之外，最重要的是国际条约中所规定的特殊规则。[197] 就此特别需要强调的是《关于道路交通适用法律的海牙公约》（StVA），[198] 其第3条就所有赔偿请求权首先指向事故发生地法。只有当事故仅涉及单辆机动车或者事故中的所有机动车都登记在同一个国家时，才适用机动车登记国的法律；有乘客和第三人受伤时，只有当乘客和第三人在事故发生国没有经常居住地时，才适用这一规则（《关于道路交通适用法律的海牙公约》第4条）。

二、案例

（一）案例1

P可以根据《铁路与机动车责任法》的规定向涉案卡车的所有

---

[194] 基本内容参见如 M. Schwimann, *Internationales Privatrecht* (3. Aufl. 2001) S. 71 ff.
[195] 这是否也适用于侵权能力，仍存在争议，不过应当要给予肯定的回答；参见 H. Koziol, *Haftpflichtrecht* I（上注13）Rz. 19/3 ff.
[196] 例如《原子能责任法》第23条（根据该条，受害人损害发生时位于奥地利境内的，也可以选择适用奥地利的法律）。
[197] M. Schwimann（上注194）S. 71－75.
[198] M. Schwimann（上注194）S. 72－74.

人 D1 请求损害赔偿，因为案件涉及的是机动车行驶过程中所发生的事故，并且显然不存在什么不可避免的意外事件。D2 作为卡车的驾驶人，可能要根据过错责任的一般原则自行承担赔偿义务，此时 D2 的过错要根据一般的卡车驾驶人的注意标准（而不是按照其主观能力的标准，主观能力的标准可能比一般注意标准要低）来进行判断。根据《铁路与机动车责任法》第 19 条第 2 款，D1 作为卡车的保有人不但要就卡车的运行危险承担责任，而且还要根据《普通民法典》对 D2 的过错承担无限责任，因为 D2 是在 D1 明知的情况下、按照 D1 的意愿驾驶卡车。若 D1 和 D2 都负有赔偿义务，则二人承担连带责任。

110　　首先 P 可以根据《铁路与机动车责任法》第 13 条[199]（该条与《普通民法典》第 1325 条及其以下一条相当）请求全部医疗费用的赔偿。[200] 在这之外，因伤害而给 P 增加的全部费用，也应对 P 进行赔偿，例如轮椅的费用、为住宅加装残障设施所需费用以及在必要时购置一辆残疾人汽车的费用。此外，聘请一位必要的护理人员的费用也应予赔偿。

111　　对 P 的收入损失也应予赔偿，此处的问题在于，若不发生事故的话其将来的收入水平会是什么样，因为其尚未真正开始工作。如果从其家庭条件及其到事故发生时止所受的教育程度来看，P 完成其所计划的医学专业的学习并非不可能，那么，完全可以考虑从通

---

[199] 《铁路与机动车责任法》第 13 条规定："在身体或健康遭受损害的场合，应当赔偿：1. 对受害人进行救治或尝试进行救治所花的费用；2. 受害人因此而遭受的、因伤害而暂时性或永久性地丧失或降低劳动能力导致的财产损害；3. 因必需品增加而产生的费用；4. 适当的抚慰金；5. 在容貌毁损的场合，受害人的更好前途因容貌毁损而可能面临阻碍的，也应赔偿适当的抚慰金。"

[200] P 一般应受到社会保险的保障，因此，这些费用当然要由社会保险机构预先支付，然后 P 就这些费用所享有的请求权根据《普通社会保障法》第 332 条的规定移转给社会保险机构（就此参见上文边码 6 及其以下）。

常预计开始工作时起按照医生的平均收入水平来计算赔偿数额。[201]

按照目前的判例法,应判决向 P 赔偿的抚慰金的金额最高可达 3,000,000 奥地利先令(218,218 欧元)。此外,P 根据第 1326 条的规定就容貌毁损享有赔偿请求权。[202]

若 D2 不存在过错,从而仅涉及《铁路与机动车责任法》所规定的危险责任,则根据《铁路与机动车责任法》第 15 条,D1 的赔偿请求权最高限额为 292,000 欧元(或者每年支付的定期金最高 17,520 欧元)。

按照最新的判例,死者的近亲属因经历死亡事故或看到事故新闻而遭受惊吓并造成疾病的,还可以就其自身所遭受的损害主张权利。[203] 这应当也能适用于本案这样的严重伤害。同时,负有抚养义务的父母本身可以就其已经提供的和还应提供的抚养请求赔偿,直至未发生事故的话预计 P 将会取得独立生存能力的时间点,只要这些费用并未因所支付给 P 的赔偿而获得折抵。[204]

(二) 案例 2

1. D1 基于其与 P 之间的医疗合同应当承担责任(就此要考虑其辅助人 D2 的过错程度而减轻 D1 的责任),D2 本人则仅就其自身的构成侵权的过错行为承担责任。根据《普通民法典》第 1298 条,对 D2 的行为要按照客观标准来进行判断。[205] 也就是说,D2 必须尽到的

---

[201] R. Reischauer in Rummel, *ABGB* II (1992) § 1325 Rz. 22 ff. (insbes. 23); OGH [1966] EvBl Nr. 354.
[202] 例如 OGH [1986] ZVR Nr. 77; [1989] ZVR Nr. 119 (S. 206).
[203] OGH 2 Ob 79/00g; 2 Ob 136/00i.
[204] R. Reischauer in Rummel, *ABGB* II (1992) § 1325 Rz. 14; 对判例的列举参见 H. Koziol, *Haftpflichtrecht* I (上注 13) Rz. 13/18 in Fn. 60.
[205] 参见上文边码 28。

注意的标准是,"在所处具体情形中可以期待一个正直的、负责任的普通医生所能尽到的注意"。[206]

116 除(因并发症而导致的)医疗费以及适当的抚慰金[207]之外,P 还能就其聘请家政服务人员所需的费用请求赔偿(即使其实际上并没有聘请家政服务人员)。[208]

117 原告的家人本身并不对 D1 或 D2 享有请求权。[209]

118 2. 若无法清楚地证明原告所受并发症系源于被告的手术医生的过错行为还是源于原告自身的体质,某些学说和判例[210]主张,如果被告的"行为有着具体的危险,在很大的程度上足以造成损害发生"[211],则应由原告和被告分担损害。若 D2 的过错行为(即未尽注意的行为)正好可能会导致这种类型的并发症的发生,且 D2 尽到了注意的话原告自身的体质不会导致并发症的发生,则要根据可能性的具体程度来分担损害。

(三) 案例 3

1. 死者遗孀及其女儿的请求权

119 在 S 活着的时候,其妻子显然没有从事职业,而是在家里从事家务,从而,根据《普通民法典》第 94 条第 2 款的规定对其丈夫享

---

[206] R. Dittrich/H. Tades, *ABGB* (35. Aufl. 1999) § 1299 E. 199; OGH[67]SZ Nr. 9;[68]SZ Nr. 207;[69]SZ Nr. 199.

[207] 案例所给出的事实情况不多,因此要对可能判决的数额进行估计似乎很困难,但数额可能会在 25,000 欧元上下;参见 OLG Innsbruck 15. 5. 1998 4 R 55/98i.

[208] 就此参见上文边码 57。

[209] 关于请求权人的认定,亦参见 R. Reischauer in Rummel, *ABGB* II (1992) § 1325 Rz. 17.

[210] OGH[1990]JBl, 524 (krit. Anm. W. Holzer); 未下定论的有 OGH[1986]JBl, 576 (Anm. E. Deutsch). A. M. OGH[1992]JBl, 522;[1994]JBl, 540 (Anm. R. Bollenberger).

[211] H. Koziol, *Haftpflichtrecht* I (上注 13) Rn. 3/31, 3/38. (参见上文脚注 22 和边码 18,原文为"16",疑为笔误。——译者注)

有扶养请求权。按照判例,没有收入来源的配偶的扶养请求权一般按照扶养义务人的纯收入的33%计算;每多一个应抚养的孩子,这一数额相应减少三到四个百分点。[212] 如果所提到的20,000欧元为S的毛收入,那么,S所提供的扶养远远超出了其法定所应提供的扶养:在每月支付的现金5,000欧元之外,S又还提供了实物(住房、食物、度假居住地),因此,纯收入大概在11,500欧元左右的话,S所提供的扶养远远超过了纯收入的30%。即使20,000欧元是S的纯收入,S所支付的扶养也仍然超过了33%的水平。此外要注意的是,在扶养义务人收入非常高的情形,应支付的扶养费的比例要予以降低,[213] 因为,否则的话,有一部分金额就不再属于扶养费,而是在增加被扶养人的财产;但是死者的遗属仅就死者无法再为其提供具有扶养性质的扶助享有请求权。[214]

关于因扶养丧失而产生的请求权,奥地利最高法院[215]这样计算损害:首先要从死者的纯收入中扣除固定的家务费用;扣除之后,按照相应的比例将死者生前的收入在死者的遗孀和子女之间进行分配。固定的家务费用在死者死亡之后也不减少的话,则整个应视为是对遗属的扶养费。有争议的是,这笔固定费用是应当全部判决给遗孀还是在所有的遗属之间进行分配。[216]

对于此处所讨论的案例,判例中没有类似的案子。按照上述的

---

[212] 参见 OGH [66] SZ Nr. 167; M. Schwimann in Schwimann, *Praxiskommentar ABGB I*² (1997) § 94 Rz. 21. 对此持批评态度的参见 Lackner, Gleichbehandlung im Unterhaltsanspruch der Ehegatten? [1992] ÖRZ, 62; F. Kerschner, Gesellschaftspolitische Tendenzen in der Zivilrechtsjudikatur, [1995] ÖRZ, 272, 这两篇文章主张对半分。

[213] M. Schwimann in Schwimann, *Praxiskommentar ABGB I*² (1997) § 94 Rz. 22.

[214] [1998] ZVR Nr. 20.

[215] [1958] JBl, 508; [1998] ZVR Nr. 46. 另参见 H. Koziol, *Haftpflichtrecht* II(上注15)S. 158 f.

[216] 主张在全部遗属之间进行分配的,参见 [1970] JBl, 146; 主张分别作出判决的,参见 [1974] *Zeitschrift für Arbeits- und Sozialrecht* (ZAS), Nr. 22; EFSlg Nr. 33.813.

基本原则，遗孀大概可以请求 7,000 欧元。

122　　在 S 死亡之时，其女儿同样对其享有抚养请求权。法定的抚养既要考虑父母的生活条件，也要考虑子女的素质、能力和发展机会（《普通民法典》第 140 条第 1 款）。其在时间上并无死板的限制，而是直至子女获得独立生存能力时止（《普通民法典》第 140 条第 3 款）。虽然抚养要根据具体情况来确定，但法院还是参照一定的标准。一方面，根据年龄的不同，抚养费的金额为纯收入的 16% 至 22%；[217] 另一方面，最高不超过平均生活费的 2.5 倍。[218] 平均生活费按照年龄分为不同的等级；在 2001 年，10 岁至 15 岁的平均生活费为 3,830 奥地利先令（278 欧元），15 岁至 19 岁的为 4,510 奥地利先令（328 欧元），19 岁至 28 岁的为 5,680 奥地利先令（413 欧元）。

123　　案件事实中没有提到 S 给其女儿提供什么特别的东西，其女儿就抚养丧失而享有的赔偿请求权的数额为：15 岁以前，纯收入的 20%，最高 695 欧元；15 岁至 19 岁，22%，最高 819 欧元；其后，同样是 22%，不过最高限额为 1,031 欧元。定期金应支付至其女儿获得独立生存能力时止。什么时候才算获得独立生存能力时，取决于其女儿是继续读大学，还是不再继续读书而是开始工作。

2. S 的共同过失的影响

124　　如前所述，按照通说，死者就其死亡所具有的共同过失，应类推适用《普通民法典》第 1304 条的规定，在确定遗属因丧失扶养而享有的损害赔偿请求权的数额时予以考虑。这意味着，若加害人与死者的过错程度大体相当，则遗属仅能获得一半的赔偿。

217　关于最近的案例，参见 OGH［1999］JBl, 182. 详情另参见 M. Schwimann, *Unterhaltsrecht* (2. Aufl. 1999) S. 40 f.; Pichler in Klang, *ABGB*³ (2000) § 140 Rz. 14; J. Stabentheiner in Rummel, *ABGB* I (2000) § 140 Rz. 5c.

218　参见 OGH［1997］JBl, 384；［1998］EvBl Nr. 202；M. Schwimann（上注 217）S. 33.

比利时的人身伤害赔偿

赫尔曼·库西 迪米特里·德罗斯绍特

一、基本问题

(一) 侵权法与社会保障法

比利时社会保障体系的保护范围 ——比利时社会保障体系不仅针对人身伤害的后果进行保护,它还保护更广的利益(如休假利益)。本文着重讨论该体系针对人身伤害的后果进行保障的那些部分。下面,让我们对比利时的社会保障体系做一下简要的概述。

职业分类的意义 ——在所谓"俾斯麦"方式的影响下,比利时的社会保障法将受益权按不同的职业身份来分类。它在三个不同的职业类型之间做了区分:受雇者、自雇者和公务员。除特别说明之外,本文以受雇者的保障作为出发点,同时在适当的时候,简单解释其他职业领域的不同之处。

社会保障的不同方面 ——受雇者可从社会保障体系获得的利益通常分为五个方面。第一个方面是所谓的职业风险(工伤和职业病)。第二个方面是公共健康保险(医疗和残疾福利)。第三个方面涉及家庭利益的赔偿。第四个方面是处理失业保险。第五个方面涉及抚恤金(养老金、退休金和遗属抚恤金)。自雇者的保障体系不包含职业风险和失业保险。公务员的保障体系则跟受雇者的体系大体相似。

4　　从侵权法转移到社会保障的职工赔偿——对职工的赔偿并不一直都在社会保障体系的覆盖之下。职工赔偿始于十九、二十世纪之交,最初以严格责任的形式出现,但随着时间的推移,转移到了社会保障法的领域。关于工伤的第一条立法产生于1903年12月24日法案,采用了雇主的严格责任。雇主和受雇者的过错都不再予以考虑。赔偿额度定为工资的50%。自1878年起,受害者可在刑庭对被告提出民事诉讼,这是雇主们接受上述调整的一个动因。具有革命意义的新法规同时意在保护社会安定和减轻受害受雇者的举证责任。1930年左右,赔偿限额提高到了工资的66%,而对依赖第三人照顾才能生活的受害人甚至提高到了80%。1971年,职工保险经历了彻底的改变(《1971年8月10日工伤法》),赔偿限额增加到了职业收入的100%(永久性生活不能自理的人则为150%),但在具体数字上有最高限额。强制性的保险体系因此得以确立。立法者没有将工伤事故明确纳入社会保障法律体系(1969年6月27日立法),私人保险公司继续在此领域发挥重要作用。职工赔偿权益应求助于社会保障,但赔偿金最终还是通过私人保险获取。

5　　私人保险人在工伤保险市场扮演重要角色——关于私人保险人在工伤保险市场发挥的重要作用,[1] 比利时最近因其立法不允许国外保险人进入工伤保险市场而遭到欧洲法院的审判。[2] 比利时立法的确存在关于适用于在比利时开展工伤保险业务的所有保险人的财务控制条件,尽管根据欧洲指令92/49/EEC,这样的规定属于工伤保险人所在国的独家责任。第三非寿险指令(92/49/EEC)第55条允许成员国对外国保险人执行特别的条件,但明确禁止有关财务控制的规定。比利时法律认为,该指令仅适用于可选的补充工伤保险,不

---

[1] 雇主可选择从私人保险人或互助保险基金处为其雇员购买强制性的工伤保险。
[2] ECJ, 18 May 2000, no. C-206/98.

适用于强制性的工伤保险,因为根据比利时立法者的观点,后者完全适合社会保障系统。但是欧洲法院澄清说,若私人保险人自负风险地运作、在社会保险体系内发挥作用,指令同样适用于后者。比利时立法最近一次修改符合了欧洲的规定。[3]

不提供人身伤害赔偿的社会保障领域——家庭保障、失业保障和养老金不提供人身伤害的赔偿。

失业保障——失业保障的目的是对劳动能力无法实现的人提供赔偿,因此其服务目标与侵权法下对劳动能力丧失所作的赔偿不同。失业保障只有在权利人仍然拥有劳动能力的情况下提供。非自愿失业且其挣钱能力(根据健康保险的标准)丧失了三分之二以上的人不能申请失业保障。其他非自愿失业者原则上都有权获得失业赔偿,而且可将此赔偿与侵权法下的劳动能力丧失赔偿累加。比利时最高法院即上诉法院已明确表示,两种赔偿的基础是不同的。[4]

遗属抚恤金——关于遗属抚恤金,人们普遍认为其在侵权者赔付的损害赔偿评估中不起作用,即不应从侵权法赔偿中扣除。对此,上诉法院声明,杀人案中遇害的受雇者的遗孀所得抚恤金不应在侵权法下的赔偿评估中进行考虑。[5] 法庭认为,丈夫的死亡仅仅给妻子带来了获得抚恤金的权利,舍此无他,这一权利具有不同的法律起因,应独立于损害赔偿之外。事实上,遗孀获得抚恤金的权利来源于受害者与其雇主签订的合同以及有关受雇者抚恤金的法案,并且,遗属抚恤金的发放对象也有别于侵权法下损害赔偿的对象。赔偿人身

---

[3] 该法使工伤保险的规定与欧盟关于非人寿保险的直接保险的法令相一致,2001 年 8 月 10 日。比利时立法的绝大多数法案都刊登于网站 http://www.cass.be/e-justice, section *gecoördineerde wetgeving/legislation coordonée* 部分,包含荷兰语和法语合并文本以及当前立法过往版本的存档。

[4] *Cour de Cassation*, 28 April 1992,[1991 - 92]*Arresten van het Hof van Cassatie*,(Arr. Cass.) 816. http://www.cass.be (Juridat) 法理部分载有比利时最近案例数据库。

[5] Cour de Cassation, 4 November1968,[1969] Arr. Cass., 250.

9　伤害的社会保障领域——职业风险和医疗领域的社会保障利益的损害赔偿也可通过侵权索赔获取。

10　　工伤和职业病领域的人身伤害赔偿——在职业风险领域,社会保障体系提供工伤和职业病的补贴。对于工伤,[6] 提供利益的范围仅限于特定类型的损害,如精神损害和受害人物品所受损害不被赔偿。遭受身体伤害的工伤受害人,其医疗费用可以得到报销,因工作能力丧失(或残疾)导致的收入损失也将得到赔偿。若工伤导致死亡,死者家属可获赔有限的丧葬费用以及工伤法律所列举的不同类别亲属的年金。上述收入损失赔偿和死亡赔偿的数额按照受害者"基本工资"的百分比来确定,但设有上限和下限。故意造成工伤事故发生的受雇者无权得到赔偿。[7] 关于职业病,[8] 赔偿利益大致与工伤相似。

　　自雇者的社会保障体系对工伤和职业病的后果不提供赔偿。自雇者必须依靠健康保险(医疗费用和丧失劳动能力的利益)来得到保护。

　　公务员的保障体系则提供与受雇者体系相似的保护,只是其规定稍有不同。

11　医保体系的人身伤害赔偿——医保体系内,医疗费用和劳动能力丧失两种情况由不同的子类分别处理。

12　　医保——关于医保,适用于受雇者和公务员的体系是相似的。失业者和养老金领取者也受到同样保护,而且,为符合贝弗里奇提出的社保理念,医疗保障的保护范围扩展到了高校学生、残疾人和居民。这里的"居民"属于剩余的范围,包括尚未得到医疗费用赔

---

[6] 受雇者在劳动合同执行期间或因劳动合同的执行而遭受的导致伤害的事故,称为工伤事故。上下班路上发生的事故也属于工伤事故。

[7] 这一要求的解读有严格限制。

[8] 若受雇者罹患法律认可的职业病列表中的一种,他只需证明自己的工作场所暴露于引发该疾病的有害因素之下。若疾病未被列入已经认可的职业病列表,受害者需要证明自己所患疾病以决定性的方式直接受其工作影响。

偿权利的国家登记在册的所有自然人。同样的规则也适用于自雇者，但其医疗费用的保护仅限于严重的健康问题。索赔可由上述权利人直接提起，也可由其存在依赖关系的亲属（配偶、共同生活的伴侣、儿女、孙辈等属于直接权利人家庭成员的人，且其收入不超过一定标准）提起。由此，几乎全体国民都有权获得医疗保障。

若有权获得医保的一个人参加某个医疗保障基金，支付了必要的费用且其参与时间已经超过六个月，他就可以提出索赔。实践中，此六个月等待期的意义已经受到严重的削弱，实际上只在小部分案例中还须适用。受害人与有过失的情形不会削减索赔的权利。而在1987年以前，受害人的重大过失会使其无法得到赔偿。

所谓的"命名表"（nomenclatura）决定了可获报销的医疗服务（医疗费用、药物费用、住院费用等等）。虽然列表项目非常广泛，但并不是所有的医疗项目都可报销。医疗费用往往有个起付标准，标准以下部分由病人自己支付，超过部分才能获赔（除非个人年度医疗花费已超过某个限额，不再需要支付起付标准，从而得益于所谓的社会除外）。最近，起付标准的使用已成为政治辩论的主题。比如，政府最近采取一些措施刺激通用药品的使用，其手段是提高相同作用非通用药品的起付标准。

劳动能力丧失的赔偿——公共医疗保障的第二个子类保护因疾病导致的劳动能力的丧失。与医疗保障的规定相反，该子类适用于受雇者、自雇者和公务员的体系各有不同。在适用于受雇者的体系中，要获取丧失劳动能力的赔偿，必须满足三个条件：第一，受雇者必须处于无法工作的初期阶段；第二，工作能力的丧失必须是伤害的发生、加重或功能丧失的后果。若某人的劳动能力在其进入劳动市场前已然受损，则只考虑其加重部分。第三，减少的劳动能力不能超过原有能力的三分之一，也就是说，劳动能力应至少达到66%。若所有三个条件均满足，受雇者根据其收入损失的固定百分比获得赔偿。百分比的水平取决于受害人是否单身,是否跟需要扶养的家属同住或是否负有扶养责任。最高额也在考虑范围之内。若劳动能力丧失的时间超过一年,将适用不同的百分比,除最高限额以外,还设置了最低限额。劳动能力丧失超过一年以后,受害者的境况被称为"残疾"。之前则称为"劳动能力初期丧失阶段"。但是关于更短的期间,上述提法就失去了其意义。在更短的期间内,劳动法提供了所谓的保证工资。持续的工资支付时间有限。确切的状况因工作性质的不同而不同。比利时劳动法对严格意义上的受雇者(脑力劳动者,*les commis*)和工人(体力劳动者,*les ouvriers*)仍有区别对待。第一类(中的大部分)可获得持续一个月的工资支付。后一类只能在无法劳动之后获得一星期的完整工资支付,其后逐渐减少,在23天之内减为0。

自雇者的保障体系与受雇者的体系相类似,但是,一旦"残疾"期间开始,受害者要得到丧失劳动能力的赔偿,必须满足更为严格的条件。此外还有三个月的等待期,期间受害者不会得到任何赔偿。此外,补贴的计算方法也不一样。

公务员的保护取决于各自工作的不同性质。对于合同制的公务员,其保障体系与受雇者的保障体系相似。依法委任的公务员不从社会保障体系获得丧失劳动能力的赔偿,但按照劳动法享有与所谓的"保证工资"性质相似的利益。公务员每年都可休固定天数的带薪病假,未使用天数可以累加到下一年。

14   社会辅助体系对人身伤害的赔偿——除实际的社会保障体系之外,我们还必须提到社会辅助体系的存在。它起着补充作用,类似于一张"安全网","网住"未受社会保障体系保护的人们。这个社会辅助体系跟社会保障体系相反,它受"贝弗里奇"方法的影响更深,为残疾人提供最低生活保障——现在称为"终生工资"。社会援助中心(*Centres Public d'Aide Sociale*,CPAS)提供的社会援助与侵权法下的损害赔偿有冲突。本文将不在社会辅助和侵权法之间的此类关系上多做纠缠。

社会保障和侵权法之间的相互关系——在实践中，遭受人身伤害的受害者首先会向社会保障体系求助，甚至不管是否有第三方承担责任的情形存在。比利时损害赔偿法不允许同一损害接受二次赔偿，因此提供一线保护的社会保险人将向第三方责任人追索赔偿。社会保障和侵权法之间的关系主要在此类追索诉讼的层面上出现。职业风险和医疗两个领域的追索规则完全不同。[9]

职业风险领域的相互关系——因职业风险而产生的人身伤害通常仅仅由社会保障资源加以赔偿，比如，以一种禁止受害者获得侵权赔偿的方式来赔偿。

工伤赔偿优先于侵权法——关于（适用于私人雇佣的受雇者的）工伤事故，受害者永远不能就工伤赔偿体系赔偿的损害提出侵权法的诉讼。[10] 只要还存在根据工伤保险体系获得赔偿的可能，受害者就不能在这一体系和侵权体系之间选择。[11] 工伤赔偿优先于侵权法，后者仅对工伤赔偿未覆盖的损害部分起补充作用。[12] 因此，侵权索赔只能针对以下损害提起：（1）工伤赔偿未覆盖的损害部分（比如非金钱损害）或者（2）工伤赔偿覆盖的程度不及侵权赔偿的部分

---

9 关于社会保障法和侵权法之间关系的一个最新的全面概述，见 D. Simoens, *Beginselen van Belgisch Privaatrecht: Buitencontractuele aansprakelijkheid——Schade en schadeloosstelling* (1999), pp. 329–411.

10 立法者在1971年4月10日法案第46条以逆向的措辞规定了有关工伤的这一原则："第2款……不能依据其他一般法来确定的人身损害赔偿的补偿，可根据本法进行确定，因为其已被本法所涵盖。"

11 所谓工伤赔偿优先于侵权法，只能从受害者的立场去认识。侵权者可同时成为受害者补充索赔的对象和工伤保险人追偿诉讼的对象（见脚注21），因此，侵权者依然对由他引起的整个损害负责。

12 在《工伤法》(1971) 经历1978年的修正之前，还存在受害者在工伤赔偿和侵权索赔之间作出选择的可能性。绝大多数法学理论都认为1978年的修正废止了受害者的选择权。

(如，在工伤领域计算赔偿额度，最高限额不同)。为确定侵权法下可索赔的余额，必须计算两个体系之下分别可得的最高赔偿额，同时考虑每个体系的特别规定。这一计算过程的结果必须分别与两种损害赔偿做比较。

18 雇主和共同受雇者的民事豁免——除了个别例外，受雇者（或者在《工伤法》范围内有权索赔的其他人，如受害者的丈夫或妻子、孩子）永远不能针对其雇主或共同受雇者提出索赔。[13,14] 雇主或共同受雇者享有"民事豁免"。[15] 这一豁免范围很广：不仅有工伤保险人提起的追偿诉讼，还有未包括在社会保障范围之内的特别类型的损害和部分损害的索赔，都被排除在外。它不仅禁止一般过错责任法基础上的索赔，还禁止严格责任领域的索赔。

19 民事豁免的限度——虽然此规定有不少模糊之处，法律学说和

---

[13] 《工伤法》不使用"共同受雇者（co-employee）"这一概念，而是用"le mandataire ou le préposé de l'employeur"。因此，"共同工作者（co-worker）"一词应从广义来解读，也就是说，包括未签订劳动合同、但其劳动处在雇主或能够代表雇主的人的有效指引和控制之下的人。

[14] 当雇主 A 向另一雇主 B 出借受雇者，奇怪的情况就发生了。只要借人的雇主 B 不是雇主 A 强制的，并且 B 也不向调派的雇员发放工资（否则就自动形成雇佣合同），出借方 A 的工伤保险人在赔偿由 B 的雇员引发的、调派雇员遭受的损害后，保留向雇主 B 或其雇员追偿的可能性。雇主 B 及其雇员不能针对借用的雇员享受民事豁免，即使借用的雇员是在 B 的实际领导和控制下工作也不行［例见 *Cour de Cassation*, 29 April 1988, [1987-88] Arr. Cass., 1092:（判决摘要）"当雇主将与自己有劳动合同关系的雇员派遣至另一雇主处，且该雇员与后者并没有合同关系时，实际用人者并不是 1971 年 4 月 10 日法律有关工伤事故的第 46 条第 1 款意义上的雇主，即使受其支配的劳动者事实上处于其权力之下。"］。但是，若借用的雇员引发了导致 B 的雇员伤害的事故，他会被认为是受害者的共同受雇者，从而可以享受民事豁免以对抗受害者的侵权索赔。如此，借调的雇员毫无疑问处于特权地位。［例见 *Cour de Cassaion*, 17 January 1980, [1980] *Bulletin des Assurances* (Bull. Ass.), 367:（判决摘要）"与一位雇主有劳动合同关系的劳动者，只有在其与该雇主之间的劳动合同中止时才临时成为另一雇主的雇员。在该雇员对于其临时雇主或者临时雇主的雇员中的一人引发事故时，受害人、其雇主和其法定保险人不可针对前述临时雇员或其雇主提起诉讼。"］

[15] 《工伤法》并没有清晰表明这一原则，而只是列出了仍有可能提起侵权法诉讼的例外情况。见脚注 18。

判例法[16]绝大多数都认为，这一豁免是为防止所有的工伤损害赔偿诉讼。直到最近，无权根据工伤法获得任何赔偿的人才遭遇了豁免规则的阻碍。根据普遍盛行的学说，工伤受害人的情妇（情妇根据《工伤法》无权获得赔偿）不能针对雇主提出侵权索赔，因为后者有民事豁免。但2001年4月仲裁法院（*the Cour d'Arbitrage* 实际就是比利时的宪法法院，只是还未具备宪法法院独具的所有权力）做出的一个裁决缩小了豁免的范围，它指出，人们只能针对根据《工伤法》有权获得赔偿的人提出豁免抗辩。[17]

民事豁免的例外——上面已经提到，在小部分例子中，受害人的雇主或共同受雇者不能因民事豁免提出抗辩。[18]虽然工伤法列出了

---

[16] 例见 *Cour de Cassation*, 2 November 1994, [1994] Arr. Cass., II, 909.

[17] Cour d'Arbitrage, 18 April 2001, no. 52/2001. 一个偏离一般侵权法规则的特别系统，其合法性在于保护社会安定，在这样的情况下，该院并没有冒犯现存的社会豁免规则。

[18] 1971年4月10日工伤法案第46条：

"与本法所授之权利相独立，在符合民事责任条款的情形下，受害人或利害关系人可以针对下列人士提起诉讼：

"（1）针对故意引起工伤事故或者故意引起引发工伤事故事件的雇主提出。

"（2）在工伤事故给劳动者造成损害的情形下，针对雇主提出。

"（3）在雇主故意引起劳动事故的情形下，针对其雇员或其代理人提出。

"（4）在雇主、其代理人或其雇员之外的人对事故负有责任的，针对这些人员提出。

"（5）在事故是在往返工作途中的情形下，针对雇主、其代理人或其雇员提出。

"（6）在事故属于运输中发生的事故的情形下，针对雇主、其代理人或其雇员提出。运输途中发生的事故，意味着所有介入了一辆或数辆车辆（不论是否属于机动车类型）、并与公共道路交通有关的道路交通事故。

"（7）在雇主严重违反有关劳动安全和卫生的法律、法规所规定的义务，并使劳动者面临工伤事故的危险，而对此负责监督上述法规实施的国家公务人员已经指出其使劳动者面临的危险的情况下，针对雇主提出。

"在书面的催告信已指出其所发现的在劳动安全和卫生方面的违反条例的行为以及因此所产生的劳动事故的危险、具体的预防措施和应该采取这些措施的时间期限的情形下，受害人或利害关系人在事故具有发生可能性的情形下将拥有对于违规者提起民事赔偿诉讼的权利。

"如果能够证明事故的发生与事故中的劳动者受害人没有遵守已经雇主书面提请注意的安全规范，而必要的安全措施亦已采取的情况下，对于雇主的诉讼不能提起。"

七种仍可提出侵权索赔的情形,这些例外可分为五类。第一,事故是因故意造成的。第二,发生了物的损害。第三,事故发生于上下班路上。第四,交通事故,即使发生在工作执行过程中也一样。[19] 第五,雇主虽然受到过特别指派的公务员的警告,但仍未能遵循安全和卫生规范,在此方面严重失职。1999 年法案的一个修正又增加了民事豁免的最后一个例外情形。但同时,立法也给雇主提供了重获民事豁免优势的可能性,条件是他必须证明:尽管受雇者已经收到过书面警告,并且必要的安全设备都已到位,受害的受雇者还是因未能执行安全规定而导致了事故。

21　　工伤保险人提起的追偿诉讼——工伤保险人可依据侵权法进行追偿。[20] 显然,对因民事豁免而受益的人提起追偿是不可能的。追偿诉讼往往只限于已经有效支付的赔偿。若该赔偿额超过侵权人根据侵权法已经支付的损害赔偿,则追偿诉讼的限额等于后者。[21] 若追偿诉讼被告方仅对损害的一部分负有责任,追偿限额则为该方应当赔偿部分的最高额(而不是用侵权者责任的百分比乘于保险人已经赔付的金额)。若判定数个第三方对事故共同负责,保险人可对其中任意一方提出全额追偿,至少只要保险人已支付的赔偿不超过侵权诉

---

[19] 第四种例外是仲裁法院 1997 年一个判决(16 January 1997,no. 1/97)的结果,法院认为,上下班路上的事故(无民事豁免)受害者和工作执行中的事故(民事豁免)受害者所受的不同待遇违背了宪法的平等、无歧视原则。立法者通过 1998 年对工伤法的修正,实施了法院这一决定(1999 年又进行了一次纠正)。

[20] 工伤保险人的追偿诉讼依据不是民法典,而是工伤法第 47 条提供的特别法律依据。民法典意义上的代位权产生基础是一个人为另一人偿还债务。但是,工伤事故的保险人并不是主动偿还侵权者的债务。他们只是根据工伤事故立法不得已而为之。因此有了"准代位权(quasi-subrogation)"这一说法。

[21] 1971 年 4 月 10 日工伤法案第 47 条:"工伤事故赔偿基金和工伤保险可以对于工伤事故责任人提起诉讼,请求其偿付根据第 46 条第 2 款第 1 项所给付的赔偿金以及第 51 条之二、之三以及之五所指的数额。

"在第 46 条第 2 款第 1 项规定的不承担赔偿责任的情形下,他们可以与受害人或相关利害关系人相同的方式提起民事赔偿诉讼,也可代位行使受害人或相关利害关系人根据普通法所赋予的权利。"

讼中应当支付的损害赔偿总额即可。

自雇者和公务员——适用于自雇者的社会保障体系不提供工伤保护。而适用于公务员的体系则与上述受雇者的体系大致相似，该体系中有一条规则跟雇主和共同受雇者受益的民事豁免规则相当。有一点不同之处是关于上面提到的工伤法优先于侵权法：公务员有权在社会保障体系的利益（若有必要也可通过侵权索赔来实现）和侵权索赔之间做出选择。

职业病——适用于职业病的规则跟适用于工伤的规则几乎截然不同。[22] 只有受雇者和公务员的社会保障体系才提供职业病后果的赔偿。

与工伤有关的社会保障利益和交通事故易受害人群特殊赔偿制度的相互关系——必须说一下社会保障与1989年11月21日《强制汽车责任保险法》[23] 第29条之二规定的所谓交通事故易受害人群的

---

[22] 例如适用于雇员的职业病法案第51条："第1款 独立于本法所授予之权利，在下列情形下，受害人或利害关系人仍保有提起民事诉讼的权利：

"（1）在企业主故意引起职业病的情形下，针对企业主提起诉讼。

任何雇主在本法第68条所指定的国家公务人员为监督本法实施，已通过书面形式向其释明启示劳动者处于危险、不符合有关卫生和安全的法规和条例所要求其履行的义务的，视为故意引起职业病。

"（2）针对企业主、其工人或雇员以外的应对职业病承担责任的人提起的诉讼。

"（3）针对故意引起职业病的企业主的工人或雇员提起的诉讼。

"第2款 必要情况下，职业病赔偿基金在人身损害所获得的赔偿金的范围内无需承担给付责任，损害赔偿金与本法所规定之补偿不具兼容性。

"第3款 在第1款第（1）、（2）、（3）项所列之人负有全部责任的情形下，职业病赔偿基金则负责在其当时或其后无清偿能力情形下的给付义务。前述所列举之人对于依据普通法所产生之物质损失不负赔偿责任。

"第4款 在第1款第（1）、（2）、（3）项所列举之人负有部分责任的情形下，职业病赔偿基金负有以下几类给付义务：

"（1）与上述列举之人不负赔偿责任部分相应的法定赔偿金额以及

"（2）在上述列举之人无清偿能力情形下的法定赔偿的补足部分。

"第5款 职业病赔偿基金对于对职业病负有责任之人，在其已支付部分和与代表其所支付补助金价值的资金相应的数额范围内，代位行使受害人或相关利害关系人的权利。"

[23] 参见脚注54。

"自动赔偿"规则之间的相互关系("易受害人群"实际上就是汽车司机之外的所有交通事故受害者)。虽然以特殊赔偿制度为依据的损害赔偿类似于侵权法下的损害赔偿,但是这些损害赔偿与工伤赔偿之间的相互关系不能根据工伤法第 46 条来处理,因为人们并不普遍认同交通事故易受害人群特殊赔偿可视为侵权法的一部分。因此,立法者通过增加条款第 48 条之二和第 48 条之三,完善了工伤法第 46 条的机能。[24] 这些条款设立了一种相似的制度,坚持了工伤赔偿法和工伤保险人追偿诉讼优先的原则。与民事豁免有关的问题,这里不需要讨论,因为民事豁免从不适用于交通事故。适用于公务员的社会保障体系中也增加了相似的规定。公务员在社会保障体系的利益和侵权索赔之间的自由选择权,在此特殊赔偿制度下不复存在,社会保障体系优先。

25   医疗保障领域的相互关系——医疗保障领域处理侵权法和社会保障法之间关系的方法与职业病领域全然不同。总体而言,医疗保障机构提供的赔偿并不优先于其他任何赔偿,它只赔偿未能根据

---

[24] 1971 年 4 月 10 日有关工伤的法律与依据 1989 年 11 月 21 日法律第 29 条之二有关机动车辆强制保险的规定所支付的赔偿竞合情形的处理方式:第 48 条之二:
    "第 1 款 在不违反 1989 年 11 月 21 日法律第 29 条之二有关机动车辆强制责任保险的规定的情形下,保险人依据本法第 41、42 条的规定支付赔偿金。
    "第 2 款 依据前述 1989 年 11 月 21 日法律第 29 条之二的规定所支付的赔偿金不包含的赔偿,如本法所涵盖的人身损害赔偿,可与依据本法所产生的赔偿相兼容。"
    第 48 条之三:"保险人和工伤事故赔偿基金可在第 48 条之二和第 51 条之二、第 51 条之三和第 59 条之五所规定的数额和资金范围内,对车辆所有人、驾驶人或者车辆持有者的保险公司或者对 1975 年 7 月 9 日法律第 80 条所规定的共同保障基金提起诉讼。他们可以与受害人及其利害关系人相同的方式,代位行使这些权利。在无法依据第 48 条之二第一款获得赔偿的情况下,可依据 1989 年 11 月 21 日有关机动车辆强制责任保险的法律第 29 条之二的规定主张权利。"

侵权法或任何比利时法律或外国法律得到有效赔偿的损害。[25,26] 公共医疗保险的赔偿只根据其自己的原则来确定，并不参考任何其他基础上的有效赔偿。因为赔偿由医疗保障体系支付，不存在民事豁免。

提前赔偿——刚才提到的原则并不意味着如果存在从其他领域获得赔偿的可能性，受害者就无法向公共医疗保险索赔。只要损害还未从其他资源得到有效的赔偿，受害者就可以提出"提前赔偿"的索赔。已经支付的"提前赔偿"并不是临时性的，而应认为是受害者永久获得的。为得到该赔偿，受害者必须履行将其案子的某些特定方面告知公共医疗保险的义务（实践中并不总是考虑这一规则）。[27] 同时，公共医疗保险有权针对有责任的侵权者提出追偿诉讼。

---

[25] 1994年7月14日关于强制医疗保险及赔偿的协调法案第136条："第2款 当因疾病、损害、机能紊乱或死亡所产生之损害已根据比利时的其他法域法律或外国法与普通法获得实际赔偿，本法所规定的给付不予支持。然而，当依据上述法律所得到的赔偿金额低于保险给付额时，受益人有权向保险人请求差额部分。

"为了实施本款，通过其他法域立法获得的给付金额为总金额减去提前缴纳的社会保险费。

"在国王所确定的情形中，在等候依据比利时其他法域立法、外国法或普通法获得赔偿的过程中，可以先行垫付赔偿金额。

"此后，保险机构完全代为行使受益人的权利；在其给付金额的范围内，这一代位求偿权包括根据比利时其他法域立法、外国法或普通法获得赔偿数额的全部，这部分金额全部或部分地赔偿了第1款所规定的损失。

"赔偿义务人与权利人之间签订的协议在未取得保险人同意的情形下不可对抗后者。

"赔偿义务人通知保险公司其对于权利人进行赔偿的意愿；如若保险人不是案件的一方当事人，赔偿义务人需向其提供协议或者司法判决的复印件。民事责任保险公司与赔偿义务人相似。

"如若赔偿义务人忽视了前款所规定的告知保险机构的义务，它不能对于保险人向权利人赔偿的数额提出异议。在重复给付的情况下，权利人有权最终取得这些付款。

"在本法第50条所规定的情形下，保险机构有权向1975年7月9日法律第49条所规定的共同保障基金要求偿还垫付赔偿款。"

[26] 由私人医疗保险支付的赔偿可与公共医疗保险支付的赔偿一起累计。

[27] 1996年7月3日《皇家法令》第295条，关于1994年7月14日强制医疗保险和赔偿协调法的实施。

27　　　禁止将医疗保障领域的赔偿与侵权法下的损害赔偿累加——同样的损害不能赔偿两次：医疗保障领域的赔偿只能跟另一领域基础上的赔偿累加，它为特别类型的损害提供的赔偿水准高于其他领域。

为确定赔偿能否累加，损害的每一个构成部分都须经过单独的比较。只要处理的是医疗保障体系允许的可以清楚识别的赔偿，对赔偿对象的定义不会带来太多问题。但是关于失去劳动能力的赔偿利益，可能会出现极其复杂的情况。在损害赔偿这一特定部分之内，赔偿的持续时间、赔偿支付的精确部分甚至损害的缘由都会起作用。在公共医疗保险框架之内，失去劳动能力的利益赔偿据说只赔偿受害者工作能力的减弱或丧失，而不是赔偿任何实际的收入损失。[28] 但是，根据侵权法对丧失劳动能力所作的赔偿，其对象不仅仅是受害者工作能力的减弱或丧失（还可以是收入的损失以及为得到相同收入需要付出的更艰辛的努力）。因此，侵权法下的劳动能力丧失百分比在公共医疗保险领域没有可比的等值概念，除非侵权法下赔偿的相应部分根据公共医疗保险的原则重新计算。只有在劳动能力损失程度达到66%（参见上文）及以上时，公共医疗保险赔偿的劳动能力丧失利益才得以支付。因此，这一赔偿可以跟程度为34%以下的侵权法下的劳动能力丧失赔偿累加（根据公共医疗保险的原则重新计算）。但只有当侵权法下的赔偿确定跟受害者劳动能力丧失的另一部分有关时，这种累加才是可能的。举例说明，侵权法下的赔偿跟劳动能力丧失的20%（经重新计算）有关，公共医疗保险赔偿了75%的劳动能力丧失，而该20%包含在75%之内，并不是关于受害者劳动能力丧失的其他部分的，那么这20%就不能跟这75%累加。如果两个系统赔偿的劳动能力丧失由不同的原因导致，同样适用这一规则。

28　*Cour de Cassation*, 21 November 1994, [1994] Arr. Cass., 996.

28　公共医疗保险提起的追偿诉讼——公共医疗保险针对侵权者提起的追偿诉讼限于其已经有效支付的预期赔偿额,至少只要该有效赔偿不超过侵权者应当支付的损害赔偿即可。[29] 若受害者因为其与侵权者的关系而有权得到公共医疗保险的赔偿,针对后者的追偿诉讼也是可能的。[30]

29　公共医疗保险针对汽车保证基金索赔的特别法律基础——公共医疗保险还享有动用汽车保证基金的权利。[31,32] 若受害人不能根据强制汽车责任保险获得赔偿,比如因责任人无法识别、没有参保、驾驶偷来的汽车或者保险人破产,该基金可提供人身伤害赔偿。

30　自雇者——医疗保险对自雇者的赔偿原则基本上与受雇者的相同:不存在民事豁免;提供"预期"赔偿;公共医疗保险有权针对侵权者提起追偿诉讼(准代位诉讼)、有权向汽车保证基金索赔。但是,关于跟侵权法下的劳动能力丧失赔偿累加,适用于自雇者的规

---

[29] 事实上,公共医疗保险提起的诉讼应当属于"准代位"诉讼,因为公共医疗保险并不为侵权者偿付债务,它只是遵守了自己赔偿受害者的法定义务。因此,追偿诉讼并不根据民法典提出,而是在自身的法律基础上提出的,该法律基础可以参见1994年7月4日立法第136条第2款。
[30] See Cour de Cassation, 20 April 1993 and 8 April 1994.
[31] 1994年7月14日法案第136条第2款结合1975年7月9日保险控制立法法案第80条第1款。后者内容:"下列情形,受损害之人可从共同保障基金处得到因机动车造成的人身损害赔偿:
　　"(1)当引起事故车辆无法确认时;此种情况,赔偿基金替代责任人进行赔偿;
　　"(2)在没有任何保险公司对此有偿付义务的情形下,此种情况可源于引起事故的机动车驾驶人因意外事故事由免责,或者源于义务未得到履行;
　　"(3)在车辆被盗的情形下,当应承担民事责任的车辆方未对民事责任进行投保时;
　　"(4)当已获批准或者被豁免审批的负有赔付义务的保险公司,已放弃了比利时的批准或通过适用第71条第1款第1项和第2款第3项的规定被收回审批或禁止执业,未履行其赔付义务的情形;
　　"(5)当保险公司被宣布破产的情形。……"
[32] 这不是追偿诉讼,而是公共医疗保险针对该基金提出索赔的自身权利。甚至在受害人不能向该基金索赔的情况下(例如,因为受害人是涉事汽车的所有人),公共医疗保险还是可以提起诉讼。

则比受雇者的规则简单多了，不管公共医疗保险已支付的赔偿如何，都将减去受害者接受的侵权责任赔偿。不管是赔偿持续的时间，还是损害缘由的具体部分，对上述规则都没有任何影响。例如，向一名30岁的自雇者支付的丧失劳动能力的利益，将减去该受害者在童年时代接受的丧失劳动能力的侵权赔偿。

（二）责任原则与制定法依据

1. 关于责任的规定概览

31　　过错责任——（拿破仑）民法典第1382条和1383条做为比利时侵权法的法律依据一直保持到现在，它们建立了以过错为基础的过错责任一般原则。

32　　民法典中的责任——民法典中的第1384至1386条包含了一系列不完全的具体责任，从可推翻的推定基础上的过错责任到替代责任和严格责任，范围广泛。关于替代责任和严格责任，不管在民法典还是其他立法中，都没有建立一般规则。

33　　替代责任——民法典中传统的替代责任规则从未得到过扩展。关于一个人对于其该负责的他人的替代责任，比利时法律缺少一个一般规则。

34　　严格责任——相反地，严格责任得到了巨大的扩展。比利时法律并没有保留可适用于所有可能导致风险或危险的事物或活动的一般规则，但判例法以一种对受害者有利的方式广泛解释了民法典关于严格责任的所有规定。这方面最重要的一步是上诉法院将民法典1384条第1款解读为适用于所有缺陷产品的规则。判例法同样解读了其他几条并不是为创设严格责任而订立的法条（例如，基于民法典第544条以及宪法第16条创设的防止非法征用的平衡理论和人格权的理论）。各种特别的严格责任规则涌现出来，并在民法典以外的具体立法中制定下来。

责任规则的结构——基本上，大多责任规则是围绕三大经典关键因素来诠释的。(1) 受害者需要证明用于援引责任规则的一系列特定事实的存在。(2) 受害者需要证明某合法权益受侵害之后、发生了某种人身伤害。(3) 受害者需要证明所受损害和某特定责任要求的履行之间存在必要的因果关系，也就是说，假如特定系列事实不存在的话，损害就不会发生（或不会达到同样的程度）。若上述三个条件都满足，受害者享有"原样恢复"的权利，也就是说受害者将得到损害的全额赔偿，就像没发生过一样，但是不会得到更多。

规避责任——以过错责任和相当严厉的严格责任为两极，根据某具体责任在两者间连续期间上的位置，侵权者可以根据逐渐减少的理由提出抗辩以规避责任 [如受雇主有限的民事豁免[33]可以推翻的法律推定（*iuris tantum*）、不可抗力、必要性、受害者的共同过失]。一般而言，除非负有偏离因果关系一般要求的非常严厉的严格责任（如对汽车事故中除司机以外的受害者的赔偿），侵权者通常都能通过否定因果联系的必要条件来规避责任。

2. 过错责任

法律基础——第1382条和1383条包含了比利时过错责任法律的一般规定，申明任何人因其过错、不作为或疏忽而导致另一人的损害，都对此负赔偿责任。[34] 因为这些规定语句简短，判例法对过错

---

[33] 1978年7月3日雇佣合同法案第18条："劳动者在履行劳动合同中给雇主或者第三人造成损失的，劳动者仅对其欺诈或重大过错行为承担赔偿责任。在其仅犯有轻微过错时，其仅对具有习惯性特征而非事故性特征的轻微过错负赔偿责任。……"

[34] 民法典第1382条："任何行为造成他人损害时，因其过错行为发生之人，应对该他人负赔偿责任。"

民法典第1383条："任何人不仅对其行为造成的损害负赔偿责任，还对因其懈怠或疏忽大意的行为造成的损害负赔偿责任。"

责任规则适用理论进行扩展的重要性不容低估。[35] 事实上，成文法对过错的定义并不存在。但除了极少数不同意见以外，盛行的法律学说认为，过错的概念包含了一个主体因素和一个客体因素。不法性在过错要求的定义中不发挥作用。

38   侵权行为能力——过错的主体因素实际上已经简化为单一的要求：侵权者必须具备侵权责任的行为能力。不需要有真正的罪责意识。精神病人或智力缺陷者[36]和未达到行为能力年龄的小孩被认为不能对其行为的后果负责。具备行为能力的年龄并没有明确规定。法官们在考虑孩子年龄的同时，还会考虑其身体和智力的发育情况。对于因某种疾病如心肌梗塞、脑出血、癫痫等突然发作而无法对其行为负责的人，也不能判其负责。但是，如果无法负责的情况归因于其自身（如醉酒），侵权者不能规避责任。同样，因为其他不可预见且无法避免的事由而在违背自身意愿的情况下造成的损害，也不负责任。其合法性的基础有不可抗力[37]、必要性、不可改变的错误、自卫以及来自官方的不可违抗的命令。显然，这些基础无法归责到侵权者身上。但即使考虑了这些抗辩理由，仍要把涉嫌侵权者的行为跟相同处境下一个仔细谨慎的人所能作出的行为加以比较。

---

[35] 判例法概览，见 H. Vandenberghe/M. Van Quickenborne/L. Wynant/M. Debaene, [2000] *Tijdschrift voor privaatrecht* (T. P. R.), 1558 – 1705, nos. 1 – 45.

[36] 民法典第 1386 条之二包含了精神失常人员责任除外（1935 年采用）的一个例外："当一个人处于精神失常的状态、严重的精神失衡的状态或精神衰弱使其不能控制自己的行为，对于其给他人造成的损害，法官可以依据如果该人可控制其行为之情形下将被判罚的损害赔偿金额为参考，判决其承担全部或部分金额。法官依据公平原则进行裁判，并参考双方当事人的情况和具体情形。"

若精神失常的人其行为符合过错责任的客观要求，可以被判定对损害负全部或部分赔偿责任（有悖于恢复原状的基本原则）。民法典第 1386 条之二给予了法官考虑具体案情和双方情况（如其经济状况、精神失常人是否有保险等）、按公平原则做决定的自由裁量权。

[37] L. Cornelis 指出，不可抗力应当在因果关系的层次上优先考察，从而不会被解读为排除过错主要因素的理由。见 L. Cornelis, *Beginselen van het Belgische Buitencontractuele Aansprakelijkheidsrecht—De onrechtmatige Daad* [1989], pp. 27 – 34.

善良家父标准——非法行为中构成过错的客观因素。非法行为一般区分为两类,即违反具体的、强制性的法律规定(比如各个法案、实施中的皇家法令,求助于合同溢出效应的第三方所援引的合同条款也包含在内),以及违反谨慎行为的一般规则。违反具体规定本身就是非法的,但是依照目前所有法律规定行事并不一定就符合谨慎行为的一般规则。为评价是否违反了后者,必须适用所谓的"善良家父标准"评价。因此,必须将侵权者的行为跟一般情况下一个谨慎、有理智的人(*the bonus pater familias*,善良家父)在相同外部环境下所作的行为相比较。行为评价中考虑的"外部"因素包括时间、地点、气象条件,行为人的社会地位、专业知识和教育背景等。但是,年龄、智力水平、性格等因素被认为是内在的,因而在行为评价中不予考虑。有人正确地指出,"善良家父"标准在问题的处置上并没有阿喀琉斯的勇敢,也没有奥德赛的智慧,也没有赫拉克勒斯的力量。善良家父标准不是超人。[38]

39

最轻过失(*culpa levissima*)——比利时侵权法中,抽象的(*in abstracto*)最轻过失被认为足以构成导致民事责任的过错。既然最轻微的疏忽已然产生责任,对不同程度的过错作出更进一步的区分,对过错的确立已经没有意义了。[39] 过错的程度对确立损害赔偿的额度也是没有意义的,后者只取决于恢复原状(*restitutio in integrum*)的原则,跟过错的程度无关。过去的法学教材认为由契约引起的(*ex contractu*)责任只在于抽象的轻微过失(*culpa levis in abstracto*)。但在实践中,往往很难区分侵权法下的最轻过失(*culpa levissima*)和合同法下的轻微过失(*culpa levis*),并且这条规则也被认为已经过

40

---

38 Vandenberghe(*supra* fn. 35),p. 1607.
39 在某些特定情形下,过错的程度是重要的。如受雇者不必对轻微的疏忽负责,除非其犯下某个过错的频度高于一般期望值。Art. 18 Act 3 July 1978 关于雇佣合同:见前注33。

时。谨慎行为的原则在合同责任和合同外责任的确立中都扮演了重要的角色。如上所示,最轻过失和轻微过失都是从理论上来评价的,即使我们必须承认,所谓的外部因素,实际上是半个人化的因素,在理论上的过错评价中经常被考虑进去(见前文)。过错的抽象评价使过错责任的紧缩变得相当困难,因为相比相对主观环境下的具体评价,它会导致更严厉的判断。

41   侵权/合同——上诉法院传统上反对合同责任和合同外责任的累加。自二十世纪七十年代早期起,上诉法院修正了其学说,认为侵权责任只能在极为例外的情形下与合同责任累加,即:将某种行为描述为合同过错行为,而随此过错产生的损害赔偿却被认为与合同的不履行产生的损害赔偿性质不一,这是不允许发生的。[40] 侵权法诉讼有个优点,即所有的损害(可预见的与不可预见的)都必须得到赔偿,而在合同责任下,只有可预见的损害才必须得到赔偿(不诚信的案例除外)。

3. 替代责任和企业的责任

42   无一般原则——比利时侵权法没有关于替代责任的一般原则。尽管上诉法院将民法典第 1384 条第 1 款解读为适用于缺陷产品的一般规则,[41] 比利时最高法院从未在此条中加入适用于对人责任的一般规则。[42] 关于对人,这条规定仍只能从它原有的功能去理解,它只是一个连接民法典第 1382 – 1383 条关于过错责任的内容和自 1384 条起关于各种不同责任的内容的介绍性的段落。比利时和法国上诉法院都在措辞清晰的民法典规定的基础上建立了相似的缺陷产品严格责任,但是只有法国上诉法院更进一步,在民法典第 1384 条第 1 款

---

40 *Cour de Cassation*, 4 June 1967, [1971 – 72] *Rechtskundig Weekblad*, 371; Cass., 7 December 1973, [1974] Arr. Cass., 395.

41 民法典第 1384 条第 1 款:"任何人不仅对其自己行为所致的损害,而且对应由其负责的他人的行为或在其管理之下的物件所致的损害均应负赔偿的责任。"

42 E. g. Cour de Cassation 19 June 1997, [1997] Arr. Cass., 284.

加进了关于对人的替代责任的一般原则,这对比较法学者来说是个珍贵的研究对象。最初,对他人责任的理论基础是出于过错推定。[43] 目前,替代责任也被解释为是为在原有侵权者的基础上增加额外的有偿付能力的人。比利时法律采用了不同的立法技术来实现(相对严格形式的)替代责任,即过错推定和实际形式的严格责任。

典型地,其过错行为导致他人责任的人,根据替代责任规则绝不能针对这些负责的人提起上诉。[44] 例如,一受害者直接成功起诉一小孩,该小孩根据替代责任规则不能就其必须支付的赔偿对自己的父母提起偿还的诉讼。在这个意义上,比利时替代责任规则仅保护第三方受害者。

父母为未成年子女承担的责任——民法典第1384条第2款规定了父母对由其未成年子女引发的损害承担的推定责任。[45,46] 父母的责任只有在其未成年子女犯下过错后才成立。[47] 对于未达懂事年龄的孩子,客观上的过错行为就足以使其父母承担责任。这一责任推定平等适用于孩子的父亲和母亲,[48] 但是严格限于父母(包括养父母)。[49] 它不适用于保姆、家庭教师等。

这条具体规定实际上只是责任的推定(可举证予以反驳的推定)。就是说,这一责任制度仍需置于过错责任法的领域中,并不代表严格责任的一种形式。父母可以逐渐证明自己在监督孩子或教育

---

43 事实上,不如说是责任的推定,因为法律条文建立了(发生的损害与推定的过错之间的)因果关系的推定和过错的推定。
44 See L. Cornelis(前注37)pp. 308-311, pp. 335-336 and pp. 375-376.
45 民法典第1384条第2款:"父,或父死后之母,对与其共同生活的未成年子女所致的损害应负赔偿的责任。"
46 除了替代责任的经典解释之外,一些作者也提到了家长权威和家庭稳固作为这一责任规则的基础。见 L. Cornelis (*supra* fn. 37), pp. 322-323.
47 年满18岁为成年(1990年以前规定是21岁)。
48 1977年7月6日法案之前,只有父亲去世的情况下才由母亲承担责任。
49 父母以外的人为孩子承担责任也是有可能的,但是基于不同的法律依据(如作为老师或雇主的身份)。

孩子的方式上没有过错，从而规避责任。[50] 若父母双方均不能反驳责任的推定，两人共负连带责任。

44　　教师和工匠为其学生和学徒承担的责任——民法典第1384条第4款规定了教师（传授理论知识）、工匠（传授实用技巧）为其学生或学徒在其监管之下接受教育过程中所作出的行为所附的责任推定。[51,52] 必须从广义上理解教育：不管教育的水平（小学、大学等等）和教育的种类（科学的，职业的，美学的等等）如何，都没有差别。事实上，教师或工匠被认为是父母的替身，因为后者不可能在孩子上学时间监督孩子。教师、工匠的责任只可能在学生或学徒犯下过错（或当小孩未达解事年龄时，其行为至少构成客观过错）后才成立。学生的资格并不限于未成年人（如成年的大学生也是学生）。教师、工匠的资格仅限于实际承担教学任务的人：学校校长或督学若未承担教学任务则不是教师。同样的原则适用于学校：学校不是民法典第1384条第4款意义上的教师。[53]

与适用于父母的替代责任一样，本条规则也只是责任的推定，教师或工匠可以证明自己在监管孩子的过程中没有过错，从而规避责任。[54]

45　　公立学校/私立教育——比利时公办学校的教师依据法定程序任命。[55] 他们被认为是学校这一公共机构的"喉舌"。因此，过错（民

50　民法典第1384条第5款："前述的责任，如父、母、学校教师或工匠证明其不能防止发生损害的行为者，可以免除之。"
51　民法典第1384条第4款："学校教师与工匠对学生与学徒在其监督期间所致的损害，应负赔偿的责任。"
52　关于相关案例的最近讨论，见 H. Vandenberghe/M. Van Quickenborne/L. Wynant/M. Debaene（前注35）1820 – 1834, nos. 115 – 124.
53　*Cour de Cassation*, 4 October 1993.
54　Art. 1384, subs. 5 C. C.，见前注50。
55　但是，公办学校中临时雇用的教师通常签订雇佣合同。

法典第 1382 条）或不可推翻的过错推定（民法典第 1384 条第 2 款）[56] 不仅可以归责于教师，也可以直接归责于学校而无需任何额外的法律依据。私立学校的教师根据雇佣合同工作，教师的责任不能直接归责于私立学校。因此，受害者需要根据民法典第 1384 条第 3 款分别提起不同的诉讼。[57] 此外，私立学校的教师可以根据《雇佣合同法》第 18 条给予他们的有限民事豁免提出抗辩，以规避除故意（*dolus*）、重大过失（*faute lourde*）或者经常发生的轻微过失以外的责任。[58] 根据诉讼程序的建议，不言而喻，私立学校的教师面临索赔诉讼的机会要小得多，而公立学校的教师则面临着相当高的个人责任诉讼（以及学校提起的追偿诉讼）风险。比利时宪法法院也即所谓的仲裁法院在 2000 年 2 月 9 日所作判决中陈述：这些差异与平等对待和无歧视的原则（宪法第 10、11 条）相冲突。结果从那以后，公办学校的教师也可以根据《雇佣合同法》第 18 条提出抗辩。

与民法典第 1384 条第 2 款、第 3 款的竞合——根据民法典第 1382 条第 4 款提起的诉讼可以跟第 1384 条第 2 款（根据其教育孩子方面的不足针对父母提起）和第 3 款（针对根据合同雇用教师的学校提起）的诉讼结合。 46

主人或雇主为仆人或雇工承担的责任——民法典第 1384 条第 3 款规定了适用于主人（雇主）为仆人或雇工承担的替代责任。若仆人或雇工造成损害，若损害至少是由于仆人或雇工的客观过错行为造成，或者是仆人或雇工可在同等功能上（如作为教师）承担责任，主人（雇主）必须为之负责。并非仆人或雇工的所有过错都产生责任。责任的产生需满足：过错发生于雇用期间且与雇佣事实"相 47

---

56 注意，教师的过错不一定等同于教师未成功推翻的推定过错，因为两者的举证责任规则不同。
57 See *infra* note 47.
58 See *supra* note 33.

关"。判例法对此相关性的要求作了范围很广的解读。此外，还要求雇工是在代表雇主工作时犯下过错的。例如，如果下级雇工们并不为工头工作，而是为他们共同的雇主工作，监督下级雇工工作的工头不能根据第 1384 条第 3 款承担责任。

主人或雇主的资格必须依据事实来评估。法律关系可以并且会在评估中发挥一定作用，但是不发生决定性作用。第 1384 条第 3 款适用于可以确定工作指派或服从关系的任何情形。这样的关系存在于某人在承担替代责任的人领导和监督下工作之时，要求后者能够施与指令、控制前者的工作。雇主和雇工之间通常存在必要的界限，尽管某些情形并不符合所有的要求（如一名雇工否认雇主的权威）。第 1384 条第 3 款同样适用于未订立雇佣合同的情形。如，外科医生可为护士在手术期间实施的侵权行为负替代责任；作为乘客坐在车里的车主，可为司机负替代责任；借用他人雇员的人，若对该雇员实际上行使领导和控制权，也可为其负替代责任。

第 1384 条第 3 款为其他人制定了严格形式的责任。与上述替代责任领域相反，对他人行使领导和控制权的人不可通过证明自己进行了足够的监督来逃避责任。第 1384 条第 3 款被解读为出于法律和法治需要的推定。

4. 严格责任

概述——比利时责任法没有关于严格责任的一般原则以适用于一般范畴、产品或活动，但它拥有范围很广的严格责任具体规则。为响应十九世纪早期的需要，1804 年的拿破仑法典已经采用了动物侵权和建筑物倒塌的严格责任。比利时立法者从未在民法典中对传统的严格责任规则体系进行无限的拓宽。法典中严格责任的拓宽主要得益于对判例法既存规定的广泛解读（缺陷产品、个人权利的侵犯、适用于废品的均衡理论）。严格责任的主要发展是通过民法典之外的特别立法实现的。

动物侵权责任——因为马和马车在过去是最重要的交通工具，民法典第1385条规定了由动物引起的损害的严格责任规则。[59] 动物的主人或管理人对动物导致的损害负责。"管理人"的概念意味着其具备自主控制、监督动物的能力，跟动物的主人处于同一水平。只有当动物引发损害时管理人能够有效控制的情况下，他才需要负责。若动物主人的责任已经确立，管理人不可再被起诉，反之亦然：民法典第1385条规定的是选择性的，而不是累加的责任规则。从传统的观点看，人们普遍认可民法典第1385条建立的难以规避的法律责任推定。除非能证明全部损害出于外部原因，否则主人或管理人不能规避责任。管理动物的过程中没有过错的事实并不足以规避责任。最近，上诉法院认可了规避责任的可能性，前提是主人或管理人所有可能的过错均被排除，且动物的行为完全由受害者诱发，且动物对受害者的行为作出的反应是正常的、可预见的。如沿街叫卖的小贩进入私人房屋、被拴住的狗咬伤，他必须单独为此损害负责。狗主人已经用链子拴住狗，没有任何过错。咬外来侵入者对狗来说也是正常的、可预见的反应。

倒塌建筑物的责任——民法典第1386条规定了适用于倒塌建筑物的严格责任。[60] 如果建筑物的倒塌是因为所有人疏于管理或者建筑存在缺陷，所有人必须对其房屋全部或任何部分倒塌引发的损害负责。判例法以有利于受害人的方式从广义上解读了"建筑"、"倒塌"两个概念。但是该条的适用仅限于建筑的有效所有人，即使他不是建筑的管理人。

精神缺陷的人——除了1935年插入的民法典第1386条之二，

---

59 民法典第1385条："动物的所有人，或使用人在其使用动物的期间，对动物所致的损害，不问是否系动物在管束之时或在迷失及逃逸之时所发生，均应负赔偿的责任。"
60 民法典第1386条："建筑物的所有人对建筑物因保管或建筑不善而损毁时所致的损害，应负赔偿的责任。"

立法从未在民法典中明确扩大严格责任。

52　　缺陷产品的责任/产品责任——缺陷产品的严格责任由上诉法院在 1904 年 5 月 26 日的一个判决中[61]采用，法院从广义上解释了民法典第 1384 条第 1 款，[62] 以解决工业化进程中数目日益增长的事故引发的问题。责任归于缺陷产品的管理人，也就是使用、享有或为自己持有某商品，并且具备监督、管理或指导其使用的能力的人。管理人的资格依据事实从具体意义上进行评估。使用一种功能性的方法来辨别一种商品是否存在缺陷，也就是是否具有某种会伤及第三人的反常性质。民法典第 1384 条第 1 款只有当有关动物和建筑的具体法律规定无法适用时才能用上。

1991 年，比利时立法者实施了著名的欧洲缺陷产品责任指令，商品的严格责任得到进一步扩展。[63]

53　　民法典以外的严格责任——前面已经指出，比利时严格责任的发展是在民法典框架之外、通过各项单独的法律实现的。这些严格责任制度的主要部分可用根本的辩护理由来连结。很多都是基于由某些物体或活动所代表的巨大的危险来源，比如，跟原子能场所[64]、地下开采[65]、地下水抽取[66]相关的具体责任制度。一些制度可以说遵从了注意义务

---

[61] *Cour de Cassation*, 26 May 1904, [1904] Pas., I, 249.
[62] 民法典第 1384 条第 1 款："任何人不仅对其自己行为所致的损害，而且对应由其负责的他人的行为或在其管理之下的物件所致的损害均应负赔偿的责任。"
[63] 关于缺陷产品责任的 1991 年 2 月 25 日法案，实施了 1985 年 7 月 25 日欧盟关于各成员国涉及缺陷产品责任的法律、法规和行政规定趋同性的理事会指令 85/374/EEC。
[64] 关于原子能领域法律责任的 1985 年 7 月 22 日法案；关于原子能驱动船舰操作者责任的 1963 年 8 月 9 日法案。
[65] 以下所提各法案在比利时的适用在不同领域各有不同：关于开矿、挖掘和坑道的 1919 年 9 月 15 日法案第 58 条；关于经由管道运输气体和其他产品的 1965 年 4 月 12 日法案第 13 条第 2 款；关于地下天然气储存、开采和前景的 1975 年 7 月 18 日法案第 13 条。
[66] 以下所提各法在比利时的适用在不同领域各有不同：关于地下水开采或井点排水所致损害的 1977 年 1 月 10 日法案；关于地下水管理的 1984 年 1 月 24 日弗兰芒法令；关于地下水开采和抽水所致损害的 1985 年 10 月 11 日瓦隆法令。

的更高标准：如射猎权的拥有人[67]需承担严格责任，市政当局须为暴力集会造成的损害承担严格责任。[68]

跟环保有关的严格责任起源于二十世纪七十年代。之前，环境索赔专用过错责任法（民法典第 1382－1383 条）、缺陷产品严格责任（民法典第 1384 条第 1 款）以及涉及邻居废物的均衡理论来处理。立法者在创设严格环境责任时，考虑的首要原则是污染者必须付出足够代价。须承担严格责任的有：有毒废物的生产者；[69] 涉及污染事故需要民防组织或消防队干预的产品的所有人；[70] "新型"土壤污染（1995 年 10 月 29 日以后发生的、被定义为污染的）的引发者；[71] 油轮的所有人。[72] 最近，涉及海洋环境保护的单独立法已经生效。[73]

严格责任领域最近还有一个关于受害者的赔偿的趋势。如，关于跟火灾或爆炸有关的某些类别公共建筑的所有人须承担严格责任（此处严格责任机制跟强制性的责任保险相结合），[74] 跟交通事故有关的严格责任（机动车以外的受害者有权向所有涉事车辆的保险人索赔），[75] 医疗事故领域出现很多提议，让不幸的病人无需证明医疗机构的过错就可得到快速但有限的赔偿（如果他们满足于有限数额的赔偿）。[76]

---

67 以下所提法案在比利时的适用在不同领域各有不同：Art. 1 Act 14 July 1961 concerning the Compensation for Damage Caused by Gross Game.
68 *Décret du 10 Vendémiaire, an IV, sur la police intérieure des communes.* 这一古老但仍具法律约束力的法令源起于动荡的法国大革命时期，是瑞典法律中严格责任的最古老形式。现在，它被用于处理集会所致损害的赔偿。
69 关于有毒废弃物的 1974 年 7 月 22 日法案。
70 关于预算建议的 1976 年 12 月 24 日法案 1976－1977 第 85 条。
71 关于土壤净化的 1995 年 2 月 22 日弗兰芒法令第 25 条。
72 此责任领域遵从国际惯例。
73 关于瑞典司法所辖海域海洋环境保护的 1999 年 11 月 21 日法案第 29 条之二。
74 关于火灾及爆炸预防以及关于此类案件强制民事责任险的 1979 年 7 月 30 日法案第 8 条。列表见 1991 年 2 月 28 日皇家法令。
75 见前注 54。
76 见前注 55。

54　　交通事故——现代交通工具带来越来越多的危险，促使立法者设立了涉及汽车的交通事故中有利于受害者的严格责任（密切关系，implication）。因此在 1989 年 11 月 21 的强制汽车责任保险法中增加了第 29 条之二。[77] 该条款第一个版本于 1995 年 1 月 1 日生效，但很快就被修改版本取代，后者于 1995 年 7 月 1 日生效。根据修改后的版本，当事人的范围扩大到除汽车司机以外的所有交通事故受害者。[78]

判例法和大部分法律学说都从非常广义的角度来解读密切关系的要求。汽车和损害之间一旦产生联系，不管联系紧密与否，都可认定该汽车涉事。机动车和损害之间不需要满足必要条件的要求。

---

[77] 关于机动车强制责任险的 1989 年 11 月 21 日法案第 29 条之二："第 1 款 第 2 条第 1 款所规定的涉及一辆或多辆机动车的交通事故，受害人及其权利所有人因身体伤害或死亡所遭受的所有损害，包括衣物损失，由保险人连带赔偿，按照本法承担所有人、驾驶员或机动车持有人责任，但不包括每辆机动车驾驶员所遭受的物质损失和损害。即使损害是由驾驶员故意造成的，本条也同样适用。

"涉及有轨机动车的交通事故，上述损害赔偿责任归于机动车所有人。

"对官能性假肢造成的损害被视为身体伤害。所谓官能性假肢，是指受害人弥补身体机能不全而使用的工具。

"1975 年 7 月 9 日关于保险企业管控的法令第 80 条适用于此类赔偿。然而，即使事故是由意外引起的，保险人仍负有责任。

"在第一段所述交通事故中，如所涉机动车辆根据本法第 10 条免于保险责任且机动车所有人使用了这一豁免，本条规定亦同样适用。

"年龄超过 14 岁的受害人故意造成事故和损害后果的，不得利用第一段规定。

"在不与本条规定相冲突的情况下，此项赔偿责任按照关于一般保险责任和机动车辆特殊保险责任的法律规定执行。

"第 2 款 机动车驾驶员和机动车权利所有人不得利用本条规定，除非驾驶员是以受害人身份而非以驾驶员身份享有受害人权利，且未故意导致损害。

"第 3 款 本法第 1 条所规定的机动车辆指所有机动车辆，但残疾人可在交通中使用的自动轮椅除外。

"第 4 款 对按照普通法承担责任的第三人，保险人或机动车公共保险基金代位受害人的权利。

"执行本条规定而支付的保险赔偿金，并非为支付因交通事故引起的其他赔偿之赔偿标的。

"第 5 款 本条未明确规定的，均适用民事责任法律。"

[78] 在某些情形下，损害必须由所谓的机动车保证基金（未购保险的机动车、被偷盗的机动车）或者一个公共主体（为其自身保险人）来管理。

未处于损害源头的机动车也可以涉及。所有的机动车,不管处于行驶还是静止状态,都在涉及范围之内,不需要机动车和受害者之间的直接接触。因此,1989年强制机动车责任保险法第29条之二适用于如下例子:自行车骑行中撞上停着的机动车;人离开机动车时被另一辆机动车撞上(两车均涉及);乘客在突然停止的公交车内摔倒;由于机动车近距离通过致使骑自行车的人倒地等等。[79]

只有人身伤害和死亡产生的损害才受此严格责任的辖制,物品的损害被排除在外。只有受害人以及因受害人的损害而遭损害的人(*ayant croit*)才可提出索赔。机动车司机不在受保护范围之内。年满14周岁及以上的受害者,若其存在与有过失,且其不可原谅的过错是造成事故的唯一原因,则无权获得损害赔偿。

根据2001年1月19日法案,强制机动车责任保险法第29条之二又经过一次变革。先前版本的所有主要原则都保留在现有版本的文字中。目前,它还提供衣物损害的赔偿(物品损害赔偿除外的一个例外)。双方过失仅在受害者(超过14周岁,而不是至少14周岁)希望事故及其后果发生的情况下才考虑。现在司机也可以获得赔偿,但仅限于因受害人的损害而遭损害(*ayant droit of a victim*)的情形。

在最近一次修改之前,关于轨道交通工具(火车、有轨电车等)引发的损害没有任何特别的责任规则。此类事故的索赔根据过错责任规则处理,在可以适用的情况下也依据缺陷产品的严格责任规则处理。轨道交通工具被清楚地排除在1989年强制机动车责任保险法的适用范围之外。通过1998年7月15日的一个判决,仲裁法院认

---

[79] 见 C. Van Schoubroeck, Overzicht van rechtspraak inzake de vergoeding van Verkeersslachtoffers op grond van art. 29bis WAM-wet in: Jura Falconis. *Actuele aspecten van verkeersaansprakelijkheid* (2000), pp. 35–39, http://www. law. kuleuven. ac. be/jura 载有此文。

为这样的除外违背了宪法的平等、无歧视原则。[80] 因此，2001年又作了一次修正，将轨道交通工具列入特别赔偿的适用范围之内。

55   医疗——有关医疗事故或医疗领域的其他具体活动，比利时至今不存在具体形式的严格责任。

医疗事故案例往往由现存的民事责任规则来管理，全部依据过错、损害、过错与损害之间必要联系三要素。[81]

现存的制度无论如何都不能说对受害人特别有利。首先，受害人在确认责任方时常常存在实践上的困难（责任方是医生、护士、医疗队伍的领导，还是医院等等）。实际医疗过程日益复杂，涉及的专家数量日益增长，越发加大了这种困难。不过，这一问题必须得到实质性的完备考察，因为受害者不能将其局限于一般的索赔，而应指出确切的责任方（假定在刑事程序初始，受害人可以通过向预审法官投诉以刺激程序的开展，而后选择等待其可能的结果，这样的假想除外）。比利时法律不存在由医院承担一般责任的规定。

被告一旦确定，索赔的法律依据必须随之清楚地确定，因为不大可能同时在合同法和侵权法的基础上对同一当事人提出索赔。[82] 例如，可以对公立医院的医生提出侵权索赔，而对私立医院的医生提出合同法上的索赔。

随着时间的推移，受害人的举证责任减轻了。[83] "机会丧失"理论被接受，是重要的一步。关于受害人的举证责任，判例法一直尽力满足受害人的需求。医生承担的许多责任被解读为结果义务（obligations de résultat），就是只要某个结果一旦造成（如将异物留于病

---

[80] Cour d'Arbitrage, no. 92/98, 15 July 1998.
[81] 更广泛的研究参见 T. Vansweevelt, De civielrechtelijke aansprakelijkheid van de geneesheer en het ziekenhuis (1992).
[82] 见前注41。
[83] 见 J. L. Fagnart, Rapport sur le droit belge de la responsabilité médicale [2001–2002] Revue de droit de la santé (Rev. Dr. Santé), 110–112.

人体内），就可认定过错的存在。判例法同样认为，许多外科医生在同样情况下会同样行事的事实不一定意味着这样的行为是谨慎的。[84] 在法国的影响下，判例法也倾向于让医生承担有关知情同意的举证责任。[85]

诸如数目日增的诉讼、更高的胜诉率、举证责任的突然解除、日益扩张的损害赔偿及随之增加的保险费（1998年支付的保险费是1993年数额的250%）等因素使有关采用无过错赔偿体系的讨论继续下去。[86] 实际上，目前比利时政府正计划采用一个无过错赔偿的体系。该体系一旦生效，所谓"医疗过错"的受害者将无须证明医生的过错。他们的损害将得到一个特别设立的基金的（一定程度的）赔偿。无过错赔偿体系的采用不会消除起诉医生的可能性。每个医疗系统从业者将须按年度购买强制性的责任险，以保证其应对民事诉讼的信誉。

5. 原因不明案例的责任

机会的丧失——比利时法律接受"机会丧失"的理论。人们指出，一个机会的丧失不能被认为是不确定事件，"机会丧失"理论并不违背因果关系的必要条件要求。不确定性跟机会丧失的可能后果（假想损害）有关，但跟机会本身的丧失（确定损害）无关。这一区分在上诉法院1998年的一个判决中得到了清晰的阐述，该案中，虽然初审法院在判决依据中提到，侵权者的过错只是给风险的发生提供了一个机会，但还是判决侵权者全额赔偿风险实现后随之发生

---

[84] 布鲁塞尔上诉法庭，1989年11月17日，[1992] *Revue Générale des Assurances et des Responsabilités* (R. G. A. R.), no. 11. 904.

[85] 列日上诉法庭，1998年4月30日，[1999-2000] Rev. Dr. Santé, with note T. Vansweevelt；安特卫普上诉法庭，1998年6月22日，[1998-99] Rev. Dr. Santé, 144 and [1998-99] *Rechtskundig Weekblad* (R. W.), 544, with note H. Nys.

[86] 见 J. L. Fagnart（前注83）及 J. L. Fagnart, Présentation du projet du groupe de travail inter-universitaire, [2001-2002] Rev. Dr. Santé, 170-172.

的损害，上诉法院认定初审判决无效。[87]

（三）证明责任

57　　过错责任——前面已指出，比利时责任法必须被视为一个连续统一体。违反善良家父标准基础上的过错责任位于谱系的末端。在谱系的这一边，受害人承担完全的举证责任（*actori incumbit probatio*）。他们需要证明过错、损害和因果关系三要素。略为靠近谱系中心的情况是违反法律规则基础上的过错责任。在这一阶段，因为违反法律规则本身是非法的，所以受害人的举证责任已大为减轻。

58　　法律推定（*presumptions iuris tantum*）——往前一点，我们遭遇由具体的过错责任生发而来的责任规则，但它们随着时间的推移已经转化为法律推定（如父母的责任、教师的责任）。受害者无须证明对方的过错，对现有规定的违反足以构成责任（如未成年人的客观过错导致受害人的损害）。侵权者必须成功完成具体的通常也是困难的倒置举证责任，或者证明外界因素的存在，才能规避责任。

59　　不可推翻的推定——再往前是不可推翻的推定基础上的责任规则（缺陷产品，倒塌建筑物）。这里，过错责任的范围结束，严格责任的领域开始。侵权者能否证明自己无过错已无意义，除非是一些早期的严格责任允许使用因果关系进行这样的证明（如动物的严格责任[88]）。

60　　严格责任和因果关系要求的逐渐弱化——在严格责任领域的开始，因果关系的证明仍然扮演着重要的角色。受害者仍需证明一系列的事实，损害和这些因素之间的因果关系。例如，根据《关于地下水抽取或井点排水引发的损害的中央法案》的规定受害者仍需证

---

[87] 见 Vandenberghe, (*supra* fn. 35), no. 156, 1900 – 1901.
[88] 见前注49。

明，超过关键波动幅度的地下水回落是造成他们损害的必要条件。

责任领域越严格，必要条件的要求就越频繁地弱化。这样的弱化显然减轻了原告的举证责任。例如，1985年10月11日《关于由抽取地下水引发的损害修复的瓦隆法令》取代了上述中央法案，根据其规定，受害者只需证明，他们房屋所在土地的地下水位下降造成了损害，并且该地下水位的波动是某些开采者的活动引发的。受害者无需再证明造成损坏的具体波动是由开采者的活动造成的。实际上受害者仍需证明二个单独的，但相当容易证明的必要条件，而不是一个复杂的难以证明的因果关系。

在责任谱系的另一终端，甚至连必要条件的证明也被抛弃了。在交通事故的责任规则中，只要机动车被认为"涉及"了事故，[89]机动车保险人就有责任作出赔偿。

提高责任严格程度的其他因素——责任严格程度的提高并不一定意味着因果关系要求的减弱。标志更严格责任的另一因素是诸如与有过失、第三方过错等一般辩护理由的排除。例如，涉事机动车的保险人不能以受害人的过错作为抗辩理由，除非其能证明受害者故意导致了事故及其后果的发生。[90] 类似地，核工厂的管理人不能以第三方的过错来减轻自己的责任，因为核事故的责任应当完全由管理人负责。相反，有些严格责任则允许上述责任领域不能接受的抗辩理由，这意味着这些责任严格程度较轻。例如，《关于核工厂法律责任的法案》第5条明确规定，管理人若能证明损害由军事冲突、敌意破坏或内战（自然灾害不在其中）引发，可以规避责任。读者可能已注意到，上述《关于核工厂法律责任的法案》相当矛盾，同时显示了同一责任高度和低度的严格程度；用精确的确定性区分严格责任范围会有困难，这就是个很好的例子。

89　见前注54。
90　见前注54。

62 　　合同责任——根据合同法，举证责任主要取决于某些合同义务是否构成结果义务（obligation de résultat）、还是仅仅属于尽力达成最好结果的义务。

63 　　医疗——见上文（二）、4。

（四）共同过失

64 　　赔偿的减少——比利时侵权法使用共同过失的概念。[91] 法律学说以实用的方法处理这一问题，通常在涉及多重原因的标题下处理。同时由侵权者过错和受害人自身过错导致的损害不会得到全额赔偿。比利时侵权法不允许完全否定共同过失受害人的索赔权利。后者只有在受害人过错构成损害唯一原因的情形下才有可能，但在这样的情形下，自然不会有第三方卷入，也就不存在侵权情节了。共同过失受害人获得的赔偿将按其过错在损害原因中所占比例减少。如此，共同过失一般导致赔偿的减少。

65 　　标准——根据比利时法律，共同过失是"受害方任何必要的过错——如果没有这种过错，则侵权者的过错行为本来不会对受害人造成同等程度的损害。"按此初步定义的术语看来，受害者的行为构成共同过失的条件实际上跟过错责任的一般要求并无二致。

66 　　减轻损失（Schadensminderungspflicht）——共同过失得到考虑的条件有：它是损害的直接原因之一；它导致了既存损害的增加（或未能减轻原有损害）；未采取有效措施避免将来的损害。前述并不意味着受害者负有不计成本消除既存损害增加的可能性或某些未来损害的发生的一般义务。受害者的行为只有被认定为过错时才构成共同过失。

---

[91] 因为受害者的共同过失不会导致对其索赔权的完全否定，但会导致赔偿的减少，比利时法律并没有严格意义上的共同过失。比利时侵权法使用的实际是比较过失的概念。为方便起见，本文跟从问卷的术语，在广义上使用共同过失这一概念。

拒绝手术——增加自身损害的问题在拒绝手术的案例中特别突出。受害者可因人身自由权和身体完整权拒绝手术治疗，但在某些情形下，这可能构成过错。有学者提议，若受害人拒绝手术明显构成了过失，其行为只能让步于责任方的利益。换言之，相比其他侵权案例，法庭此处处分的是相当微小的评估权力。关于此类具体案例，滥用权利（abus de droit）的理论被清楚提及，据称扮演着独立的角色。滥用的情形包括针对实际属于受害者的身体完整权提出恶意上诉。 67

严格责任——一般而言，在所谓的责任推定或严格责任形式尚存疑的案例中，适用同样的原则。 68

（五）人身伤害赔偿

恢复原状——比利时法律未对可获赔偿的金钱或非金钱损失作出制定法上的定义。损害必须定义为受害人的实际境况与假设引发损害的事件没有发生的情况相比出现的差异。一般认为，侵权责任一旦确立，受害人有权"恢复原状"（restitutio in integrum）。损害法这一一般原则意味着受害人必须得到全额赔偿，但不能超额，且获赔的损害必须是具体的。损害若不能充分确定，须经过公平正义的评估，但仍须符合具体赔偿的原则。损害法的目标是尽量使受害人恢复到事故未发生的接近状态。如有可能——如受害人提出索赔——损害必须得到本质的修复，否则则给予金钱赔偿。显然，判决之前已经遭受的损害永远不可能得到本质的赔偿，因为它已经成为现实。 69

有效索赔的条件——为提起成功的索赔，受害者必须证明其损害满足三个条件：损害必须确定、必须是人身伤害、必须由合法权益受侵犯而引发。确定性的要求意味着法官无法严肃考虑相反的可能性，即使损害永不会发生的理论可能性还是存在（这是未来损害 70

的情形）。受害者必须亲身遭受损害。这条规则并不排除已死去的受害者（例如，临死前遭受了有意识状态下的疼痛折磨）所受损害由继承人提出索赔的可能性。事实上，这样的索赔属于遗产，在受害人死后转移给继承人。此规则也不排除所谓间接损害赔偿的可能性，例如目睹亲人遭受折磨或死亡的人所受的损害都属于间接赔偿。若直接损害的遭遇者存在共同过失，则间接损害可减小。损害必须由合法权益受侵犯而引发，但并不要求因"主观权利"的违反而引发。

指示表——判例法通常区分不同类型的损害。全国一审法院法官联合会和皇家联邦治安法官和警察法庭制定了一份所谓的"指示表"并一直保持更新。该表提供通常使用的损害类型的概览（虽然列表不应被视为详尽完备）。表格的介绍部分强调，若受害人成功证明其所受损害的数额，赔偿即应根据此数额而不是价目表进行。只有当损害数额无法确定时，才用到指示表提到的赔偿数额。它还强调指示表根本不具备制定法的权威性。指示表对主审法官不具备约束力。然而，该表还是对当前存在的损害类型和数额做出了很好的概述。指示表同时处理金钱和非金钱损失。此外，它不仅跟人身伤害有关，还考虑物的损害的最当前的形式。

在人身伤害类型中，指示表对"经济损失"和"精神损失"作了区分。与指示表的结构相反，死亡案例中的损害将单独在下文（六）中讨论。

在子目录"经济损失"中，指示表在下述事项之间做了粗略的区分：

- 暂时失去工作能力期间所遭受的收入损失。这些损失必须是具体的。
- 受害者在职业活动中需要付出的额外努力。若无法确定，这样的努力可于重新工作的第一天起按每天 17.35 欧元的数额获得赔偿。
- 永久丧失劳动能力案例中收入的损失和在劳动市场上价值的

消失。赔偿数额依据是假定受害者未失去劳动能力的状态下可获得的工资数额。

● 家务劳动的经济价值。若无法确定，可按无小孩受害者每天 17.35 欧元，有小孩受害者每天 24.79 欧元（每多一个小孩增加 4.96 欧元）的标准赔偿。这些数额据说赔偿了所有的家务劳动。若无法确定，男人对家务的贡献可按上述数额的 35% 赔偿，妻子的贡献则按 65% 计算。

● 第三人的照顾。此类费用必须具体评估。

● 后职业损害（例如受害者退休后无法完成不属于正常家务的一部分的任务而由此遭受的损害）。

其他损害如养老金享受权利的损害，为满足受害者的需要而改造房屋或汽车所需的费用，根据比利时法律都能获赔。

在子目录"精神损失"中，指示表在下述事项之间做了粗略的区分[92]：

● 劳动能力丧失的非金钱损失。此项是为赔偿疼痛、悲伤和在运动、参与兴趣项目过程中所感到的不适，以及痛苦的代价（*pretium doloris*）。指示表建议的赔偿数额为住院期间 30.99 欧元每天，剧烈疼痛或特别身体障碍 37.18 欧元每天，出院后 100% 丧失劳动能力 24.79 欧元每天。

● 审美损害。审美的损害程度分为七个级别，一级最轻，七级最重。建议的最低赔偿数额为一级 247.89 欧元，七级 24,789.35 欧元，没有关于最高赔偿的建议。

● 亲情的价格（*pretium affectionis*）。目睹亲人遭受疼痛或痛苦而受的损害。

● 愉悦的价格（*pretium voluptatis*）。

---

[92] 也可见 H. Cousy/D. Droshout, Belgian Country Report in W. V. Horton Rogers (ed.), *Damages for Non-Pecuniary Loss in a Comparative Perspective* (2001), pp. 28–53.

（六）死亡赔偿

72　　指示表——关于死亡案例，指示表的子目录"经济损失"提到以下损害：

● 死亡案例中经济损害。此类损害仅限于死者生前职业收入中为亲属利益而支出的那部分。为死者本人支出的生前收入部分不会得到赔偿。至于哪一部分是为本人支出的，这往往很难确定。指示表建议，可将家庭总收入除以家庭成员数（包括死者）加1，由此估算出人均开支。

子目录"精神损失"提到：

● 亲属遭受的非金钱损失。指示表建议的以下数额必须根据具体的情形如年龄以及死者是否为亲属的独生子女或亲属是否为死者的独生子女等事实作出调整。例如，指示表建议丈夫、妻子或终生同居伴侣死亡的赔偿额为9915.74欧元，未婚夫、未婚妻死亡的赔偿额为4957.87欧元。

指示表还正确地指出，死者遭受的非金钱损害（例如，临死前遭受了意识状态下的疼痛折磨）可由享有继承权的继承人提出索赔，因为此索赔权是死者留下的遗产之一。

（七）赔偿的范围与方式

73　　赔偿的范围——比利时赔偿法遵循恢复原状的原则。[93]

74　　起赔额和上限——比利时侵权法一般不使用起赔额和上限。1985年7月22日《关于核工厂法律责任的法案》设立了一个上限的例子，

93　　见前注69。

2000 年 7 月 11 日修订后数额上升为原来的三倍，现在核工厂的管理人责任上限约为二十九亿七千万欧元。[94] 1991 年产品责任法中有个罕见的门槛例子：物的损害只有大约 560 欧元以上部分才需赔偿。[95]

非金钱损失的赔偿额——见前文（五）、（六）。 75

分期支付/一次性支付——比利时法院可以自由选择赔偿的分期或一次性支付方式（后者通常被称为"资本化"方法，仅适用于判决之后将继续发生的损害部分）。 76

利益——比利时法律中包括赔偿利益（确立损害数额之时的赔偿）和延期偿付利益（侵权者在法院判决后因未能履行支付损害赔偿的义务，对此而做的赔偿）。 77

（八）第三方责任保险

强制责任险——为保护受害者，保障他们提出的索赔请求，立法者在众多的案例中要求办理强制责任险。[96] 但是往往没有给出精确程度、保险状态等细节要求。 78

强制机动车责任险——强制机动车责任险是个例外，立法者为此险创设了详细的法律框架。根据比荷卢经济联盟 1966 年 5 月 24 日《关于强制机动车责任险的公约》，比利时立法（1989 年 11 月 21 日）制定了一整套详细的规则，处理参保义务、保险内容以及民事程序等细节问题。此立法最引人瞩目的方面在于，它要求保险人无限额地赔偿人身伤害。另一个重要方面在于，自 1995 年起，它采用了一条关于交通事故中机动车以外的受害人的（自动）赔偿的具体 79

---

94 关于原子能领域法律责任的 1985 年 7 月 22 日法案第 23 条。
95 1991 年 2 月 25 日产品责任法第 12 条。
96 保险监管办公室（*Office de Contrôle des Assurances*）在年度工作报告中详细列出 60 种左右法律法规强制人们购买责任险的情形。

规则。[97] 该立法的第三个特点是允许受害者对保险人提出"直接诉讼"。直接诉讼允许受害人无须牵涉机动车一方，即可放弃中间环节直接向责任保险人提出诉讼。直接诉讼代表一种特别的特征：它在很大程度上使基本的法律关系自主化了（受害者从责任方即被保险人获赔的权利和被保险人从保险人处获赔的权利）。自主化的程度之深使保险人无法利用由上述关系生发而来的任何理由对抗受害者。事实上，保险人可用于对抗受害者的唯一理由是保险人和被保险人之间未签订保险合同，例如，在事故发生之前，双方已经同意、或法官已经判定合同不存在、无效或终止。

80　　第三方直接索赔——1992年7月25日的新保险合同立法将"直接诉讼"扩展到了所有责任保险的框架之内（1993年1月1日生效）。显然，通过这样的立法，受害者从此可以对抗被保险责任方的其他债权人提出的索赔。关于抗辩理由，新的立法则对强制险和其他保险做了区分，只有强制险适用与机动车责任险一样的保险人无法抗辩的规则。[98]

---

[97] 见前注54。
[98] 1992年6月25日非海上保险法案
　　"第86条 受害人专属权。
　　"本保险赋予受害人对保险人一项专属权利。保险人应承担的损害赔偿由受害人取得，投保人的其他债权人不得取得。
　　"第87条 抗辩、无效和失效的可对抗性
　　"第1款 在强制民事责任保险中，基于法律或合同由先于或后于保险事故的事实引起的抗辩、无效和失效，不得对抗受害人。但是，发生在保险事故之前的合同撤销、解除、届满或中止可以对抗受害人。
　　"第2款 其他类民事责任保险中，保险人只能以基于法律或合同由先于保险事故的事实引起的抗辩、无效和失效对抗受害人。
　　"但国王可将第1款扩张适用至非强制民事责任保险的领域。
　　"第88条 保险人对抗保险受益人的救济权
　　"保险人可以保留对抗保险受益人的救济权，如有必要，亦可对抗被保险人，拒绝或减少按照法律或保险合同应予的给付。
　　"保险人有义务自其知道使其获得该项权利的事实时立即通知保险受益人，如有必要，亦应通知被保险人，否则将失去其救济权利。
　　"国王可以在案件中决定限制本项救济权。"

二、案例

（一）案例1

从人身伤害的角度，P将根据有关交通事故中易受害群体的特别规定获得赔偿。[99] 赔偿将由涉事卡车的机动车责任险保险人支付。

P可提出有关未来收入损失、必要的第三方照顾以及非金钱损失的损害索赔。

P因丧失劳动能力而获得的未来收入损失的赔偿，不大可能达到上述案例的数额。对此，"指示表"承认，对尚无工资收入或只有有限工资收入的年轻受害者必须特别关注。必须考虑可得利益（*lucrum cessans*）。但是（未来的）损害只有在损害确定的情况下获赔，在本案例中不可行。

P的亲属也有权索赔，因为根据强制交通责任保险法第29条之二，他们也是权利所有者。例如，P的亲属可以提出"亲情的价格（*pretium affectionis*）"的索赔，以赔偿P在事故之后所遭受的剧烈痛苦。

（二）案例2

无过错赔偿的制度一旦生效，P和她的亲属将无须证明任何过错以获取赔偿。目前尚不知无过错赔偿的损害类型和程度。

依据现行法律——且将P应提起侵权法上还是合同法上索赔的问题暂搁一边（因为P在事故发生后、在仍处于昏迷状态时必须动

---

[99] 见前注54。此分野目前正在讨论中，将来可能被废止。

手术，所以无法确定她是否与医院 D1、医生 D2 或与上述二方同时存在合同关系）——P 极有可能获得额外 6 个月的暂时丧失劳动能力的收入损害赔偿。P 所能承担的家务劳动的经济价值也将得到赔偿（若不能确定数额，"指示表"建议若 P 有一个小孩则获赔 24.79 欧元的 65%，每增加一个小孩多获赔 4.96 欧元的 65%）。若有必要，必需的第三方护理将依据实际花费得到赔偿。此外，P 还可索赔劳动能力丧失期间的非金钱损失。指示表建议住院期间或者经受剧烈疼痛或特别身体障碍的康复期每日赔偿 37.18 欧元，其余住院期间每天赔偿 30.99 欧元，丧失劳动能力的其他时间段每天赔偿 24.79 欧元（丧失程度达 100%）。P 的丈夫和孩子可因目睹 P 的疼痛和痛苦而提出"亲情的价格"的索赔。但很有可能，只有当 P 经历了极度疼痛之后才会有这样的赔偿。

87　　若根据侵权法，P 指控 D2 对损害负责将存在困难，因为很难证明 P 的损害和 D2 的失职之间存在必要条件的关系。此案中 P 可依据"机会丧失"的理论起诉，其结果很可能导致 P 所受痛苦的损害赔偿部分减少。

88　　关于如何处理，比利时侵权法有句谚语"违法者必须为受害者负责"。若 D2 的失职看起来是易受伤害的受害者情况恶化的必要原因，则此法谚适用。只有当 D2 介入以前受害者的情况已经开始恶化，而其失职行为只是加快了本该发生的损害过程（换句话说：如果失职行为不是损害发生的必要条件），D2 就不大可能根据侵权法被认为对恶化负责。

（三）案例 3

1. 遗孀和女儿的索赔？

89　　如果事故发生时，S 不是机动车司机，他的亲属将依据交通事故易受害者的特别赔偿制度,从涉事的机动车保险人处获得赔偿。否则,S 的亲属将须根据一般的过错责任法起诉。(民法典第 1382 - 1383 条)。

死者对家庭收入贡献部分的经济损害应由侵权者赔偿。S 用于个人开支部分的收入不予赔偿。如可确定实际损失则按实赔偿;若无法确定,指示表建议,S 个人开支可按家庭总收入除以家庭总人数(包括死者)加 1 来计算。

此外,遗孀和女儿可在家庭成员死后提出非金钱损失的索赔。对此,指示表建议的赔偿数额为遗孀 9915.74 欧元,共同居住的女儿 7436.81 欧元,若 S 与女儿没有共同居住,则女儿的赔偿数额减半。

2. S 如何承担共同过失的后果?

若 S 的亲属依据交通事故易受害者的特别赔偿制度获得了赔偿,只有当 S 希望事故及其后果发生的情况下(实践中,如 S 自杀),才会考虑其共同过失。

否则,S 的共同过失产生的后果,不仅将减少 S 留下的财产中所遭遇的针对 D 的索赔,还将根据 S 的过错程度,减少其亲属所能获得的非金钱损害赔偿。

英格兰的人身伤害赔偿

W. V. 霍顿·罗杰斯

一、基本问题

(一) 侵权法与社会保障法

1   保险人和国家对这个问题不像一些欧洲国家没有达成共识。这个立场是由 1997 年《社会保障（利益返还）法》决定的。战后的立场是对一些社会保障补助来说，赔偿请求人[1]收入损失的损害赔偿应扣减损害发生后五年中可收到的补助的一半。对没有列入立法的某些其他补助来说，扣减则永远是百分之百的，因为法院认为补助是对损失的替代。无论如何，国家不会给予任何补偿。

2   现行体制是在 1989 年引入的。1997 年社会保障法是这一体制的改良版。法院不关心已获得的社会保障补助，裁定赔偿损失的判决是不考虑这些补助的。然而，在被告（在实践中当然是责任保险人）向赔偿请求人做任何支付之前，他在损害发生五年内，或在判决日期或和解日期，不论哪个在先，都必须向国家偿还赔偿请求人获得的补助。他必须获得福利署赔偿返还部（the Compensation Recovery

---

[1] 从 1999 年，这是英国更常用的"原告"的术语。

Unit of the Benefits Agency）颁发的"可收回补助证书",该证书载明了可收回的补助。在他履行判决向赔偿请求人支付扣除被扣减的数额的款项时,他对赔偿权利人的责任被清偿。绝大数人身伤害赔偿请求在判决前(甚至在诉讼程序启动前)都得到了满足,但是相同的原理是适用的:被告不偿还国家就不可能做与解决争议有关的任何支付。直到1997年,小额支付(不超过2500英镑)仍在规划之外,不过情况已不再是这样。在1999/2000财政年度,以这种方式从7088个案件收回了大约三亿三千七百万欧元。[2]

为此被告所做的支付被认为包括多达三个部分:收入损失、护理费用和流动性损失(loss of mobility)。特定补助的扣减只针对损害赔偿中相当的部分做出。因而,如果在赔偿请求人的损害赔偿金中,例如,收入损失达15,000欧元,其配偶提供的护理达10,000欧元,他已经接受到收入补助金10,000欧元,护理津贴10,000欧元,于是赔偿请求的第二部分消失了,但是他根据第一部分仍可接受5,000欧元。非金钱损失损害赔偿不扣减(一直到1997年,以致在数额更小的赔偿请求中,赔偿请求人有可能丧失其对损害赔偿的所有权利)。

3

混合过错通常减少被告的损害赔偿金,但是被告偿还国家的义务不允许减少。因而,即使赔偿请求人有50%的混合过错,被告也必须全额支付可收回补助。换言之,就补助而言,被告要对受害者事故的责任份额负责。在理论上,这是不公正的,但是制度的实施在实际上不可能有任何别的基础,既然对过错问题只有法院在极少数案件中才可做出裁决。

4

1989年和1997年的法律变化使国家在所有案件中处境更好。事故受害者的立场将随着相关赔偿请求和补助的本质和数额而变化。

5

---

2 Written Answer, Hansard, Commons, 14 December 2000, col. 216.

在某些更严重的情形中，既然在赔偿请求解决或五年的分界点之外无论如何都不扣减，赔偿权利人的处境将会更好。被告总是处境更糟糕：他们失去了针对更严重情形中的赔偿权利人扩大扣减的可能性，他们不得不向国家偿还绝不必然为赔偿请求人的扣减所完全抵消的数额。此外，管理的重担主要依靠的是被告，国家所做的只是颁发可收回补助证书。

6　　扣除体制不适用于向死亡事故案件中死者的家庭支付的补助。就补助抵消而言，这是对在这些案件中的赔偿请求人的优待的反映。

7　　就根据（可能被认为是一种社会保障补助的）国民医疗保健制度所提供的免费医疗而言，1999 年道路交通（国民医疗保健费用）法要求支付道路交通事故赔偿金的保险人支付受害者接受的国民医疗保健治疗费用。像这样的事物已经存在了大约 60 年，但是可收回的最大数额很低，事情通常进行不了。1999 年的法律确立了集中收集制度（以回收金钱补助制度为基础），可收回的数额大约是住院治疗每天 725 欧元，其当前的最高限额大约是 16,700 欧元。[3] 受害人的混合过错又是不相干的：如果保险人（通过判决或和解）向受害人做了支付，他不得不按照法定最高额支付费用。这种制度被限制于道路交通事故案件在逻辑上是没有道理的。法律委员会已经提出将其扩展到全部事故的可能性，尽管迄今为止朝着这个方面没有任何发展。[4]

（二）责任原则和制定法依据

1. 概览

8　　人身伤害（除另有说明，如在问题 5 中，这个用语包括死亡在

---

[3] Road Traffic (NHS Charges) Regulations SI 1999/785.
[4] Law Commission Report No. 262 (1999).

内）责任的主要理论范畴是侵权法,该范畴的主要内容是过失侵权。当然,更有理由造成伤害的故意不法行为也带来了责任,不过由于历史原因,我们认为这以不同的侵权行为（尤其是恐吓和非法侵犯）为基础。几乎就没有什么严格责任（至少在形式上）。

侵权法基本上以案例法为基础,也就是说,它的基础是司法判决而不是立法。在理论上认为过失责任的普遍基础是相当现代的（1930年以后）,但是在大多案件中对过失造成的人身伤害承担责任可追溯到十九世纪。有大量制定法在调整"有关"事项（例如,混合过错、侵权行为人间的追索权和损害赔偿）,但是几乎就没有什么责任方面的主要法律。这当然是不成文的普通法系所特有的。例如,欧洲读者可能会带着到民事责任准则的希望去查阅爱尔兰1961年民事责任法,但是实际上发现它只是在处理有关事项,如共同过失和侵权行为人间的责任分摊。苏格兰法通常被认为接近于大陆法系,但是实际上就侵权法而言,它以案例法为基础,在很大程度上与普通法（即使它们称它为不法行为）差不多。

合同法当然主要侧重于"商业损失"的恢复,不过,在违反合同造成了人身伤害时,就有可能因此获得损害赔偿（例如,在货物的买受人因它们存在瑕疵而受伤时）。英国法与法国法不同,通常允许合同中的请求和侵权中的请求"聚合"。

在总体上,责任没有限额（尽管各种国际运输条约当然有限制）。根据1977年不公正合同条款法,人身伤害的约定限制在大多数情形中都将是无效的。

2. 过错

上文已经提到故意不法行为被认为不属于过失（即我们不使用过失这个一般概念）侵权。然而,这些案件在数量上相对来说是不重要的,因而我将集中于过失。

过失要求:(1)被告对赔偿请求人负有注意义务;(2)违反注

意义务；(3) 因此造成损害。

14　　从理论角度看，义务问题是一个非常复杂的问题。但是，在实践中，对行为或活动造成的人身伤害来说，义务问题没有那么复杂。在实践中，注意义务几乎是一致的。在绝大多数人身伤害赔偿请求中，根本不会提出这个问题。问题的领域往往集中在纯粹经济损失和完全不作为。英国侵权法和许多欧洲国家的侵权法有一个明显的差别是它在工伤事故中发挥主要作用：社会保险制度在某种程度上有利于那些工作期间受伤害的人，不过，从1948年就没有了劳工赔偿方案。

15　　义务违反问题以我们肯定将会逐渐谈到的"理性人"的客观标准为基础。经典的表述差不多已有150年的历史，是由埃尔德森在布莱思诉伯明翰自来水厂案（*Blyth v. Birmingham Waterworks Co.*）[5]中做出的：

16　　"过失是没有[6]做一个理性人在那些通常调整人类事务的行为之因素的指导下会做的事，或者做了一个审慎和理性的人不会做的事。"

17　　很自然，一旦涉及一些专业技能，其标准就是技艺称职的从事者的标准，因为普通人对外科手术或操作公用事业用品一无所知。一旦对问题的专业思想有不同学派，被告就不负责任，如果他遵循了一个体面的专业意见，因为要不然法院将不得不对使专家意见分歧的问题作出决定。实践中要求的预防措施根据活动形成的风险的严重性而定——环境所要求的注意。"重大"过失在民法中不是一个概念范畴（尽管它是刑法中过失杀人的概念范畴）。客观标准的意思是，过失的认定现在不必然有什么道德非难，尽管要对不能符合客

---

[5]　(1856) 11 Ex 781 at 784.
[6]　尽管完全不作为一般是没有责任的，可是法院仍会谈到成为行为方式一部分的不作为，如没有踩刹车，或者没有保养机动车。

观标准的有限人群给予照顾——例如，对儿童按照与其年龄相同的理性儿童的标准来判断（我在假定儿童没有从事他应当知道不应参加的成人活动，如试图驾车）。义务违反的路径在所有普通法国家差不多都是一样的。

因果关系问题是由两部分构成的。第一，必须存在事实上的因果关系：被告的行为必须是损害的必要条件，在有多个原因时，它对损害的发生必须有实质作用。[7] 在绝大多案件中，事实上的因果关系问题是明显的。

第二，行为必须是法律上的充分原因（尽管"充分因果关系"的用语没有得到普遍使用）。一般而言，就人身伤害而言，如果给赔偿请求人造成的某种伤害是可以预见的，那么被告"就不能苛求受害者"，其要对更严重的、没有预见到的后遗症承担责任。[8] 第三方旨在造成伤害的介入行为一般都将会中断因果关系的链条（除非被告的义务是防范这些行为发生）；介入过失是否做到了这一点，视环境而定。

合同——阐明合同义务程度的抽象规则是不可能的，因为一切都取决于被告根据合同的明示或默示条款所承担的义务。然而，供货商保证货物质量的义务一般都是绝对的，而且绝不取决于有过错；而服务提供者的义务一般是予以适当的注意和展示应有的技能。因此，医生（合同）治疗私家病人的义务在实践中与医生在公共卫生制度（侵权——在这些情形中不存在合同）下治疗病人的义务是相同的。在理论上，专业人士能够确保或保证成功：在没有明确说要到达那种效果时，法院不会非常乐意承认他已经这样做。

---

[7] 这对处理两种原因都在起作用且哪一种原因本来都很充分的案件是必要的。A 刺中 C 的心脏，B 同时击中 C 的心脏，说哪一种原因都没有导致他死亡就会是怪诞的。

[8] *Smith v Leech, Brain & Co* [1962] 2 QB 405, QBD（轻度烧伤引起癌前状态）。

3. 间接责任

20　　雇主对雇员受雇期间的侵权行为负责（雇员个人有可能负责，不过，雇员很少是责任清偿之人）。这一责任绝不取决于雇主有过错，甚至在选任、培训或监督上已经尽了最大注意也不会免除雇主的责任。同样，雇主要为在实际上不可能监督其行为的人的行为承担间接责任——因此医院对其雇用的医生的过失负责。雇主对雇员有补偿请求权，但是通常这完全是从理论上来说的。受雇期间的意思是，雇员的行动与受雇之间必须有充分的关联——不只是只提供其行动的场合或机会的雇佣——但是，责任不仅扩张到无意的行为，而且扩张到有意的不法行为，例如受托保护货物的雇员偷窃，在最近一个案件中，儿童教养所雇员实施性虐待等。[9]

21　　一般而言，间接责任被限定在服务合同关系中，对独立签约人不承担间接责任。因此，对真正意义上的代理人不承担间接责任。然而，本人将会对代理人的行为负责，在他们从事代表行为的限度内（通常是欺诈或不实陈述的情形），即使没有代理因素对独立签约人的行为也承担责任的情形的类型是有限的。另一个（相当可疑的）例外是本人在其代理人代为驾车时为代理人的行为负责。

22　　与间接责任完全无关的是雇主或本人对其自己的过错承担个人责任——比如，在选任上或（有关）在监督上。这同样适用于公司和自然人，这种语境根本不要求过错是公司的"中枢神经"或"中心机关"的过错。因而，举例来说，医院可能因为没有提供令人满意的设备或系统而负责，即使不能归咎于实施治疗的人。在实践中，通过间接责任对这些案件中的许多案件作出处理是有可能的，因为有过错的情况通常是由机构雇佣的其他人造成的，而且雇主会间接为他承担责任。但是，在实践中，只说"公司"没有采取必要措施

---

[9] *Lister v Hesley Hall* [2001] 2 All ER 769, HL.

通常是更简单的。

4. 严格责任

这里的困难是,"严格责任"不是一个容易下定义的概念:确切地说,责任的顶端占据着纯粹"结果"责任和"纯粹"过错责任间范围的各个点。就算把自己限定在人身伤害领域(其他法律领域,如公害或诽谤,带来别的复杂问题),对法律作出一致的描述也不容易,因为在这个方面,它真的是一堆临时的条款。最重要的看法也许是英格兰的严格责任比欧洲国家的严格责任要少得多。最明显的差别是机动车事故受一般过错体制支配。[10] 而且,与法国民法典第1384条规定的因物引起的责任相似的责任根本就不存在。

以下是施加严格责任的与人身伤害可能有关的立法的清单(肯定未穷尽的):

水。1975年水库法(水库的建设);1991年水产业法(干线漏水)。

瓦斯。1965年瓦斯法(地下储存)。

废物。1990年环境保护法(未授权处理垃圾造成损害)。

石油。1995年商船运输法(海上石油污染)。

管道。1998年海底管道法(只有人身伤害)。

航空器。1982年民用航空法(给地面上的人或财产造成损害)。[11]

核能。1965年核能设施法(核物质泄漏)。[12]

动物。1971年动物法(属于危险物种的动物或已知具有危险特征的家畜的严格责任——这是对古代普通法责任的合法"成文化")。

产品责任。1987年(实施1985年指令的)消费者保护法。根据

---

[10] 英国其余地区、爱尔兰和荷兰都同样如此。

[11] 此外,对乘客当然要承担条约责任,不过,在所有欧洲国家这都是一样的。

[12] 这种责任几乎是绝对的。

该指令，这方面的法在欧盟所有成员国当然大体上都是一样的，尽管英格兰没有对责任采纳统一限制，统一限制是该指令允许的。英国制定法"发展风险（development risks）"抗辩的用词稍微不同于该指令与其相当的词汇，但是对它的挑战在委员会诉联合王国（*Commission v UK*）[13] 案中失败了，因为欧盟法院（ECJ）认为英国法院将会按照该指令来解释制定法。该法在14年中几乎没有产生已报道的案件。目前的趋势已是假定（a）就不符合标准的产品或"生产有瑕疵的"产品而言，责任真的就是严格的，不过（b）就设计瑕疵而言，普通人有权指望的标准在实质上与过失标准很难区分开。第一个看法已为血液感染案所证实。[14] 然而，第二个看法现在有点受到怀疑，鉴于有一项判决认定被告对幼儿推车上的松紧带造成的伤害负责，即使法院发现没有什么过失，这样的伤害以前也未曾报道过。[15]

26　　货物质量令人不满意的违约责任比1987年法律规定的责任更严格，并扩张到人身伤害。然而，它只对成为销售合同当事人的人有用。普通法过失侵权责任在产品责任中仍然存在着，不过它现在在人身伤害案件中其实是多余的。然而，它在给营业造成财产损害的案件中仍然具有重要性，这种案件不受该指令调整。

27　　就业安全立法。从实践来看，这是人身伤害严格责任的最重要来源。这一领域的立法自维多利亚时代就已经存在了。它的大多数规定现在包括在一系列根据1974年工作卫生和安全等法案[16]制定的规则中。这些规则的严格性变化极大。一些规章对雇主施加绝对义

13　[1997] All ER (EC), 481.
14　*A v. National Blood Authority*, [2001] 3 All ER 289. *Richardson v. LRC Products* [2000] PIQR, P164 是否与这一致并不清楚，但是这个问题在那里没有得到充分考虑。
15　*Abouzaid v Mothercare (UK) Ltd.*, 21 December 2000, CA.
16　如1992年工作场所（卫生、安全和福利）规则，SI1992/3004；1992年工作设施提供和使用规定，SI1992/2932.

务。许多规章施加的"尽可能可行的"（so far as practicable）义务，是一个比普通法过失高的标准。其他规则施加的"尽可能合理可行"（so far as reasonably practicable）义务，在实质上就相当于过失，不过重要差别是一旦证明义务没有履行，雇主就必须证明这样不是合理可行的。这种复杂的制度是否为工伤事故提供了合理的准则仍然是有争议的，但是规章部分是历史的产物，并且基于这样的事实，既然它们也课以刑事责任，它们就不得不考虑到工程实用性。此外，它们是对普通法上雇主注意义务的补充，在大多数案件中赔偿请求的根据既可以是这些规章又可以是普通法。

普通法责任比公害（干扰邻居）标题下的纯粹过错（尽管肯定不是绝对的）和赖兰兹诉弗莱彻（Rylands v. Fletcher）案中所谓的规则更严格。然而，后者现在被视为涵盖孤立事件的前者的亚类型，二者都（或许）扩张不到人身伤害。在美国普通法中，危险活动的严格责任是从赖兰兹诉弗莱彻案中发展而来的，但是它在实践中是无关紧要的。 28

交通事故上文已论述过。医疗领域不存在什么严格责任，除非涉及产品责任。法院最近认定，输血时被感染的血液产品造成的伤害属于严格责任体系的范畴。[17] 毫无疑问，在二十世纪九十年代，医疗过失赔偿请求大幅攀升。但是，切合实际地估算这给制度造成的负担是不容易做到的。国家审计署的报告《应对英国的医疗过失赔偿请求》[18] 估计，2000年3月，为23,000件针对国民医疗保健部门提出的未解决的赔偿请求所准备的款项大约是43亿欧元。[19] 然而，有人认为，这给人们留下的对每年总费用的印象非常具有误导性，因为数字代表的是所有未解决赔偿请求的总估算值，大多数赔偿请 29

---

[17] *A v. National Blood Authority*, [2001] 3 All ER 289.
[18] HC 403, session 2000 - 2001.
[19] 脑瘫和脑损伤的赔偿请求按价值计算占赔偿请求的80%。

求将不会得到满足[20],而且对许多剩下的请求支付款项是将来相当遥远的事。[21]

5. 不确定因果关系

30　　一般态度参见上文边码18。赔偿请求人必须证明通过盖然性权衡（a balance of probabilities）被告致其受损失。如果他不能证明，他就彻底失败了。责任不可能以"机会丧失"为基础。然而，如果他通过盖然性权衡的确证实了因果关系，那么因果关系就被当成历史事实来看待，对它本来不可能成为原因就马虎不得。损失的原因可能不止一个。在损失不可分割且被告的行为就是原因得到证明时，他就得负全责,[22]而且他肯定盼望着对其他责任人行使分摊权（如果有的话）。当然什么是不可分割的损害是个难题。[23]例如，处理噪音过大导致耳聋，通常似乎以每一个被告只对其行为增加的残障程度负责为基础，如果其他被告破产或停止营业，这就有点重要了。

31　　责任不能只以机会丧失为基础的命题，是有例外和限定的。其例外是如果损失取决于第三人本已采取了什么行动，那么赔偿请求人就不必通过盖然性权衡来证明因果关系。所以如果赔偿请求人的律师使其对X的赔偿请求罹于时效是有过失的，他就有可能成功对

---

[20] 更大的赔偿请求几乎将总会受到法律服务委员会（换言之，法律援助）资助，但是这些赔偿请求的成功率只有24%。尽管没有什么可靠的数据，但是这比赔偿请求，比如道路交通事故赔偿请求低得多。在 *Callery v Gray* [2001] EWCA Civ, 1117, [2001] 3 All ER 833 the C. A. 认为道路交通事故中至少有90%的数额更低的旅客赔偿请求能够得到满足，绝大多数赔偿请求不用通过诉讼就获得了解决（at [103]）。

[21] Fenn et al, Current cost of medical negligence in NHS hospital: analysis of claims database [2000] *British Medical Journal*, 1567.

[22] Stuart-Smith L. J. 在 *Holtby* v. *Brigham & Cowan (Hull) Ltd.* [2000] 3 All ER 421, 428 中认为被告"负责任，只要分摊"是非正统的，并与（a）分摊立法 [Civil Liability (Contribution) Act 1978] 的整体结构和（b）上院在 *Bonnington Castings* v. *Wardlaw* [1956] 1 AC 613 中的判决不一致。

[23] 该领域现在产生的问题一再出现。*Fairchild v. Glenhaven Funeral Services Ltd.*, 16 May 2002, HL 可能意味着该领域要出现大的变化，不过该判决的理由尚未给出。

付律师，即使他不能证明他本来差不多有可能赢得对 X 的诉讼。[24] 如果他能证明的不只是一个推测性的机会，他就能取得丧失那个机会的适当打折的损害赔偿。[25] 其限定是迄今为止已说过的一切都与责任成立有关。一个不同的路径被认为是损害赔偿评估。因而，如果 C 被 D 伤害，某种并发症有可能导致将来进一步致残，假设出于某种原因案件不适于给予临时损害赔偿（如果并发症出现[26]，案件能够重新审理），法院对损失的评估必须把那种发展的概率考虑在内，无论概率高于 50% 还是低于 50%。

"择一的因果关系"不是普通法系使用的术语。按照我对它的理解，A 或 B 的不法行为本来都是伤害的原因，它们中有一个一定是伤害的原因，但是不可能决定原因是哪一个的情形就是其典型。英格兰对这样一种情形没有明确的法律根据，可是合乎逻辑地适用关于因果关系证据的基本规则就会导致赔偿请求得不到满足。然而，加拿大最高法院在这样一个案件中认定 A 和 B 承担共同连带责任，除非他们俩中的任何一个能够证明其行为不是原因。[27] 一个甚至更复杂的情形是在德国通常被叫做超越因果关系（*Überholender Kausalität*）的因果关系，也就是说，如果原因 A 有可能造成损害，如果未中断，就会不可避免地造成损害，可是损害在实际上是由介入原因 B 造成的。[28]

32

24　这个实例能够被设想为英国法中的合同或侵权行为，不过原理是相同的。
25　在这种类型的案件中，折扣仍然是存在的，即使他证明了他很有可能有一个机会而不是没有。这比一般规则对赔偿请求人更不利。在那些允许收回机会丧失（肯定不是全部）的美国法域中，这是一个复杂的领域。一些法院允许打折扣的符合盖然性权衡标准的赔偿，不过以后又允许全部收回，这是一种"反正我不吃亏"的情形。
26　参见（五）以下。
27　*Cook v Lewis* [1952] 1 DLR 1（狩猎事故）。最新的仙童（*Fairchild*）案（脚注 23）涉及该问题。
28　关于欧洲制度对这一领域中的各种难题的讨论，参见 J. Spier（ed），*Unification of Tort Law: Causation*（2000）。

（三）证明责任

33　　在（绝大多数）过失情形中，赔偿请求人的举证责任是证明义务违反、损害和因果关系（关于因果关系，参见上文）。赔偿请求人也要证明有义务存在，不过这是一个法律问题而非事实问题，因而"说服责任"是一个更令人满意的术语。然而，在人身伤害赔偿案件中，义务的存在几乎完全是不可辩驳的。在严格责任有限的制定法实例中，一切都取决于制定法的用语，但是其一般立场是赔偿请求人必须证明损害和因果关系，然后被告就有责任让自己受制于有限的抗辩范围。在这里试图详细分析每个条款是不值得的。

34　　如果损害赔偿请求是针对违约的，那么赔偿请求人就必须再次证明违反约定、损害[29]和因果关系。证明违反约定所必需的东西当然要取决于合同义务的本质——参见边码19。然而，因为专业人士的义务是一种手段义务（obligation de moyens），所以在医疗保健领域合同责任和侵权责任没有什么实际差别。

35　　这一切并不是说赔偿请求人必须用直接证据来证明过失。事实可能意味着被告有过失。实际上，这就是拉丁语格言事实自证（res ipsa loquitur）（现在有阻止使用该短语的趋势，拉丁语现在在英国法院中不再受欢迎）。这原来是关于把案件交给陪审团裁断是否有充分证据的问题的，而现在是一件无关紧要的事。[30] 后来，逐渐支持认为它是一个在条件得到满足时，就造成证明责任正式倒置的"原理"。现今，一般认为，事实自证只不过是说赔偿请求人已经证明的不完整事实就等于得到初步证明的案件的一种方式。这可能是有说服力

---

[29] 从技术上来看，违约本身，即不用证明损失，就可导致诉讼。但是没有谁打算为收回3欧元的名义损失就提起诉讼，3欧元的名义损失是无法证明损失的后果。

[30] 在实践中陪审团进行民事审判只存在于侮辱案件和某些针对警察提出的赔偿请求中。

的，否则它就可能是无力的，而且举证责任没有正式倒置。在最后权衡双方的证据后，法院可能会问自己被告举出的任何反驳证据有什么作用。有人在一个案件中说过，"事实，先前是自己说明自己，可能默不做声了，或者说其声音，在证据的全部领域中，可能太微弱了或发不出来了。"传统的路径是说这个准则适用于（a）事务受被告或其雇员控制和（b）如果采取适当注意，事物通常的发展就不会出事故的情形。尽管这些要素毫无疑问只是在笼统地描述将会形成得到初步证明的案件的情况，可是似乎再也没有任何理由认为是在所有案件中都必须得到满足的机械要求。此外，尽管常识告诉我们事实自证出现在无法得到解释的道路交通事故中比出现在复杂的外科手术进行期间的不幸中的可能性更大，现在的灵活路径似乎使得它陷入在原则上能否被用于像外科手术或飞行这样复杂的活动的毫无结果的争议全无必要。在实践中，一涉及复杂的活动，对事故可能的原因就几乎总会有对立的专家证据，于是它实在不是一个法院根据事件的发生做出推断而是评价那些证据的问题。

（四）共同过失

在赔偿请求人所遭受的损害部分是由其本人的过错造成，部分由被告的过错造成的情况下，损害赔偿金就会被减少到法院在考虑赔偿请求人的责任后认为公正和公平的这种程度。[31]

分担的过程是主观的，而不是科学的，而且在总体上以因果关系和可归责程度为基础。在合适的情形中，尽管很罕见，法律没有阻止法院从充分因果关系来判断，出现损失完全是他自己的过错。因为事实都是标准化的，法院在不系安全带案件中已经采纳了如果

31　Law Reform（Contributory Negligence）Act 1945.

其他伤害不会出现就减额25%和如果伤害没那么严重就减额15%的经验法则。用来评判赔偿请求人的注意标准基本上就是上面（二）2.部分涉及的客观标准。此外，还要体谅那些在法律上无行为能力的人，如儿童，有时据说（尽管无法证实）标准的适用一点也不比它适用于被告时严格。就像对被告的过错来说一样，对所有案件情节都必须进行考虑，比如，"一时创痛"之下做出的错误决定不必然有过错。

38　　共同过失与自担风险有部分内容相同，自担风险是一个完整的抗辩，尽管几乎没有被运用过。[32] 有时法院修正注意标准而不是明确适用自担风险（例如在接触性运动参与者之间）——两种不同的路径在总体上没有什么实际差别。责任的约定排除是一种独立的抗辩。但是，根据1977年不公平合同条款法，排除或限制过失造成的人身伤害赔偿责任的合同条款总是无效的。

39　　在概念上，没有减轻损害有别于过失，分担体制不适用于它。只要一项损失是由赔偿请求人没有采取适当措施减轻损害造成的，它根本就是不可获赔的。[33] 这二者之间的界限有时是难以划定的，但是区别似乎是在致损事件发生前采取行动和在致损事件发生后采取行动（例如对比不观察就穿越马路与事故发生后拒绝药物治疗）。

40　　证明共同过失和没有减损的责任由被告承担。[34]

（五）人身伤害：可获赔的损害

41　　调查问卷名单上的所有项目（分号以下）都是可获赔的，只要

---

[32] 现代的一个例子是 *Morris v. Murray* [1991] 2QB 6, CA（知道飞行员不久前已经喝了半瓶威士忌还登上了轻型飞机）。然而，就机动车的乘客而言，这种抗辩被立法有效排除掉。

[33] 爱尔兰立法（Civil Liability Act 1961）更复杂，在这种案件也允许责任分担。

[34] *Selvanayagam v University of West Indies* [1983] 1 WLR 585, PC 提出赔偿请求人必须证明他已经采取适当措施减损，这似乎是脱离了常轨。

它们得到证明。

医疗和护理费用。在国民医疗保健制度下,大多数医疗保健的提供不用直接支付费用[在某些情形中这种费用由侵权行为人偿付,参见上文(一)部分]。然而,赔偿请求人没有被要求必须利用公共设施,其可以取得代表合理支出的私人诊疗费用的赔偿。[35] 其合理性在于治疗在医学上是无可非议的,而不在于使用私人诊疗的决定。因而,如果可资利用的国民保健制度和私人诊疗是相同的,被告就不能说赔偿请求人选择私人诊疗的行为不当。在赔偿请求人持有私人诊疗医疗保险并利用该保险时,健康保险人根据保单的条款,就可以对被告代位行使赔偿请求人的权利。赔偿请求人也可以获赔护理以及诸如此类的照料的合理费用,例如在长期伤残的情形中。这个项目下的赔偿请求有时能够突然高达数百万英镑。对这些长期损失的资本化将在下文进行解释。可能赔偿请求人碰巧没有接受专业帮助而在家里由家庭成员(例如放弃工作的配偶)照顾。甚至在这些情形中,赔偿请求人也可以获赔照料费用,这些通常被认定为商业费用的一部分。这大体将是上限,[36] 即使照料人的收入损失更大。不变的数据是没有的,不过,在照料人没有遭受收入损失时,商业利率的75%左右是有代表性的。[37] 照料人没有直接的索赔权利,但是赔偿请求人为他代管已经取得的赔偿。这样做的效果是在被告提供照料时,[38] 以此为基础的赔偿是不可取得的,即使它们在实际上是来自被告的保险人,[39] 因为赔偿请求人会从被告那里(在理论上)寻求赔偿,被告然后会为他代为保管赔偿金。

42

---

[35] Law Reform (Personal Injuries) Act 1948, s 2 (4).
[36] 当然,如果亲属可能比一个全职照料人的照料更多,在这种情形中,损害会更大。
[37] 参见 *Fairhurst v St Helens etc HA* [1995] PIQR Q1.
[38] 非常有可能的:例如,一个配偶由于另一方的过错在道路交通事故中受伤。
[39] *Hunt v. Severs* [1994] 2 AC 350, HL. 当然,专业照料是可以提供的,那种费用是要收回的。

43　　　增加的费用。这些是常见的损害请求项目。例如，机动车维修、增加的取暖费，在一些十分重大的情形中，包括财务管理费用。就维修住宅、取得新住宅的费用而言，一定要注意别过度赔偿，因为资本资产在赔偿请求人已不需要它后将会留给他的继承人。

44　　　收入损失。除了在少数案件中，或者在灾难最严重的案件中（在这些案件中，照料费用可能是很高的），这通常是最大的赔偿项目。在原则上，赔偿请求人有权（就像在所有侵权案件中）被置于如果侵权没有发生他应处于的状态。没有什么最高限额[40]；也没有任何最低限额，除非扣除社会保障补助制度的间接效果可能会消除数额更小的赔偿请求。[41] 不超过裁决做出日期[42]的收入损失带来的问题比较少。对未来的损失给予一次性资本化支付，尽管没有什么阻止当事人以组合式和解的方式支付年金（rente）。这有税收上的优惠，既然支付被认为是对资本债务（即使它们实际上是由购买年金供给资金的）的分期支付而不是"收入"。[43] 然而，甚至在这些案件中，当事人将会在大多数案件中围绕着他们设想法院会裁决一次性支付的赔偿金谈判，该赔偿金是和解的基础。尽管有可能使意外开支基金成为组合式和解的一部分，但是它们又与一次性支付一样不容改变。在传统上，保险人对真正的、可复审的定期支付判决表示反对，因为他们要承担管理费用，但是对于灾难情况下判决赔偿金的范围，它们的态度正在改变。[44] 然而，欧洲的经验表明赔偿请求人更喜欢一次性赔偿。不论怎么看，大额赔偿将保持一次性支付的形式——非

---

[40] 对照刑事损害赔偿方案。在该方案中，年损失的上限是人均工业生产总值的1.5倍。
[41] 关于扣减社会保障补助，参见（一）。
[42] 数量惊人的案件都是未经审判就得到了解决。
[43] 在做出损害赔偿金一次性支付的裁决（以税后收入为基础）时，对资本基金不会征收个人所得税，但是对投资收益、基金收益则要征收个人所得税。
[44] 照料成本尤其如此，既然赔偿请求人意想不到的提前死亡将会终止对照料的需要，却把一大笔赔偿金作为意外收获留给其继承人。就收入损失而言，立场是不同的，既然赔偿权利人已经丧失了那些收入，则不论他是否早逝。

金钱损失的损害赔偿和审判前的损害赔偿（很可能延伸数年）。

一次性赔偿制度有一个先决条件。根据 1981 年最高法院法第 32A 条的规定，在赔偿请求人在将来某个时候患上更严重的疾病或其状态严重恶化时，法院可能以目前的情形为基础评估损害，如果事件出现，就重新审理案件，并进一步做出裁决。然而，这被解释成要求出现某种"清晰和可分的事实"而不是逐渐恶化。如果在判决时情况不明朗，无论如何这都没有用的。

评估总额的基本过程如下。法院测算赔偿请求人的年收入损失（净收入和社会保障税并考虑他仍能赚取的收入）——"被乘数"——并将其用于以对损失持续多长时间的估算为基础的"乘数"。其起点是官方供法庭使用的精算表。[45] 精算表本身以居民死亡率为基础，因此有必要根据其他诸如经济变化或疾病造成的失业的意外情况做出调整。精算表附有参照职业、场所和经济活动的预期水平做调整的意见。例如，对西北地区的工厂工人要比对东南地区的公务员向下做更大的调整。[46] 当然，如果对赔偿请求人有更多的了解，它就是一个以证据为基础判断是否向下做更大得多的调整的问题。例如，一个 40 岁事前患有与事故无关的癌症的赔偿请求人比一个 40 岁在事故发生前被假定为身体健康的赔偿请求人获得的金额明显地低。既然资本基金构成一项收入，那么一个人就不能只简单地测算损失预期的持续期间，并将其应用于年度金额：有必要考虑收入的贴现。既然我们不能在实践中估算一个人如何使其基金的运作有可能超过四十年，实践在确定乘数时就总得运用标准贴现率，也就是说，通常要对赔偿请求人将从其损害赔偿金中赚到什么做出假定：假定的回报率越高，乘数越低，反之亦然。其所使用的精算表

---

45 所谓 "Ogden Tables"，(4th edn. 2000) (Her Majesty's Stationery Office).
46 这是 Ogden Tables 的两个示例。公务员获得死亡率乘数的 97%，工厂工人获得 88%，尽管在第一种情形中从事的总体经济活动的水平高于第二种情形。

为回报率提供的数字是0至5%。这么多年来，法院是按照根据基本税率所课征所得税净值的4.5%这一假定的回报率操作的。通货膨胀是不予考虑的，部分因为预测货币的长期价值在本质上是不可能的，部分因为通货膨胀和利率之间的联系是假想的：通货膨胀率上升，利率也会升高，因为谨慎的借款人试图弥补还款时其贷款价值的下降。然而，不论从混合投资组合获得最高回报的熟练投资者获得了什么，从与生活指数挂钩的公债的利率（无通货膨胀风险）可以看出名义上的实际回报率比这个假定低得多。相应地，在威尔斯诉威尔斯（*Wells v. Wells*[47]）案中，上议院裁定赔偿请求人被假定为不持有与生活指数挂钩的公债的风险投资者，回报率因此应当被假定为3%的净数。当然，这只不过是用来形成数字的一个假设。金钱是赔偿请求人的，如果他是神智健全的，那么他就可以想怎么投资就怎么投资——投资公债，投资高风险的成长股，或者根本不投资。自从威尔斯案件之后，行使制定法赋予的权力的大法官，已经把假定的回报率确定为2.5%的净额。[48] 我们以一个24岁终身残疾收入损失持续到65岁的赔偿请求人为例，威尔斯案之前的乘数本来大概是18.5。现在它是24.9。[49] 在更严重的案件中，收入损失的损害赔偿因此实际上在很短的时间中已经提高了大约35%。[50] 上文已经谈到，对将来的照料开支的资本化采取的是同样的路径。

赔偿请求人有可能不能指明实际的收入损失，但是伤害的效果可能使他在将来的某个时间更容易丧失收入。因此，他必须由其现在的雇主继续留用，但是，如果他在将来某个时候失业了，他就会

47　[1998] 3 All ER 481.
48　Damages (Personal Injury) Order 2001, SI 2001/2301.
49　这忽略了对上文提到的其他意外事件的扣减。
50　从大法官咨询文件 *Damages: the Discount Rate and Alternative to Lump Sum Payments*（2000年3月）推测金额表明支付年增长大约250,000,000欧元。

发现难以找到另一份工作。对这种损失（有时被叫做"收入能力丧失"[51]或"在劳动市场上受挫"的损害）要进行赔偿，尽管它们从计算的角度来看明显是投机性的，而且并不真的容易受乘数/被乘数的路径影响。

尽管问卷没有特别提到这个问题，但是应当对社会保障款项之外的"附带补助"说点什么。其起点是赔偿请求人必须依赖的其因伤害获得的进项[52]减少了其损失：这在逻辑上优先于说赔偿请求人必须采取合理措施减少损失。因而，如果 C 再也不能从事一年 200,000 欧元的工作 A，但是得到另一份一年 100,00 欧元的工作，那么他一年的损失就是 100,00 欧元。不要认为赔偿请求人的损失被他投保的个人保险的收益这一进项或第三人的善款这一进项所减少。在第一种情形中，因为其有先见就惩罚赔偿请求人被认为是不公平的；在第二种情形中，慈善的源泉将会干涸，如果金钱对不法行为人施以援手。48

妨碍职业提升。这其实只是收入损失的一个实例。上文的简单概括假定每一年的损失都是稳定的（除了出现通货膨胀），但是，在很多案件中，并不是这样的。其情形会取决于关于赔偿请求人的情节、就业前景和职业模式的证据，可能有必要采纳不同的被乘数并因它们使乘数不一致。要注意边码 31 部分认为对于这类问题，赔偿请求人根据盖然性权衡证明情况是不必要的。49

影响养老。赔偿请求人的伤害可能导致失业，因而造成从那个来源领取养老金的权利减损。取得这没有什么困难。有可能发生的事情是赔偿请求人因受伤害退休而领取伤残金。那将不会根据其收50

51　澳大利亚用这个用语表示在英国只被叫做"收入损失"的赔偿项目。
52　都一样：例如，如果赔偿请求人继承了不相干的财产。损害赔偿不是关于需求的，而是关于损失的。

入损失来考虑,因为伤残金和收入被认为是两种不同的事物。[53] 然而,就退休后而言,已获得的伤残金要用来弥补退休金的任何减少。有人认为这种区分太精细了。

51 　　家务料理。赔偿请求人可能是一个以前料理家务,但是不再能料理家务的无收入的人。他以雇人提供代替服务支出的费用为基础取得赔偿。[54] 其情形与上文讨论过的照料受伤害之人支出费用的情形相当。

52 　　非金钱损失。赔偿请求人有权获得对其伤害引起的非金钱损失的赔偿。在理论上,这些损害由两个要素组成的,一方面感到疼痛和痛苦,另一方面不舒适(因此缩写成"PSLA"),但是,在实践中,对它们实行的是一次性赔偿,而不是分项进行的,尽管有可能设想存在疼痛和痛苦而没有丧失舒适的情形。在理论上不舒适是主要要素,已在为给予一个持续处于植物人状态之人的损害赔偿金几乎与给予同样因伤致残的有意识的受害人的损害赔偿金一样高这一事实中表明。司法判决为这些赔偿制作了灵活的"价目表",上诉法院施加的控制相当严格,以至于尽管根据许多欧洲国家的标准它是很高的,可是它们比一些欧洲国家的标准具有更多的可预见性。[55]

53 　　有权主张赔偿请求的人。唯一可以请求赔偿死亡之外的人身伤害的人是受害人本人。[56] 一切家庭损失因此都是通过他的赔偿请求"传输"的,其挥霍损害赔偿金的危险是家庭法而不是侵权法关心的问题。毕竟,这是关于如果他没有受伤害其收入的立场。在这些情

53　*Parry v Cleaver* [1970] AC 1, HL.
54　*Daly v General Steam Navigation Co* [1981] 1 WLR 120, CA.
55　See generally, Rogers (ed.), *Damages for Non-Pecuniary Loss in a Comparative Perspective* (2001).
56　当然,如果受害人有精神障碍或是一个儿童,那么其赔偿请求可以由其他人代表其行使,但是在法律上,这仍然是他的赔偿请求。丈夫曾经对给其妻子造成的伤害可以提起失去服务的诉讼(反之不必然)。这早已过时,而且已经被废除。

形中其他任何人都无权取得对非金钱损失的赔偿（对比法国和瑞典等国）。从理论视角来看，这可以说是取决于这样的命题，作为一项基本的原则，A 就对 C 的伤害而引起的经济损失而言，对于 B 并不负有任何的注意义务。因而，在家庭语境以外，足球俱乐部就不可能就星级球员在道路交通事故中受伤给其造成的经济损失提起诉讼。

诉讼费用。这些费用没有视为损害赔偿的项目。诉讼费用的收回有一个单独的体制，[57] 其一般规则是败诉者向胜诉者支付合理造成的和与争议相称的费用。在实践中，胜诉者收回其实际上所有的花费是很少见的。以前通常叫做法律援助的制度不再适用于人身伤害赔偿请求（除了医疗过失）。这些案件的资金现在通常是由附条件酬金协议提供的，根据该协议，如果败诉，赔偿请求人不支付其律师酬金，如果胜诉，就支付高额报酬（直至 100%）。这不同于美国的成功酬金，因为它们与取得的赔偿金不成比例。如果他败诉了，他就对胜诉者的费用负责，但是这通常可以得到诉讼开始时购买的保单的照顾。如果他胜诉了，提高的酬金和保险费作为费用都是可以从败诉者那里收回的。然而，在"快速审理的案件"中，可收回的诉讼费用是一定的（差不多在 8,000 欧元至 25,000 欧元之间）；在金额更小的赔偿案件中，[58] 诉讼费用（而非法庭费用）通常是不可收回的。

既然与事后诉讼保险（ATE insurance）联系在一起的附条件酬金协议制度在二十世纪九十年代后期之前是未知的，民众在某种程度上对它"就很谨慎"，上诉法院在卡勒里诉格雷（*Callery v. Gray*[59]）案详细审视了其所产生的大量问题。

54

55

---

57 参见民事诉讼规则。
58 一般来说，这些是少于大约 8,000 欧元的赔偿请求，不过在人身伤害案件中，它们回避了这一限制，如果非金钱损失的赔偿请求多于大约 1,600 欧元。
59 [2001] EWCA Civ 1117, [2001] 3 All ER 833.

56　　　高于通常酬金的幅度将受案件败诉风险的影响。然而，在实践中，在委托人首先咨询律师时，通常就会达成附条件酬金协议，在该阶段后者只了解到事情的一个方面，仔细评价风险就可能是非常困难的（或者是不划算的）。在缺乏某个最初就很明显的特别特征时，20%就是在小额机动车交通事故案件中[60]，败诉的被告能够负担的[61]最大涨幅。

57　　　有可能达成两级涨幅协议，以致例如，最初商定的是X%，但支付的就是Y%这一较低的数字，如果案件在某个阶段之前就达成和解。赔偿请求人的律师把事务的时间拖长超过折扣时点的动机为被告通过发出还算正式的和解要约让赔偿请求人在费用上承受风险所抵消。随着该制度经验的发展，这种协议可能变成强制性的了。

58　　　赔偿请求人的律师愿意"挑选"最站得住脚的案件，并不排除事后诉讼保险就使它们得到和解，从而在签订保险单时抬高那些不那么有保证的赔偿请求的保险费。因此，保险人强调，如果它被排除，同时附条件酬金协议达成，事后诉讼保险才可提供。挑选的动机进一步被允许胜诉的赔偿请求人从被告那里收回合理的事后诉讼保险费，即使赔偿请求在诉讼程序启动之前已得到解决所削弱——尽管其纯粹效果是，从一个个被告的角度来看，事后诉讼保险可能看起来是"不必要的"或"不成熟的"，因此，在经过调查后，他无论如何也不会对案件提出异议。

59　　　费用是可以作为损害赔偿收回的，一旦它们是赔偿请求人在以前的诉讼程序中产生的，被告对它们负责（如一旦瑕疵物品的购买人在下一个购买人的诉讼中产生了费用），但是在人身伤害案件中这

60　能要求被告就赔偿请求人的费用支付什么和能要求胜诉的赔偿请求人根据他们的合同向其律师支付什么不必然是一回事。然而，法院有权力控制律师和客户之间增加报酬的可执行性：CPR r 48（9）和 PD Costs paras 55（1）to 55（4）。

61　在卡勒里上诉案中，（和解确定的）损害赔偿金大约是 2,500 欧元。

不可能是相干的。

(六) 死亡: 可取得的赔偿

这些情形必须分开。

1. 死亡事故法赔偿请求。这是死亡案件最重要的部分。死者的死亡是由被告的侵权行为或其他不法行为造成的,其被扶养人根据1976年死亡事故法[62]就可以要求赔偿扶助费用。死者在其死亡时一定是有供养索赔权的(不过这得到了满足,即使死亡是即刻的),被扶养人被认定为与死者的共同过失有关系。另外,无论如何,这是他们自己个人的赔偿请求:它不是对死者财产的继续赔偿请求(在下文将会见到该请求)。赔偿请求人必须(a)在制定法清单的范围内(制定法清单的范围非常广,包括直系尊被抚养人、直系卑被抚养人、配偶和同居者),(b)在经济上依赖[63]或者在将来依赖死者。扶养关系必须"以家庭为基础",以至于如果丈夫和妻子是商业合伙人,其中一个人被杀,生存者是不能取得商业赔偿的。死亡案件中扣减附属利益的规则比人身伤害赔偿中的扣减更大方。实际上,什么都没有被扣减,甚至继承的死者财产也不扣减。

此外,范围更窄的亲属(配偶和未成年子女死者的父母)可以因丧亲之痛——即非金钱损失,请求赔偿16,000欧元这一固定的、传统的数额。

至于扶助损失,其评价的基本路径与人身伤害赔偿案件中的路径是相同的,即被乘数(扶养费的数额)和乘数(扶养关系的存续期间,该期间可因提前的进项而缩短)。然而,细节上有些差别是很

---

62 该立法始于1846年。
63 对这不应过分按字面意思理解。所必需的是生存者从死者获得或者本来有望获得的金钱利益或实物利益。

64 　　被乘数将会更小，因为死者"节省了"自己的开支，如果他还活着，该开支就是必要的。除了在大数额或复杂案件中，正常的做法不是试图详细分析家庭开支，而是运用"标准数"。因而，就没有子女的生存配偶而言，假定的损失是死者净收入的67%（不是收入的50%，许多开支项目不因配偶的死亡而减少）；就有一个未成年子女的生存配偶而言，假定的损失是死者净收入的75%等。

65 　　人身伤害赔偿中存在的偶然（例如，受害人会发生什么，如果他没有受伤害）现在成倍出现，因为它们同样适用于每一个被扶养人。

66 　　每一个被扶养人都有单独的赔偿请求（尽管死者的遗产管理人通常把他们团结起来），扶养关系的存续期间彼此不同。例如，遗孀抚养关系的存续期间可能比子女扶养关系的存续期间更长。在实践中，除了在大数额或复杂的案件中，习惯上把大多数损害赔偿金授予生存的配偶，因为其将负责抚养子女。

67 　　2. 对财产的继续赔偿请求。所有侵权损害赔偿，除了侮辱，都为了逝去的受害人的财产利益而存续着。然而，死亡以后的收入损失是不能获得赔偿的，生命缩短本身是不能获得赔偿的。[64] 在实践中，除了丧葬费用，财产是不能获得赔偿的。根据死亡事故法，丧葬费用在被扶养人提起的诉讼中是能够获得赔偿的。然而，在事故和死亡之间有巨大间隙时，在财产上能获得对收入、费用损失和非金钱损失的赔偿。这些损害赔偿转化成死者的其余财产。

68 　　3. 受害人的预期寿命因事故而缩短，但是他在活着时提出了赔偿请求的情形是过渡性的、罕见的。在这种情形中，他可以就"失去的岁月"中失去的收入提起诉讼，对这些进行评估，要扣减他因

64　一直到1982年，不过它是一笔很低的常规数额。

死亡而"节省"的费用。在实践中，数额将与根据死亡事故法规定的赔偿请求获得的那些赔偿金差不多。这对确保被扶养人获得赔偿是必要的。如果失去的岁月不能获得赔偿，那么被扶养人在死者已经和解或者获得判决后就不能根据死亡事故法进一步提出任何诉讼。

诉讼费用。参见上文。 69

（七）损害赔偿金额

这个问题的许多方面在上文都已讨论过。因此，上限和下限是不存在的，赔偿金的判给是一次性的（尽管赔偿请求通常是确立在定期支付的基础上）。赔偿资金假定的回收率及其对收入损失和费用的整体给予的影响也已做过讨论。对审判前直至审判日的金钱损失的赔偿而不是对将来损失的损害赔偿要支付利息。非金钱损失的赔偿也得支付利息，只不过费率比较低。其原因是这些损害赔偿要以审判时通行的"费率"判给，该费率会照顾到利息抵御通货膨胀的成分。因此，赔偿请求人只有权获得其"不占有金钱"的利息（2%）。 70

接下来概述非金钱损失损害赔偿金裁定额的档次。[65] 最严重情形（如四肢瘫痪）的金额现在大概是 333,000 欧元（即 200,000 英镑）。其余情形的金额根据法院对伤害相对严重性的感受从这一金额相应缩减。在大多数情形中，考虑普通伤害不同的严重程度和对特定赔偿请求人的影响就是在"分档次"。因此，就四肢瘫痪而言，考虑到残存的活动、痛苦、失落等，其档次是 267,00 欧元到 333,000 欧元。按比例缩减，完全失明的，大约是 225,000 欧元；失去常用的手的，大约是 92,000 欧元；完全失聪的，大约是 83,000 欧元；失 71

---

[65] 对现在数据的概览可以在 Judicial Studies Board's biennial publication, *Guidlines for the Assessment of General Damages in Personal Injury Cases*（now 5th edn. 2000）中找到。

去常用的手的拇指的，大约是 47,000 欧元；跟腱断裂无法参加体育活动的，大约是 33,000 欧元；前臂无并发的骨折完全复原的，大约是 5,500 欧元。当然，在很多案件中，档次的范围也非常宽泛，以便适应不同的严重程度和影响范围。例如，面部结疤的，大约是从 80,000 欧元（严重的，年轻女性）到 1,500 欧元（无关紧要的，男性）。同样地，不育（甚至没有伤害到性功能本身）和精神创伤的范围也非常宽泛。法院当然会被告知医学上对伤害严重性的评估，不过最终总数是法院说了算，与任何医学上的"分级"范围无关。这样一种"描述性"路径的有效性主要取决于当地的法律"文化"，即庞大的案例法、得体的法律报道、集权的上诉法院实施的控制。以医学上备好的伤残表为基础的欧洲一体化倡议有可能受到抵制。

72 　　一个不同的问题是范围的上限是否合适。其上限应该是 333,000 欧元而不是 3,333,000 欧元或 33,000 欧元，在逻辑上是没有理由的。目前的范围似乎是主要以法官的直觉（包括对"我们能担负得起什么"的感受）为基础。支撑法律委员会 1999 年关于这个主题的报告[66]的实证研究表明，现有的损害赔偿金裁定额在公众看来可能太低了，他们建议在未成年人案件之外的案件中提高 1.5 或 2 个系数。然而，在黑尔诉兰金（*Heil v. Rankin*）[67]案中，上诉法院对该研究的某些方面进行了批评，并在许多欧洲国家损害赔偿金裁定额稍微更低的影响下，选择一种多达损害赔偿金裁定额的 33% 的窄幅增长以超过大约 16,500 欧元。这给健康护理提供人[68]造成的打击比一般保险人更大，因为他们往往遇到更高比例的糟糕情形，但是无论如何，其整体效果很可能比降低金钱损失评估的折扣率差得多。

66　Law Commision Report No. 257, *Damages for Personal Injury: Non-Pecuniary Loss* (1999).
67　[2000] 3 All ER 138.
68　医院托拉斯没有为公开市场上的医疗风险投保。相反，政府对医疗托拉斯实施医疗过失方案使它们把赔偿请求聚集起来。

（八）责任保险

在人身伤害的语境下，机动车使用人必须拥有不受限制的（覆盖乘客以及其他道路使用者的）责任保险。很多司机（很有可能有5%）没有遵守该规则，不过，在那种情况下，可以向机动车保险局提出赔偿请求。[69] 这对未投保的司机有追索权，但是大概基本上不值得那样做。当然，守法的机动车驾驶人最终承担付款责任，既然机动车保险局只是机动车保险人集体活动的机构。在保险人破产的情况下，保险单持有者保护法保证第三者强制险全额支付。[70] 根据1969年雇主责任（强制保险）法，雇主有义务对其雇员的责任投保。这在以前是无限制的。自从1999年以来，最小承保范围为8,300,000欧元，但是，在实践中，保单总是至少写成16,600,000欧元。在各种案件中，拥有责任保险是许可开展一项活动的条件，或者说它可能是职业要求。

既然责任保险人只是承诺对被告进行赔偿，而且与赔偿请求人没有什么合同关系，那么就有必要为被告破产做些准备，因为根据一般法，保单上的款项就完全成为破产人在所有债权人之间分配的资产的一部分。1930年第三人（对保险人享有的权利）法规定，破产人对保险人享有的权利须转移给赔偿请求人。在能够取得针对保险人的保单之前，他必须起诉侵权行为人以确定他的责任。然而，在侵权行为人是一个已停业清理的公司的情形下，为使它能够被诉，可能就要恢复其登记（即起死回生）。

---

69 同样适用于无影无踪的司机造成的事故。
70 只有90%的无责任风险（如在机动车综合保险合同下给自己的车造成的损害）被投保。

二、案例

（一）案例 1

75　　这是一个相当简单的案例。

76　　首先，假设 D2 受雇于 D1。还假设 D2 有过失。[71] 如果 D2 有过失，那么 D1 就要为 D2 的驾驶负间接责任。即使 D2 没有受雇于 D1，如果为满足 D1 的某个目的他在驾驶卡车，这就是那些法律对代理人的行为科以责任的情形中的一种。P 没有共同过失。

77　　非金钱损失的损害赔偿金将在 183,000 欧元和 233,000 欧元之间，这取决于抑郁和痛苦的程度（有可能非常长的预期寿命会把该金额推向上限）。

78　　历史普遍死亡率为 2.5% 的寿命表对一个 16 岁男子的终身损失[72]给出的令人吃惊的乘数是 30。毫无疑问被告将会根据赔偿请求人的状况竭力把这降下来。为了论证，让我们假定法院选定 20。[73] 在缺乏关于费用和需求的进一步证据时，更具体谈论任何事物都是相当困难的。但是把照料、住宿和交通都考虑在内的 1,000,000 欧元的金额几乎不可能是过高的估价，记住随着赔偿请求人的老去，他得到的家庭扶助就有可能逐渐变少。[74] 4,000,000 欧元的终身收入是否是税后净收入还不清楚。假定它是，那么算出这的平均数并使

---

[71] 当然，另一种可能性是 D2 没有过错，但是事故是由卡车的可归咎于 D1 没有维修它的某个缺陷造成的。但是，在 D1 和 D2 都没有过失时，赔偿请求就会得不到满足。

[72] 只要我们讨论照料费用，那么就有必要使用寿命表，而不使用退休年龄表。然而，一个等量损失表对 65 岁的退休年龄给出的乘数是 27.5。

[73] 历史普遍死亡率为 2.5% 的寿命表对 45 岁的人给出的乘数。

[74] 记住处于 P 这种地位的人获得的社会保障补助只在自事故发生起最多五年内被抵销。参见（一）。

用该乘数，就在这方面判给 2,000,000 欧元的损害赔偿裁定金，尽管从纯粹数学的角度我怀疑那是一个太粗糙的路径。无论如何，在赔偿请求人实际上没有开始谋生时，必然比他在既有轨道上时有更多无法预见的东西，他在既有的轨道上意味着一个更低的金额。[75] 此外，有可能对丧失领取退休金的权利做点赔偿。然而，如果赔偿请求人是由公共资助的机构照料的，那么不仅不赔偿照料费用，而且从收入损失中要扣减照料的"家庭"部分，因为那意味着赔偿请求人节约了开支。

其他人都无权提出损害赔偿请求。 79

（二）案例2

1. 在公共医院进行诊疗还是在私立医院进行诊疗不可能有什么差别，既然合同法上的义务和侵权法上的义务都是相同的（参见边码19）。不论在哪一种情形中，医院都对医生的过失负间接责任。就公立医院而言，现在对个体都不可寻求赔偿或损失分担。就私立医院而言，其做法有可能不是与医院达成诊疗的"全套"合同，而是病人与医生签订诊疗合同，与之只签订设施使用合同。在那种情况下，对于这些事实的唯一责任要由医生承担。赔偿请求人有权要求赔偿第二次手术和疗程带来的痛苦和不舒服，要求的赔偿最有可能体现为雇人料理家务的费用的金钱损失。没有更多的医疗和经济详情，就不可能更具体。 80

其他人没有赔偿请求权。 81

2. 赔偿请求得不到满足，因为P没有根据盖然性权衡解决对因果关系的举证责任。 82

---

[75] 注意这个问题不是由一次性赔偿造成的：它是一个评估赔偿请求人会发生什么如果他没有受伤害的问题。

(三) 案例3

1. 假定死亡差不多是即刻的，财产方面只可请求赔偿丧葬费。

根据1976年死亡事故法遗孀和女儿有权请求赔偿。首先，遗孀有权因丧亲之痛获得16,000欧元的法定金额。至于经济上的扶养，除非死者在维持另一种关系或者将其大部分收入用于某种对他们根本不会有好处的非家庭用途，那么他通过料理家务给遗孀的东西其实是无关的，因为法律假定他们的扶养关系扩张到其养活自己必须花费的开支之外的全部净收入。因此，如果240,000欧元一年是税后净收入和职业花费[76]，我们采用的75%的标准系数算出每年180,000欧元的扶养费。继承死者的财产（包括里维埃拉的度假寓所）不会被认为减少了损失。然而，必须做一个限定。如果死者所拥有的大量资本资产带来了收入，这些资产转给了被扶养人，那么那笔收入（很有可能）就没有丧失。[77] 没有更多的细节，就不可能进行计算，不过我要指出以下内容：

子女受抚养的时间有可能短于母亲受扶养，以至于被乘数在子女独立后会更低。

然而，子女受抚养不是一个法律资格的问题，而是补助实际上是否已给予的问题。因此，它将会扩张到对她大学和职业训练扶助的丧失等。

这可能是那种偏离几乎只对母亲进行赔偿的做法和试图郑重其事地分别计算的案件。

在这个收入水平上，有必要进一步探究所得税的含义，如死者

---

[76] 在英国，对于"顶级律师"来说，一年400,000欧元的总收入都是很平常的。
[77] *Wood v Bentall Simplex* [1992] PIQR P332, CA; 不过，比较 *Pidduck v Eastern Scottish Omnibuses* [1990] 1 WLR 993, CA.

会如何安排其事务。

2. 如果死者有共同过失，那么，根据1945年法律改革法（共同过失），每一个被扶养人的赔偿请求都要根据共同过失相应减少。

补充资料

侵权责任

Clerk & Lindsell on Torts，(18th edn. 2000)

Winfield and Jolowicz on Tort，(15th edn. 1998)

人身伤害赔偿

McGregor on Damages（16th edn. 1997）及增补

Kemp & Kemp，*The Quantum of Damages*（looseleaf）

Judicial Studies Board，*Guidelines for the Assessment of General Damages in Personal Injury Cases*，(5th edn. 2000)

法国的人身伤害赔偿

克里斯托夫·拉德 洛朗·布洛克

一、导　论

1　　古谚"切莫碰我"（*noli me tangere*）所诠释的人类身体的神圣特质，在如今似乎正处于责任法律制度的中心：一次人身伤害的受害者似乎往往成为判例和立法者关注的对象。

作为过去这几十年来的主要立法创举与判决前沿的发动机，受害人大概从没有如此备受宠爱。

2　　然而在开始对法国法律体系作全方位展示之前，最好首先明确法国法律得以适用的情形。境外迁移的多样化和民主化实际上增强了潜在连接点（point de rattachements）的复杂性。当出现指定责任人（désignation du responsable）以及划定赔偿范围等问题时，连接点的问题对于确定准据法（loi applicable）非常重要。尽管已经为法律统一做出努力，不同法系之间仍存留差异；而更为关键的是这个问题：有时可能导致受害人遭受损害却得不到赔偿。

《法国民法典》（以下简称《民法典》）第 14 条和第 15 条允许法国籍涉诉人享有优先裁判权（un privilège de juridiction）。这样，作为原告，他可以向法国法官起诉一名外国人；而在外国作为被告，他可以请求由法国法官对之进行裁判。这项特权亦对合同之债和侵权之债有效。

然而，通过约定或受益人的弃权声明，可以避免适用这些条文。不论如何，如果第 14 条和第 15 条赋予法国法官管辖权，它们对适用准据法不作任何提示。

在该领域，规则主要是判例法。作为确定准据法的最为广为人知的标准，就是侵权行为地法（lex loci delicti）。但它有许多调整（aménagements），可能导致以下两种情况：一种是侵权行为发生在国外而仍可适用法国法律，另一种是侵权行为发生在法国而法国法律却可能得不到适用。

关于非合同之债，侵权行为地法原则已由判例[1]明白无误地得到确认。然而，当侵害事实（fait générateur）发生地处于自由空间时（例如在公海上），困难又会显露出来。选择标准则会是共同船旗国法（le pavillon commun）或者法院所在地法（lex fori）——如果没有其他选择的话。相反，侵权行为地具有多样性，是因为，例如，过错与损害发生的地点不同。在这个问题上，判例的立场已历经演变。其实，1997 年 1 月 14 日，最高法院（Cour de cassation）[2] 已判决支持一种可选择方案（système optionnel），因为该法院将侵权行为（fait dommageable）发生地定义为"既可以是侵权行为实施的地点，也可以是该损害结果得以实现的地点"。然而，根据该法院同一审判庭于 1999 年 5 月 11 日作出的判决，这个解答应该被相对化（relativisé）。因为此判决把"与侵权行为表现出最密切联系的国家"定为连接点，这似乎使得损害结果发生地标准优先于侵权行为实施地。在公路交通事故领域，1971 年 5 月 4 日《海牙公约》（自 1975

---

[1] Civ. 15 mai 1948, *Lautour* [1948] *Dalloz, Recueil critique de jurisprudence et de législation* (*D.*) 357.

[2] Civ. 1ère, 14 janvier 1997, [1997] *Revue critique de legislation et du jurisprudence* (*Rev. crit.*) 504, *note* Bishoff. Cour de cassation，最高法院，法国民事、刑事最高上诉法院。——译者注

年 6 月 3 日起适用于法国）在第 3 条中确定了侵权行为地法[3]。可是，由于大量的例外[4]——适用机动车登记国法律、或涉诉人居住地所在国法律、乃至车辆惯常停驻国法律，使得这项原则反而显得无足轻重。必须注意的是，基层法官（juge du fond）[*]表现出强大的创造力，使受害人在"试图改善交通事故受害人处境并加快赔偿程序"的 1985 年 7 月 5 日法律中享有对其十分有利的条款。《海牙公约》仅以合同外责任作为调整对象，而法官们却及时"发现"了运输合同的存在，从而避免了条约的正常游戏规则（jeu normal）。他们甚至能够利用 1985 年 7 月 5 日法律的独立性和排他性——该法律似乎以赔偿为目标，而不是严格意义上的（stricto sensu）责任法律文本——从而认为，《公约》不能排除该法律的游戏规则，因为前者仅能支配责任的假设情况。但是这些判决全都被最高法院撤销：根据最高法院的论证，认为 1985 年法律属于公共秩序——这更加令人无法接受。

至于产品责任，1973 年 10 月 2 日《海牙公约》（于 1977 年 10 月 1 日起在法国实施）意在指定构成责任之条件和可修复损害之范围的准据法。这里涉及制造者、生产者和供货商的侵权责任，而并非合同责任。该条约制定了一套复杂而归类（hiérarchisé）的体系。仍然，侵权行为地法是原则，但还是有很多例外[5]。

合同责任领域的论证则大为不同，因为，合同格式受到合同订立地法律（locus regit actum）的规制，合同所生之债却适用合同当事人自己选择的法律。然而，自治法则（Loi d'autonomie，或译作"自主选择法律"）并不万能。因此，免责条款——这可能会严重损及受害者的求偿权——合法性（liceité）问题应遵守侵权行为地法律

---

3 近期适用：Civ. 1ère, 12 juillet 2001, [2001] D. (IR) 2363.
4 见《公约》第 4、5、6 条。
[*] 一级（如大审法院）或二级（如上诉法院）法院法官，负责审清事实和判断法律问题。而最高法院法官和最高行政法院法官只负责审理法律问题。——译者注
5 见《公约》第 4、5、6 条。

的规定。在法国，此类条款原则上有效，但其适用范围在涉及人身伤害赔偿时渐显势微[6]。这些条款在债务人（débiteur）具有重大过错或欺诈的情况下更是几乎无用。自治法则之原则已被《罗马公约》[7]（仅适用于此公约生效后的合同）重新提及，提出了缔约方选择自由之原则[8]。由于对后面几个问题保持沉默，条约寻求找到确定最密切联系国的标准。而此番，该体系则由推定加以补充[9]。例如，主债务人的惯常居住地通常显示出其与所在国的密切联系。问题会出于一些例外的考虑而被重新提出。消费者受益于一项特权[10]，因为管辖法律（loi compétente）是其惯常居所所在国的法律；同样对于劳动合同来说，决定性标准是劳动履行地，而若出现多个地点，为招聘机构所在地[11]。

粗线条地研究冲突法问题是十分必要的，以便讨论与本文主题直接相关的某些技术性问题。因此，对于受害人的直接诉讼（action directe），法官应该适用哪条法律呢？作为保险合同第三人的受害人，他根据调整侵权行为的法律提起直接诉讼。因此，必须适用侵权行为地法，而若该准据法不承认此种诉讼，这对于受害人就太严苛了。因此，有关公路交通事故的《海牙公约》在第9条第2款中提出了一种"有利原则"，允许受害人在侵权行为地法对其不利时，有权根据自治法则选择对己有利的法律。

同样，准据法的问题可能出现在对第三人清偿的追偿上。答案

3

---

[6] 虽不成文，但广为人知。因为所有免责条款之滥用均为实现以下目的："专业人员因其行为或过失、导致消费者死亡或人身伤害的情况下，排除或限制专业人员的法律责任。"《消费法典》第 L. 132-1 条附有清单。一些特别法禁止这类条款，例如：《民法典》第1386-15条关于缺陷产品的责任。

[7] 于1980年6月19日签署，并于1991年1月1日起适用于法国。

[8] 《公约》第3条。

[9] 《公约》第4条第2节及下文。

[10] 《公约》第5条。

[11] 《公约》第6条。

就在于追偿权的权源，即代位制度（la subrogation）。换句话说，追偿受已作出给付所依据的法律调整。最后，倘若此人成为一次刑事犯罪（infraction）的受害人呢？公诉（action publique）与民事诉讼之间的密切联系可能会指向法院地法。但还是民事诉讼的内在属性占上风。结果是，法官应该适用侵权行为地法。即使受害人没能在侵权行为地法律中获得令人满意的赔偿方式，刑法仍可以对其施以救助。如果赔偿被证实不充分，甚至没有赔偿，最高法院则会通过《刑事诉讼法典》第706-3条批准补充性赔偿，"一切因故意行为或因表现出侵害实质特征的非故意行为而受损害者，均可获得因其人身伤害引起的全面损害赔偿。"[12]

总之，必须注意到，连接点的多样性可能为评估损害的金额及其利息增加难度。如果清偿（reglement）应该按照理赔地的法律执行，那么要确定供役人账户（compte servant）的货币、评估赔偿数额，却反而属于受害人住所地或惯常居住地法律的管辖范围。欧元时代的来临定然为该领域带来了简化。

4　　相比于可行解答的多样性，人身伤害的鉴定方法则表现出某种统一。

第一步是对伤害的医学鉴定，我们在此不作处理。而第二步——这才是我们关注的焦点——则是对损害作货币估价。但是，在引入此问题之前，首先必须定义损害（préjudice）的概念。一种捍卫受害人权利的说法，要求区分人身伤害赔偿的经济学层面与非经济学层面。很不幸，这个理想的表达并没有被我们的法律保留，我国法律却允许对主要损害（chefs de prejudices）确立"定额"（forfaitarisation），这为混同经济损失和非经济层面的损害播下了种子。

---

[12] Civ. 2ème, 2 novembre 1994, *Bulletin des arrêts de la cour de cassation. Chambres civiles* (Bull. civ.) II, n° 214, [1994] *Responsabilité civile et assurances* (Resp. civ. et ass.) comm. n° 406.

"暂时完全丧失工作能力"（ITT incapacité temporaire totale）的概念就可能遇到混同（confusion）。最常见的是，只有"暂时完全丧失工作能力"的纯经济方面——即损失的收入——得到考虑。然而，"暂时完全丧失工作能力"应该被分解为经济（暂时丧失劳动能力）和人身（创伤性暂时丧失能力，incapacité traumatique temporaire）两个方面。但是，尽管最高法院已经强调，相对于丧失劳动能力[13]而导致的收入损失，劳动中止期间所承受的生理障碍具有独立性，疲于坚持的起诉人仍然将"暂时完全丧失劳动能力"的索赔请求减至仅要求赔偿收入损失。

当我们对代位求偿机制（mécanisme des recours subrogatoires）[14]有所了解后，这个经济学主导的概念（dominante économique）显得更为不足。求偿中，当责任人只支付预付款时，清偿第三人为弥补预付的费用，实际上代替受害人行使权利。收回的给付（prestation）与责任人应支付的损害赔偿与相应利息之间的差额构成补充性赔偿金（indemnité complémentaire），最终由受害人获得。

然而，法律将人身属性[15]的赔偿金排除出求偿对象。同样，根据由经济学特性主导的"暂时完全丧失能力"的概念，这一主要损害脱离了无法支配的人身伤害（prejudice personnel）范畴，成为"可追偿的损害"（préjudices recouvrable）。

同样的问题出现于"永久部分丧失能力"的概念上，这个概念考虑了人身因素和经济因素。一般来说，受害人健康状况得以稳定

---

[13] Civ. 2ème, 30 septembre 1998, deux arrêts, [1998] Resp. civ. et ass. n° 373 et 379.
[14] 参见 15 节。
[15] 1985 年法律扩大解释 1973 年 12 月 27 日法律的条款（先行条款：《社会保障法典》第 L. 376 – 1 条和第 L. 454 – 1 条），后者曾将社会保障机构的个人补偿部分排除在所有第三偿付人之外。

的期间,"永久部分丧失能力"出现于"临时完全丧失能力"之后。[16]概念的意义在于标注了暂时人身伤害和永久人身伤害的界限。因此,健康状况的稳定并不意味着治疗的结束,却标志着可以对创伤现状及将来状态展开鉴定的时刻。

即使"暂时完全丧失能力"与"永久部分丧失能力"这两个概念经常成为苛刻批判的对象,它们仍然是鉴定损害的有用工具。具体而言,由专家医师确定"暂时完全丧失能力"和"永久部分丧失能力"的比率。实践中,后者(包括一般法[17]上的赔偿在内)通常参考劳动事故的医疗费率表(Barèmes médicaux)(如果缺少其他可行的费率表时)。接下来,借助费率表,医生可以鉴定,例如,失去一只眼睛相当于"永久部分丧失能力"25%的比率,然后法官根据一份"永久部分丧失能力"的分值表(table de valorisation),用分值(valeur de point)乘以这个比率。分值则按照年龄计算。假设30岁相当于"永久部分丧失能力"比率的25%,分值[18]为2欧元,那么2×25=50欧元。这些分值纯粹是象征性的,法官完全保留自己的裁量自由。但事实上,这些费率表具有重大权威。一旦金额确定,就以本金(capital)或年金(rent)的形式发放。法官依然保持裁量自由,而金额通常以本金形式一次性发放。但对于没有能力管理钱款的未成年人或残障人士,可以混合(panaché)或以年金的形式支付。必须明确的是,在公路交通事故和劳动事故领域,年金自动参照一定指数计算[19],而在其他情况下,年金债务人(débit-rentier)必

---

[16] "损伤稳定并具有永久性质的时刻,就是如果可以避免恶化,且成为最终损害,可以评估为永久伤残的某一级别,便无需继续治疗之时。"(1987年专家调查文献)
[17] "永久部分丧失能力"和"暂时完全丧失能力"应解释为劳动能力之丧失,而非功能性丧失能力。
[18] 源数据:2000年3月社会保险/组织企业协议书。
[19] 必然涉及列入《社会保障法典》第L.341-6条的劳动年金的提价比率(taux de majoration des rentes de travail)。

须就计算年金提出请求。最后，要想把年金转换为本金或把本金转换为年金，也存在着根据利息确定本金数额的资本化费率表（barème de capitalisation fiscal）[20]。

赔偿债务的清偿（règlement）并不阻滞受害人因其未曾顾及的健康状况恶化而重新起诉。事实上，这个新的请求与既判力（l'autorité de la chose jugée）并无冲突。即使其健康状况有所好转，本金却仍由受害人取得，而年金则不再会被复审，除非年金债权人（crédit rentier）对该假设明确表示保留权利。

法国法律对待经济损失颇具独创性，尤其采用了近乎数学的研究进路。至于所谓的人身伤害，法律制度则更为灵活，即使它保留了过于笛卡尔主义的一面。法官受到专家报告的启示，当涉及对肉体痛楚（pretium doloris）和美感损害（préjudice esthétique）的鉴定时。专家医师用1级到7级（从轻到重）来评估痛苦程度，此方法同样适用于对美感损害的评估。法官们则为这些评分赋值。各个法庭都有一套自己的做法，在这方面权威的费率表倒很少见。这些伤害之外，还加入了因为生活质量降低而导致的舒适度的损害，有时还可自主请求赔偿性损害乃至青春损失（prejudice juvenile）。为了最终结束这份清单，须经由法官自由裁量后（即使法院仍可与律师沟通，取得评估信息），受害人才可以获得精神损失赔偿。

经济损失与非经济损失的划分，尽管表现出局限性，仍在理论上使受害人获得对所受损害几乎全面的赔偿。同样，为了行使自己的权利，在如此漫长且复杂的程序中得到协助对受害人来说非常重要。《新民事诉讼法典》在第751条中还规定了大审法院[21]上当事人必须指定律师的义务。这导致承担审理费用的问题。

20　参见第1节和第3节的实例。
21　大审法院（Le Tribunal de Grande Instance）是一般法上的民事司法机构，有权管辖涉诉金额高于7600欧元的案件。

《新民事诉讼法典》第695条规定由败诉方承担诉讼费用，包括专家鉴定费，但不包含律师酬金。然而，出于衡平原则之考量，该法典第700条允许补贴定额款项（allocation d'une somme forfaitaire）以支付部分律师酬金。尽管——考虑到耗时漫长——诉诸程序可能会使费用高涨，但是必须指出，法国法律禁止争议份额分成协议（quota litis），只在少数例外时允许律师从部分既判结果中获益。

　　另外，在"辩诉"担保险（une garantie "defense recours"）或司法援助内，可能为赤贫者承担诉讼费用。不论如何，受害人可以向责任人请求偿付所遭受的损失。

9　　上述对不同损害所作的速描只不过是法国法在这个领域的浮光掠影。人身伤害之赔偿权无疑是条文最为散乱的部分法之一。作为改革之子，一套异质体系（système hétérogène）被剥离出来：（一）。起初，这套体系由于其灾难性的异质，看似颇为脆弱。但这套"体系"其实被完全向着受害人利益的同质逻辑从失败中挽救出来。

　　为了给法国法律作出全景展示，我们将依次研究：（二）社会保障的主要角色；（三）民事责任的实证法律；（四）受害人过错的角色；（五）特殊制度；最后，（六）人身伤害之损害填补。

（一）处于异质体系中心的社会保障制度

10　　人身伤害之赔偿权似乎不可思议地被分割为几部分。各位学者对这种马赛克式的镶嵌物并无有力的苛责。有些人称此为"面包屑权利"[22]，另一些人谓之尚需重新裁剪的"阿勒甘的外套"[23]*。众人的评定是一致的：必须重组法律[24]。为实现这个目标，有必要了解现行体系的大致结构。

立法者意图可嘉，增加了的特别立法无疑对法律从业人员、尤其是遭遇严重困难的受害人带来了巨大困难。换句话说，法国法律体系似乎的确是个持续扩张的迷宫，令受害人迷失方向。

法律体系的持续扩张导致其越发复杂，也迫使推进改革，以缓和上述威胁发作的风险。

1. 法律体系的复杂性

法律体系的复杂性不仅取决于诉讼分裂——尤其是普通司法系统与行政司法系统之间的裂变，也在于象征共同承担人身风险的涉诉人（acteurs）的急剧增多。

（1）诉讼分裂（éclatement du contentieux）

可适用法律文本的多样性导致司法权倍增：民事司法权、行政司法权、社会法（劳动法与社会保障体系）司法权、刑事司法权等等。

由此，因人群聚集肇致的损害责任之诉自1986年起（1986年1月9日第86号法律）由行政法院管辖，而1914年至1986年间这曾属于普通司法法官的管辖范围（《公社法典》旧第L.133-1条）。反之，由于核事故或常见公共领域经营者造成的损害，根据1968年10

---

[22] Y. Lambert-Faivre, *Droit du dommage corporel systèmes d'indemnisation* (4ème édn. 2000), p. 41.

[23] Ph. le Tourneau/L. Cadiet, *Droit de la responsabilité et des contrats* (édn. 2000/2001), p. 27.

* 阿勒甘（Arlequin），意大利喜剧中之人物，身穿各色三角形布头拼凑成的衣服，头戴黑色面具。——译者注

[24] Ch. Radé, Réflexions sur les fondements de la responsabilité civile. 1. —L'impasse, [1999] D. chron. 313; *id*. Réflexions sur les fondements de la responsabilité civile. 2—Les voies de la réforme: la promotion du droit à la sûreté, [1999] D. chron. 323; *id*, Brefs props spéculatifs sur la réforme de la responsabilité médicale, [1992] Risques 12, nos. 40, 113—Actes du colloque de Chambéry, L'avenir du droit de la responsabilité.

月 30 日法律（修改于 1990 年），只有普通司法法官才可管辖。第 17 条做出了极为细致的规定，只有巴黎大审法院才有管辖权。

如果儿童因公共教育或社团合同下的私立教育的成员之过错而受到伤害，受害人只能向国家请求赔偿（1937 年 4 月 5 日法律，即当今《教育法典》的第 L. 911－4 条）。然而，却是普通司法法院有权裁定诉讼。相反，如果是由于教学服务的组织不善造成伤害（不论是否属于教师的过错），那么才由行政法院行使管辖权[25]。

同样也可联想医疗事故责任的例子。1957 年冲突法院*曾在具体的案例中指定由行政法院长期进行管辖；而在此之前，普通法院判例认为自己有权管辖、裁定供职于公共医院医生的民事责任，并拒绝考虑任何组织标准（critère organique）[26]。

有时，涉诉人的多样性也助长了诉讼分裂。

（2）涉诉人的多样性（diversité des acteurs）

12　　倘若这种多样性能够保护受害人远离责任人无能力清偿的风险，并且在没有责任人时，将不幸的负荷转由集体承担，那么涉诉人的多样性却可能是有害的，因为人人都看重自己的说理和行事方式，而有时逻辑是对立的。

13　　诉至管辖法院的受害人应该面对多个对话方（interlocuteur）。为了明白这种情形，只需从简单案例着手论证。例如，X 先生是彩弹游戏（ball trap）的观众。一名参赛者与一名观众发生口角，枪走了火病打中了 X 先生。假设 X 先生提起民事诉讼，他作为受害人应该起诉导致枪支走火的行为人、发生口角的观众、竞赛组织者以及他

---

[25] Tribunal des conflits 26 mars 1990, *Jaffre*, [1991] *Revue de droit public et de la science politique en France et á l'étranger* (RDP) 1159.

* 冲突法院（le Tribunal des conflits）是法国继宪法委员会后最高的司法机关，在司法行政两个法院分支系统发生管辖权争议时由该法院负责裁判。——译者注

[26] Tribunal des conflits 25 mars 1957, *Chilloux et Isaac Slimane*, [1957] *Juris-classeur périodique* (JCP) éd. G. II, 10004, note R. Savatier.

们各自的保险人。他还应该指控疾病保险金管理机构，以期获得补助金（prestations servies）。他还可以控告狩猎事故担保基金、[27] 能够负担相关费用的医疗互助保险公司[28]以及 X 先生的雇主，而雇主可以请求返还发放于受害人暂停工作期间、不由社会保障机构承担的部分工资[29]。

受害人会提出如下问题：谁来支付？大部分案件中，社会保障机构会介入，返还治疗费用并可能部分补偿损失的收入[30]。如果责任人为第三方，他的保险人将返还社会保障金，而且受害人将获得经济损失的补充赔偿和人身伤害的全额赔偿。受害人还可以获得个人人身保险的理赔。

为了简化，社会保障补助金机制构成我国一般法上人身伤害赔偿核心。它不能完全赔偿经济损失，但可限制受害人承担的后果（但并不针对责任人，因为补助金只不过是预付的求偿款[31]）。更确切地说，社会保障机构负责承担治疗费用（医疗费、药费、住院费），[32] 同样，由暂时丧失劳动能力（完全或部分）引起的工资损失

14

---

[27] 《保险法典》第 L. 421-8 条第 1 款规定："第 L. 421-1 条制定的担保基金负责赔偿一切因狩猎或消灭有害动物等行为造成的人身伤害，当损害由于尚不知名的加害人行为所致，或加害人未投保，或者其保险人完全或部分无清偿能力时。"

[28] 医疗互助保险公司有权求偿，但仅限于日计赔偿金和伤残补助金。（1985 年 7 月 5 日法律第 29-5 条）

[29] 企业雇主应依照劳动合同或集体协议条款向职工支付工资的补足部分。他有权代位向清偿第三人求偿。然而，对于资方开支，雇主有权主张个人权利（1985 年 7 月 5 日法律第 32 条）。

[30] 见上文第 4 节中关于"暂时完全丧失能力"概念的解释。

[31] 如果受害人自己是损害的唯一原因，社会保障机构不得向受害人求偿，使其退还补助金。

[32] 必须指出，这些清偿可能非常有限。其实社会保障机构预先确定了构成清偿费用基础的"责任费率"。然后，在此费率上适用一定的承担费用比率。如此，对于临床医生的酬金，比率为 30%，那么 70% 由社会保障机构负责承担，这就是我们所称的"医药费自理部分"。但是必须意识到，责任费率可能远不足以支付医疗实际支出。因此由受害人自己承担的部分往往大于这 30%。

通过补助金方式以现金发放，称为日计赔偿金[33]（indemnites journalieres）。社会保障机构只承担部分费用，这促使受害人随即起诉责任人，以获得经济损失的补充赔付以及人身伤害的全额补偿。受害人因此有权索赔其遭受的所有损害。

然而，很快就感觉到分散权利的后果。因为，同样的损害，若被定性为劳动事故[34]，则社会保障补助金会同比高于一般损害[35]，而金额又是确定的（forfaitaire）[36]。除了故意过错，[37] 上下班途中遭遇事故[38]或者因工交通事故[39]（accident de circulation professionelle）的情况外，受害人都不可以直接起诉雇主。面对雇主或他的代职者之一所犯的不可原谅之过错（faute inexcusable），受害人有权请求赔偿全部损失；社会保障机构则向受害人支付其有权获得的全部赔偿，然后以超出社会保障所应承担的份额的部分，转向雇主追偿，使其返还由于此不可原谅之过错引起提高金额的部分。

因此，所谓"一般法"上的事故受害人有权获得其全部损失之赔偿，而劳动事故受害人却只能获得定额赔偿[40]。

但是，第三人清偿的过度追偿可能造成受害人之间不平等的后果。

（3）清偿第三人的追偿

---

33 同样，赔偿金的支付非常有限，2000年，日计赔偿金最高约为每天38欧元。
34 参见下文边码62劳动事故的定义。
35 实物赔偿通常以100%的比率履行，而现金赔偿则为前28天每天大约135欧元，从第29天起，每天180欧元。
36 年金计算公式如下：低于50%的伤残比率乘以系数0.5，高于50%的伤残比率乘以系数1.5。因此，对于一个伤残比率60%的受害人来说，他可以得到（50%×0.5）+（10%×1.5）=40%。怎能让一个60%伤残的人只得到40%的年金呢？
37 《社会保障法典》第L.452-1至L.452-5条。
38 《社会保障法典》第L.469条和第L.470-1条。
39 《社会保障法典》第L.455-1-1条。
40 这一解决方法被称为歧视性的。G. Lyon-Caen, Les victimes d'accidents du travail, victimes aussi d'une discrimination, [1990] *Droit social*（Dr. Soc.）737-739.

1985年7月5日法律，从第28条至第34条，已对这个格外混乱的领域作出规制。需要指明的是，在这一点上，该法律规定了整套有关人身伤害代位追偿的制度[41]。该法律不仅定义了清偿第三人[42]的概念，还定义了追偿的对象[43]和计算基数（assiette）。追偿仅以用于赔偿受害人身体完整性受损的赔偿金部分为限[44]。在受害人分担部分责任的情况下，通常代位权的规则在于保护不能向自己代位求偿的受害人。因此，被认为对其损害负一半责任的受害人只能让清偿第三人请求50%的救济。然而，社会保障机构有权请求全部追偿，不得以责任的分担作为抗辩理由。[45]

补充赔偿金则会像驴皮*一样缩减。追偿的基数（assiette）其实包括已支付的全额补助金，却被限制在50%以内；此外，追偿对象还包括人身伤害，而这却被经济实物所掩盖。因此，不论在追偿对象还是在追偿基数上都损害了受害人的权益。

幸运的是，这种对受害人颇为苛刻的处理方式被限制在社会保障机构的追偿范围内，而社会保障机构仅是最重要的清偿第三人。其他追偿则被限定在代位求偿的界限内：人们只能代位行使自己本不拥有的权利。

2. 分散的体系

从此之后，保险人、社会保障机构以及理赔基金都站在受害人一边。受害人不再独自面对灾祸或责任人资不抵债的情况。但这个

---

41 见上文边码15。
42 第29条"所有管理强制性社会保险的组织、机构和服务"，换句话说，包括社会保障组织、医疗互助保险公司、公共或私人性质的雇主以及保险公司。
43 见上文边码5。
44 1985年7月5日法律第31条。
45 《社会保障法典》第L. 376-1条第2款。
* 《驴皮记》（Le peau de Chagrin）是法国作家巴尔扎克巨著《人间喜剧》系列中的一部作品，书中提到的驴皮能为主人实现任何愿望，但愿望一经实现，驴皮会立刻缩小，主人公的寿命也随之缩短。——译者注

多方索赔（foisonnement）的对价是：不存在有关人身伤害的统一法典，而受到受害人处境或造成损害结果之条件影响的规则却大量涌现。

17　　因此，如果我们对《民法典》一般规则（第 1147 条的合同责任，第 1382 条及以后的侵权责任）[46] 置之不理，法律的实施很快会变成"普维的清单"*。

　　按照时间顺序，孤立了特别损害赔偿制度的第一条规定是有关劳动事故的 1898 年 4 月 9 日法律，规定了由社会保障机构负责承担事故受害人（以及自 1919 年 10 月 25 日法律后的因职患病者）的赔偿[47]。在日后突然出现立法膨胀之前，将近 100 年里，这种情形一直保持稳定。其实，立法机器自从 1985 年起便脱了缰。1985 年 7 月 5 日出台了有关公路交通事故的法律（该法律未被纳入法典），规定由私人保险机构负责承担受害人开销，并假设责任人尚未加入保险（从 1958 年起为强制保险）或无法认定责任人，创立了机动车保险救助基金[48]（FGA）。同样，1988 年 12 月 20 日法律为同意（se pretant）进行医学实验的病人创建了特别赔偿制度[49]以及强制保险制度。

　　1990 年 7 月 6 日法律将恐怖行动受害人与普通犯罪行为受害人[50]合并，创建了公共赔偿基金（即 F. G. V. A. T，恐怖行动及其他犯罪

46　见下文边码 21。

*　"普维的清单"（un inventaire à la Prévert）：雅克·普维（Jacques Prévert）是法国著名诗人和剧作家，他在诗歌《清单》（1946 年）罗列了各种毫无关联的词汇。——译者注

47　现为《社会保障法典》第四卷。

48　该基金自 1951 年就已被设立，但是其在受害人赔偿上的作用直到 1985 年法律才得以扩大。由于在其名称中没有指明，需要明确的是，该基金承担特定条件下狩猎事故的赔偿责任。

49　《公共健康法典》第 L. 1121 – 1 条至第 L. 1121 – 21 条。

50　1977 年 1 月 3 日法律和 1983 年 7 月 8 日法律。

受害人保险救助基金)[51]。此后一年,出台1991年12月31日法律[52],创建了血液传播受害人赔偿基金[53],之后,2000年12月23日法律设置了石棉受害人赔偿基金。[54]

但愿我们至此已能揭开某些不公正的面纱。为什么赔偿艾滋病受害者而不赔偿丙肝受害者[55]？为什么不驾车受害人的人身伤害可以获得全部赔偿而驾车受害人却要为自己的过错辩护[56]？为什么优先赔偿公路交通事故的受害人而医疗意外风险（aléas thérapeutiques）受害人却被遗忘？

既然既没有立法也没有判例为意外事故受害人的赔偿提供一套全局性的制度,解决办法是否来自于人身保险制度的普及？适中的保险费利于这类保险的成功,但受害人却未能更好地得到告知,使他们可能错误地相信,自己身为唯一责任人时仍确保获得损害赔偿[57]。

同样,如果保险应使整个定额赔偿（réparation forfaitaire）体系完整,就应该在何种情况下都不可被替代（s'y substituer）。

为了使体系全局协调一致,有两种可行的研究进路。

第一条进路,假设扩大社会保障机构的职权。由于人生从不是一条平静的长河,况且我们身体的完整性完全可能遭遇侵害,是否绝不能再使社会保障机构作为"主要参与者"（acteur majeur）,而成

51　1986年9月9日法律,1990年1月23日法律以及1996年7月22日法律。
52　该法律如今已编纂入《公共健康法典》第 L. 3122-1 条至第 L. 3122-6 条。
53　该基金用于艾滋病病毒受害人及其受接触感染的家属。这些规定如今被编纂入《公共健康法典》第 L. 3122-1 条至第 L. 3122-6 条。丙肝患者只能援引一般法的条款。2002年3月4日第 n° 2002-303 号关于病患及医疗卫生体系的法律将丙肝患者纳入其中。参见边码19。
54　2000年12月23日第2000-1257号法律第53条,又称《2001年社会保障财政法》。
55　见上文边码53。
56　1985年7月5日法律第4条。
57　根据所选择担保的最低伤残价格,每个家庭每月可获得11欧元至23欧元。

为符合贝弗里奇*观点的"唯一参与者"(acteur unique)[58]？我们是否无法想象一种极度的简化，受害人将面对唯一的对话方（interlocuteur）？这个扩大社会保障机构职能的想法已经被提出，认为医疗意外风险可以或由疾病保险机构[59]或由第七社会保险机构（une septième assurance sociale）[60]理赔。

第二条进路可能出现在关于病人权利的 2002 年 3 月 4 日法律中[61]。通过创设友好协商程序（委员会试图使医生责任的保险人和受害人的观点互相接近、达成和解[62]），法律制度加快了赔偿程序。事实上，所有从事卫生职业的自由执业者、所有医疗业务经营机构以及医药保健品制造商和供应商，都必须加入强制保险。

除了医疗过错（被证明或被推定）或保险人拒付或拖欠债务的情况下，全国医疗事故办事处（office nationale des accidents médicaux）将以国家连带责任的名义继续赔偿受害人。

我们是否应该把这个模型泛化，创设一个"全国人身事故办事处"（office nationale des accidents corporels）来代替责任人，处理与受害人的关系，并在认定责任的情况下、在代位追偿的范围内，向责任人或他的保险人提起诉讼？如果不存在责任人，则由集体独自承担赔偿责任。

与之相反，若存在责任人，责任保险才是一切的主宰。

---

* 威廉·贝弗里奇（William Beveridge），英国经济学家和政治人物，福利国家理论构建者之一。——译者注
58 关于这个观点，参见 le Tourneau/L. Cadiet, (*supra* fn. 23), p. 27, spec n°77.
59 2001 年 4 月 26 日参议院通过的第 79 号提案。
60 Ch. Radé, Alea jacta est (commentaire de Cass. 2ème civ., 27 mars 2001; *Smatt*), [2001] Resp. civ. et assur., chron. 13.
61 Ch. Radé, La réforme de la responsabilité médicale après la loi du 4 mars 2002 relative aux droits des malades et à la qualité du système de santé, [2002] Resp. civ. et assur., mai.
62 1985 年 7 月 5 日关于交通事故受害人的法律也表明了同样的目标。

（二）责任的一般法

长期以来，责任人受益于具有规范功能的责任一般法以及正在孕育中的特别法。而今后，实力对比将转为偏向受害人一方。

为了了解责任法的发展，我们有必要迅速浏览侵权责任法的演变主线，之后将更多地停留在医疗责任法的论题上。而后者使我们能够描述合同责任[63]和产品质量责任领域的巨大进展。

1. 民事侵权责任之现行法

民事侵权责任有三种侵害事实构成：自己行为、物之原因事实和他人行为。《民法典》第1382条把侵权责任的定义建立在故意过错基础上，而第1383条的准侵权责任则基于过于轻率或疏忽大意（l'imprudence ou la négligence）。紧接着第1384条第1款在1804年就已宣布他人行为肇致责任的几种有限情形（父母对未成年子女行为之责任，主人或雇主对仆佣或雇员行为之责任，教师或手工业者对学生或学徒行为之责任）以及物之原因事实责任的案件（第1385条动物致损的所有人责任与第1386条建筑物坍塌致损的行为人责任）。

《民法典》的原始结构将遇到重大动摇，这以把过错作为责任认定之技术条件的撤退为标志。

向法律大厦发出的第一击来自物之原因事实方面。其实，学说已经宣称，认为列举物件致损场合的清单过于有限，并建议在第1384条第1款上（这条被认为没有任何规范意义）建立物之原因事实肇致责任的一般原则，在实务中可适用于劳动工具所有人。受害人实际上应该根据第1382条和第1383条证明有过错，这与"恶魔的证明"规则（probatio diabolica）最为相似。判例提及第1384条第

---

[63] 参见 Ch. Radé, *La responsabilité civile contractuelle*; *les quasi-contrats* (2001).

1 款，而不是第 1385 条和第 1386 条的简单宣告，意在揭示物之原因事实肇致责任的一般性原则。[64] 这个制度仍需进一步定义，而我们将逐渐从过错推定制度转向严格责任（responsabilité de plein droit），从而减少因证实不可归责的外部原因而使保管人免责的可能性[65]。此后，仅需受害人证明此物是造成损害的必要条件（conditio sine qua non），就可以推定因果关系。这种运动是双向的，包括证明对象的变动（物对损害因果性的参与证明此物有积极的"行为"）和一项实质规则的实施：即严格责任。

在过错责任的削减中起到决定性的第二步，来自于对非理性人（personnes privées de raison）责任归责条件的收缩，这导致对过错的抽象（in abstracto）分析。1968 年 1 月 3 日（现行《民法典》第 489 - 2 条）法律设定了一项特别制度，规定了精神错乱者（dément）应负担的赔偿义务。

这一立法运动被最高法院审判合议庭 1984 年 5 月 9 日[66]作出的弗伦瓦特案（l'arrêt Fullenwarth）判决形成的判例延续。判例从客观角度对未成年人之"过错"作抽象分析，未成年人行为被认定为过错，即使后者并不能辨别其不当行为的后果。然而，分析与责任具有因果关系的侵害事实时，还是要小心谨慎，因为如果判例取消了辨别力这一条件，个案表明，这种客观过错的背后还流露出对未成年人正常行为的分析。尽管如此，最高法院于 2001 年迈入一个崭新的阶段：自此之后，父母被推定为对其未成年子女所致损害承担责

64　Civ. 11 juin 1896, [1897] *Recueil Sirey* (S.). 1. 17 note A. Esmein, [1897] D. 1. 433, note Saleilles et concl. Sarrut.

65　Ch. réunies 13 fév. 1930, [1930] S. 1. 121, note P. Esmein.

66　Ass. plén. 9 mai 1984, [1984] D. 525, concl. Cabannes, note F. Chabas, [1984] JCP II. 20291, note P. Jourdain, [1984] *Revue trimestrielle de droit civile* (RTD civ.) 508, obs. Huet.

任,即使后者被认定并没有过错行为[67]。

责任的客观化亦传播至他人行为责任。这个变化也分为两个时段。判例再次根据第 1384 条第 1 款,揭示他人责任之一般原则[68]。1991 年 3 月 29 日最高法院审判合议庭判决的伯里克案(*l'arrêt Blieck*),在他人行为责任的法定情形之外,确定了一般原则的界标,肯定了《民法典》第 1384 条中罗列的个案清单并不是限制性的,而可由法官予以补充[69]。因此,任何对他人有足够权威的人都可能为他人的行为负责。这个"权威"被推断为对他人活动进行指导和限制的权力,并以具有一定的持续性为前提[70]。一旦所有条件汇集到一起,担保人不能通过证明自己没有过错而免责。这种责任并非基于过错,而是以权威为标准。因此,这涉及严格责任,只有证明不可归责的外部原因,担保人才能免责。还需要明确,完全就像物品保管人一样,造成损害的原因只有来自物品之外,保管人才能免除责

---

[67] Civ. 2ème, 10 mai 2001, [2001] Resp. civ. et assur., *chron.* 18, par H. Groutel et chron. 20, par F. Leduc.

[68] Voir Ch. Radé *Jurisclasseur*, arts. 1382 à 1386, resp. civ., Fasc. 140.

[69] Ass. plén 29 mars 1991: [1991] Resp. civ. et assur., comm. 128 et chron. H. Groutel, La responsabilité du fait d'autrui, un arrêt à moitié historique? [1991] D., juris. 324, note C. Larroumet; [1991] *Jurisclasseur périodique* (*Semaine juridique*) (JCP) G. II, 21673, concl. Dontenville, note J. Ghestin; [1991] RTD civ. 541, obs. P. Jourdain. [1992] *Gazette du Palais* (Gaz. pal.) 2, 513, note F. Chabas; G. Viney, Vers un élargissement de la catégories des personnes dont on doit répondre; la porte entrouverte à une nouvelle interprétation de l'article 1384, alinéa 1er du Code civil: [1991] D. chron. 157; [1991] *Défrénois* art. 35062, 729, J-L. Aubert.

[70] 伯里克案确认"持续负责组织、监控(精神残障人士的)生活方式"的组织应对精神残障人士行为承担责任。然而,第二民事审判庭的两个判决(Civ. 2ème, 22 mai 1995, 1er arrêt et 2ème arrêt, [1995] JCP II, 22550, note J. Mouly)的两个判决却对此提出了疑问。这次涉及"以组织、指导、监控成员活动为使命的"体育社团,所有持续性和资源性的条件不再被提及。同样,刑事审判庭的一份判决首次承认了自然人的责任。该案中,为继父作为子女监护人的责任(Crim. 28 mars 2000, [2000] RTD civ., 245, obs. J. Hauser et 586, obs. P. Jourdain)。他人行为责任的一般原则似乎,尽管有些不确定,围绕对他人权威的概念构建而成[对于这一点,参见 Ch. Radé (*supra fn.* 58) spéc. n°s 39 et svts]。

任；而对于担保人来说，人的行为不属于外部原因[71]。至此，一般原则与有限的制度规定在衔接上出现了问题。规则如下：遵守某一特殊且例外制度的人却被排除于一般原则之外。因此，伯里克案判例不适用于教师——他们的责任仍然是过错责任（第 1384 条第 8 款及《教育法典》第 L. 911 - 4 条）。

26 在家长责任（responsabilité parentale）与雇主责任（responsabilité des commettants）上，这一转变也不是毫无动静。不知不觉，这类责任从他人行为责任转变为他人行为肇致的个人责任（une responsabilité personnelle du fait d'autrui）。由此，对于家长责任，1997 年 2 月 19 日最高法院第二民事审判庭公布的贝特朗案（l'arrêt Bertrand）判决进一步完善了弗伦瓦特案的成果，家长——作为一种身份——应当为子女的行为担保（répondre de），而不能通过证明他们在教育或监护上没有过错而免除责任[72]。这项责任比判例更加严格，受害人不再需要证明父母对子女实际行使亲权。自贝特朗案后，家长责任就不再是过错推定责任了。传统的家长责任——守护职责——便消失了，而由行使亲权代替。这一权威完全由亲权的属性派生而来，因此成为（家长）责任的条件。

自此，家长责任就是严格责任，父母只有在不可抗力的情况下才能完全摆脱责任，而受害人的过错只作为部分免责理由。不可抗力（la force majeur）假定子女的行为对父母而言是不可预见和无法抗拒的。证明因不可抗力而并非子女造成损害，依照法律规定，增

---

[71] 根据《民法典》第 1384 条第 7 款，只有父母可以合法拥有豁免权。
[72] Civ. 2ème, 19 Fév. 1997, [3-4 octobre 1997] Gaz. Pal., 14 note F. Chabas, [1997] JCP II. 22848, note G. Viney et concl. Kessous, [1997] D. 265, note P. Jourdain, [1997] RTD civ. 648, obs. J. Hauser, F. Leduc, La responsabilité des père et mère/changement de nature, [avril 1997] Resp. civ et assur., 7, H. Lécuyer, Une responsabilité déresponsabilisante, [1997] Dr. Famille, n° 3, 3, contra Ch. Radé, Le renouveau de la responsabilité du fait d'autrui (apologie de l'arrêt Bertrand) [1997] D. chron. 279.

加了父母本人免除责任的可能（faculté d'exonération）。那么，确切而言，这无关责任的免除，而涉及实体上的抗辩，即反对适用推定——这个法律置于他们双肩的重负。

雇主责任亦可以观察到同样的变化。这一责任最初被当作向受害人提供的附加担保。事情在罗莎案（*l'arrêt Rochas*）（1993年10月12日最高法院商事审判庭）[73] 后有所发展。本案中，受害人直接起诉罗莎（Rochas）公司的有过错的雇员；基层法官驳回起诉（他们的分析经最高法院确认），因为雇员并没有犯"个人"过错，而他们"在雇主分配的职务范围内行动，且并没有越界行事。"

2000年2月25日最高法院审判合议庭公布了考斯特多案（*l'arrêt Costedoat*）判决[74]，确保了罗莎案判例的永久性。自此，对在职务范围内工作的雇员，受害人不能针对其个人提起诉讼，而只能起诉雇主。只有在滥用职权或特别严重的个人过错的情况下，诉讼可以针对雇员，因为他要为其个人不当行为负责。

过错的技术性衰落和责任的客观化标志着侵权责任的发展。但是如果就此认为过错亡失，未免过于简单[75]。诚然，作为一种法律技术，"过错"正在倒退；而作为理性基础（fondement rationnel），"过错"却继续长存[76]。

在有因果关系的责任背后，其实往往隐藏着过错推定。诸如选择过错（*culpa in eligendo*）、保管过错（la faute dans la garde）的理论如今依然存在。家长责任的例子已十分清楚。诚然，从技术上说，

73　Com., 12 oct. 1993, *Rochas* [1994] D., 125, note G. Viney, [1994] RTD civ., 110, n° 2, obs. P. Jourdain.

74　Ass. plén., 25 février 2000, *Costedoat*, [mai 2000] *Droit et patrimoine* (Dr. et pat.), 107, obs. F. Chabas, [2000] JCP II. 10295 concl. Kessous, note Billiau, [2000] Resp. civ. et assur., obs. H. Groutel, n°11.

75　Ph. Le Tourneau, La verdeur de la faute dans la responsabilité civile (ou de la relativité de son déclin), [1988] RTD civ. 505.

76　Ch. Radé, L'impossible divorce de la faute et de la responsabilité civile, [1998] D. 301.

我们不再处于过错推定的制度下,诚然,父母们不再能够通过证明他们没有过错而免除责任。但是,对判断不可抗力的分析表明保留了过错。一种相反的进路启示我们,父母每次都是有责的,因为他们可以阻止损害事实的发生,而他们却没有做到。难道这不是一种错误的不作为(une abstention fautive)吗?同样,在履行职务的框架内,雇员获得豁免,难道不应该解释为雇员肇致损害的行为正表明雇主对招聘或组织服务的懈怠吗?

合同责任也遵循同样的道路,简化了受害人的诉讼。

2. 合同责任之现行法:以医疗责任为例

确切而言,医疗责任并不构成民事责任法的独立分支;它更像是一般责任制度的某一类特殊假设。其实,尽管其特殊性已被确认[77],我们仍可以研究某些辐射于整个责任法上的概念,例如损害、因果关系等问题。因此,我们将通过责任的三大传统要件研究医疗责任:损害(le dommage)、因果关系(le lien de causalité)和侵害事实(le fait générateur)。

(1) 损害

在医疗领域,有两个问题格外敏感:请求的合法性和损害的确定性问题。

A. 请求的合法性问题

大多数引用的损害没什么问题,而有些假设中却出现很大的难题。因此,尽管试图自愿中断妊娠(IVG),却没有成功,从法律角度说,婴儿的出生是否构成损害呢[78]?回答是否定的(可这是当然的吗?):婴儿出生作为唯一的事实并不构成损害,即使它的出生是

---

[77] J. Penneau, *La responsabilité du médecin* (2ème edn. 1996); G. Mémeteau, *Traité de la responsabilité médicale* (1997); id., Les évolutions redoutées de la responsabilité médicale: loi ou jurisprudence?, [24 – 25 oct. 1997] Gaz. Pal. 8 – 21.

[78] M. Deguergue, Les préjudices liés à la naissance, [1998] Resp. civ. et assur., n°5 *bis*, 14 – 20.

自愿中断妊娠失败后导致的后果[79]。

如果为了保持法律体系的一致性和易读性，必须作出回答，那么答案必定颇富争议——尤其当我们使用预期结果（résultat escompté）的概念时。因而判例认为，损害可能来自分娩时格外疼痛的情况，表现为一种"增加生育负担的特殊损害（un dommage particulier ajouté aux charges de la maternité）"[80]；这还包括当分娩"不仅遇到具体困难并造成母亲的健康问题，还导致心理和人际关系上的紊乱"[81] 时或手术致使婴孩残疾的情况[82]。判决甚至允许节育手术失败和婴孩意外诞生后给予象征性赔偿[83]。

然而，母亲在妊娠期间染病却未经化验或医生诊断、从而导致婴孩先天重度残疾的极个别案例，最高法院与最高行政法院（Conseil d'état）的分析角度存在深刻的分歧。最高法院其实同意在婴孩先天重度残疾的情况下，不仅赔偿父母损失，亦赔偿对婴孩造成的人身伤害[84]。而最高行政法院对此却予以拒绝。[85]

---

79 *Conseil d'Etat* (CE) 2 juill. 1982, [1984] D. Jur., 425, note J.-B d'Onorio— [1983] *Revue trimestrielle de droit sanitaire et social* (RTD sanit. et soc.) 95, Civ. 1ère, 25 juin 1991, JCP G. 1992, II, 21784, obs. J.-F. Barbiéri, D. 1991, Jur., p. 566, note P. Le Tourneau, [1991] RTD civ. 753, obs. P. Jourdain.

80 Civ. 1ère, 25 juin 1991, JCP G 1992, II, 21784, obs. J.-F. Barbiéri, [1991] D., p. 566, note P. Le Tourneau, RTD civ. 1991, p 753, obs. P. Jourdain.

81 Civ. 1ère, 9 mai 1983, Bull. civ. I, n°140.

82 CE, 27 sept 1989, [1991] D. 80, note Verpeaux.

83 Civ. 1ère, 16 juill. 1991, Juris-data n°000181.

84 Civ. 1ère, 26 mars 1996, Bull. civ. n°155, [1996] RTD civ., n°2, 623, obs. P. Jourdain, [1996] JCP éd. G., I. 3985, n° 19 à 21, obs. G. Viney, [1997] D., 35, 1ère esp., note J. Roche-Dahan, [1997] D., somm., 322, obs. J. Penneau, [3 et 4 oct, 1997] Gaz. Pal. 24, obs. F. Chabas, Civ. 1ère, 26 mars 1996, Bull. civ. I, n° 156, [1997] D., 35, 2ème esp., note J. Roche-Dahan, [1997] D. somm., 322, obs. J. Penneau; laboratoires d'analyses (cassation de Paris, 17 déc. 1993, [1995] *Médecine et droit* (Méd. et droit), n° 15, [1995] D. somm., 99, obs. J. Penneau). 在上诉上，解决方案通过以下案件得到确认：Ass. plén., 17 nov. 2000, *Perruche*, [2000] Resp. civ. et assur., comm. 374, 2001, chron. 1, par Ch. Radé.

85 CE, 14 févr. 1997, *Centre hospitalier régional de Nice*, [1997] JCP, éd. G. II, 22828,

2000 年曾大力重申的因先天残疾对婴孩造成的损害予以赔偿之原则，2001 年又通过同由最高法院审判合议庭作出的三次判决得到明确[86]。

B. 损害的确定性问题

全面赔偿原则（le principe de la réparation intégrale）要求赔偿一切损害，且仅限于损害。对实际损害的评估往往由专家鉴定，大多模仿社会保障法的模式（如伤残和功能丧失的计分方法）[87]。如果说对实际损害评估不会有任何困难，那么对未来损失的评估可能在操作上会显得颇为棘手，尤其在机会丧失这一问题上。只有将来且必定的损失才可获得赔偿；这样，例如受害人住了八天医院而不能工作，并将失去六、七天的工资。

如果损害结果并非直接消失的有形利益（avantage tangible），而是转致的灭失（disparition médiat）（即间接灭失，disparition indirecte），这个问题如何认定？例如，由于外科手术后病情恶化，导致考生不能参加考试；如果赢取考试的机会确实且可靠，也就是说如果他参加考试就有充分的可能性被录取，那么他将获得赔偿；此外，这经常被推断为没有其他原因以解释后来才发生的损害[88]。

自二十世纪六十年代，机会丧失理论（la théorie de *la perte d'une*

（接上页注1）

note J. Moreau- [1997] JCP éd. G. I, 4025, n° 19, obs. G. Viney, [1997] RDP 1139, note J. -M. Auby, [1998] RTD sanit. et soc. , 94, note F. Mallol, L'arrêt condamne toutefois l'hôpital à indemniser les parents de l'enfant pour leur préjudice personnel. M. -A Hermitte, Le contentieux de la naissance d'enfants handicapés, [24 – 25 oct 1997] Gaz. Pal. , 75 – 79.

86 Ass. plén. , 13 juill. 2001, 3 arrêts; [2001] Resp. civ. et assur. , comm. 269; [2001] D. , 2325, note P. Jourdain.

87 参见 n°4 及后文。

88 Sur cette tendance, G. Viney, [1996] JCP éd. G. I, 3985, n°13.

chance)便已通过民事判例在医疗侵权领域得到承认[89]。因此,丧失康复/免除截肢的机会[90],丧失幸存的机会[91],或者丧失婴孩"避免弭患母亲在妊娠初期感染风疹的后遗症"[92]的机会,往往可以获得赔偿。

判例认为,若机会丧失在起初就是确定的,便可构成独立于最终损害的损失(préjudice autonome)。此外还判定,对机会丧失不适用定额赔偿[93,94]。

学说上对这一理论的引申适用尚有争执;此外,最高法院过去几年里似乎更加严格,重申机会丧失理论只能用于赔偿一开始就确定的损失,而这反倒意味着,从此以后禁止使用该理论确定因果关系[95]。

(2) 因果关系

因果关系是由一系列互相关联、互为因果的事件链构成的。因

---

[89] Civ. 1ère, 14 déc., 1965, [1966] JCP éd. G. II, 14753, note R. Savatier. Lire G. Mémeteau,《 Pertes de chances et responsabilité médicale 》, [24 – 25 oct. 1997] Gaz. Pal., 22 – 29.

[90] CA Versailles, 21 juill. 1993, D. 1993, IR, 235 (amputation de la hanche); Civ, 2ème, 16 mars 1994, [1994] Resp. civ. et assur., comm., n°300 (responsabilité d'un organisateur de colonie de vacances); Civ. 1ère, 8 juill. 1997, Rocq. [1997] JCP éd. G. II, 22921, rapport P. Sargos (amputation de l'avant-pied gauche).

[91] Civ. 1ère, 14 déc, 1965, préc. note 89; CA Paris, 23 janv. 1992, [1993] D., somm., 26, obs. J. Penneau: anesthésiste n'ayant pas examiné le patient avant l'opération; Crim., 20 mars 1996, (Bull. crim.), n°119, [1996] Resp. civ. et assur., comm., n°283, [1996] JCP éd G. 3985, n° 22, obs. G. Viney, [1996] RTD civ., 912, n°1, obs. P. Jourdain (méningite fulgurante ayant entraîné la mort de l'enfant).

[92] Civ. 1ère, 16 juill. 1991, [1992] JCP éd. G. II, 21947, note A. Dorsner-Dolivet.

[93] Civ. 1ère, 24 mars 1981, [1981] D., 545, note J. Penneau; CA Versailles, 21 juill. 1993, préc. note 90; Civ. 1ère 8 janv. 1985 [1986] D., 390, note J. Penneau.

[94] Civ. 1ère, 18 juill. 2000; S. c/Dame Pouly et a., [2000] Resp. civ. et assur., comm. 373, obs. H. Groutel.

[95] Civ, 1ère, 17 nov. 1982, [1983] JCP éd. G. II, 20056, note B. Saluden.

此，这可以由各种手段加以证明，尤其要通过"严密、确定、一致"[96]的推定。但是由请求者承担证明风险；故而，如果他不能在所受损害和指控事实之间建立联系，他将惨遭败诉[97]。

为了促成对受害人的赔偿，一度审慎的因果关系如今已颇为放宽。因此，外科医生要对死于手术台上的病孩负责，如果他未在观察室对患者进行监控；患者在手术中吸入敷料；后须进行手术才能把敷料取出；而病孩在第二次手术中因为心脏骤停而死亡：是最初出现过错的医生被判以处罚[98]。然而，这个假设中，判决并不成体系，因为在这些不同的事件片断之间应该存在逻辑上由因致果的联系。[99]

另有些近来的例子，病人感染艾滋病病毒或丙型肝炎病毒[100]。同

---

[96] Civ. 1ère, 14 déc. 1965, [1996] JCP éd G. II, 14753, note R. Savatier; Civ. 1ère, 9 oct. 1985, Bull. civ. I, n°250. —CA Pau, 7 mai 1998, *Marere c. /Fondation nationale de transfusion sanguine*: [1998] CJA, n° 4851 (imposibilité pour la victime d'une hépatite C transfusionnelle de prouver le numéro de lots des produits transfusés; preuve établie par présomptions) —CA Rennes, 7ème ch., 10 janv. 2001; *Clin. Chir. Port de l'Orient*, [2001] Resp. civ. et assur., comm. 229.

[97] CA Limoges, 21 nov. 1996, Bull. info. Cass. du 15 oct. 1997, n°1197 (pas de prevue rapportée entre une contamination par le virus de l'hépatite C et une transfusion de produits sanguins); Crim., 19 mars 1997, [1997] Resp. civ. et assur., comm., n°301: contamination par le virus de l'hépatite C—pas de preuve des difficultés créées pour trouver un emploi (perte d'une chance rejetée). —Civ. 1ère, 28 mars 2000, *Quillevère*: Bull. civ. I, n° 108, [2000] RTD civ., 577, n° 2, obs. P. Jourdain (simple probabilité de contamination par une transfusion).

[98] Civ. 1ère, 31 mai 1989, Bull. civ. I. n°219.

[99] 因此，为取出被病人在治疗时不慎吞下的"拔髓针"(tire nerf)，口腔外科医生进行手术。在无法通过自然途径实现目标或不会出现任何后遗症的范围内，医生不对手术后果负责。相反，外科医生在患者食道上安放的拉钩过紧，则会被判定赔偿为重新安放拉钩的第二次手术中给患者造成的持续痛感。

[100] CA Paris, 20 déc. 1996 [2 et 3 janv. 1998] Gaz. Pal., somm., 29, obs. H. Vray: l'arrêt se contente d'un 《 bon degré de vraisemblance 》 pour engager la responsabilité du Centre de Transfusions sanguines. Lire D. Artus, Hépatite C post-transfusionnelle: des voies et des réponses contentieuses désormais clarifiées, [2001] D. chron. 1745.

样，法院追究最初导致病患接受手术并输入被污染的血液制品的有过错者的责任。第一步，先推定感染是在手术过程中造成的；如果没有其他合理原因，那么便认为，感染实际上是由于输入未加热的血液制品*所致[101]。第二步，将责任归于采取手术治疗的过错而导致受害人术中接受输血的一方；同样也可以追究外科医生的责任，因为他们的过错才有必要进行再次手术，而术中受害人已经接受了输血[102]。还有一种解释，是关于交通事故中肇事司机的，因为受害人是由于事故才接受手术和输血的；人们把手术中造成感染的责任归咎于司机[103]。

因果关系一经建立，就由受害人来证明存在构成责任的侵害事实。

（3）责任的侵害事实

二十世纪初期德莫戈（Demogue）发现的"过错的层次"（gradation des fautes）奠定了医疗责任的基础[104]，后者自1936年5月20日梅西耶案（arrêt Mercier）[105]后便成为手段之债的典型。由于受害人

---

* 1983年美国人发明的血液加热法可以对血液中的艾滋病病毒灭活。——译者注

[101] Civ. 2ème, 20 juill. 1993, Bull civ. II, n° 273. La même solutiòn prévauten présence de contamination par le virus de l'hépatite C: Civ. 2ème, 14 nov. 1995, Bull. civ. II- [1996] JCP éd. G. I, 3985, n°13, obs. G. Viney.

[102] CA Versailles, 30 mars 1989, JCP éd. G. 1990, II, 21505, note A Dorsner-Dolivet.

[103] CA Versailles, 7 juill. 1989, [1989] Gaz. Pal. 2, 752, concl. Dupichot; CA Dijon, 16 mai 1991, [1993] D., 242, note R. Kerckhove; Civ. 1ère, 17 févr. 1993, [1994] JCP éd. G. II, 22226, note A. Dorsner-Dupichot: hémophile victime d'un accident de la circulation—responsabilité du conducteur impliqué retenue en dépit de l'usage antérieur de produits sanguins—cause adéquate déduite du caractère massif des transfusions nécessités par l'opération, sans rapport avec le volume des produits sanguins utilisés avant l'accident.

[104] 德莫戈建议打破合同过错的统一性，以区分债务人承诺结果的合同（《民法典》第1147条）和当照管自己事务时，仅仅承担正常情况下可期待的、善良家父应尽之努力的合同（《民法典》第1137条物品保管义务，但很快此义务便延伸至所有协议类型）。

[105] "鉴于医生与病人之间确实成立了合同，对医生来说，合同包含治愈疾病的承诺……至少要对病人提供治疗……要依照科学依据，对特殊情况保持审慎，一丝不苟，认真严谨。"1936年5月20日，民事审判庭。DP 1. 88, rapp. Josserand, concl. Matter, note E. P.

很难证明过错，而医学进步降低了医疗意外风险，这都促使判例发现新的义务，例如安全义务或告知义务。

起初，责任完全产生于医生或诊所自己所犯的过错（a），而其他情况下，责任的形成也许不一定涉及人为过错，而这要么涉及使用的物：我们可以通过医疗方面的案例，研究产品缺陷责任（b）；要么关系到参与治疗的人的行为（c）。

A. 自己行为肇致责任

36　考虑到治疗本身的困难，判例改变了义务的强度。面对饱含风险的手术，偶然性增加，而间接地，医生负担的义务却减轻了[106]。相反，大家无法理解，尽管目前的科学手段使得治疗几乎都能取得良好效果，而我们却不强求医生的医疗行为都获得成功。这个论证方式如今已占上风，尤其涉及外科医生的责任——当手术中某个器官被碰触，而这一损伤显然并非手术之必然时[107]。外科医生之过错将被受理，除非后者证实病患显出"畸形，使得损伤无法避免"[108]。

37　同样，诊所受合同约束，应当保障病患享有无懈可击的无菌及

---

[106] Civ, 1ère, 8 nov. 2000；"鉴于对医疗风险结构的赔偿不属于医生对其患者的合同义务"。
[107] 在做腹腔镜检查时，医用套针刺伤患者腹部导致大出血，对此造成的人身伤害法官以同样的理由进行推论；法官认定此种损害仅能解释为医师操作不熟练，而此依据在本案不能直接适用。（CA Toulouse, 14 oct. 1996 [1997] JCP éd. G. IV, 728）
[108] Civ. 1ère, 23 mai 2000；*Sté le Sou médical c/Mlle Chapel*：[2000] Resp. civ. et assur., comm. 272；[2000] JCP G. I, 280, n°12, obs. G. Viney（faute du stomatologue），[2000] RTD civ. 840, n°1, obs. P. Jourdain. —Civ. 1ère, 23 mai 2000；*Dame Rome c/ Sagnet et a.*：[2000] Resp. civ. et assur., comm. 270，[2000] JCP G. I, 280, n° 12, obs. G. Viney（右膝盖前十字韧带分段切除）—Civ. 1ère., 18 juill. 2000；*Giroud et a. c/Dame C et a.*：[2000] Resp. civ. et assur., comm., 370：在进行右下颌腺体切除时损伤舌下大神经线及舌头的神经——没有推翻过错推定。

卫生条件[109]。最高法院通过1999年6月29日发布的三份判决裁定，诊所的安全义务被定性为结果之债且只有证明存在外部原因（cause étrangère）才可免除诊所的责任[110]。尽管如此，为了受益于严格责任，受害人应当证明他请求赔偿的损害归因于医院感染[111]。2002年3月4日法律进一步肯定了1999年最高法院指出的原则：在医院感染方面，安全义务为结果之债。可是，该法将此原则只用于由医疗机构承担的无过错责任，而排除了同样从事健康行业的人员：他们则遵守一套基于过错责任的机制。

然而必须重申，仅仅是医疗失误并不足以认定医生的责任[112]；"失误"（erreur）只有变得相当严重才会转变为"过错"（faute）；此外，判决可将行为定性为"不能容忍的失误"（erreur inadmissible）[113]。但是，过错的标准可能各有不同；因此，对于一些医生——

38

---

[109] 参见最高行政法院1999年12月6日第 n° 99-1034号关于在医疗卫生机构中组织防止发生于医院的感染暨修改《公共健康法典》第七卷第一章第一节的法令（第二部分）[Journal officiel de la Republique française (JO) du 11 déc. 1999, 18439]。

《公共健康法典》第R.711-1-1条："各医疗卫生机构自行安排防治发生于医院的感染，包括预防细菌对抗生素的耐药性。为达到效果，各卫生机构自行组织防治发生于医院的感染委员会，配备有力的医院卫生团队，并制定年度行动计划……"

[110] Civ. 1ère, 29 juin 1999; *CPAM de la Seine-Saint-Denis c/Henry et a., F. c/Friquet et a., Aebi c/M.*: [1999] JCP G. II, 10138, rapport P. Sargos, [1999] D., jur. 559, note D. Thouvenin, [1999] Resp. civ. et assur., chron. 20, par H. Groutel, [1999] TRD civ., 841, n° 2, obs. P. Jourdain, [5-6 avr. 2000] Gaz. Pal., 13, chron. S. Hocquet-Berg; [1999] D., somm. 395, obs. J. Penneau; [1999] Méd. et Droit, n° 37, 4, chron. F. Viala（膝盖假体安装手术暂停时发生的金色葡萄球菌感染）—Civ. 1ère, 13 févr. 2001; Methlin [2001] Resp. civ. et assur., comm. 158（膝盖造影术后的感染性关节炎）—CA Pau, 18 mai 2000; Couanon: [2001-01] CJA Pa 36, 123（白内障手术后的全眼球炎）。

[111] Civ. 2ème, 27 mars 2001; [2001] Resp. civ. et assur., comm. 195.

[112] Civ. 1ère, 4 janv. 1974, Bull. civ. I, n°4: erreur de diagnostic. *Contra* CA Paris, 31 oct. 1991 (Juris-data n° 025086) à propos de l'erreur du chirurgien esthétique.

[113] TGI Paris, 19 mars 1974, cité par M. Harrichaud, fasc. 440-5, n°10.

尤其是专科医生而言,毫不犹豫地称之为加强的(renforcée)手段之债[114]。

39   尽管缺少行业规则(manquement aux règles de l'art),一项特别的义务却经历了惊人飞跃。这就是医疗合同附带的告知义务(obligation d'information),另外该义务还可以存在于其他合约中(如销售合同、劳动合同等)[115]。特别是,该义务被加诸于整形外科医生[116]、口腔外科医生[117]或牙齿矫正医生[118];同样,住院机构[119]或药品制造商也负有这一义务。当然,该义务以医生有时间向病人解释为前提,因此紧急情况下不存在告知义务[120]。为了不给医生造成过重负担、不徒劳无功地警示病人,通常认为医生应该告知病人手术或医疗行为可能给他带来的一切严重的风险[121](死亡、伤残、毁形、毁容),即

---

[114] Civ. 1ère, 14 nov. 1966, Bull. civ. I, n°505. 在此,有必要为加强的手段之债做一下附注:这一概念仅存在于以下情况:判例所揭示的必须使用加强的手段之债这一概念的对过错的假设,与减轻的结果之债相对应。

[115] J.-F. Burgelin, L'obligation d'informer le patient, expliquée aux médecins, Rapport de la Cour de cassation pour 1999, [2000] *La documentation française*, p. 71.

[116] Civ. 1ère, 22 sept. 1981, [1982] RTD civ., 152, obs. G. Durry.

[117] CA Pau, 9 nov. 2000; *Mannai*: [2001-01] RCA, Pa. 37, 124.

[118] Civ. 1ère, 22 nov. 1994, [1995] RTD civ., 375, obs. P. Jourdain.

[119] Cass. req., 28 janv. 1942, [1942] D. 63; Civ. 1ère, 14 oct. 1997, *Oubaraou*, Bull. civ. I, n°276; [1997] D., inf. rap., 238; [1998] RTD sanit. et soc., 112, n° 10, obs. M. Harricchaux; [1998] RTD civ., 120, n° 5, obs. P. Jourdain; [4/1998] Dr. et patrimoine, comm. 1921, obs. F. Chabas; [1998] JCP G. I, n° 22, obs. G. Viney; [1999] D., somm. 391, obs. J. Penneau (impossibilité pour la clinique de mettre dans chaque salle d'accouchement des obstétriciens).

[120] Crim., 11 oct. 1998, [1989] JCP éd. G. II, 21358, note A. Norsner-Dolivet. 参见《民法典》第16-3条第2款清晰准确的措辞。

[121] Civ. 1ère, 27 mai 1998, *Sté la Médicale de France et a. c/Cts K. et a*, [1998] Resp. civ. et assur., comm. n°276, [1998] D., jur. 530, note F. Larroche-Gisserot, [1999] RTD civ., 111, n° 1, obs. P. Jourdain, [1998] *Méd. et Droit*, n° 33, 14, chron. P. Sargos.

使在统计上,这些风险几乎可以忽略。[122] 须由医生证明,手术之前[123],医疗信息已经适当提供给受害人,此信息可通过各种方式得到证明,尤其可参考一系列推定[124]。这似乎在"推卸责任",保护医生。出于自己的利益,医生完全可以事先准备证据,以免除日后的一切纠纷。然而,尽管是书面提供的信息,但仍有判例灵活地认定信息不够充分,或不能符合病人及其身体状况的需要[125]。必须明确指出,2002年3月4日法律在很大程度上把法官造法的成果用于立法:在《公共健康法典》第 L. 1111 - 2 条中,立法者将信息限定为"治疗行为包含的、正常情况下可预见的、严重或常见的风险"。在这点上确实有些倒退。而2002年3月4日法律的巨大创新也许要在过错的定义里找到。此后,如果存在医疗过错,则只是技术上的过错。不过,似乎与其把未尽告知义务作为技术过错,倒不如说是道德过错。因此可以认为,告知义务被驱除出民事责任领域,而重新回归违反职业道德的范畴,由行业性司法机关(justice ordinale)予以处罚。

---

[122] Civ. 1ère, 7 oct. 1998, *Mme Castagnet c/Clinique du parc et a.*,[1998] JCP G. II, 10179, concl. J. Sainte-Rose, note P. Sargos,[1998] Resp. civ. et assur., comm. 393, 2ème esp.,[1999] D., jur. 145, note S. Porchy,[1999] RTD civ., 11, n° 1. 最高行政法院也遵循了这一判例,参见 CE, 5 janv. 2000, *APHP et Consorts Telle*,[2000] JCP G. II, 10271, note J. Moreau,[2000] RTD sanit. et soc., 357, chron. L. Dubouis,[2000] Resp. civ. et assur., chron. 17, Ch. Radé. —CE, 17 mai 2000;[2000] JCP G., Actualité 1058.

[123] Civ. 2ème, 25 févr. 1997, *Hédreul*, Bull. civ. I, n°75, D. 1997, somm. 319, obs. J. Penneau—Civ. 2ème, 17 févr. 1998, *UAP c/ Mme Vérité*, Bull. civ. I, n°67,[1998] D., IR. 81,[1998] JCP G. I, n° 20, obs. G. Viney (chirurgien esthétique). —Civ. 1ère, 7 déc. 1999, *L. c. /Neuburger*;[2000] Resp. civ. et assur., comm. 92.

[124] Civ. 1ère, 14 oct. 1997, *Guyomar*,[1997] JCP G. II. 22942, rapp. Sargos. 本案中,患者是医疗中心具有职业资格的化验员,准备做一个腹腔镜检查的手术,这名患者在手术前与其医生面谈了多次,在长时间的思考后决定做这个手术,而在手术前明显地表现出犹豫和焦虑,通过这些表现,可以推断出患者对于该手术可能造成充气型栓塞的固有巨大风险已经得到了充分的告知。

[125] CA Pau, 9 nov. 2000;Mannai;[2001] Resp. civ. et assur., 124.

B. 物之原因事实肇致责任

40　　医生因为使用有缺陷的器材而遭判罚的例子很多：折断的注射器[126]，失常的放射设备[127]，损耗的牙医磨具[128]。医生担负的安全义务是一种结果之债。把它与《民法典》第 1384 条第 1 款做必要的类比，这个结论是合乎逻辑的[129]。

可是，当医疗意外风险回归，这一器材使用的结果之债可能转变为手段之债[130]。

2002 年 3 月 4 日法律仍然带来了一些重要变化，使判例法的构造在很大程度上失效。自此，除了由医疗卫生产品缺陷肇致损害的假设外，医生若无过错，则不再负责，且从逻辑上说，也不用再为行医中使用的物品造成的损害负责；物品不会犯下过错。因此，受害人只能起诉全国赔偿办事处（Office national d'indemnisation）。可是，要注意到，在医疗过错的情况下，医生本人对造成的损害承担责任，即使是因为使用了某个器械而导致损害的，这与传统的解决办法一致。

41　　1998 年 5 月 19 日通过关于产品缺陷责任的法律，引起使用人体提取物（produit d'extraits du corps humain）问题的彻底变革。经过漫长的逡巡后，议会最终选择将人体制品纳入 1998 年 5 月 19 日法律的适用范围（《民法典》第 1386 - 3 条，并由第 1386 - 12 条确定）。这一安排还补充了《民法典》第 1384 条第 1 款；《民法典》第

---

[126] Civ. 1ère, 16 nov. 1965, Bull. civ. I, n°618.
[127] Civ. 1ère, 28 juin 1960, [1960] JCP éd. G. II. 11787, note R. Savatier.
[128] CA Paris, 4 mai 1963, [1963] Gaz. Pal., 2, 260.
[129] Civ. 1ère, 9 nov. 1999, *Mme Morisot c. / Delsart*, [2000] D., jur., 117, note P. Jourdain; [2000] JCP G. II, 10251, note P. Brun, [2000] Méd. et Droit, n° 41, 17, chron. P. Villeneuve, [2000] Resp. civ. et assur., comm. 61.
[130] 因此，如果假器（假牙、假肢等）的制造属于结果之债的范畴，因为它一般不会给患者带来任何特殊风险；那么相反，安装假器并与患者适应却无法完全保证安全；所以，判例通常认为这是手段之债。

1386－18 条允许受害人可以在其他诉讼中选择附带此诉求[131]。

这部法律让缺陷产品的生产者负严格责任。该法律将生产者定义为"专职从事者",诸如"成品制造者,……初级材料制造者,……零部件制造者"(《民法典》第 1386－6 条)。但是,严格责任同样引申为适用于"销售者……出租者……或所有其他专职供应者"(《民法典》第 1386－7 条),这关系到诊所,供应产品的医疗机构,以及挂靠于诊所的自由执业的医生[132]。该法律同样定义了如何正确理解"缺陷":即产品不能提供"人们可以合理地期待的安全"(《民法典》第 1386－4 条)。

那么可能会有问题提出,即通过证明遵守行业规则(règles de l'art)(它们概括地定义了医疗义务的标准)是否可以免责[133]。但是《民法典》第 1386－10 条规定:"生产者可能为缺陷负责,即使产品的制造遵守行业规则或现行规范,或经行政机关授权。"然而,旋即必须注意到,如果这些现行规范具有强制性,那么生产者将免除一切责任(《民法典》第 1386－11 条第 5 项)。

另一个经典问题,关于如今所谓的"发展风险"(risque de développement),也就是产品的瑕疵(vice),而当产品投放市场时,这些瑕疵以当时的技术无法察觉但会影响产品质量[134]。发展风险开创了现行法律引人注目的新起点,而第 1386－12 条第 1 款"当损害是由人体组成部分或人体制品导致的情况下",不得免责。发展风险反而限制了告知义务的范围,因为根据逻辑,判例拒绝将其列入应告

---

[131] 见下文边码 68。
[132] 欧盟法院 2001 年 5 月 10 日一判决即为此种情况。该案中,"根据指令第 7 条 a)款,当在具体的医疗服务供给的场合下,预备人体器官用于移植,而此预备过程导致随后产生的损害",则法院将该器官视为一件有缺陷的产品被投放市场。
[133] 见上文提及的梅西耶案。
[134] C. Larroumet, La notion de risaue de développement, risaue du XXIème siècle, *Les clés pour le siècle*, (2000) p. 1589.

知病人的信息。[135]

C. 对医疗团队成员负责的医生

45 　　《公共健康法典》第 L.1142-1 条第 1 段第 1 款通过证明过错（未另作确切描述）来认定责任（以及责任保险人的权限），而并非必须是机构或执业人员本人（personellement）犯下的过错。2002 年 3 月 4 日法律提出原则，导致责任的侵害事实（fait générateur）应当是有过错的事实，而不是说责任人本人犯有过错，这两者大相径庭。因此，新法不能推翻用来认定"他人行为肇致责任"的有关判例[136]。因此，为了使医疗责任独立自律，侵权责任或合同责任的用语应被抹去。可是，为了表达方便，我们仍然使用这些术语，它们在医疗责任之外仍然有效，可用来描述改革之前的判例。[137]

46 　　主流分析观点是，在病人眼里，外科医生是合同中指定的手术负责人；因此他应该承担自愿参与合同关系的人员所为行为的后果[138]，且即使这些人为诊所职工（虽然他们也是自由执业者）[139]。但是，必须明确指出，虽然麻醉师与患者可以没有合同关系；但根据与病人签订的住院治疗合同（contrat d'hospitalisation），雇佣麻醉师的医疗机构同样必须对该医疗团队所致事故损害负责，但仅限于该机构惯常承担的组织和监督义务的范围内[140]。

47 　　至于领导医疗团队的医生，可视为其他团队成员的雇主，以此

---

[135] Civ. 1ère, 8 avr. 1986, *Affaires Thorens*, [1987] JCP éd. G. II, 20721, note Viala et Viandier（药剂实验室），见边码 39。

[136] P. Jourdain, La responsabilité du fait d'autrui en matière médicale, [2000] *Médecine et droit*, n°40, 15-20.

[137] 必须明确，改革前，医疗责任的性质或属于合同责任，或属于侵权责任。因此受害人必须小心选择他的请求理由，因为根据诉的不可合并原则，不可同时请求侵权赔偿之诉与违约之诉。

[138] Civ. 1ère, 18 oct 1960（chirurgien）: CA Angers, 24 mai 1989, Juris-date n° 045084（妇产科医生）。

[139] Civ. 1ère, 13 mars 2001, [2001] *Clinique de la Roseraie*. JCP G. IV. 1860.

[140] Civ. 1ère, 4 juin 1991, Bull. civ. I, n°185（与一个基金会签订合同）。

身份认定责任。一般来说，医生不该被视为雇员，而1992年3月5日最高法院刑事审判庭认为，从民事角度说，医生可被视为雇主的工作人员[141]。以此为条件，当然不能排除病人可根据《民法典》第1384条第5款起诉医疗团队的领导者；他只需要简单地证明，是工作人员肇致了损害。[142]但是，这个判例显然对医生不利：由于该职业的独立性，他们一贯只对自己的行为负责。这一立场不仅由2000年2月14日冲突法院裁定[143]，最高法院自该日起也提出同样的建议[144]。

关于他人行为肇致责任的一般原则，近些年有所发展，这还迫使思考以《民法典》[145]第1384条第1款为依据、处于职权领导下的成员肇致损害时，诊所或团队领导者所负的责任。判例以个人自律（autonomie）——即术业有专攻（chacun jouit dans l'exercice de son art）——为依据[146]，拒绝由外科医生承担因麻醉师的过错造成的责任。但是，如果我们以为，判例承认将麻醉师作为外科医生的雇工，且负责人（指麻醉师）与应诉人（指外科医生）之间的职权（autorité）关系与隶属关系极为相似，那么上述判例的否决就不那么好理解了。因此几乎可以肯定，一旦最高法院有机会，便会将伯里

---

141 Crim, 5 mars 1992, [1993] JCP éd. G. II. 22013, note F. Chabas, [1993] RTD civ. 137, obs. P. Jourdain：为了填补原有资格的执业者放假期间职位的空缺，红十字会与麻醉师/重症监护医师签订协议——操作的错误造成病人残疾。

142 见第27节。

143 Trib. Conf., 14 févr. 2000, N° 2929, *M. X. c/ Centre hospitalier régional de Nancy et a.*："再者，医生享有被大量一般法律原则所保障的职业独立性，在尊重这一独立性的前提下，患者有权依据合同对医疗机构独立提起诉讼，或在医生行医出现过错时，以侵权责任向医疗机构提起诉讼。""由于其没有采取所有可能的预防措施，诊所麻醉师的行为存在过错，因而根据1965年12月15日的政府通函，他应该承担责任。"[15 mai 2000] Bull. info. Cass. n° 544, n° 584 - 2°.

144 Civ. 1ère, 13 mars 2001；Cliniaue de la Roseraie：[2001] JCP G. IV. 1860.

145 见第25节。

146 CA Pau, 6 nov. 1996, *Cotonnec*, [1997/1] CJA, n° 4317, 108.

克案的判例适用于团队领导,如果证明该领导对麻醉师行使职权的话。

作为责任认定条件的过错确有明显倒退,但它并没有从民事责任的格局中完全消失。倘若民事责任法不再将过错作为责任认定的技术条件,那么决不能放弃把过错作为免责的理由。

(三) 一般法上受害人过错的角色

49 在过错责任的情况下,法官往往根据过错的严重性确定责任的分担[147]。在客观责任上(responsabilité objective),最高法院在德斯玛尔案(Desmares)判例中提出"全有或全无"原则(principe du tout ou rien),选定了一种颇为激进的解决方法[148]:要么受害人的行为(无论是否有过错)表现出不可抗力的特征,从而导致被告完全免责;要么这些行为不具有此特征,则被告要负全责。该判例力求强调交通事故领域立法干预的紧急性。3年之后,该判例被抛弃,为了恢复过去更为衡平(équité)的状态。受害人过错重新成为完全或部分免责的理由[149];而至于其非过错行为,则不受考虑[150]。

50 受害人过错的概念十分重要,因为这可能影响间接受害人的求偿权,也就是说遭受个人的直接、确定且合法的反射性损害(préjudice réfléchi)的人。必须指出,清偿第三人不是间接受害人,他自己不拥有任何诉权,而只有代位权。间接受害人之诉却不要求

---

[147] 但是法官保留了完全的自由,参见 Civ. 2ème, 24 nov. 1999, obs. F. Chabas [Fev. 2000] Dr. et patr., 99.

[148] Civ. 2ème, 21 juillet 1982, D. 1982. 449 et 487, concl. Charbonnier et note Ch. Larroumet., [1982] JCP II 19861 et 19875 et note F. Chabas, [1982] RTD civ. 606, obs. Durry.

[149] Civ. 2ème, 6 avr. 1987, [1987] JCP II. 20828, note F. Chabas, [1987] RTD civ, 767 obs. Huet.

[150] Civ. 2ème, 18 oct. 1995, [mars 1996] Dr. et patr., 91, obs. F. Chabas.

以任何亲属或姻亲关系作为条件。他们其实拥有两种诉权,不可混淆。第一种是继承之诉(action successorale),此诉针对加害人的财产,间接受害人作为直接受害人的代理人,向加害人行使求偿权。另一种谓之个人之诉(action personnel),使得他们可以获得由亲人受伤或死亡带来的间接损失的赔偿;故而我们说,他们是作为"间接受害人"(victimes par ricochet,又可译为"反射性受害人")提起诉讼的。

这些受害人会发现,他们与直接受害人的赔偿按同等比例减少了,这是因为直接受害人的过错也可以用于向间接受害人抗辩[151]。间接受害人的损失只不过是第一受害人所受损害的反射而已,对两类受害人来说,导致损害的起因是一样的。当直接受害人遭受违约所致的损害时,间接受害人是否可以利用一些对自己有利的条款——尤其以安全义务为由——请求赔偿?回答要根据情况区别对待。受害人的近亲属不得以存在安全义务为诉讼依据,例如,要求医生承担责任[152];而这与1932年最高法院有关交通运输合同的判例却大相径庭,难以解释:该判例将近亲属指定为安全义务的受益人,这得益于默示利他条款(stipulation pour autrui tacite)[153]。因此,间接受害人只得根据《民法典》第1382条和第1383条证实医生之过错[154]。但1998年4月28日最高法院第一民事审判庭作出的C夫人诉波尔多地区血液输送中心(CRTS de Bordeaux)案判决后[155],判例认为间接受

---

[151] Ass. Plén. 19 juin 1981,[1981] D. 641 note Ch. Larroumet,[1982] D. 85, concl. Cabannes et note F. Chabas,[1982] JCP II. 19712 以及根据1985年7月5日关于交通事故受害者的法律第6条所做的 Ponsard. Solution 报告。

[152] Civ. 1ère, 1er avr. 1968,[1968] JCP éd. G. II, 15547, note Rabut.

[153] Civ. 6 déc. 1932, DP 1933. 1. 137, note Josserand,[1934] S. 1. 81, note P. Esmein.

[154] Civ. 1ère, 29 nov. 1989, Juris-data n°004067.

[155] Civ. 1ère, 28 avr. 1998, Cts Cappus c/CRTS de Bordeaux,[1998] JCP G. II. 10088, rapp. P. Sargos,[2 juillet 1998] Petites affiches n°53, 10,[13 janv. 1999], n°9 du, 17, note E. Fouassier.

害人可以援引在合同履行中债务人肇致的物之原因事实责任：这是自 1995 年起才出现的责任[156]。因为间接受害人并非医疗合同的缔约方，所以此诉并不基于《民法典》第 1147 条，而基于第 1384 条第 1 款。然而，间接受害人仍然可以依据《民法典》第 1382 条与第 1383 条，并出于己方利益，还可援引医疗合同的履行瑕疵（inexécution défectueuse）以及医生或诊所过错作为诉讼依据[157]。在 2001 年 2 月 13 日的判决中，最高法院第二民事审判庭又根据缔约病患的权利调整了医疗合同第三人的权利，通过《民法典》第 1165 条与第 1382 条，确认："当合同债务人玩忽懈怠致使合同第三人损害时，合同第三人有权援引其一切失职行为作为诉讼依据，而无需引证其他证据。"[158]

（四）特别制度

我们将研究事故赔偿的两大主要制度：关于公路交通事故的 1985 年 7 月 5 日法律和有关劳动事故的《社会保障法典》第四卷。

1. 对公路交通事故受害人的赔偿

分析赔偿制度之前最好先明确法律适用的条件。

（1）适用条件

1985 年 7 月 5 日法律设置了一套仅适用于特定条件的复杂体系。受害人必须在公路交通事故中遭受装有引擎的陆上交通工具肇致的

---

[156] Civ. 1ère, 17 janv. 1995, [1995] D. jur. 360, note P. Jourdain, [1996] D. somm. 16, obs. G. Paisant, [1996] JCP G. I, 3944, n°6, obs. G. Viney.

[157] Civ. 1ère, 18 juill. 2000, [2000] D., IR 217（患者没有得到足够的监视而使其得以成功地点燃了她的床）。

[158] Civ. 1ère, 13 févr. 2001, *Le Manhec*, [2001] D., somm. 2234, obs. P. Jourdain（医疗卫生机构对血液产品应付的作为结果之债的保护责任）。

损害。法律并未区分是否存在运输合同[159]。公路交通事故的概念归纳了几种条件,有些并没有造成什么难题,从而排除了借助车辆故意肇致的损害[160]。同样,事故应发生在车辆移动时,这也不构成难题。

这部法律的适用条件却很广。故而机动车交通的地点指所有公共交通道路、停靠站点[161]以及所有私用交通道路[162],而排除了私用停靠站点。之后,假设在一起多个车辆牵连其中的复杂事故情况下,判例认为这仅涉及一起事故,从而为受害人提供尽可能多的债务人[163]。后一假设最为重要,因为仅仅因车辆与事故有所牵连便可令驾车者的保险人成为债务人。法益在于,所有牵连于事故中的车辆都会指定保险人,而保险人将赔偿受害人及车辆,即使该车——并没有在事故中造成损害。[164] 但是,判例添加了一个违背法律(contra legem)的额外条件,要求车辆不仅牵连于事故,还要牵连于损害[165]。

---

[159] Certains arrêts retiennent le fondement contractuel au non du principe du non-cumul des responsabilités par ex: CA Bordeaux, 14 déc. 1999: [2000] Resp. civ. et assur., comm. 74, obs. H. Groutel.

[160] Civ. 2 ème, 15 mars 2001: *Cie Axa assurance et UGN*: [2001] Resp. civ. et assur., comm. 186, 2 esp., obs. H. Groutel: 机动车自动起火;火灾蔓延至另一辆机动车。

[161] 例如:由一辆在省道上作业的割灌机导致的事故(Civ. 2ème, 17 déc. 1997, [1998] JCP G. . IV, 1346)。

[162] 例如:房屋楼群之间的私有道路(CA Paris, 14 févr. 1986, [1986] Gaz. Pal., 1, 304, obs. F. Chabas), ou encore accident dans un champ impliquant un girobroyeur (Civ. 2ème, 31 mars 1993, B131)。

[163] Civ. 2ème, 24 juin 1998, *Leclerc et a. c/Mutuelle du mans et a*, Resp. civ. et assur. 1998, chron. n°19, par H. Groutel, [1998] JCP G. IV, 197, n°35, dos. G. Viney, [1998] RTD, civ., 922, n°8, obs. P. Jourdain. —Civ. 2ème, 24 févr. 2000; *Cie Groupama Rhônes-Alpes c/Epoux Renard et a.*, [7 sept. 2000] Petites affiches, p. 12, note M. Leroy. —Civ. 2ème, 12 oct. 2000, [2001] Resp. Civ. et assur., comm. 16, obs. H. Groutel. —Civ. 2ème, 11 janv. 2001, *Urbaine de travaux et a. c/Norwitch Union INS SO*, [2001] Resp. civ. et assur., comm. 81, obs. H. Groutel.

[164] 紧接着便可转而在损害发生时就起诉车辆的保险人。

[165] Civ. 2ème, 28 juin 1989, [1989] Gaz. Pal., I, 898, obs. F. Chabas, [1990] JCP éd. G. II, 21508, obs. J.-C. Montanier, [1990] RTD civ., 94, obs. P. Jourdain, [1989] Resp. civ. et assur., n°304, obs. H. Groutel.

然而，即使受害人承担举证风险，他仍然享有对己有利的制度。牵连的概念实际上只要求证明具体参与（participation matérielle），而不须证明因何种责任肇致了事故[166]。此外，如果受害人须证明其所受损害是公路交通事故导致的，那么他将得到事故损害归责推定（présomption d'imputabilité du dommage à l'accident）规则的眷顾。可是，该推定只有当损害与事故同时发生时才能运用。否则受害人就需引用证据，而判例在此灵活运用了等价条件理论（théorie de l'équivalence des conditions）。

54　难题之一也许在于证明车辆牵连于损害，而仍是创立上述额外条件的判例设置了推定：所有牵连于事故的车辆同样牵连于损害；不论如何，这一条件为车辆驾驶者或保管者提供了新的辩护手段，他们可以证明其车辆并未肇致损害。这一辩护手段原则上本应仅限于共同加害人之间的追偿，而如今亦可用于对受害人抗辩。

55　这部法律与物之原因事实肇致责任决裂，为某些出自一般法的概念留下一席之地。这样，立法者保留了保管者（gardien）的概念，视同驾驶者。一般而言，保管者就是所有者，但所有者未必是保管者[167]，还必须进行实际保管（une garde effective），即使用、管理、控制。同理，在车辆被盗的情况下，盗窃者便成为保管者，但却由所有者的保险人对受害人理赔[168]。保管者的定义意味着雇员不能被视为保管者；与一般法一致，他的雇主才是保管者[169]。

必须阐明，判例要求事故中除受害人驾驶的车辆外，至少还得

---

[166] Civ. 2ème, 25 janv. 2001："受害人由于出现在机动车里而导致受伤"，足以构成与事故之间的牵连关系。与此相反的，Civ. 2ème, 18 mars 1999, [1999] Resp. civ. et assur., n° 173："仅仅是车辆出现在交通道上，不足以构成其与事故之间的牵连关系。"
[167] Civ. 2ème, 24 juin 1999, [1999] Resp. civ. et assur., comm. 292, 1ère esp.
[168] 《保险法法典》第 L. 211-11 条。
[169] Civ. 27 avril 1929, [1929] DP 1.129, note Ripert, plus récemment Civ 2ème, ler avril 1998, [1998] RTD civ. 914, obs. J. Mestre.

再牵连一辆车。其实如果为赔偿仅在事故中受牵连的车辆的驾驶者，不适用1985年法律。[170] 恰恰相反，如果驾驶者不是车辆的保管者，才可适用本法。[171]

（2）索赔权的条件

本法区分了两种受害人：驾车受害人（对他们保护程度很弱）和非驾车受害人（对他们的保护更为有效）。驾车受害人的概念就是事故发生时操纵机器的方向盘或操纵杆的人，这没有什么问题。但若驾驶者被弹出车外，判例通常认为弹射使其丧失了驾驶者的资格。然而这还是一个非常重要的事实问题，因为这一定性决定了赔偿制度。

对于驾车受害人，本法第4条规定可按一般法条件上的较轻过错为由作出抗辩。这涉及有过错的驾车受害人对受牵连但无过错驾驶人之诉[172]，每个驾驶者都必须赔偿其他受害人所受之损害；因此原则上没有必要排除有过错驾车受害人之诉。但是当对于其他驾驶者来说，驾车受害人之过错表现出不可预见且无法抗拒的特征时，基层法官最终判断是否可以减免有过错驾车受害人所犯之过错，甚至

---

[170] Civ. 2ème, 19 nov. 1986, [1987] Gaz. Pal., 1, 140, note F. Chabas. -Grim., 29 juin 1999；[2000] JCP G. II, 10290, note S. Abravanel-Jolly, [2000] Resp. civ. et assur., 131, n° 7, obs. P. Jourdain.

[171] Civ. 2ème, 2 juill. 1997, *Bretèche*, [1997] D., jur., 448, note H. Groutel— [1997] RTD civ., 959, n° 9, obs. P. Jourdain；[1998] D., somm. p. 203, obs, D. Mazeaud.—Civ. 2ème, 28 janv. 1998, *CPAM de Laons* [1998] Resp. civ. et assur., comm. 118, obs. H. Groutel. —Civ. 2ème, 10 juin 1998, *Morela* [1999] RTD civ., 123, n° 8, obs. P. Jourdain（保管人引起的机动车物质损失）—Civ. 2ème, 10 juin 1999；*Cohen c/Ville de Paris* [1999] Resp. civ. et assur., comm. 291（受害人驾驶员无个人过错）。

[172] Chbre. mixte, 28 mars 1997, *de Meyer* [1997] D., jur., 294, note H. Groutel, [1997] JCP, éd. G., n°24, obs. G. Viney, [1997] D., somm., 291, n°8, obs. D. Mazeaud, [1997] RTD civ., 681, n°11, obs. P. Jourdain, [1997] Resp. civ. et assur., chron. n° 22, par H. Groutel, [9–13 mai 1997] Gaz. Pal., 3, note J. Appietto, [3 et 4 oct. 1997] Gaz. Pal., 22 obs. F. Chabas., [2001] Resp. civ. et assur. chron. n°2 par F. Leduc.

免除其一切赔偿[173]。

除了这一假设，驾车受害人不得以不可抗力或第三人行为（本法第 2 条）进行抗辩。必须强调，排除不可抗力这点很值得注意，因为原则上说，它从未被法律排除在外，即使在责任推定的情况下：这正表明我们处于担保（*garantie*）的逻辑下。

58　　至于非驾车受害人，需要区分普通受害人和格外易受伤害的受害人（victime particulièrement vulnérable）。

对于第一种受害人，除非存在"不可原谅之过错，损害之独有原因"[174]（"*faute inexcusable, cause exclusive du dommage*"）外，应获得人身伤害赔偿。需要明确，这些条件是累加的（cumulative）。判例对这些条件的概念作出非常严格的限制，"只有受害人本应意识到危险、却没有正当理由而肇致的、特别严重的故意过错才是不可原谅之过错。"[175] 这个定义如此严格，以致我们自问保持这个免责条件的必要性。

对于第二种受害人，本法授予其几乎不可归责的特权，因为对于年龄低于 16 岁、长于 70 岁以及被认为残疾比率（taux d'incapacité）高于或等于 80% 的人，不能以"不可原谅之过错"为理由，而只能以故意追求损害结果作为抗辩理由[176]。这似乎仅限于自杀[177]或保险欺诈的假设。

59　　对受害人之近亲属的赔偿由本法第 6 条予以规定。他们适用与主受害人（victime principale）一样的限制或例外；同样，年龄高于

173　Civ. 2ème, 12 oct 2000；Cts E., [2000] Resp. civ. et assur., comm. 364.
174　1985 年法律第 3 条。
175　Civ. 2ème, 20 juill. 1987 (10 arrêts).
176　1985 年法律第 3 条第 2 款。
177　Civ. 2ème, 24 févr. 1988, Bull. civ. II, n° 49—Civ. 2ème, 21 juill. 1992, Bull. civ. II, n° 218, [1993] D., somm. 212, obs. J. -L. Aubert—Civ. 2ème 31 mai 2000, *Damme Ducollet c/Bette et a*；[2000] Resp. civ. et assur., comm. 260（受害人头天晚上企图自杀，她自己走向正在行驶的汽车，并看着汽车直到碰撞的发生）。

70 岁的主受害人的间接受害人将获得与老年人一样的赔偿,尽管他不能获得与主受害人同等的保护。但当间接受害人肇致损害时(例如主受害人所乘车辆的驾驶者也受了伤),可以以他自己的过错进行抗辩。

2. 对劳动事故受害人的赔偿

对劳动事故受害人的赔偿诞生于 1898 年 4 月 9 日法律,这是针对当时劳动事故不断攀升作出应对的立法。

受害人应该仅限于由企业保险金提供的赔偿,且从 1946 年起,由社会保障机构取代。受害人不能援引民事责任之一般法以获取补充赔偿(《社会保障法典》第 L. 451-1 条)。一般法之救济只有在个别情形下才可例外地被允许:上下班途中遭遇事故(《社会保障法典》第 L. 411-2 条),因职交通事故(《社会保障法典》第 L. 411-1-1 条),或当损害是由企业雇主或其雇员之一的故意过错肇致的情况,以及最后,第三人(企业外部人士)是损害之共同加害人(《社会保障法典》第 L. 454-1 条)的情况。此外,假若侵害行为具有刑事违法的实质特征,受害人有权向恐怖行动及其他犯罪受害人保险救助基金(F. G. V. A. T.)请求赔偿[178]。

社会保障机构受委托负责管理,通过企业雇主缴费筹措资金。在因工损害(dommage d'origines professionnelles)方面,收缴费用根据企业资产负债表浮动,而且若企业雇主或其代职者犯有不可原谅之过错时,这个价格可能提高。社会保障金管理机构可以向有故意过错的加害人追讨已向企业雇主支付的全部款项,并要求返还已向所有与事故或疾病有关的第三人支付的费用。

该制度仅适用于劳动事故受害人,即所有与劳动给付行为相关

---

[178] Civ. 2ème, 18 juin 1997, [1997] Resp. civ. et assur., chron. n°21, par H. Groutel; Civ. 2ème, 24 juin 1999, [1999] Resp. civ. et assur., n°293, [2000] Resp. civ. et assur., chron. n°15.

的突发事件的受害人。这不仅涉及工作地点发生的事故，还涉及工作差旅途中发生的事故，即"出差事故"（"accidents de mission"），以及前往工作地点或从工作地点出发路途中发生的事故，又称"上下班路途事故"（"accident de trajet"）。同样的制度还适用于职业病，也就是职业活动中慢性形成的疾病，由一份法定明细表作出描述或经疾病保险金一级管理机构（caisse primaire d'assurance maladie）于1993年成立的委员会鉴定（至少25%的伤残度）。

63　　证据制度对受害人颇为有利，因为如果由他们负责证明损害是由职业造成的，那么在某些情况下他们享有职业起因之推定（présomption d'origine professionnelle）[179]。当损害突发于履行劳动过程中或劳动地点，就可推定为因工致损。然而，此推定可能被社保管理机构推翻，因为它可请求专家作出相反证明。如果推定不能成立，或者被保险金管理机构推翻，那么受害人还可以通过各种手段进一步证明因果关系。

64　　对于劳动事故，如果社会保障金承担全部医疗费用，那么丧失劳动能力只能根据已知伤残比率确定的定额（forfaitaire）评估[180]。但是诸如肉体痛楚（*pretium doloris*）或精神损失等人身伤害则不予考虑。同样，如果受害人不能从一般法获得救济，那么他亦无权请求赔偿人身伤害。[181]

还须加上一条，若仅是职工的简单过错（faute simple）对他的求偿权不会有任何影响；相反，若他犯有不可原谅之过错就可能导致减少年金的发放[182]，而犯有故意过错则会被完全剥夺年金[183]。还须说明的是，不论如何，医疗费总是由社会保障金承担。

---

[179] Civ., 17 fév. 1902, [1902] DP 1.273, note L. S.
[180] 低于50%伤残比率的百分比 = × 0.5，高于50%的百分比 = ×1.5。
[181] 见边码60。
[182] 《社会保障法典》第 L.453-1 条第 2 款。
[183] 《社会保障法典》第 L.453-1 条第 1 款。

3. 特别制度与一般法之衔接

关于病人权利的 2002 年 3 月 4 日法律采取了明确立场，在赔偿的实质内容上，除保留了医疗意外风险（aléa thérapeutique）的假设外，剩下的均属于过错责任的范围。但也不是完全如此切分，现代研究进路导致出现一种"选择法律"（shopping law）的情形，受害人完全可以选择自卫武器和专门的保护性制度，而法国法律在此仍然犹豫不决。

（1）公路交通事故与一般法

1985 年法律规定应由受事故牵连的车辆保险人负责赔偿。保险人应当在事故发生后 8 个月内向受害人提供赔偿的报价（或根据间接受害人的赔偿请求提供报价；《保险法典》第 L. 211 - 9 条）。如果创伤尚未愈合，这次报价可能只是临时的；最终报价要在创伤愈合后 5 个月内向受害人提出。受害人可以接受保险人所报的价位，或者也可以启动诉讼程序。

如果无法辨认车辆或驾驶者未投保，甚至保险人无支付能力，面对这些情况，本法设置了机动车保险救助基金（FGA）（《保险法典》第 L. 421 - 1 条及后），由各保险人和从保险合同中提取税款提供资金。在上述情况下由该基金负责对受害人先行赔付，而后重新充实相应金额的资金。

关于共同加害人之间的追偿，判例经历了混沌无序的发展，排除了依据 1985 年 7 月 5 日法律进行追偿的可能。这似乎备受批判，因为受害人权利中的代位制要求这些权利须以该法第 1 条至第 6 条为基础[184]。

追索之诉（action récursoire）的制度沿袭了一般法。有过错的共同致害人（co-impliqués fautif）根据各自过错按比例决定责任分担，而无过错的共同致害人则平均分担责任。有过错的共同加害人不可能向无过错的共同加害人追偿，而有牵连关系的无过错驾驶人却可以向有过错加害人请求全部追偿。但是，追偿不能造成间接剥夺受害人的全部赔偿所得，因此如果有共同牵连关系的驾驶人与受害人为同一家庭成员，判例禁止向该驾驶人追偿。只有当受害亲属为被保险人时，追偿才重新成为可能：逻辑上说，家庭成员之豁免权不该使保险人受益。

(2) 劳动事故与一般法

67　　对劳动事故之赔偿制度的研究表明，尽管出于好意，特别制度却很有可能在受害人之间创造新的等级。有些受害人有权请求对其损失作出全部赔偿，而有些受害人则只能请求部分赔偿。因此，如今政府考虑改革劳动事故赔偿制度，使受害人间重归平等，并获得所受损失的充分赔偿。

(3) 缺陷产品与一般法

68　　因产品缺陷致损的受害人既可以根据1998年5月19日法律[185]的特殊原理起诉，亦可以根据特殊合同原理（销售法、消费法），或根据一般合同原理（合同责任），甚至在没有合同的情况下根据侵权原理进行维权。[186]

---

[184] Civ. 2ème, 14 janv. 1998, *Sté Elvai et autres c/ Groupe Azur et autres*, [1998] D. 174 note critique H. Groutel, [1998] JCP G. II, 10045, note P. Jourdain, [1998] RTD civ., 393, n°7, obs. P. Jourdain.—Civ. 2ème, 18 mars 1998, *MATMUT c/Federici*: Bull. civ. II, n°86.—Civ. 2ème, 29 avr. 1998, *Cie nationale Suisse et ass. c/MACIF*: Bull. civ. II, n° 128.—Civ. 2ème, 1er avr. 1999, *Compagnie d'assurance l'équité c/Dubost*: [2000] Resp. civ. et assur., comm. 214, obs. H. Groutel.
[185] 此法现为《民法典》第1386 – 1条至第1386 – 18条。
[186] 受害人的选择权由《民法典》第1386 – 18条保障。

(4) 赔偿基金与一般法

2000 年 12 月 23 日法律设立了石棉受害人赔偿基金[187]，1991 年 12 月 31 日法律设立了输血所致艾滋病病毒感染者赔偿基金，而这两部法律都不要求受害人起诉基金会[188]。受害人可以出于个人原因或根据恰当时机，直接起诉责任人。

然而可能出现另一个难题。一些受害人在接受基金会提供的赔偿之后，也许还希望诉诸法律以获得进一步赔偿。但是可能直接遇到一个问题：若一名艾滋病血清检验呈阳性的受害人在 1991 年 12 月 31 日法律通过之前就已经展开诉讼，尽管基金会支付其赔偿金，他仍然不愿撤回起诉。

欧洲人权法院（CEDH）曾判处法国违反《欧洲人权公约》，因为 1991 年 12 月 31 日法律模糊不清、坚信涉诉人仅从一般法便能获得强有力的救济[189]。

之后，最高法院确认一般法律[190]救济之合法性，但只要受害人证

---

[187] 第 2000 - 1257 号法律第 53 条。
[188] 《公共健康法典》第 L. 3122 - 1 条至第 L. 3122 - 6 条。
[189] CEDH, 4 déc. 1995, *Bellet c/France*, [1996] JCP éd. G. II, 22648, note M. Harichaux, [1996] JCP éd. G. I. 3910, n°21, obs. F. Sudre, [1996] D., jur., 357, note critique M. Collin-Demumieux, [1996] Resp. civ. et assur., chron., n°6, par H. Groutel, [1997] D., somm., 205, obs. S. Perez. 本案中，欧洲人权法院认为所涉及的法律条款违背了《欧盟保障人权和基本权利条约》（即《欧洲人权公约》）第 6 条第 1 节的规定，认为"任何人均有权提起诉讼，即在法庭上，其诉求得到聆听，并最终由该法庭对民事权利义务的争端做出决断"。根据欧洲人权法院的观点，这一条保障了公民在司法机构以获得确实有效的审判的权利（判决第 36 段）。由于在诉讼合并问题上的含糊不清，法国被判处向贝雷先生支付损害赔偿金 1,000,000 法郎（152,449.02 欧元）以及诉讼费用 50,000 法郎（7,622.45 欧元）。
[190] Civ. 1ère, 9 juillet 1996：" 上诉法院推定该诉讼具有可受理性，而在法庭上受害人的损失已经通过基金的补偿金得到了全面的赔付这一事实并没有得到引证。"

明除了基金会对传染这一特殊损害已作的赔偿外的其他损失情况[191]。我们因此认为,这些疾病的损害后果包括诸如导致职业能力受影响甚至丧失就业机会等。

71 然而必须指出的是,一般法上的救济只可能适用于 1994 年 1 月 26 日判决之前接受的赔偿报价。事实上,该日期之后受害人被假定不会不知道,接受基金提供的报价后则不能再向一般法寻求任何救济。

法国法由于其异质性(hétérogénéité)显得有些复杂,却因其受害人导向的逻辑(logique victimologiste)而颇为慷慨。如此的慷慨是否同样具体存在于真正所谓的人身伤害赔偿中呢?

(五)人身伤害赔偿

72 很不幸,受害人这个术语经常被使用复数。其实,为了准确衡量人身伤害的影响,必须既考虑直接受害人的处境,又考虑间接受害人的状况。

1. 对直接受害人的赔偿

必须区分经济损失和非经济损失。前者由财产损耗(pertes subies)和收益损失(gains manqués)构成。

73 财产损耗包括全部医疗开支,也就是直至清偿日(jour du règlement)之前的费用,以及将来需支付的确定且可预见的费用。后者将提前确定本金数字,以便日后一次性缴付;这包括责任人的保险人尚需支付的事故损失预付金(provision de sinistre)。还须补充

---

[191] 感染的特殊损害被定义为:"包括身体和精神在内的全部具有人身性质的损害以及损害所导致的寿命的缩短,社会、家庭及性生活的紊乱,痛苦和恐惧,美感和生活舒适度的减损以及任何在疾病被宣告后可能接连出现的疾病"(Civ. 2ème, 2 avril 1996, Bull. civ. I, n°88)。参见 F. Chabas, la notion de préjudice de contamination [1998], Resp. civ. et assur. n°5 bis, 20 – 23.

说明，这项开支格外沉重，重症监护病房一天的住院费就高达1525欧元。这项开支由社会保障机构支付，然后它将代位行使受害人的权利[192]。假设社会保障机构拒绝承担某项开支，例如认为安装某处人造器官*是多余的，那么就该由受害人来起诉责任人的保险人。

对于重大残疾所承担的开支（功能缺陷比率高于80%），慰藉性材料（palliatif matériel）（例如自动化技术）则不由社会保障机构承担。而慰藉性人工服务（第三人辅助）却可能以通过提高伤残抚恤金的方式获得社会保障金的支付，但条件极为严格。只有在残疾人能回自己家生活的情况下，才会考虑上述情况。如果只是在医院暂住一段时间，费用则由社会保障机构支付。

收益损失既表现为自损害发生起至清偿日之间损失的收入，还表现为未来收入的损失。实际收入的损失可以根据"暂时完全丧失能力"的概念（上文已作解释）进行评估[193]。如果涉及一名工薪劳动者，企业雇主若已支付无对价的工资（salaire sans contrepartie），便有权进行代位追偿[194]。如果涉及一名独立劳动者，赔偿将基于扣除日常支出后的营业额计算。

若受害人根据费率表[195]获得赔偿，未来收入的损失则按"永久部分丧失能力"的分值计算，而原则上这只适用于劳动事故的情形[196]。对于一般法上的受害人，收入的损失根据职业影响鉴定（évaluation de l'incidence professionnelle）或通过机会丧失理论迂回地获得补偿。此类赔偿要按具体情况（in concreto）加以实现，须符合全面赔偿的原则。因此倘若所受损害没有对受害人的职业前途造成

---

[192] 见上文边码15。
* 假牙、假肢等。——译者注
[193] 见上文边码4。
[194] 见上文边码29。
[195] 见上文边码6。
[196] 同上。

任何后果，赔偿总额可能为零；但若受害人最终丧失重新劳动的能力，与之相反，将获得巨额赔款。

需要补充的是，没有职业活动不排除对失去的期待利益进行赔偿。如果我们从家庭妇女的处境出发，她通过家务劳动致力于家庭的富足。因此考虑予以赔偿是合乎逻辑的。这里仍然需要视具体情况而定，例如要参考家政助手的费用。同样，一名妇女将孩子养育成人之后，本欲重新参加工作，却不得不妥协了原有计划，亦可以请求全面赔偿其损失。

评估未成年人的经济损失则更为棘手。如果该未成年人暂时丧失能力，不得不复读一学年，就有可能获得赔偿（根据年级，一学年3800欧元至6100欧元不等）。这由法官裁量做出评估。如果丧失能力被认定为永久性的，那么须对丧失劳动能力作抽象（in abstracto）评估，确定损害结果。

非经济损失包括暂时损失和最终损失（préjudice définitif）。

创伤性暂时丧失能力通常会获得自主赔偿（indemnisation autonome），但更为常见的是，它被"暂时完全丧失能力"所吸收。所忍受的痛苦——不论是身体上的还是精神上的——均需考虑在内。这涉及已承受疼痛，也关及现时的和未来的痛苦（例如迁延性神经症）。肉体痛楚（pretium doloris）按照1至7级进行鉴定，（腿部开放性骨折并致使若干次手术，可能被评定为7级中的第5级，等于15,300欧元）。

永久伤害由娱乐功能伤害（préjudice fonctionnel d'agrément）（对于一位40岁的男人，站立变得异常困难：约为12,200欧元），性伤害，青春损失以及美感损害等构成。后者作为肉体痛楚（pretium doloris）按1至7级进行评定（差额从3,000欧元至30,500欧元不等）。

还需指出，此类赔偿有时被"永久部分丧失能力"（IPP）埋没。因此，可以提高一名年轻人"永久部分丧失能力"的分值，以求赔偿其青春损失。

2. 间接受害人的损失

不存在间接受害人的清单。判例已经发布有关损害的四项标准，以便限定近亲属的范围。故而，损害应当是个人的、直接的、确定的以及合法的（licite）。前面已经研究了损害的个人性特征（caractère personnel），而直接性特征实际上不过反映了传统的直接因果关系的要求。后面这个标准允许，例如，若债务人消失即排除债权人的请求。其实，判例却认为损害是间接的。损害的确定性特征可以证实直接受害人与间接受害人关系的相邻性（proximité）。故同居者必须证明其关系的稳定性。最后，损害的合法性特征使请求符合道德。由于这一要求，长期以来，判例均驳回与直接受害人有通奸关系的间接受害人提出的请求。但是，自1972年起，最高法院准许了有些请求，允许受骗的妻子及死者的情人能够在庭审中交叉质询（croiser）[197]。

一切都如同直接受害人，间接受害人可能遭受了经济损失或非经济损失。

经济损失包括财产损耗（pertes subies）和收益损失（gains manqués）。财产损耗包括已罗列的全部费用开支：交通费（在离家较远的地方住院的情况下），调职（mutation）产生的支出以及丧葬费……

收益的损失包括失去已故受害人的收入，同样还有间接受害人自己的收入损失。损失的已故受害人收入按以下方法计算：

假设死者年收入为100,000欧元，其在世配偶收入为60,000欧元。则家庭收入为160,000欧元。判例按照定额方法扣减此数额的

---

[197] Crim., 20 avril 1972, [1972] D., somm. 129.

15%，代表该死者个人消费。判例以定额的形式，给予孀居者现存家庭收入的 60%，即 81,600 欧元。那么，损失的收入为 21,600 欧元。之后，这项收入损失被确定为本金[198]，亦可以终身年金（rente viagère）的形式发放。此算法基于死者去世之日的情况。即使将来在世配偶可能再婚或薪酬提高，亦不得重新计算。在合同条款的框架内支付的款项——例如死亡保险合同——亦不在考虑之内。

对于未成年子女的经济损失，适用类似的计算方法。如果只是根据家庭总收入，未成年子女通常仅被配予 15% 而不是像在世配偶那样获得 60%。如果有多个未成年子女，每人获得 15% 的份额，但以不超过 85% 为限（死者的个人消费被作价为 15% 包括在内）。因此可以看到，孀居配偶实际获得的份额低于理论上的 60%。还须补充完整，赔偿金若以年金形式发放，则直至子女成年或学业完成之时。

间接受害人自己的收入损失同样也要进行补偿。如果妻子为了照顾残疾丈夫而离职，她将以此为由获得对其损失收入的赔偿。

为分析非经济损失，必须区分对待直接受害人死亡和幸存这两种假设。在死亡的情况下，间接受害人可以请求赔偿情感伤害（réparation du préjudice d'affection）。拨给数额根据共同居住（cohabitation）的亲密程度变化。例如住在家里的子女会收到多于独自居住的成年子女的赔偿；通常拨给在世配偶的数额为 12,200 欧元，在世子女为 7,600 欧元，而死去子女的父母则获得 10,700 欧元。

假设直接受害人幸存，其家属可以请求赔偿陪同损失（réparation du préjudice d'accompagnement）。法官会兼顾情节，共同生活（communauté de vie）的密切程度。平均而言，配偶获得 7,600 欧元，但如果情节格外悲痛，这个数额可能得到很大提高，例如艾

---

[198] 见案例 3。

滋病病毒受害人获得 23,000 欧元。

二、案例

以下列举的金额全都是象征性的。由于可根据现有费率表，法官不需要另做计算便可得出金额。学习判例并查阅最常用的费率表能使读者了解分配给受害人赔偿款的数量等级（ordre de grandeur）。

（一）案例 1

1. P 的求偿权问题

P 为公路交通事故受害者。因此他应该根据 1985 年 7 月 5 日法律进行诉讼。P 是普通非驾驶受害人，也就是说他年龄介于 16 岁至 60 岁，伤残比率鉴定为低于 80%（1985 年 7 月 5 日法律，第 3 条第 2 款）。只有受害人犯有"不可原谅之过错，损害之独有原因"或故意过错，才可以排除人身伤害之求偿权（第 3 条第 1 款）。这里，P 没有任何过错，因此有权请求车辆保险人全面赔偿其人身伤害及物质损失。P 应该起诉驾驶人，即第二被告（D2），除非第二被告是第一被告（D1）的雇员。其实，在这个假设情形下，第一被告仍是车辆的保管人[199]。

2. 损失之评估

经济损失（向清偿第三人追偿的赔偿金）：

医疗费用及类似费用，包括过去、现在及将来的费用，如有必要请第三人进行护理的经费，轮椅及续租费以及与丧失生活自理能力相关的费用（社会保障机构承担全部或部分开支。剩余部分可能由补充保险支付，如果没有补充保险，则由责任人的保险人支付差额）。

---

[199] 见上文边码 55。

82　　暂时丧失劳动能力（ITT）：无任何关于暂时丧失劳动能力期间的要件。

83　　永久部分丧失能力（IPP）：指生理学上的丧失能力。评估分值[200]可达 3,811.23 欧元，伤残比率为 70%，总额高达 266,785.78 欧元。

84　　对职业的影响（retentissement professionnel），若缺乏客观资料（工资或营业额），我们可以根据平均净工资 259.59 欧元推算。假设职业发生率（incidence profesionnelle）（如劳动市场贬值）为 60%，这导致一年损失 8,634.71 欧元。如果我们将该损失确定为本金，按法郎为利息，则为 19.887 法郎（3.03 欧元）[201]，则总额为 171,718.57 欧元。

85　　机会丧失[202]：受害人是否无法继续医疗行业，不应以受害人年龄和由此引出的极低概率的观点出发进行考量。故此处缺少损失的确定性特征。

　　人身伤害（不向清偿第三人追偿）

86　　肉体痛楚（pretium doloris）22,867.35 欧元

　　美感损害（préjudice esthétique）尤为重要：30,489.80 欧元

　　娱乐伤害（préjudice d'agrément）：无法再踢足球，情感生活及性生活受阻，30,489.80 欧元

　　可能的青春损失（préjudice juvénile）：30,489.80 欧元，而原则上，在永久部分丧失能力（IPP）的提高分值中已经考虑到受害人年龄较为年轻。

3. 近亲属的损失

87　　父母、兄弟姐妹（如果有的话），甚至祖父母可以请求赔偿事故间接引起的损失。

200　源数据：2001 年阿奎坦判例集。（Cahiers de la jurisprudence d'aquitqaine）
201　源数据：用于计算税收总管部门制定的财产税的税收费率表。
202　见上文边码 32。

以经济损失为名，赔偿所有损耗的既有财产（交通费、住宿费……）以及全部的收益损失（损失的工资）。

由于上文提及的理由，儿子获得高薪工作的机会的丧失不予考虑。

至于精神损失，近亲属可以获得被称为陪同损失的赔偿（réparation du préjudice d'accompagnement）。我们可以将这个由父母所得的金额估价为 15,244.90 欧元，而给兄弟姐妹及祖父母的赔款则更少些。

在受害人为未成年人的范围内，其父母以代理人身份行使诉权。

（二）案例 2

1. 最好区分几种假设情况：

如果涉及一家公共医院：

医院行政责任覆盖医院医生在医疗活动中所犯过错的责任[203]。医生的过错被定性为服务过错。受害人因此可以起诉医院，除非假设医生的过错与服务无关，那么普通司法法院可以管辖。这一定性在本案中似乎不太可能，因为为了把过错认定为与医疗服务无关，那么此过错就应该格外的严重（une exceptionnelle gravité）。

首先，P 女士应当起诉医院，这涉及过错责任：本案中，专家报告已经证实存在过错。对于公共医院，须证明重大过错的要求自 1992 年起就已被摒弃，只要证明简单过错就足够了[204]。

如果涉及私人或公共医疗机构的职工医生或在该机构以自由名义执业的医生：

---

[203] Trib. Conf, 25 mars 1957, *Chillioux et Isaac Slimance*, préc. note 28.
[204] CE, 10 avr. 1992, [1992] JCP G. II. 21881, note Moreau.

如果该医生是医疗机构的职工,治疗合同(contrat de soins)是与该机构签订的。医疗机构实际上应负他人原因肇致的合同责任,这里的"他人"就是其职工,包括医生。本案中,如果 P 女士与治疗机构订立合同,她应该以《民法典》第 1147 条为由起诉后者。而医生就个人而言仍然对自己的行为负侵权责任。这里,并不表示医生所犯之过错与履行治疗合同无关,而根据《民法典》第 1382 条追究其侵权责任,似乎也很困难。

95 必须说明,应当防止受害人将治疗机构作为医生的雇主、并据《民法典》第 1384 条第 5 款起诉。其实,由于责任的不可竞合原则(principe du non-cumul),既然存在治疗合同,就不能通过侵权责任进行救济[205]。此外,如果没有合同而允许通过侵权责任救济,在这种情况下,由于医生在执行其天职时享有独立性,最高法院似乎反对将他们看作治疗机构的雇员[206]。

96 若反之,医生以自由身份执业,受害人是与其个人订立合同。那么他应以个人名义承担治疗失败的后果。这涉及传统的治疗义务,故曰手段之债。因此应由受害者负责证明过错。本案中,医生犯有过错,这是造成损害的原因,因此 P 女士可根据《民法典》第 1147 条提起诉讼。

97 然而,必须明确两名医生之间的关系。我们实际上已经发现,医疗机构的职工医生(médecin salarié)原则上不得被视为该机构的雇员[207];相反,这种雇佣关系可能存在于医生之间。判例实际上已将麻醉师视为外科医生的雇员[208]。同样,作为"团队领导"的医生可能为团队成员行为负合同责任,并且即使他们都是医疗机构中以自

---

[205] 见上文边码 45。
[206] Trib. Conf., 14 févr. 2000, n°2929, *M. X. c/Centre hospitalier régional de Nancy et a*, préc. note 143.
[207] 见前注 206。
[208] CA Paris, 14 février 1985, [1958] JCP éd. G., II, 10533, note R. Savatier.

由身份执业的职工[209]。而在本案中,这种情况从条件上看似乎不太可能,尤其两次手术之间还有一段时间间隔。

还需补充,医疗领域的判例十分倾向于对不同的主要责任人(protagonistes)作连带判决(in solidum)。在本案中,如果 P 女士起诉两名医生及医疗机构,她将获得连带判决。她可以选择显得与损害最有关联的一方,或最能担保其偿付能力(solvabilité)的一方,因为在偿还债务阶段,作为第二被告(D2)的医生之过错不能免除第一被告(D1)的义务。相反,在债务分摊阶段(au stade de contribution),无过错医生(即第一被告)有权向第二被告全面求偿。但如果第二被告应被视为第一被告的雇员,那么就不可能承担连带责任(obligation in solidum),只有第一被告是责任人且不能向第二被告追偿[210]。

2. 我们假定专家指出第二被告有过错,但此过错未与 P 女士的健康状况构成因果关系。承担举证风险的 P 女士就会败诉,法官不能就存在一个过错和存在一项损害的简单巧合推断因果关系。

然而却可以认为,P 女士可能是医院感染(infection nosocomiale)的受害人。这种感染很常见且在术后才表现出来[211]。那么就必须区分两种假设:

如果是在隶属于公法的住院治疗机构(établissement hospitalier)

98

99

100

101

---

[209] Civ. 1ère, 13 mars 2001, *Clinique de la Roseraie*, préc. note 139.
[210] 见上文边码 27,罗莎案。
[211] 例如:Civ, 1ère, 29 juin 1999; *CPAM de la Seine-Saint-Denis c/Henry et a. , F. c/Friquet et a. , Aebi c/M.*:[1999] JCP G. II, 10138, rapport P. Sargos,[1999] D., jur. 559, note D. Thouvenin,[1999] Resp. civ. et assur., chron. 20, par H. Groutel,[1999] RTD civ., 841, n°2, obs. P. Jourdain,[5-6 avr. 2000] Gaz. Pal., 13, chron. S. Hocquet-Berg,[1999] D., somm. 395, obs. J. Penneau,[1999] *Méd. et Droit*, n° 37, 4, chron, F. Viala (introduction de staphylocoques dorés lors de la pause d'une prothèse du genou) — Civ. 1ère, 13 févr. 2001, *Methlin*,[2001] Resp. civ. et assur., comm. 158(在一次膝盖关节造影术后的感染性关节炎)。

感染的，受害人享有对已有利的制度，因为一旦医院感染被证实，便可推定院方有过错[212]。除非有证据证明病人入院之前就已经是受感染的病原体携带者，否则这一推定便不可被推翻。P 女士应该向行政法院起诉医院，受到感染正表明住院服务部门（service hospitalier）在组织和运转中存在过错。

102 如果是在隶属于私法的医疗机构中发生的感染，受害人享有严格责任制度。在 1999 年 6 月 29 日发布的三份判决书中，最高法院裁定，诊所的安全义务此后都应当被认定为结果之债，且只有证明存在外部原因的证据才可能免除诊所的责任[213]。然而，正如第一种假设所示，为了受益于严格责任，受害人须证明他请求赔偿的损害正应归咎于医院感染[214]。P 女士可以依照《民法典》第 1147 条起诉医生及医疗机构，以获得连带判决。

103 上文中提到[215]的关于病人权利的 2002 年 3 月 4 日法律已经特别规定了医院感染的自动赔偿制度（indemnisation automatique des infections nosocomiales）。P 女士可以提请近年刚创建的地区委员会审查案卷。如果委员会发现存在过错，责任人的保险人就应当提出一个赔偿方案，目标是对损害作全面赔偿。接受报价便可进行交易。若保险人拒绝支付或履行有瑕疵，那么委员会下设办事处将代替保险人，提供赔偿方案。办事处随后可以起诉责任人。假若受害人拒绝该报价，他可提请由法官裁决，若法官认为该报价明显不充分，便可判决保险人向办事处缴纳民事罚款（pénalité civile）。

---

212 CE 9 décembre 1998, *Cohen*, *Recueil Lebon*, 431. Confirmé par CE 1er mars 1989, *Bailly*, [1989] Resp. civ. et assur., n°199 et CE 14 juin 1991, *Maalem*, [1991] Resp. civ. et assur., n°300, [1992] D. som. com., 148.

213 Civ. 1ère, 29 juin 1999, *CPAM de la Seine-Saint-Denis c/Henry et a.*, *F. c/Friquet et a.*, *Aebi c/ M. préc.*; et Civ. 1ère, 13 févr. 2001, préc. note 211.

214 Civ. 2ème, 27 mars 2001, [2001] Resp. civ. et assur., comm. 195.

215 见上文边码 19。

如果没有过错，受害人应当直接向办事处请求赔偿，后者将以 104
国家连带的名义予以赔偿。然而，仅限于十分严重的情况才能进入
该程序。选择标准是根据政令（décret）规定的"永久部分丧失能
力"的比率。本法规定由政令规定的比率不得超过25%。

如果本法适用于本案，而又无法证明存在任何过错，P女士也 105
许就不能诉诸委员会，因为她的"永久部分丧失能力"的比率不太
可能达到25%。

如果P女士只能证明她曾是医院感染的受害人，她仅能援引院 106
方未尽告知义务。我们已经看到[216]，实际上，判例要求医生对其推荐
治疗方案存在的严重风险负有告知义务[217]，即使发生了意料之外的风
险[218]。此外还须重申，举证责任归于医生[219]。同样，如果无论第一被
告还是第二被告都无法提供证据（他们业已穷尽所有手段[220]），P女
士可以请求赔偿因丧失避免手术的机会而造成的损失。其实，由于
不能占有全部资料，P女士无法在完全了解原因的情况下同意手
术[221]。但是，对机会丧失作出赔偿只是万不得已的权宜之计，因为它
只能赔偿已经失去的机会，而不是整个损害。然而如果我们还考虑
到2002年3月4日改革，那么P女士的情况会更加糟
糕。须告知的
信息其实仅限于屡见或正常可预见的严重风险，而医疗过错又只作
为技术过错。因此，P女士不能以未履行告知义务而起诉医生。

由于缺少客观资料，如受害人年龄或生活水平，因此无法对损 107
失作出量化。

---

216 见上文边码39。
217 Civ. 1ère, 27 mail 1998, *Sté la Médicale de France et a. c/Cts K. et a.*, préc. note 121.
218 Civ. 1ère, 7 oct 1998, *Mme Castagnet. c/Clinique du* Parc et a., préc. note 122.
219 Civ. 2ème, 25 févr. 1997, *Hédreul* préc. note 123. —Cass. 2ème civ., 17 févr. 1998, préc. note 123.
220 Civ. 1ère, 14 oct. 1997, *Guyomar*, préc. note 124.
221 Voir par example: CA Versailles, 11 mars 1999, *Sté le Sou médical et a. c. / Mme Olivier et a.*, [1999] D., IR. rap. 124 (perte d'une chance d'éviter un risque infectieux) —Cass. 2ème civ., 15 déc. 1999, *Dame F.* [2000] Resp. civ. et assur., comm. 91.

(三) 案例 3

108　　S 的遗孀应依据 1985 年 7 月 5 日法律第 6 条提起诉讼:"要赔偿因公路交通事故肇致直接受害人损害的事实而使第三人蒙受的损失,须考虑适用于此类损害赔偿的限制或例外。"

109　　她以自己的名义并作为其女儿的法定代理人起诉,却不能以死者(他已无法参加诉讼)继承人的名义。

1. 遗孀的损失

110　　经济损失:这包括财产的损耗(交通费、丧葬费……),也包括收益的损失——这部分最为重要。

111　　收益的计算:法官根据死者收入给在世配偶分配一个虚拟份额(part fictive)。一般而言,这个份额约为 60%,这里即每年 21,952.66 欧元。不能考虑死者曾支付给妻子的 762.25 欧元,因为现实中,他贡献的份额更多。这个算法不该考虑遗孀将来再婚的可能,也不考虑诸如人寿保险合同框架内的可得金额。计算方法应该以间接受害人在死者死亡那天的情况为基础。这个金额应随即被确定为本金。

112　　如果考虑到死者年逾 40 岁,用于计算财产税(ISF)的税收资本化费率表(barème de capitalisation fiscal)规定年金分值为 2.64 欧元。那么应作如下计算:21,952.66 × 2.64 = 380,159.88 欧元。

113　　精神损失:22,867 欧元。[222]

2. 女儿的损失

114　　经济损失:全部份额的累计总数不得超过 85%[223]。同样,如果将死者收入的 60% 分配给孀妻,就剩下 25% 给女儿,因为死者的份额不

---

[222] 源数据:2000 年阿奎坦判例集。
[223] Voir Y. Lambert-Faivre, (*supra* fn. 22) p. 292, spéc, n°197.

得低于15%。9,146.94×0.74=44,234.61欧元,此结果作为失去的收入来源[224]。该本金作为年金的基础,至18岁生日那天起停止发放。

精神损失:12,195.92欧元[225]。

3. 驾车受害人的过错与损害赔偿

依照上述1985年7月5日法律第6条,对间接受害人的赔偿将根据S承担的责任份额按比例减少。

---

[224] 年金分值确定为4,836法郎,根据源于计算税收总管部门确定的财产税算法税收费率表。
[225] 2001年阿奎坦判例集。

德国的人身伤害赔偿

乌尔里希·马格努斯

一、基本问题

1　本文的论述按照作为本次比较法研究基础的问卷和问题的目次顺序展开。重点在讨论人身伤害的合同外责任。尽管在德国侵权法（Deliktsrecht）中这一称谓的具体内涵并不十分明确，[1] 本文讨论的侵权法还是包括过错责任和危险责任。

（一）损害赔偿法与社会保障法的互动

2　在德国，私责任法与社会保障法为填补人身伤害具有互动关系，二者在法律和事实方面的交互作用是可以区分的。

3　在法律方面，一般来说，基于社会保障法的人身伤害赔偿请求权与基于民法的人身伤害赔偿请求权是竞合并存的，受害者可以择一主张。只要社会保障人清偿了这一债务，侵权请求权就在已清偿的范围内根据法律［《社会法典 十》（SGB X）第 116 条[2]］自动移转给保险人。此时，社会保障法在很大程度上排除了受害者直接向

---

[1]　部分学者认为，侵权法仅指过错责任；参见 H. Mertens in *Münchener Kommentar zum Bürgerlichen Gesetzbuch* V. (3. Aufl. 1997) (MünchKomm/Mertens), Vor §823 Rn. 19.

[2]　*Sozialgesetzbuch* (SGB) X.

侵害者要求人身伤害赔偿的可能。因为这类损害基本属于事故（Unfall），且能直接引起国家事故保险机构为被保险人预备的给付。这通常发生在劳动关系中，也可能在中小学、大学、类似的教育关系及其他关系[3]中。《事故保险法》排除了同时成立的在雇主和雇员之间及同事之间的侵权请求权，除非侵害人故意或通过参与公共（道路）交通肇致事故发生。这一排除性规定同样适用于同一幼儿园的监管人员和孩子及孩子之间的侵权关系；同一中小学里同学之间、学生与教师之间的侵权关系；大学里学生之间、学生与教员之间的侵权关系；照管关系（Pflegeverhaeltnis）中的侵权关系以及其他意义不那么重大的案型。[4] 如果适用排除性规定，则只有对国家的事故保险人的请求权成立。其给付通常以标准化价值及受害人的劳动收入为准，但不包括精神抚慰金。如果不适用排除性规定，则受害人既可以要求社会法中的给付，还可以要求侵害人赔偿剩余的损害，特别是精神抚慰金。对受害人而言，由于法律原因除社会法上的填补请求权外，别无他法的情况并非罕见。只要侵害人有故意或重大过失，社会保险人就对其有追偿权。（《社会法典 七》第110、111条）

　　一系列其他因素导致被害人在发生人身伤害时事实上通常只会主张社会法上的请求权。其中之一就是事故保险给付与侵权法相反，不以证明侵害人的过错为要件，请求权人与有过失通常也不可能发生。在心理层面对被害人而言也更轻松，因为他无需直接面对侵害人，只要和行政机构接触就能获得损害赔偿。此外，这些行政机构还是法律规定的受害人的事故保险人，事故保险金会自动支付医疗费用，而无需受害人预付。要求侵权法上损害赔偿在事实上或经济上的动力仅存在于这类案件中，即相当部分的损害——如可观的精

4

3　比如说照管关系（Pflegeverhältnisse），另参见 §2 SGB VII。
4　参见 §106 SGB VII。

神抚慰金——通过社会法无法得到赔偿，同时民事责任成立要件的存在确凿无疑。即便有这些动机，在考虑到德国侵权法在危险责任不支持精神抚慰金的情况后，其意义也会大打折扣。[5]

其结果是社会保险法在人身伤害赔偿方面比私责任法有更重要的实践意义。侵权法仅存的意义基本停留在社会保险人有限的追偿权层面。然而，社会保险系统最近的一些倒退引人注目，[6] 导致私责任法在人身伤害赔偿方面的意义相应增强。

（二）责任原则与制定法依据

1. 责任构成要件概览

（1）作为责任基础的过错、危险和公平

1900年的那些《德国民法典》立法者的出发点是过错原则，这一原则直至今日仍支配着《德国民法典》，并在最近的债法改革中[7]得以存留。[8] 无论是在《民法典》中的侵权还是合同规定中，引起损害的人原则上只为过错——过失或故意——行为负责。这不仅反映在[9]第823条规定的侵权基本构成要件中，还反映在《民法典》第276条规定的一般条款中。此外，其他重要的侵权类型，如悖俗

---

[5] 根据《修改损害赔偿法的第二法案》（2. Schadensersatzrechtsänderungsgesetz *Bundesblatt*［BGBl.］2002 I 2674），立法者已经在合同责任和危险责任中引入了主张精神抚慰金的可能。

[6] 这一到目前为止程度有限的倒退主要归因于财政危机。这一危机一方面归因于人口结构变化和显著提高的生活水平期望，另一方面归因于显著降低的再生产率（Reproduktionsrate）。

[7] 通过《债法现代化法》Das *Gesetz zur Modernisierung des Schuldrechts* vom 26.11.2001（BGBl. 2001 I 3138）。

[8] 参见《德国民法典》第276条第1款第1句的新表述："如果当事人没有确定更严格或更宽松的责任，从债务关系的其他内容，特别是接受保证或取得风险也不能推知其他情况的，债务人仅就故意或过失承担责任。"

[9] 同上注。

侵权（《民法典》第826条）也建立在过错原则基础之上。与这一原则紧密相连的是受害人必须证明侵害人的过错。[10]《民法典》承认的真正与过错无关的危险责任只有奢侈动物（Luxustier）占有人的责任。奢侈动物是指非用于占有人职业、营业或生计的动物（《民法典》第833条前段）。

在《民法典》之外，很久以来就有与过错原则并存且不断增加的规则，它们规定了不以过错为要件的各种责任形式，散布于个别法律中，如《责任法》第1条、《原子能法》第25条、《道路交通法》第7条、《产品责任法》第1条、《航空法》第33条、《药品法》第84条、《水资源法》第22条、《联邦矿业法》第114条、《环境责任法》第1条、《基因技术法》第32条、《联邦狩猎法》第29条、《商法典》第414条。这些规定都以法律确定的风险实现及损害发生为要件。其肇事者必须承担责任，只有在特别情事下方能免责，仅仅通过证明自己无过错不能免责。直到目前为止，德国判例都不允许将危险责任原则类推适用于其他法律没有规定的案件。[11]无制定法依据则无危险责任。

德国法在必须完全证明过错存在的过错责任和单纯的危险责任这两个极端之间还承认过错推定责任。过错推定责任仍然以过错原则作为出发点，但加害人必须证明自己没有过错。一旦证明失败，加害人而不再是受害人就要承担这一损害。《民法典》第831条规定的事务辅助人责任、第832条规定的父母对孩子的监护责任（Aufsichtshaftung）、第833条后段规定的动物占有人对用益型动物（Nutztiere）的责任及第836至838条规定的建筑物责任等侵权责任中都是推定加害人（事务本人、监管义务人、动物占有人、所有权

10　参见 H. Heinrich in Palandt, *Bürgerliches Gesetzbuch*（61. Aufl. 2002）（Palandt/Heinrichs），§249 Rn. 162.

11　*Entscheidungen des Bundesgerichtshofs in Zivilsachen*（BGHZ）54, 332; BGHZ 55, 229.

人)有过错。其他这类的责任作为危险责任的补充出现在诸如《道路交通法》第18条(仅仅对并非机动车所有人的驾驶者适用过错推定)和《航空法》第44条以下(仅是占有人或承运人对运输旅客承担过错推定责任)等规定中。属于过错推定责任的还有那些在判例中原则上或个案中将过错证明的责任颠倒,由受害人转嫁给加害人的情形。[12] 这些数量庞大的侵权事实整个构成了介于纯粹过错和纯粹危险责任之间的连接者。它让法院在裁判中可以灵活地把握责任分层,减轻证明要求的迫切程度主导着这一流动的责任分层。

9   还有一种不考虑过错前提的责任可能是无侵权责任能力人承担的公平责任。由于没有侵权责任能力,其本不需要承担责任,但出于公平的考量,特别是当当事人差异甚大的财产关系支持这一损害填补时,无侵权责任能力人也要填补该损害。(《民法典》第829条)

(2) 一般条款和特别规定

10   德国的合同外责任并不承认《法国民法典》第1382条规定的那种大一般条款(allgemeine Generalklausel)。根据这一条款,加害人有义务赔偿由其引起的一切损害。尽管如此,在德国还是有三个较为原则的基本要件事实,人们通常称之为"小的一般条款"。[13] 它们是第823条第1款、第823条第2款和第826条,都以过错原则为基础。当中最重要也是最一般的要件事实是第823条第1款,它一一列举了特定的受保护的绝对权益。如果当中的一项法益受到侵害,那么第823条第1款规定的责任就会发生。涉及人身伤害的有"生命、身体、健康和自由"以及作为其他权利予以保护的一般人格权。[14] 与之相对,第823条第2款并不旨在保护特定法益,而是意在

---

12   参见下文 I.3。

13   D. Medicus, *Schuldrecht* II (10. Aufl. 2000), Rn. 744.

14   自 BGHZ 13, 334 这一判决以来。

实施特定的法律规定，即保护性法律，因过错违反这些法律导致损害应承担赔偿责任。根据第 826 条，就故意悖俗引起的损害承担的一般责任是最为宽泛的，无论何种法益受损或法律规定违反都行。

在这些以过错为要件的一般要件事实之外还有大量判例创设的个别规则规定了各自领域的责任，可能是过错责任，可能是过错推定责任，也可能是无过错责任。在《民法典》中的有事务本人对辅助人的责任、父母对孩子的责任等等。[15]《民法典》之外仅有少数规则可以作为数量庞大的规则的范例，它们是《反限制竞争法》、[16]《反不正当竞争法》[17] 和《证券法》[18] 中的损害赔偿规则。

如果既不符合基本要件事实，又不满足个别规定的要求，那么受害人只能自己承受损害。加害人引起损害的行为不会带来损害赔偿的制裁。

（3）责任限制

与诸如瑞士法[19]的规定不同，除了《民法典》第 254 条这个一般的共同过失抗辩的规定外，德国责任法不准基于公平的理由降低畸高的损害赔偿义务。赔偿义务一旦成立，则应遵循完全回复（Totalreparation）的原则；[20] 即便令加害人倾家荡产，也要让损害得到全额赔偿。只有在强制执行法的层面，加害人能保有无法扣押的最低生活保障金（Existenzminimum）。[21]

然而，到目前为止，《民法典》第 253 条对非物质损害的精神赔

15　参见上文有关《民法典》中推定过错的概述。
16　§ 33 GWB.
17　§ § 1, 13 UWG.
18　§ § 46ff., 93, 116, 117, 317f. AktG.
19　《瑞士债法典》第 44 条第 2 款规定："非因故意或重大过失引起损害的赔偿义务人因履行赔偿义务会陷入困境的，法官可以因此减轻其赔偿义务。"
20　这是从《民法典》第 249 条推出的，参见 G. Schiemann in Staudinger, *Bürgerliches Gesetzbuch*, *Kommentar* (13. Aufl. 1998)（Staudinger/Schiemann），§ 249 Rn. 2f.
21　Vgl. § § 811ff., 850a ff. Zivilprozessordnung (ZPO).

偿还是规定了上限。制定法中必须明确规定非物质损害赔偿这一后果，方能获得该项赔偿。在人身伤害中，到目前为止只有《民法典》第847条规定了精神抚慰金。这一条文不适用于《民法典》之外的危险责任。在很长一段时间里，除被狗咬伤之外，[22] 德国法概不支持仅以危险责任为由要求人身伤害赔偿的人主张精神抚慰金。

15　　但是自2002年8月1日起，一部修改损害赔偿法条文的法律开始生效。[23] 根据该法，因"侵害身体、健康、自由或性自主权"造成的损害都可以要求精神抚慰金，对危险责任和合同责任亦然。[24] 迄至当下，判例在微小侵害（Bagatellverletzung）案件中都不支持精神抚慰金的请求。

2. 过错责任

16　　正如上文所述，过错原则在德国一如既往地是责任法中占统治地位的出发点。偏离它的都被视为例外。根据《民法典》第276条的界定，过错指加害人曾故意或者过失地行动。[25] 此外，过错首先以过错能力（Verschuldensfähigkeit）为前提。

（1）过错能力

17　　行为有过错并因此有承担责任的能力对合同法和侵权法而言是一致的。[26] 在与有过失这一重要领域内，判例也会将过错能力作为受害人请求权能否在其过错范围内减少的考量前提。根据第828条第1

---

[22] 对奢侈动物的无过错保有责任是《民法典》中唯一一处对危险责任的规定（《民法典》第833条第1款），《民法典》第847条也适用于这种情况。到目前为止，在《民法典》之外的唯一且实践价值甚低的一个例外是军用飞机引起的损害。《航空交通法》（LuftVG）第53条第3款规定了对非物质损害的赔偿。

[23] BGBl 2002 I 2674.

[24] 《民法典》第253条第2款的新表述（§253 Abs. 2 n. F. BGB）做了如上规定，而根据现行《民法典》第847条的规定不再有效。

[25] 参见脚注8。

[26] 《民法典》第276条第1款第2句规定的一般过错规则指示参照《民法典》第827、828条，后者是规定侵权能力的。

款，过错能力始于七岁，在十八岁之前取决于其具体的认知能力（Einsichtsfähigkeit）（第 828 条第 2 款）。受害人当然不用证明这一点。认为自己缺乏认知能力或去证明它完全是未成年加害人的事。[27] 未成年行为人的认知能力是被推定的。

认知能力，确切来说是"认识到责任所必要的判断力"（《民法典》第 828 条第 3 款），意指未成年人具有这样的能力，即认识到自己行为的不法性，同时意识到无论如何，他将以某种方式为自己行为的后果承担责任，也就是认识到会有义务。[28] 是否能根据这一认识采取行动对《民法典》第 828 条而言无关紧要，但对仍需检验的过错而言是有意义的。[29] 就未成年人的过错判断而言，当然是以同年龄、[30] 且与其年龄发展相适应的未成年人通常的行为为标准的。

即便依照与其年龄相适应的身心发展看未成年人的行为是可以原谅的或可理解的，未成年人还是因上述原则而需承担责任。比如说，一个十一岁的男孩用弹弓将一个十岁女孩扔过来的果子打回去，恰好击中女孩的眼睛，造成伤害。[31] 对受害者的保护及经常发生的责任保险当然会助长这种行为的发生。联邦最高法院在最近的判例中认为：根据《基本法》第 1 条第 1 款和第 2 条第 1 款，应当修正对经常出于"挑衅"爆发出的怒火而引发的这般幼稚的错误行为课以毁灭性的终身责任的做法，而将责任范围限制在可接受的范围内。[32]

2001 年 5 月 31 日颁布的法律修正案已经对未成年责任作出了修

---

[27] *Bundesgerichtshof*（BGH）[1970] *Versicherungsrecht*（VersR），467；H. Kötz/G. Wagner，*Deliktsrecht*（9. Aufl. 2001）Rn. 317；Thomas in Palandt, *Bürgerliches Gesetzbuch*, *Kommentar*（61. Aufl. 2002）（Palandt/Thomas）§ 828 Rn. 3.

[28] BGH Lindenmaier/Möhring, *Nachschlagwerk des Bundesgerichtshofs*（LM）Nr. 3 zu § 828.

[29] 参见 Oechsler in Staudinger, *Bürgerliches Gesetzbuch*, *Kommentar*（13. Aufl. 1998）（Staudinger/Oechsler），§ 828 Rn. 17.

[30] BGH [1970] *Neue Juristische Wochenschrift*（NJW）1038.

[31] BGH [1964] VersR 385：认定男孩承担责任，否定了女孩的共同过失。

[32] *Bundesverfassungsgericht*（BVerfG）[1998] NJW 3557.

改：七岁到十岁的儿童只要不是故意，就不再对机动车、轨道交通、索道事故中对他人造成的损害承担责任。[33] 这一修正的理由是这一年龄段的儿童通常不完全理解交通现象，也不能始终采取正确的交通行为。他们不应对由此造成的事故负责。但更重要的是当他们自己是事故受害者且与有过失时，不再需要为与有过失份额承受不利。[34]

21 加害人没有过错能力，因此没有责任能力的另一个重要种类是其在无意识或精神活动有障碍无法自由形成意志时采取了行动（《民法典》第827条）。自由的意志形成必须因无意识（如酩酊大醉）或精神疾病而完全不可能。[35] 在德国，民法不像刑法[36]那样承认所谓降低的过错能力（eine verminderte Schuldfähigkeit）。但是那些自愿让自己变得酩酊大醉的人仍然需要为因此无意识状态下造成的损害负责，除非其对陷入这种状态并无过错（《民法典》第827条后段），比如说因第三人下药变得无意识。[37]

（2）故意

22 故意作为一种过错形式在民法中的重要性不如刑法，因为民事责任的成立通常以过失为要件。只有在例外情况中，法律才以故意行为为要件，如《民法典》第826条规定的悖俗加害行为。[38] 故意在上文所述[39]的人身伤害赔偿案件中的问题也有意义，即受雇人[40]在受到雇主或工友侵害时，能否向他们主张侵权损害赔偿请求权。因

---

33 目前的《民法典》第828条第2款（§828 Abs. 2 n. F.）。
34 参见官方草案（Regierungsentwurf）对《民法典》第828条第2款的理由说明。
35 BGH [1979] NJW 2326; Staudinger/Oechsler（上注29）§ 827 Rn. 1.
36 见§ 21 StGB.
37 还可参见 Staudinger/Oechsler（上注29）§ 827 Rn. 41.
38 其他法定的故意责任有《证券法》（AktG）第117条（故意滥用影响力导致所在公司损害）。
39 参见上文1.（1）部分。
40 或其他根据《社会法典七》第2条（§ 2 SGB VII）得到事故保险的人。

为只有在故意侵害时才有可能主张该请求权。[41]

故意以有目的（有意愿且有意识）地引发损害结果为前提。[42] 故意必须与法益侵害有关，在人身伤害中就是要与人身侵害有关。[43] 与之相对，故意的内容无需包括行为结果，即损害范围。[44] 此外，以间接故意（bedingter Vorsatz）为要件，换言之，就是加害人并没有意图实现该后果，但放任其发生。[45] 如果他相信损害结果不会发生，那么他就是过于轻信的过失（bewusste Fahrlässigkeit），[46] 而非故意。

最后，加害人还必须清楚，他追寻的结果是不法的［所谓故意理论（Vorsatztheorie）］；[47] 至少他要预计到不法性并放任之。[48] 在一系列案件中，比如因违反禁止性法律（《民法典》第823条第2款）和悖俗侵害（《民法典》第826条）承担责任，只要意识到构成不法的情事就足够了。[49] 总而言之，只要加害人对显而易见的不法性视而不见，他就有对不法性的必要认识，因此采取的行动就是故意的。[50]

（3）过失

最重要的过错形式是过失，根据第276条第2款的规定，当加害人未尽到交易中必要的注意时，就存在过失。相反，尽到特定情

---

41 §§104–106 SGB Ⅶ.
42 参见 Palandt/Heinrichs（上注10），§276 Rn. 10；Löwisch in Staudinger, *Bürgerliches Gesetzbuch, Kommentar*（14. Aufl. 2001）（Staudinger/Löwisch），§276 Rn. 18.
43 Palandt/Heinrichs（上注10），§276 Rn. 10；Staudinger/Löwisch（上注42）§276 Rn. 20.
44 一直以来的判例：BGHZ 34, 381；BGHZ 75, 329.
45 Etwa BGH [1986] NJW 180 (182).
46 BGH [1971] NJW 460；BGH [1998] *NJW-Rechtsprechungsreport Zivilrecht*（NJW-RR）34.
47 BGHZ 69, 128；BGHZ 118, 208.
48 BGHZ 68, 128（142f.）；赞同该项见解的有 Palandt/Heinrichs（上注10），§276 Rn. 11；Staudinger/Löwisch（上注42）§276 Rn. 21ff.
49 进一步的论述参见 Hager in Staudinger, *Bürgerliches Gesetzbuch, Kommentar*（13. Aufl. 1999）（Staudinger/Hager），§823 Rn. G38 ff.；Staudinger/Oechsler（上注29）§826 Rn. 61ff.
50 Palandt/Heinrichs（上注10），§276 Rn. 11.

事必须的注意者不必为发生的损害负责。这一原则不仅适用于违约损害赔偿请求权，也适用于侵权损害赔偿请求权。

26　　应尽到哪些注意义务首先取决于加害人和受害人间产生损害的特殊情况。在人身伤害的违约责任中，尤其是医疗服务合同中首先有合同确定的应达到的注意水平。如果在合同中没有确切的界定，则在侵权法中应以相应交易圈中通常的行为方式为准。加害人和受害人需受哪些注意标准的约束——就受害人而言，因其可能就共同过失承担不利，所以也很重要——这些约束原则上取决于交易圈中占统治地位的观点。[51] 但肆意蔓延的恶俗没有决定意义。一旦发生损害，判决总是在事后认定有内容广泛的严格的注意义务——比如通知或警告义务、产品监管或建档义务[52]——结果通常是个案中没有尽到这些注意义务而认定责任成立。由此引出的交往义务将各种义务标准具体化。[53]

27　　就个人是否尽到注意义务，采取的是客观过失标准。[54] 这一标准不以加害人个人的能力为准，而以同样境况中谨慎小心的人本应有的上升为规范的行为方式为准。因此，接生的助理医生应以客观上必需的专业医生的知识要求自己，即便他因自己的教育水平和经验问题尚不具备这些知识。[55] 加害人经常因从事超过自己能力水平的行为或过高估计自己能力而有过错。唯有在涉及年龄或终身残障时，

51　参见 BGH [1994] NJW 2232 (2233); BGHZ 113, 297 (301ff.).

52　尤其是在产品责任领域；参见下文边码 58。

53　部分学者认为交往安全义务有自身独特的、由判例创设的责任构成事实，持这一观点的主要有 E. Deutsch, *Unerlaubte Handlungen, Schadensersatz und Schmerzengeld* (3. Aufl. 1995), Rn. 253ff., 276. 未侵害《民法典》第 823 条第 1 款列举的权益，又未违反第 823 条第 2 款规定的保护性法律，单纯由交往安全义务违反引起的责任并未被承认，这是正确的。

54　通常的观点：比较 BGHZ 106, 323 (330); BGH [2000] NJW 2812; BGH [2001] NJW 1786; E. Deutsch (上注 53), Rn. 123; Kötz/Wagner (上注 27), Rn. 112; Palandt/Heinrichs (上注 10), § 276 Rn. 15.

55　BGH [2001] NJW 1786f.

才可以在某种程度上考虑到个人能力而分别考虑过错。[56] 儿童和老年人必须遵循与其年龄相当的一般行为准则。同样，身体残障人士只需作出特定境况中可期待的谨慎行为，无需达到健康人行为的水平。

相反，如果加害人有高于客观标准的知识和能力，且其对引起损害的情事有特别意义，则大多应要求其运用这种知识和能力，并以此为标准——比如主任医生或特殊专家——判断其行为。[57]

通常最轻的过失形式就足以正当化对过错的非难。加害人对所有损害负责。只有例外时，责任至少以重大过失为前提，比如赠与礼物所造成的人身伤害（《民法典》第521条）。[58] 当享有具体轻过失（diligentia quam in suis）的责任优待时，比如在家庭成员之间[59]，仅有抽象轻过失或中等过失是不够的。如果加害人尽到管理自己事务通常应有的注意义务，且能够证明这一点，那么单纯的过失还不足以充分责任要件。[60] 但无论如何，他要对重大过失负责（《民法典》第277条）。

此外，重大过失在人身伤害中也扮演着十分重要的角色：如上文提到的社会保险人根据《社会法典 七》第110、111条[61]享有的追偿权以及根据私人损害保险合同享有的保险保障。如果投保人因故

---

56 BGH LM §828 Nr. 1 und 3；BGH［1968］VersR 472；BGH［1970］VersR 374 und 467；［1997］BGH NJW-RR 1110f.

57 参见 BGH［1986］*Wertpapier-Mitteilungen*（WM）6（银行必须运用对特殊风险的特别知识，即便该交易对客户也是有利的）BGH［1987］NJW 1479（医生必须为了病人运用专业知识）；Palandt/Heinrichs（上注10），§276 Rn. 15；持部分拒绝态度的有 Staudinger/Löwisch（上注42）§276 Rn. 26f.

58 其他至少需要以重大过失为前提的有《民法典》第300条第1款、第599条和第680条的规定。

59 《民法典》第1359条（配偶间的责任）、第1664条第1款（父母对子女的责任）。但必须指出的是，这些责任优待不适用于家庭成员在道路交通中造成的损害；BGHZ 46, 313；BGHZ 53, 352；BGHZ 63, 57. 其他以注意自己事务为标准的有《民法典》第690条（无偿保管）、第780条（合伙人之间的责任）。

60 《民法典》第277条（所谓注意自己事务的义务）。

61 见上文 1.（1）部分。

意或重大过失导致损害发生，根据《保险合同法》第 61 条，承保人无需理赔。[62] 当加害人特别无视通常的注意要求且忽视在特定案件中任何人都应当知道的状况，就有重大过失。[63] 因此，如果看见红灯还通行，一般来说就构成重大过失。[64]

（4）免责条款

31　　就自己的故意行为引起的责任，不论是合同行为还是侵权行为，加害人都不得事先予以免除（《民法典》第 276 条第 3 款）。这适用于个别磋商达成的合同和标准合同中的免责条款。此外，所有排除或限制侵害生命、身体或健康责任的格式条款一律无效（《民法典》第 309 条第 1 款第 7a 项）。这一禁令对将免责限制在过失侵害范围内或限制在对辅助人的过失责任范围内的条款同样有效。[65] 通说认为，这一原则不仅对消费者合同有效，也对经营者之间的合同有效。[66] 这样一来，能够通过个别磋商达成的合同排除的责任只有对自己的轻过失或重大过失责任及对辅助人、法定代理人过失或故意行为的责任（《民法典》第 278 条第 2 款）。

3. 辅助人责任

32　　在德国法中，事务本人对其辅助人的责任在合同责任和侵权责任中迥然不同。事务本人对履行辅助人在履行合同义务时的过错承担赔偿责任，必须将其过错作为自身的过错归咎于自己，而无免责事由（《民法典》第 278 条）。与之不同的是在侵权领域内，事务本人只需要对服从自己指示的辅助人的侵害行为负责，且能够通过证

62　只有当投保人故意引起损害时，承保人才能在责任义务保险中免除给付义务（《保险合同法》第 152 条，§ 152 Versicherungsvertragsgesetz [VVG]）。

63　BGHZ 10, 14 (16).

64　BGH [1992] NJW 2418.

65　在 2002 年 1 月 1 日生效的《债法现代化法》（das Gesetz zur Modernisierung des Schuldrechts vom 28. 11. 2001 BGBl. 2001 I 3138）予以重新规定之前，只有对重大过失行为的排除无效（§ 11 Nr. 7 AGBG）。

66　参见 Palandt/Heinrichs（上注 10），§ 11 AGBG Rn. 38.

明尽到正常选任和监督辅助人的义务而免责(《民法典》第831条)。

(1) 合同中的辅助人责任

在合同领域中,债务人作为事务本人应当将其用于履行自己义务的人的错误行为归于自己。事务本人必须对履行辅助人的行为负责,没有免责的可能。他之所以要负责的原因是将自己履行的义务委托给了他人。履行辅助人就是为合同债务人服务、履行合同债务的人。辅助人不需要为此纳入事务本人的营业活动或听从其指示。即使是独立的第三人,如子公司,当其被委任履行合同时,也是履行辅助人。[67] 但物品的制造者不是物品出卖人的履行辅助人,因为买卖合同中出卖人并无义务制造标的物。[68] 对所有案件而言都属必要的是辅助人应符合事务本人的意志活动。[69] 此外,只有当事务本人和受害人之间业已存在辅助人履行的债务关系时,才能适用《民法典》第278条。当然,存在前合同关系就能满足这一要件。[70] 不犯他人的一般义务不能建立这种债务关系。[71]

履行辅助人必须为履行事务本人的义务采取行动,他不能在从事这类活动中造成损害。[72] 因此,如果要适用《民法典》第278条,辅助人的行为就必须属于事务本人的一般行动范围,该行为必须与其存在事实上、时间上和空间上充分的联系。[73] 特别是当辅助人独立从事犯罪行为,履行行为只是为其创造了犯罪的机会时,经常不会

---

67 BGHZ 62, 124; BGH [1996] NJW 451.
68 *Entscheidungen des Reichsgerichts in Zivilsachen* (RGZ) 101, 158; BGH [1968] NJW 2238; BGH [1989] NJW-RR 1190.
69 BGHZ 13, 111 (113); BGHZ 98, 330 (334).
70 此外,参见判例 BGH [1990] NJW 1662; BGH [1991] NJW 2557.
71 BGHZ 4, 1.
72 参见 Palandt/Heinrichs(上注 10),§278 Rn. 18f.; Staudinger/Löwisch(上注 42),§278 Rn. 43ff.
73 参见 Palandt/Heinrichs(上注 10),§278 Rn. 18f. 及许多判例证明。

认定存在这种联系。[74]

35　　最后,辅助人必须在行为时有过错,要么是故意,要么是过失。原则上以事务本人应遵循的注意标准为衡量标准。[75] 如果辅助人是作为特殊专家纳入履行的,则应适用对这类专家通行的标准。[76]

　　(2) 侵权法上的辅助人责任

36　　在侵权法领域,当事务辅助人导致损害发生时,事务本人并不为他人的错误行为负责,而是为推定有过错的选任、监督事务辅助人这种行为负责(《民法典》第831条)。事务辅助人仅仅是那些遵从本人指示或在某种程度上于社会关系中依附于本人的人,特别是那些本人企业的雇员。[77] 独立的第三人,如子公司并非事务辅助人。[78]

37　　事务本人责任还以辅助人从事了不法且需承担损害赔偿责任的行为为前提。[79] 根据《民法典》第831条的文义,辅助人不法(widerrechtlich)而非有过错(schuldhaft)地侵害第三人就足够了。司法裁判以法规的保护目的为由,认为事务本人无需就客观无瑕疵[交往上正确的(verkehrrichtig)]而无过错的辅助人行为负责。[80] 理由是:即便事务本人这般行为时,也无需承担责任。与之相反,如

---

[74] 比如 BGHZ 108, 392(职员以应遭刑罚的方式滥用银行的代理权,给雇主带来不利);BGH [1994] NJW 3344(临时工拿到相关表单,并把其钱转到自己的账户);OLG Hamm [2000] VersR 213(公司职员侵占委托管理的钱财)。

[75] 参见 Palandt/Heinrichs(上注10),§278 Rn. 24;Staudinger/Löwisch(上注42),§278 Rn. 50.

[76] BGHZ 114, 272.

[77] 参见 BGHZ 45, 311 (313);BGHZ 103, 298 (303);BGH [1998] WM 257;此外,还有 U. Stein in *Münchener Kommentar zum Bürgerlichen Gesetzbuch* V(3. Aufl. 1997)(MünchKomm/Stein)§831 Rn. 31ff.

[78] BGH NJW 1994, 2756.

[79] BGHZ 24, 21 (24).

[80] BGH VersR 1975, 447;BGH NJW-RR 1988, 38.

果辅助人缺乏过错能力,事务本人需要承担责任。[81]

只有辅助人在委托的活动范围(执行事务),而非自己事务的范围内从事的行为才可能有责任,这点和合同领域并无不同。区分标准和《民法典》第278条也无不同。辅助人引发损害的行为必须与委托的事务之间存在充分的内在联系。[82] 如果雇员偏离雇主的指示,并不当然构成与符合义务要求相关活动的断裂。[83] 这取决于辅助人偏离指示和自作主张的程度。

《民法典》第831条中问题最大的构成要件是事务本人通过证明自己在选任受托人时,或在需要提供成套设备、执行事务中需要指导时,在选任、提供设备或指导方面尽到了交易上必要的注意义务,就可以免责(第831条第1款第2句)。一般来说,推定事务本人在选任和监督其事务辅助人时有过错。如果事务本人基于证书等因素挑选了合适的辅助人,并随后进行了必要的监督——在委任司机时需要不定时地悄悄尾随他[84]——免责证明方属充分。

人们普遍认为,《民法典》第831条的基本法律政策判断是有问题的,事务本人对其辅助人行为免责的范围过宽。[85] 法律改革的建议到目前为止尚不能实行。但是德国的司法裁判发展出许多方法来规

81　RGZ 135, 149 (155); RGZ 142, 368.
82　参见 Kötz/Wagner(上注27), Rn. 275ff.; Belling/Eberl-Borges in Staudinger, *Bürgerliches Gesetzbuch, Kommentar* (13. Aufl. 1997) (Staudinger/Belling/Eberl-Borges) §831 Rn. 77ff.
83　参见 BGH [1966] VersR 1074(挖土机没有遵从明确的指示向吊式装载车开去,而是直接驶往修理地,从而引发事故);BGH [1971] NJW 31(违反指示,在重型货车后加挂拖车);与此不同的是事务辅助人的随机行为,事务本人因此不必承担责任,比如说 BGH [1965] NJW 391(违反禁令用公司车辆捎带熟人);BGH [1989] NJW-RR 723(飞行员违反指示驾驶私人飞机并坠毁)。
84　BGH [1955] VersR 745; BGH [1966] VersR 364.
85　尤其应参见 Ch. von Bar, in: *Gutachten und Vorschläge zur überarbeitung des Schuldrechts* Bd. II (1981) 1758f., 1776f.; Kötz/Wagner(上注27), Rn. 287ff.; Staudinger/Belling/Eberl-Borges(上注82), §831 Rn. 124ff.

避第831条，从而导致了合同关系或准合同关系的扩张，在这些关系中不再适用《民法典》第831条，而是适用第278条的规定。[86]

(3) 机构责任/代表人责任

41 当合伙、资合公司或人合公司[87]中根据章程产生的代表人，如监事会（Vorstand）、业务经理（Geschäftsführer）或主管业务合伙人，在从事业务活动中伤害了第三人的，对这些组织而言，就不再适用《民法典》第831条，而是适用第31条。[88] 合伙等组织必须为其机关负责，没有免责的可能。因为《民法典》第31条没有规定像第831条那样的免责事由。司法裁判迫于压力，以牺牲《民法典》第831条为代价，扩大了第31条的适用范围。[89]

42 司法裁判不但认为那些法律或章程规定的对外代表集体决定的人是机关，还认为那些在合伙或公司内实际发挥领导管理作用的人也是机关，即便他们在法律意义上并不代表这些组织。[90] 因此，只要诊所的主治医生在医疗活动中不遵从指示，则他和其代理人都被视为诊所的机关。[91]

43 如果合伙或公司怠于在不同的领导层设立管理人（机关）或在重要的业务领域设定特定的管理层，就构成组织过失，根据第823

---

[86] Wiedergegeben bei Staudinger/Belling/Eberl-Borges（上注82），§831 Rn. 124ff.
[87] 此处主要应当考虑附保护第三人效力的合同，也可以考虑扩张缔约过失责任。对规避手段的综述参见 Kötz/Wagner（上注27），Rn. 287ff.
[88] 《民法典》第31条不仅适用于所有法人，还适用于 OHG 和 KG：BGH［1952］NJW 538；BGH［1962］VersR 664. 自从民法中的合伙（Gesellschaft）被普遍赋予权利能力（参见 BGH［2001］NJW 1056），《民法典》第31条也对其适用（与此不同的是到目前为止的判例：BGHZ 45, 311；BGH［1975］NJW, 533）。
[89] 尤其参见 BGHZ 49, 19.
[90] BGHZ 49, 19 (21).
[91] BGHZ 77, 74；BGHZ 101, 215.

条第 1 款需承担责任,且企业(Unternehmen)不能就此免责。[92]

适用《民法典》第 31 条还需要机关从事了导致损害赔偿义务发生的行为。侵权责任要件事实或合同责任要件事实必须都满足,只要其以过错为前提条件。此外,机关必须是在执行自己职务引起损害的,换言之,就如《民法典》第 278、831 条规定的,必须在其职责范围内活动。

被委托人、代表人、负责领导监督营业或员工的人在执行事务时因过错导致他人死亡或人身伤害的,矿山或工厂根据《责任法》第 3 条无免责可能。企业主对由其管理者(leitende Angestellte)导致的人身伤害负责,不管其是否被视为《民法典》第 31 条意义上的机关。[93]

在民事保险法领域还存在另外一种代表人责任。投保人不需要对辅助人的所有行为负责——不管是第 278 条规定的履行辅助人,还是第 831 条规定的事务辅助人。在考虑是否违反了不真正义务或通过自己的某种行为导致无法获得保险保护的保险事故发生(《保险合同法》第 61 条)这一问题时,只需要考虑代表人的行为。[94] 代表人是根据投保人的意思,考虑到被保险风险以投保人名义行事的人。[95] 代表人有在被保险风险领域的一定范围内为投保人独立从事业务的权限,[96] 就如同投保人自己从事业务活动一般,这一点非常重要。

4. 无过错责任

正如上文所述,不以过错为前提的责任在德国始终是过错责任

---

[92] 参见 BGHZ 24, 200 (213); BGH [1980] NJW 2810. 详述参见 Kötz/Wagner(上注27), Rn. 292ff.; Palandt/Heinrichs(上注10), § 31 Rn. 7ff.; Weick in *Staudinger, BürgerlichesGesetzbuch, Kommentar*(13. Aufl. 1994)(Staudinger/Weick), § 31 Rn. 23ff.
[93] 如果事务本人是个体企业的话,就更不需要考虑这一问题。
[94] 更详尽的参见 Weyers, *Versicherungsvertragsrecht*(2. Aufl. 1995), Rn. 362ff.
[95] So schon RGZ 51, 20.
[96] 参见 BGHZ 11, 120; BGHZ 122, 250.

这一原则的例外。由此导致的结果是司法裁判认为只有立法者能够确立这类责任。司法裁判拒绝类推适用现存的危险责任,拒不承认所谓"升高的危险源"[97]作为一般责任要件事实。[98]为德国制定危险责任一般条款的呼声日增。[99]但目前计划的改革仅仅停留在大量的个别法律,当中规定了危险责任的确切范围,其正当化基础是各种活动的危险性,但其正当化理由也是千差万别。将这些正当化理由粗略地系统整理一下,有如下几种:(1)机动车营运(《道路交通法》第7条,《航空法》第33、55条,《责任法》第1条[100]);(2)危险设施营运(《原子能法》第25条,《责任法》第2条[101],《联邦矿业法》第114条);(3)对动物的责任(《民法典》第833条前段,《联邦狩猎法》第29条);(4)环境影响(《环境责任法》第1条,《水资源法》第22条);(5)有害产品的制造和投入流通(《产品责任法》第1条、《药品法》第84条、《基因技术法》第32条)。下面就对交易领域、医疗领域和缺陷产品领域的危险责任做进一步的分析。

(1)交通领域的危险责任

《道路交通法》第7条第1款规定了道路交通领域内机动车保有人[102]在驾驶时造成损害,尤其是致他人身体受伤或死亡的无过错责任。为自己利益使用并处分机动车[103]的所有人对其他人驾驶引起的事故也要负责。不是所有人的驾驶人不承担客观责任,而是承担过错

---

[97] 引人注目的有 M. Will, *Quellen erhöhter Gefahr* (1980)。
[98] BGHZ 54, 332; BGHZ 55, 229; 此外,可参考 E. Deutsch(上注53), Rn. 363; MünchKomm/Mertens(上注1), Vor §§ 823 Rn. 23f。
[99] 尤其参见 H. Kötz, in: *Gutachten und Vorschläge zur Überarbeitung des Schuldrechts Bd.* II (1981) 1779 ff。
[100] 《责任法》(HaftpflG)第1条涉及轨道交通和索道交通的营运。
[101] 《责任法》(HaftpflG)第2条涉及能源生产机输送设施的营运。
[102] 《道路交通法》中的危险责任只对时速超过20公里的机动车有效(§8 StVG)。
[103] BGHZ 13, 351。

推定责任（《道路交通法》第 18 条）。

直到最近的改革，只要所有人证明因不可避免的事件引起损害，就不必承担严格的所有人责任（《道路交通法》第 7 条第 2 款）。所谓不可避免是指并非因机动车失灵，且驾驶员即使尽到最大注意仍难以避免。比如，肇事车辆的速度超过了高速公路建议的 130 公里/小时，即便该建议是没有法律拘束力的，超过这一速度也构成对"理想司机"应尽最大注意义务的违反。[104] 只有能够证明即便遵守这一恰当的速度限制仍然会引发同样的结果（因此不可避免）时，才能免责（就变化参见下文边码 53）。 49

《道路交通法》第 7 条第 1 款规定的严格所有人责任原则上与驾驶者是谁无关。所有人不必对未经其允许使用机动车的非法驾驶者造成的损害负责；因为非法驾驶者必须像所有人那样不问过错承担责任。如果因所有人的过失使不法驾驶者有机可乘，比如没有锁车或将车钥匙落在车内，那么他和不法驾驶者承担连带责任（《道路交通法》第 7 条第 3 款第 1 句）。 50

机动车驾驶人和无偿搭载的乘客不能主张所有人责任（《道路交通法》第 8a 条）。[105] 51

所有人责任在范围上是受限的。直到目前都没有规定精神抚慰金（《道路交通法》第 11 条）；不仅如此，还有最高责任限额的规定（《道路交通法》第 12 条），直到目前单个受害人的一次性赔偿金上限是 50 万马克，年定期金上限是 3 万马克；有多个受害人的一次性赔偿上限是 75 万马克，年定期金上限是 4 万 5 千马克。[106] 52

此前提到的损害赔偿法改革给《道路交通法》带来了一系列全 53

---

[104] BGHZ 117, 337.
[105] 共乘团体（如工友之间约定一道乘车），即便其通常会分摊费用，也不被认为是有偿运输，参见 BGHZ 80, 303。
[106] 当运输是有偿经营性的，受害人又是乘客时，多个受害人中的责任限额不生效（§12 Abs. 1 Nr. 2 StVG）。

新变化。可以就严格的保有人责任免责的事由不再是"不可避免的事件",而是"不可抗力"(höhere Gewalt)。[107] 此外,无偿搭载的乘客也可以主张保有人责任。[108] 最后,新规则引入了精神抚慰金请求权,并提高了责任限额,即单个受害者一次性赔偿不超过 60 万欧元或年定期金不超过 3 万 6 千欧元;多个受害者一次性赔偿不超过 300 万欧元,年定期金不超过 18 万欧元。[109] 如果损害是由运输危险品的机动车引起的,在受害者有多人时,赔偿限额翻倍。[110]

(2) 医疗领域内的危险责任

54　在医疗领域,只有药物和通过基因改造过的机体引起的损害可能引起危险责任。

55　根据《药品法》第 84 条,只要药物的效果超出医学认识认可的范围且该原因在药物研发和生产阶段或标识、使用说明不符合医学认知的要求,则医药生产商对根据用途使用之药品[111]造成的损害负无过错责任。

56　根据《基因技术法》第 32 条,基因技术的经营者[112]对基因改造引起的身体机能损害负客观责任。

57　到目前为止,上述两类规则都不承认精神抚慰金请求权,[113] 且都规定了责任上限。《药品法》规定的单个受害者得到赔偿的上限是

---

[107] § 7 Abs. 2 StVG n. F.
[108] § 8a StVG n. F.
[109] § 12 StVG n. F.
[110] 新的《道路交通法》(§ 12a StVG)做了这一规定。
[111] 《产品责任法》显然不适用于需要许可的药品,§ 15 ProdHaftG.
[112] "经营者"(Betreiber)的概念在《基因技术法》第 3 条第 6 项中有详细界定。它包括基因技术设备的建立者和运营者、从事基因技术工作的人、初次且未获批准将基因技术产品投入流通领域的人。
[113] 最新的规定为这两种危险责任引入了精神抚慰金制度:《药品法》第 1 条第 3 项、第 9 条第 2 款第 1 项。

100万马克，年定期金为6万马克，[114] 由同一供应商导致的多人损害的赔偿上限为2亿马克，年定期金为1200万马克。[115]《基因技术法》规定的总额为1亿6千万马克。[116]《基因技术法》还推定因果关系存在（《基因技术法》第34条），基因技术改造的机体导致的损害原因是基因变化的特性。[117] 如果可能存在其他的特性造成损害，则可以弱化该推定。如果药物可以引起损害，现在也可适用类似的因果关系推定。[118]

（3）瑕疵产品的危险责任

《产品责任法》[119] 规定瑕疵产品导致的损害适用严格责任，并以此转化了相应的欧盟指令。[120] 这一责任适用于未能提供可期待的安全保障的产品造成的人身伤害。与物之损害不同，人身伤害中不以有害产品用于私人目的为条件（《产品责任法》第1条）。制造者，在特定情况下经销商也负有赔偿义务（《产品责任法》第4条）。到目前为止，《产品责任法》未承认精神抚慰金。责任限额是1亿6千万马克（《产品责任法》第10条第1款）。《修改损害赔偿法的第二法案》（Das Zweite Gesetz zur Änderung schadensersatzrechtlicher Vorschriften）引入了精神抚慰金，责任限额是8500万欧元。[121]

---

[114] 《药品法》第88条第1款第1项，新规则引入了一次性赔偿60万欧元，年定期金3万6千欧元的上限规定。

[115] 《药品法》第88条第1款第2项，新规则引入了一次性赔偿1亿2千万欧元，年定期金720万欧元的上限规定。

[116] 《基因技术法》第33条，新规则设定了8千5百万欧元的上限。

[117] 类似的因果关系推定在《环境责任法》（UmwelthaftungG）第6条中也有规定，只要该设施可以引发已出现的损害，就被推定为损害发生的原因。

[118] Nr. §84 Abs. 2 ArzneimittelG n. F.

[119] Gesetz über die Haftung für fehlerhafte Produkte vom 15. 12. 1989（BGBl. 1989 I 2198）.

[120] Richtlinie 85/374/EWG vom 25. 7. 1985 zur Angleichung der Rechts- und Verwaltungsvorschriften der Mitgliedstaaten über die Haftung für fehlerhafte Produkte.

[121] 该法的第9条第3款。

5. 因果关系不明的责任

加害人是否导致受害人的人身伤害情况不明时，适用的一般规则是赔偿请求权不成立。如果赔偿请求权要成立，在因果关系方面原则上至少要满足几乎确定的可能性（an Sicherheit grenzender Wahrscheinlichkeit）这个要求。[122] 不过还是有许多制定法或法官法的规则可以减轻受害人对因果关系的证明难度，比如此前提到的《基因技术法》第34条、《药品法》第84条第2款或《民法典》第252条以及判例发展出来的表见证明（zum Beweis des ersten Anscheins）原则[123]。根据《民法典》第252条，将来发生盈利损失的可能性就足以充分损害赔偿的要件。

就一些因果关系不明的案件而言，从因果关系理论的一般规则中可以推知，当中存在可归责的联系。因此，当参与行为确定，但与结果部分的因果关系不明确时，所有共同加害行为的参与者都必须作为共同债务人负责。[124] 多个加害人彼此无协作，即作为无意思联络的行为人（Nebentäter）引发损害，当一个加害人的行为足以导致全部损害发生，即便不能确定其行为导致了损害发生，该加害人也要对全部损害负责（替代因果关系，alternative Kausalität）。[125] 当并非多个加害人个别的原因力导致损害的发生，而是多个行为效果累积起来才导致损害发生的，也可以用同样的解决办法（累积因果关系，kumulative Kausalität）。[126] 受害人被一个司机撞倒，在一年后被另一

---

[122] 参见 R. Greger in R. Zöller, *Zivilprozessordnung*（22. Aufl. 2001）（Zöller/Greger），§286 Rn. 17ff.

[123] 参见 Zöller/Greger（上注122），Vor §284 Rn. 29.

[124] §830 Abs. 1 S. 2 BGB.

[125] BGH [1992] NJW 2692; BGH [1993] NJW 1723; E. Deutsch（上注53），Rn. 61; Palandt/Heinrichs（上注10），§249 Rn. 86; Staudinger/Schiemann（上注20），§249 Rn. 91.

[126] BGH [1964] VersR 49; E. Deutsch（上注53），Rn. 60; Staudinger/Schiemann（上注20），§249 Rn. 91.

个司机撞倒,且第二个事故在多大范围内加重了第一个事故造成的损害难以确定,在这种案件中甚至都适用连带责任。[127]

与法国法[128]不同,德国法到目前为止都未承认机会丧失的特别因果关系规则。赔偿取决于机会有实现的充分可能。唯有这一条件满足,所有因机会丧失导致的损害才能得到赔偿。如果这一可能性并不充分,则损害赔偿请求权不成立。根据丧失机会的可能性比例确定的按比例赔偿责任到目前为止还未得到承认。

6. 特殊的运输规则

对所有成员国都有效并创制统一规则的国际运输条约,如《华沙条约》、《国际公路货物运输公约》(CMR)等在本文中不作讨论,因为比较的成效不大。

1998年重新制定的《商法典》中的货运规则包含了不同于一般侵权、合同责任的规则,这对人身伤害赔偿而言也有意义。根据《商法典》第414条,货物发送人,尤其是危险物品发送人对承运人造成的因未妥善包装、标识造成的损害和费用,不问过错承担责任。[129] 当中的费用包括第三人承担的人身伤害费用,只要承运人必须对此负责。[130] 因此,发送人必须承担无数额上限的责任。其他不问过错责任适用于运输者(Frachtführer,《商法典》第425条)和运输业者(Spediteur,《商法典》第461条),但只和运载货物有关,和人身伤害无关。

---

[127] BGH [2002] NJW, 504.
[128] 参见 S. Galand-Carval, in J. Spier (Hrsg.), *Unification of Tort Law: Causation* (2000) S. 56:盈利或无损害顺利进行的几率那部分损失应得到赔偿。
[129] 如果发送人是消费者,则他仅就过错负责。§414 Abs. 3 HGB.
[130] 参见 Fremuth/Thume, *Kommentar zum Transportrecht* (2000) §414 HGB Rn. 15。

(三) 证明责任的分配

64　　对所有的合同法责任和侵权法责任的证明责任分配而言,出发点是提出请求权人需要对请求权的构成要件事实予以陈述和证明。[131] 受害者必须证明合同义务违反、对绝对权的侵犯、对制定法的违反或其他请求权成立要件,此外,还有他的损害、因果关系及必要时加害人的过错。当然,这一原则也存在一些重要例外。

65　　因此,在合同法中,推定违反合同义务的当事人有过错(《民法典》第280条第1款前段)。违约人必须证明自己无过失,[132] 并承担证明不利的风险。涉及通常需要提出请求人证明的违约和损害之间的因果关系时,[133] 应适用证明责任减轻规则:当合同当事人有重大违反合同义务的行为,且该行为足以引起已发生损害的类型时,司法裁判将因果关系的证明责任倒置。[134]

66　　在侵权责任领域,责任的构成要件通常分为需证明过错的、过错推定和不问过错这几种。即便是在纯粹的过错责任中,司法裁判也容许偏离证明责任分配原则例外的存在:比如说,在《民法典》第823条第1款中的产品责任中,当损害是由产品的设计或生产引起的,受害人无需证明生产者的过错,[135] 而是制造者必须证明自己的

---

[131] Vgl. etwa BGHZ 39, 103; BGH [1974] VersR 1222; E. Deutsch(上注53), Rn. 506; Palandt/Heinrichs(上注10), Vor § 249 Rn. 162;一般论述见 Zöller/Greger(上注122), Vor § 284.

[132] 应理解《民法典》第280条第1款第2句的新表述,参见立法理由 BT-Drucks. 14/6040 S. 136.

[133] Etwa BGH [1988] NJW 203; BGH [1989] NJW 2946.

[134] 概述参见 Palandt/Heinrichs(上注10), § 282 Rn. 14f.; und Staudinger/Löwisch(上注42), § 282 Rn. 25ff.

[135] 指导性判决是 BGHZ 51, 91.

行为无过错。这一规则甚至对小企业,如家庭旅馆业适用。[136] 此外,重大义务违反通常也会推出这一行为与发生损害间存在因果关系,这一点在医事责任[137]中尤其突出。

上文已经提到的法定因果关系推定有《基因技术法》第 34 条、《药品法》第 84 条第 2 款、《环境责任法》第 6 条。[138] 它们从生物体、药品或设施可以引起案件中的损害推定这些是损害的原因。但是,当有其他原因可能引起损害时,该推定的效力减弱。[139]

此外,表见证据(Anscheinsbeweis)规则(根据典型的现象发生过程通常会发生的[140])及证明责任分配规则构成一般的证明责任减轻规则。如果加害人,比如说医生未做必要记录或不能出示能说明医疗失误的材料,那么,受害人就无需再证明这一瑕疵的存在。[141]

67

68

(四)受害人的共同过失

根据对合同责任和所有侵权责任通行的基本规则——《民法典》第 254 条,通常需要考虑受害人的共同过失。首先,这以受害人的责任能力为前提。[142] 因此,不满七岁的未成年人无需对自己的共同过失负责,但其法定代理人在合同关系或准合同关系中需要对此负责。[143] 超过七周岁的未成年人在能意识到需避免造成损害时具备共同

69

---

[136] BGHZ 116, 104.
[137] BGHZ 85, 212; BGH [1988] NJW 203; BGH [1989] NJW 2946.
[138] 参见上文(二)5. 部分。
[139] 参见 § 34 Abs. 2 GentechnikG, § 84 Abs. 2 und 3 ArzneimittelG, § 7 UmwelthaftungG.
[140] 参见 Zöller/Greger(上注 122), Vor § 284 Rn. 29.
[141] BGH [1996] NJW 779; BGH [1996] NJW 1589.
[142] BGHZ 9, 317; BGHZ 24, 327.
[143] 这可从《民法典》第 254 条第 2 款第 2 句推知,该规定指示参照《民法典》第 278 条。后者不仅规定了履行辅助人行为的归责,还规定了法定代理人行为的归责。参见 BGHZ 1, 249; BGHZ 73, 192; BGHZ 103, 342.

责任能力。[144]

70　　受害人必须共同造成自己的损害且未达到保护自己利益应尽的注意要求。即便是物或经营危险，比如机动车所有人责任，如果受害人共同造成损害，他也应就此归责。[145] 如果行人径直穿越熙熙攘攘的大道，而不走就近的过街天桥而被撞倒，就构成违反保护自己利益的要求。[146]

71　　共同过失不仅与责任成立时的行为有关，还和已发生损害的降低有关。在这两个阶段中，受害人都有降低损害的不真正义务。[147]

72　　如果受害人存在共同过失，则他的损害赔偿请求权按比例减少，在一定情况下会完全消灭。在哪些情况中共同过失会影响损害赔偿请求权取决于案件的具体情况，在当中必须权衡各种因素（《民法典》第254条第1款）。首先要考虑的是因果关系，其次要考虑过错。共同过失的比例若低于百分之十，则一般就会忽略不计。[148] 如果加害人是故意的，则通常无需再考虑受害人的共同过失。[149] 在双方仅仅是过失时，如果过错程度相近，则在损害方面各承担一半。除此之外，从判例中难以得出可用于权衡的一般规则。

（五）人身伤害中应得到赔偿的损害

73　　正如上文所述，在合同责任或《民法典》以外规定的危险责任中，迄今为止尚未承认对人身伤害给予精神抚慰金。当然，最近的

144　参见 OLG Celle NJW 1968, 2146. 在机动车交通领域，儿童直到十岁都是无共同过失能力的（§828 Abs. 2 BGB n. F.）。
145　一直以来的判例，如 BGHZ 6, 320；BGHZ 12, 128.
146　BGH［2000］NJW 3069.
147　就损害成立参见《民法典》第254条第1款，就损害减少参见《民法典》第254条第2款第1句。
148　Palandt/Heinrichs（上注10），§254 Rn. 52.
149　Etwa BGHZ 98, 158.

改革对此作了修正。此外，根据《民法典》第249条，所有的损害应得到赔偿。这包括必要的治疗费、需要护理时的护理费[150]，甚至其他更高的费用，如为了让房屋不致受事故所引发的妨害影响所必要的改建费。[151]

在一时或持续、部分或全部丧失收入能力的情形中，必须对劳动收入或其他经济来源的损失予以赔偿。[152]受害人可以要求赔偿一直以来获取的薪金[153]或将来可能获得的收入（《民法典》第252条）。与此相反，劳动能力的抽象丧失，即无法用于挣取金钱的能力丧失，则通常不能获得实质赔偿。没有具体收入损失的人，如失业者、[154]无劳动收入的孩童、[155]无需劳动靠其他收入生活的人[156]或从事社会慈善事业、无偿劳动的人[157]都不能要求损害赔偿。但操持家务的配偶除外，在其遭受侵害时可以请求为替代劳力支出的必要费用。[158]另一个例外是事务执行合伙人（der geschäftsführende Gesellschafter），当侵害人身权益导致其企业的盈利遭致难以证明的减少[159]时，他可以要求得到这段时间的正常薪酬。

---

[150] 参见 OLG Köln [1989] *Zeitschrift für das gesamte Familienrecht* (FamRZ), 178. 即使是为护理人员支付的养老保险金也可获得赔偿：BGHZ 140, 39. 居住在异地有照顾权利的人为看望严重残障的儿童支出的费用也是可赔的：OLG Bremen [2001] VersR 595.

[151] BGH [1982] NJW 757.

[152] Etwa BGH [1984] VersR 639; BGH [1998] NJW 1633. 其他引证参见 MünchKomm/Stein（上注77），§842 Rn. 6ff.

[153] 在受害者从雇主那里继续获得薪酬的范围内，受害者对加害者的损害赔偿请求权法定移转给雇主（§6 EFZG）。

[154] BGHZ 54, 45 (52).

[155] MünchKomm/Stein（上注77），§842 Rn. 8.

[156] MünchKomm/Stein（上注77），§842 Rn. 8.

[157] OLG Celle [1988] NJW2618（无偿劳动的修士受伤），与此观点不同的是 LG Karlsruhe [1996] NJW-RR 1239.

[158] BGHZ 38, 59; BGHZ 50, 305.

[159] BGH [1970] NJW 95; BGH [1971] NJW 1136.

75 　　用于家庭保障或养老金保障的收入部分也属于可赔的损失。[160] 加害人必须予以赔偿，就像其必须赔偿受害人为实现自己权利支出的必要行政或诉讼费用。[161]

76 　　有权要求赔偿者原则上限于受害人本人。

（六）死亡案件中应赔偿的损害

77 　　在死亡案件中，加害人应当承担丧葬费（《民法典》第844条第1款）。此外，在存在亲属法上的扶（抚）养义务时，还要赔偿扶（抚）养费权利人的扶（抚）养费损失（《民法典》第844条第2款）。

78 　　扶（抚）养费损失通过下述方法确定：首先确定死者的净收入，然后根据扶（抚）养法（《民法典》第1601条以下）的条款确定当中扶（抚）养义务人对权利人承担的份额。[162] 在收入充裕时，扶（抚）养义务范围以足以维持权利人合适的生活水平为限（《民法典》第1610条）。加害人仅需赔偿这部分损失，而无需赔偿权利人事实上获得的更高的扶（抚）养费。[163] 死者的收入不能完全满足所有的扶（抚）养请求权的，则应当以事实上可分的收入来满足它们。加害人仅需赔偿这一份额。[164]

79 　　在死亡案件中无需赔偿非物质损害。特别是其近亲属不能主张情感创伤的赔偿。只有在这一创伤是医学上可以证实的损害时才能要求赔偿，比如因目睹死亡经过或知悉死亡消息遭受的惊吓损害。[165]

160　BGHZ 127, 391；详见 MünchKomm/Stein（上注77），§843 Rn. 16ff.
161　解雇保护程序的费用：BGH [1990] NJW 1360.
162　参见 [1990] BGH NJW-RR 706.
163　BGH [1989] *Deutsche Autorecht* (DAR) 21.
164　参见 Palandt/Thomas（上注27），§844 Rn. 8ff.
165　BGHZ 56, 163.

(七) 赔偿的范围和种类

如上文所述,自2002年8月1日以来,非物质损害在合同损害赔偿责任或危险责任中原则上也是可赔的。[166] 在危险责任中几乎都有责任限额。[167] 德国法中并未承认在人身伤害赔偿法中有重要意义的免赔额(自担损失)。[168]

80

如果侵害造成持续的妨碍,且造成受害人的生活能力丧失、受限或生活需求增加,则损害可以通过定期金得以填补(《民法典》第843条第1款)。在持续性后果变化、好转或恶化时可以调整定期金数额以适应变化了的情况。唯有出于特别的事由——如重塑生活或独立开业[169]——受害人才能要求替代定期金的一次性赔偿(《民法典》第843条第3款)。

81

计算定期金或一次性赔偿金时应以具体的财产损害,特别是受害人收入的减少为标准。原则上不采用抽象的计算方法。在未来损害的计算中必须以可期待的事实为基础,比如因接受培训可获得一定收入的预期。[170] 在受害者为儿童时,应以其父母的职业和教育水平为准来估测儿童的预期收入。[171]

82

在定期金赔偿中不考虑利息。在一次性补偿中则通常要考虑可预见的变化,如货币贬值。

83

---

166 参见上文(二)4. 部分。
167 同样参见上文(二)4. 部分。
168 实践中更为重要的免赔额[自担损失(Selbstbehalt)]是《产品责任法》第11条对物之损害的规定(1125马克)。
169 RG[1933] *Juristische Wochenschrift*(JW)840.
170 深入评述参见 MünchKomm/Stein(上注77),§843 Rn. 9ff.
171 参见 OLG Frankfurt VersR 1989, 48;OLG Karlsruhe VersR 1989, 1101;赞同这一意见的有 MünchKomm/Stein(上注77),§843 Rn. 23.

（八）责任保险对受害人的意义

84　　在危险责任的某些领域中，尤其是机动车所有人、[172] 原子能经营者[173]及基因技术经营者[174]或危害环境设施的经营者[175]有义务就责任风险投保。有的允许受害人直接向加害人的承保人主张损害赔偿，特别是《责任保险法》第 3 条中规定的对机动车所有人承保人的请求权。[176] 潜在加害人的投保义务和受害人对承保人的直接请求权之间的互动使得受害人获得针对道路交通风险的广泛保障。这些风险使得社会法上的交通事故险应运而生。

85　　只要受害人能够对加害人的承保人行使直接请求权，一般就能避免遭加害人破产风险之害。此外，受害人的责任填补请求权在加害人破产时可要求优先受偿（《保险合同法》第 157 条）。当然这以加害人已经上了责任保险为前提。除此之外，受害人在加害人破产时不享有更多的保护。

（九）国际私法

86　　首先由国际公约确定可适用的合同法或侵权法，在不能确定时由《民法施行法》第 27 条以下及第 40 条以下确定的独立冲突规范确定。

87　　合同法以当事人选择的法律为准（《民法施行法》第 27 条），在没有选择准据法时，以有最密切联系的法律为准，参考标准是合

---

[172]　参见 §1 PflichtversicherungG.
[173]　参见 §§13f. AtomG.
[174]　参见 §36 GentechnikG.
[175]　§19 UmwelthaftungG.
[176]　深入论述参见 Kötz/Wagner（上注 27），Rn. 398ff.

同的类型（参见《民法施行法》第 28、29、30 条）。主要是以标表合同特征的给付发生的当事人居住地或营业地为准（《民法施行法》第 28 条第 2 款）。

侵权法通常以行为地法为准据法。当然，受害人也可以选择权益侵害行为结果发生地的法律为准据法（《民法施行法》第 40 条第 1 款第 1 句）。但是这一选择权只能在早期诉讼阶段行使（《民法施行法》第 40 条第 1 款第 3 句）。如果加害人与受害人的惯常居住地在同一个国家，这一国家的法律也可以适用（《民法施行法》第 40 条第 2 款），此时受害人无选择权。[177] 在侵权关系当事人间有实质性的密切关系时，上述通常的关联点当然可以不予考虑（《民法施行法》第 41 条）。此外，当事人还可以嗣后就法律选择达成一致（《民法施行法》第 42 条）。

二、案例

（一）案例 1

如果 D2 是因过失引起事故的，P 可以根据《民法典》第 253 条第 2 款转引第 823 条第 1 款就其非物质损害向 D2 主张抚慰金赔偿，数额是 25 万欧元（在一定情形下可以高达 50 万欧元）。[178] 根据《民法典》第 831 条，只要 D2 是 D1 的事务辅助人，D1 也要承担责任，且 D1 不能以他在选任或监督 D2 时无过失为由免责。

如果《民法典》第 823 条第 1 款（就 D2 而言）、第 831 条（就

---

[177] A. Heldrich in Palandt, *Bürgerliches Gesetzbuch*, *Kommentar* (61. Aufl. 2002) (Palandt/Heldrich), Art. 40 EGBGB Rn. 5.

[178] 25 万欧元差不多是到目前为止对最严重伤害的最高赔偿额，参见 OLG Düsseldorf [1993] VersR 113；LG Hanau [1995] *Zeitschrift für Schadensrecht* (zfs) 211. 50 万欧元是在一个简短而尚无拘束力的判决中被支持的：LG München [2001] VersR 1124.

D1 而言）的构成要件成立，那么 D1 和 D2 都要对物质损害承担责任。此外，根据《道路交通法》，他们应当承担最高 60 万欧元的一次性赔偿金和 3 万 6 千欧元一年的定期金赔偿：D1 作为保有人承担无过错责任[179]，D2 承担过错推定责任。[180] 一旦责任要件成立，则 P 必须先被赔偿所有的治疗费等费用。作为收入损失，他可以要求赔偿在通常进展中本可获得的收入。如果受害人受到的学校教育能够让其期待能作为医科医生顺利毕业，那么他就能获得通常医生收入的赔偿——即作为初执业者年收入 6 万欧元（月定期金 5 千欧元），然后根据通常的薪资增长，年收入可达到 20 万欧元（月收入约 16667 欧元）。更高的定期金只有在得到特别证明时才能予以支持。

91　　P 的亲属并无损害赔偿请求权。

（二）案例 2

92　　1. 如果 D2 在第一次手术或后续治疗中有过失，且 D1 根据《民法典》第 278 条须对作为履行辅助人的 D2 负责，那么 P 可以从 D1 处根据医疗合同获得损害赔偿。根据《民法典》第 280 条第 1 款第 2 句推定 D2 有过错。

93　　P 可以根据违约要求治疗费（2002 年 8 月 1 日后还可以是抚慰金）的赔偿，亦可要求 6 个月家政服务的赔偿。

94　　在可以证明 D2 有过失时，P 还可以根据《民法典》第 253 条第 2 款、第 823 条第 1 款要求 D2 赔偿作为抚慰金的因治疗和寻找替代劳力支出的合理费用。

95　　在满足《民法典》第 831 条的前提下（D2 是事务辅助人，D1 不能免责），D1 在同等范围内和 D2 承担责任。

---

[179]　Nacw § 7 StVG.
[180]　Nacw § 18 StVG.

P 的孩子和配偶没有独立的请求权。

2. 如果不能确定并发症究竟归因于 D2 的错误行为，还是 P 糟糕的身体素质，那么 P 的合同和侵权请求权都不能成立，因为没有错误行为与损害之间的责任成立因果关系。只有在 D2 因过失忽视了 P 糟糕的身体素质而很可能因此未避免并发症时，上述 1. 中所述的责任才成立。

（三）案例 3

1. 如果 D 的行为有过错，S 的遗孀和女儿可以得到扶养费或抚养费的全额赔偿（《民法典》第 823 条第 1 款、第 844 条），但 D 是事故车辆的所有人或难以推翻《道路交通法》第 18 条的过错推定的，其责任范围受到《道路交通法》限额的限制。[181]

作为扶（抚）养费损失，遗孀和女儿可以根据扶（抚）养费法规定的数额获得赔偿。根据《民法典》第 254 条第 2 款第 1 句的规定，健在的配偶负有减少损失的不真正义务，并应根据年龄和劳动能力，在可期待的范围内从事谋生活动。[182] 必须照顾未成年孩童至 15 岁，且在婚姻存续期间未从事谋生活动的遗孀没有义务通过自己的劳动减少扶（抚）养费损失。[183] 遗孀也可以主张作为夫妻共同生活合适的扶养费赔偿。大致的规则是有扶养请求权的配偶可以得到扶养义务人可分收入的七分之三作为扶养费。[184] 配偶或离异者之间

---

[181] 自 2002 年 8 月 1 日起，单一受害者的年定期金最高额变为 3 万 6 千欧元，多个受害者总共的最高额为 18 万欧元，多个受害者按份额分配这笔赔偿金（§12 StVG）。

[182] 参见 BGHZ 87, 121; eingehend MünchKomm/Stein（上注 77），§844 Rn. 31; Palandt/Thomas（上注 27），§844 Rn. 10.

[183] OLG Frankfurt [1998] NJW-RR 1699; Palandt/Thomas（上注 27），§844 Rn. 10.

[184] BGH [1979] NJW 1985.

的扶养费请求权无上限［满足界限（Sättigungsgrenze）］限制。[185] 但当收入很高时，应认为其不全属于生活必需，根据构成生活必需资本的比例相应减少赔偿数额。[186] 要求获得扶养费的配偶必须出具具体的生活需要。[187] 因此，在个案中还需要证明具体的需求。

100　　女儿的请求权以通常的抚养费表格中的最高近似值为准。根据杜塞尔多夫表[188]，这一数值是 538 欧元，如果能证明还有其他需求，可以提高这一数值。[189] 不能将父母的奢侈品开支自动计入孩子的需求份额。

101　　2. 如果 S 与有过失，则遗孀和孩子的请求权范围根据共同过失的程度相应减少（《民法典》第 846 条）。

---

[185] 参见 BGH［1982］NJW 1654；BGH［1994］NJW 2618；Brudermüller in Palandt, Bürgerliches Gesetzbuch, Kommentar（61. Aufl. 2002）（Palandt/Brudermüller）§1578 Rn. 39.

[186] 附有大量引证的深入论述参见 Palandt/Brudermüller（上注 185）§1578 Rn. 39.

[187] 参见 OLG Bamberg［1999］FamRZ 513；OLG Köln［2001］*Familie und Recht*（FuR）412.

[188] 参见［2001］NJW Beilage zu Heft 33.

[189] BGH［2000］NJW 254.

意大利的人身伤害赔偿

弗兰西斯科·D. 布斯内利 乔瓦尼·科曼德

一、基本问题

(一) 导论

1　在意大利法律制度中，侵权法中很少有明确调整人身伤害赔偿的规则。我们发现有一些规则位于民法典中，但他们大部分是针对非金钱损失的。也有具体规则调整着法律的特定领域，如劳工赔偿法。

2　民法典中只有一个规则明确调整人身伤害赔偿。民法典第2057条规定"当人身伤害具有永久性时，法官根据双方当事人的条件和损害的性质，确定终身年金形式的赔偿金"。然而，该规则总是遭到案例法的忽视。

3　然而，人身伤害赔偿在意大利法律制度中看来起着核心作用。该制度在理解侵权责任，尤其是在人身伤害可获赔的损失方面已发生了翻天覆地的变化。

4　侵权法原始的惩罚目标仍由民法典第2059条清晰地维持着。该条把精神损害赔偿只限定在法律规定的情形（主要是但不是只在侵权根据刑法典第185条的规定，也构成犯罪时）。

5　　在意大利法律制度中，责任的一般规则（民法典第 2043 条），没有把损害赔偿一般地限定在财产损失（对"财产损失"可根据民法典第 2059 条做出相对解释），与非财产损害"有限补救"的特别规则（民法典第 2059 条）并存着。前者的目标主要致力于赔偿功能。后者主要针对抚慰和惩罚功能。然而，我们刚才提到的区分并没有涵盖所有类型的被理解为一般意义上的非金钱损失。此外，它与法院判给的人身伤害赔偿不符。

6　　今天，意大利法律制度认为非经济损失就是那些客观上不能评估其经济价值的损失，尽管民法典第 2043 条的一般规则，根据赔偿目标，认为所有损害都能评估其经济价值。然而，民法典第 2059 条对非经济损害的限定非常严格——至少按照学者对它的普遍理解——因为它主要把它们与犯罪联系在一起（刑法典第 185 条）。

7　　对根据民法典第 2043 条总是能获得赔偿的（财产或其他）损害与根据民法典第 2059 条能获得赔偿的非财产损害之间的区别能概括如下：前者是从经济的角度能予以客观评价的损害，它们符合充分和不免除赔偿的一般规则；后者，因为不能在经济上予以客观评价，相当于严重伤害的选择性规则，主要只在实际案件中有犯罪的情形下才能发现民法典第 2059 条的适用。[1]

8　　因此，非财产损害的范畴与非金钱损失的范畴并没有部分重叠，因为从经济的角度能够予以客观评价的一些损害（所谓的生理损害或生物损害[2]）在大多数法律制度中肯定是包括在非金钱损害的范

---

[1] 注意案例法对它的解读已经更灵活了，而且保护个人数据的法律（art. 29 sec. 9 of law no. 675/1996）突出了可赔偿非财产损害的另一种情形。关于近来对提出一种迈向文本所表明的趋势的解释的详细分析，参见 E. Navarretta, *Diritti inviolabili e risarcimento del danno*（1996）。对推动法院遵循方向的实际案例的讨论，亦参见 G. Comandé, Danno non patrimoniale: giurisprudenza e dottrina a confronto, [1994] *Contratto e Impresa*, 870 et seq.

[2] 为了本文，我们将使惯用语 "danno alla salute" 来完全替代 "danno biologico"。

围中（参见生活不便/官能丧失概念等）。

这一制定法框架对意大利非金钱损失制度的演变影响巨大，它有助于突出独特的切实可行的概念性方案，与其他欧洲国家的制度形成对照。在过去大约三十年中，意大利的制度已经历了深刻变化，包括人身伤害赔偿，尤其是发生人身伤害后的非金钱损失赔偿。今天，非金钱损失包括"生理损害"和"精神损害（danno morale）"，对人身伤害和死亡遭受的精神痛苦要判给赔偿金。[3]

人身伤害赔偿（尤其是对死亡的损害赔偿）主要满足了赔偿的目标，而精神损害的回复主要致力于抚慰、惩罚的任务，立法者能限制它们而丝毫不违反宪法原则。

现今，意大利对于人身伤害赔偿主要授予具有补偿目的的"生理损害"赔偿，而且，鉴于宪法致力于保护个体基本（神圣）的权利，这种利益的"损害赔偿不能受到限制"。[4]

直到1962年，法学百科全书（"Enciclopedia del Diritto"）才有一个词条首次专门明确用来解释"给身体造成的损害"（人身损害）[5]，这是一个被意大利学者忽视的话题：虽然对法律实践和民众的实际生活来说，人身伤害赔偿早已十分重要。不过，"法学百科全书"的这个引用过的词条坚持认为"收入是判给人身伤害赔偿金的

---

[3] 参见 G. Comandé, *Risarcimento del danno alla persona e alternative istituzionali*, Studio di diritto comparato (1999), pp. 17 et seq. 34 et seq., 246 et seq, 在传统上，法院民法典打算使第2059条只指犯罪时判给的损害赔偿，而且，当然，只指人而非团体。然而，法官把对更宽泛意义上的非财产损害给予损害赔偿金的规则延伸到法律实体，如市政组织、非营利组织。此外，实际的司法趋势是在没有刑事起诉的民事诉讼程序中，甚至违反刑事诉讼做出的无罪裁断中判给非财产损害赔偿金。参见 G. Comandé, Danno non patrimoniale: giurisprudenza e dottrina a confronto, [1994] *Contratto e Impresa*, 870 et seq.

[4] 在这些方面，*Corte Costituzionale*（Corte Cost.）14 July 1986 no. 184, [1986] *Foro Italiano*（Foro it.）I, 2053, with commentary by G. Ponzanelli, La Corte Constituzionale, il danno non patrimoniale e il danno alla salute.

[5] A. Gentile, *Danno alla persona*, in Enc. dir., vol. XVI (1962), pp. 634 et seq.

参数"。在这个框架中,人身伤害赔偿最终成为"因他/她的工作能力减损给受害人带来的经济损失"。

13　　很明显,这个解释无法令人满意。因此,比萨和热那亚的法官,通过与其各自所在城市大学中侵权法学者紧密合作,深刻改变了意大利的人身伤害赔偿决策,重塑了非金钱损失的类型。自从二十世纪八十年代以来,最高法院(*Corte di Cassazione*)和宪法法院(*Corte Constituzionale*)已经确认了由这些下级法院开创的司法趋势。

14　　法官遵循对于人身伤害赔偿的宪法方法:每个人都有权利享受健康,健康在本质上是宪法第 32 条保护的权利。在最高法院看来,法院应当遵守的原则是对健康权受到侵犯造成的损失必须予以赔偿,即使它没有伤害赚取收入的能力:其实,不论其赚取收入的能力如何,损害都应当独立地被赔偿。[6] 因此,案例法产生的新型人身伤害("生理损害"或"生物损害")很快在人身伤害损失中扮演了根本的和核心的角色。实际上,宪法法院声明,"生理损害"是"第一位的、必要的、优先的赔偿,该赔偿是所有其他赔偿的条件"。[7] 宪法法院还大力把"完全和不受限制地赔偿生理损害的宪法原则"从侵权责任扩展到与工作有关的伤害。[8]

15　　生理损害,一种非金钱损失,成为判给人身伤害赔偿金的损害

---

[6] This way, almost literally, *Corte di Cassazione*(Cass.), 6 June 1981, no. 3675. 大多数关于人身伤害赔偿的主要判决,作为附录,在 M. Bargagna/F. D. Busnelli(eds.), *La valutazione del danno alla salute*(3rd edn. 1995)中都能找到。在这里还有比萨生理损害研究团队成员在意大利国家研究委员会的支持下提供的其他资料和评论。亦参见同一研究团队的资料和评论 M. Bargagna/F. D. Busnelli(eds.), *Rapporto sullo stato della giurisprudenza in materia di danno alla salute*(1996),分析了 1000 多个判决。

[7] Corte Cost. 14 July 1986 no. 184(前注4)。

[8] Corte Cost. 27 December 1991, no. 485 [1992] *Resonsabilità civile e previdenza*(Resp. civ. prev.), 63, with commentary by E. Navarretta, *Capacità lavorativa generica, danno alla salute e nuovi rapporti tra responsabilità civile ed assicurazione sociale*(*In margine a Corte Constituzionale 485/1991*). 与工作有关的事故和交通事故的更多详情,参见 D. Poletti, *Danni alla persona negli accidenti da lavoro e da automobile*(1996)。

的主要类型。

在关于该问题的一个旧判决中,我们的宪法法院,因接受了非财产损害的广义概念(确立了受损利益的非经济特色),就不顾民法典第2059条设置的限制,把这个概念扩展到"生理损害",但是,它这样限定其用词:"所有保护被宪法承认为基本权利的健康权的要求,就出现在这种审查过的案件中"。[9] 然而,在保护健康权时不允许赔偿有限制的问题及其对相似案件不同处理的后果,使宪法法院回到了那个论争,使"生理损害"受民法典第2043条一般规则的调整。法院明确说"在构思民法典第2059条规定的非财产损害赔偿时,只有表现为临时、十分短暂的、心理上不安的主观上的肉体痛苦(pretium doloris)必须被包含"。[10]

给健康造成的损害,"生理损害"(总是可以赔偿的)和主观上的肉体痛苦(在民法典第2059条的范围内是可赔偿的)之间的区分被宪法法院[11]随后的一个判决所证实,该判决——正如最近的一个法令所证实的那样[12]——没有背离以前的184/1986号判决,"它增加了一些东西在与亲属死亡相联系的'生理损害'的特殊案件中,是同样的心理上的痛苦所导致的病理过程的最后时刻构成了主观上的精神损害。"

顺着宪法法院的这种趋势,我们就能够说根据民法典第2043条

---

[9] Corte Cost. 26 July 1979, no. 88, [1979] Resp. civ. prev., 698 with commentary by G. Ponzaneli, Danno non patrimoniale e danno alla salute: due sentenze della Corte Costituzionale.

[10] Corte Cost. 14 July 1986 no. 184 (前注4)。

[11] Corte Cost. 27 October 1994, no. 372, [1994] Giustizia civile (Giust. Civ.) I, 3035, with commentary by F. D. Busnelli, Tre "punti esclamativi", tre "punti interrogativi", un "punto e a capo"。

[12] Corte Cost. 22 July 1996, ord. no. 293, [1997] Giurisprudenza italiana (Giur. It.) II, 313 et seq. with commentary by G. Comandé, L'ordinanza 293 del 22 luglio 1996 ed il nodo irrisolto dell'art. 2059 c. c.

对"生理损害"进行完全赔偿现在是一个"既定事实"。[13]

(二) 侵权法和社会保障法的相互作用

19　　在民事责任甚至不能发挥辅助作用时，社会保障法就完全取代了侵权法。换句话说，即每逢责任主体没有确定或不能确定时。当意外事件导致人身伤害而使关于"民事行为无法律效力"的立法适用时就是这样的情形。伤害由输血或接种疫苗引起，公共卫生机构或其雇员不承担责任也是这样的情形。狩猎者被"不明的子弹"[14]伤害是这样的，行人或轿车司机被"逃逸的司机"所伤是这样的。在这种以社会保险法取代侵权法的假设中，责任主体能够确定，但是，侵权法不能发挥作用的情形也包括在内；雇员因其共同过失在工作时（或在其家庭活动中）造成事故也是这样的。

20　　社会保障通常部分覆盖丧失的收入和医药费用。它通常不补偿"非金钱损失"。

21　　然而，健康损害或者生理损害[15]，现今都被强制纳入为工伤事故和疾病签订的保险合同中。

22　　在二十世纪九十年代初，侵权制度和主要的特殊公共事故赔偿体制之间的相互作用有了重要的发展。它是一个适用于工业伤害的

---

[13] 几个判决中的这种方法，Cass. sez. un., 6 May 1995, no. 4991, [1996] *Rivista italiana diritto pubblico comunitario* (Riv. Dir. pubbl. Communit.), 1266.

[14] 根据宪法法院 4 March 1992 的判决，这就是这样一种情形（前注11）。

[15] 参见 F. D. Busnelli/ G. Comandé, Damages in the Italian Legal System, in U. Magnus (ed.), *Unification of Tort Law: Damages* (2001), pp. 117 *et seq.*; F. D. Busnelli/ G. Comandé, Non-Pecuniary Loss under Italian Law, in W. H. Rogers (ed.), *Unification of Tort Law: Non-Pecuniary Loss in a Comparative Perspective* (2001), pp. 135 *et seq.*

方案：d. P. R. n. 1124/1965。宪法法院的一系列判决[16]已经对保险制度范围内的工业伤害和侵权法制度范围内的职业病作了比较。它们发现保险制度不符合意大利宪法第 32 条，因为社会保障没有覆盖工人的身心伤害，所谓的健康或生理伤害[17]，对这些伤害要与它们对工人获取收入的能力的思考分开考虑。宪法第 32 条认为健康除了是普遍利益，还是基本人权。因此，立法者不得不改造 d. P. R. n. 1124/1965，并通过有效、快捷和自动的恢复为单纯的身心伤害提供特别的保障。同时，国家保险机构（公共保险公司）被剥夺了提起回复诉讼获得用来赔偿工人的精神损害和生理伤害的金钱的能力。[18] 现今上述公共制度也给予生理损害赔偿金。

这样一来，民事责任的原理和社会保障的原理就在健康损害恢复原则中找到了共同基础。从可赔偿损害的角度来看，对于它们的融合，这是根本性的一步。实际上，近来"法令"第 38/2000[19] 号第 13 条宣称，社会保障机构必须首先恢复事故或工业疾病中的被说成

---

16 Constitutional Court, 15 February 1991, no. 87, [1991] *Respon sabilità civile e previdenza* (RCP), 245 *et seq.*, commented by E. Navarretta, La riforma ideologica del danno alla salute: vecchio e nuovo nei rapporti tra responsabilità civile e assicurazione sociale; Constitutional Court, 18 July 1991, no. 356, [1991] Foro it c. 2967 and c. 3291, commented by G. De Marzo, Pregiudizio della capacità lavorativa generica: danno da lucro cessante o danno alla salute?, and D. Poletti, Il danno "biologico" del lavoratore tra tutela previdenziale e responsabilità civile; Constitutional Court, 27 December 1991, no. 485, [1992] RCP, 63 *et seq.*, commented by E. Navarretta, Capacità lavorativa generica, danno alla salute e nuovi rapporti tra responsabilità civile e assicurazione sociale.

17 关于该话题，参见 F. D. Busnelli/M. Bargagna, *La valutazione del danno alla salute* (3rd edn. 1995) and F. D. Busnelli, Il danno biologico, un'esperienza italiana; un modello per l'Europa?, in: F. D. Busnelli/M. Bargagna, *La valutazione del danno alla salute* (4th edn. 2000).

18 精神损害已被 Constitutional Court, 16 February 1994, no. 37, [1994] FI 1326, commented by D. Poletti, *L'azione di regresso previdenziale, il danno morale e il nuovo "diritto vivente"* 从社会保障机构的追偿诉讼中排除掉。

19 关于该法案，参见 D. Poletti, Danno biologico da infortunio sul lavoro: al via la sperimentale riforma del Testo Unico Inail, [2000] *Danno e Responsabilità* (DR), 464 at 471.

是"可由法医确定的身心伤害"的生物损害。这按照侵权法的规则构成了可恢复伤害的主要项目，在 16% 或更多的伤残的情形中，成为了恢复身心受伤的经济后果。

24　　要注意，在意大利，社会保障机构通常对损害赔偿的责任主体拥有追偿权。为了取得事故赔偿（通常，精神损害）的公共方案没有包括的损害赔偿请求，有时就有可能求助于民事责任规则。民事责任持久性的主要原因是保持威慑功能的必要性：在这种意义上，很可能就解释了对精神损害恢复的排除（这也表现出制裁性的侧面）。[20]

（三）责任原则和制定法依据[21]

1. 责任条款总览

25　　在缺乏合同关系时产生的责任是非合同性的（或者侵权性的）：它是非法的行动，一种造成不法损害的侵权行为。非法行动是赔偿损害义务的直接来源。该义务受到民法典第 2043 条过错责任的一般条款支持。

26　　意大利法为由不法行为人自己的行动或他负责的第三人的行动造成的侵权责任提供了特别规则。这些规则是由民法典（第 2049 条 ss.）或由特别法（如关于瑕疵产品的法律 d. P. R. 224/1998）规定的。

---

[20] 关于意大利法律制度中的精神损害，参见 F. D. Busnelli, Interessi della persona e risarcimento del danno, [1996] *Rivista trimestrale di diritto e procedura civile* (RTDPC), 1 - 25; G. Comandé, Il danno non patrimoniale: dottrina e giurisprudenza a confronto, [1994] *Contratto e impresa* (CI), 870; E. Navarretta, *Diritti inviolabili e risarcimento del danno* (1996), p. 254.

[21] F. D. Busnelli/ G. Comandé, Strict liability in the Italian Legal System, in B. A. Koch/ H. Koziol (eds.), *Unificaiton of Tort Law: Strict Liability* (2002) p. 207 对这些条款有更深刻的描述。

其实，对意大利侵权制度一致的描述会把它说成是以过错的一般原则为基础的（民法典第2043条），并附有相当长的"严格责任"特别规则的清单。不过，关于危险活动的特别规则能够被有益地解读成为找到对严格责任规则（民法典第2050条）更令人满意的用法的尝试。

然而，严格责任在这里指的是无过错的或实行有力的责任推定和/或负有——沉重的——免除它的证明责任的责任（或者指的是不以过错为基础的责任）。法院和学者都认为这些推定是对过错或因果关系的推定。

所讨论规则包括从推定过错责任到绝对责任的规则。它涵盖了民法典中几乎所有的侵权规则，包括几种明显不符合主观责任和客观责任间的传统区分的假想情形。为便于描述起见，我们把它们称为准严格责任。

严格责任的几种规则，尤其是最近的规则，追求安全的目标并扩展保护领域，那就是首先保护基本权利和人身完整性。

原则上，严格责任的特别规则没有排除民法典第2043条（以过错或恶意为基础的责任）的适用。

如上所述，严格责任的一些规则通过证明责任倒置或推定发挥作用。最初，责任推定是引入更严格的责任规则而在理论上不废弃"无过错无责任"的巧妙方法。

为了简单地描述这些法律规则，我们将把不完全以过错为基础的一切责任规则规定分为四种类型的"严格责任"[22]：

（1）为其他人所为行为承担的责任；

（2）与所有权、与对给第三人带来危险的物件或动物享有物权有关的责任；

---

[22] 对民事责任问题一般和出色的讨论，参见 L. Bigliazzi Geri/U. Breccia/F. D. Busnelli/U. Natoli, *Diritto civile*, vol. 3, *Obbligazioni e Contratti* (1990), pp. 670, *et seq.*

(3) 广义上的危险活动[23]；

(4) 涉及工业活动带来的风险，尤其涉及是消费者保护或环境保护的特别条款。

34 除了对特别条款的这种分类，根据同一条文，很容易找到与权利[24]、第三人的行为[25]或危险活动的进行[26]有关的责任，因为相同的活动可能提供责任分配的几种标准。其适例就是车辆行驶（民法典第 2054 条调整的）。

35 而且，法院对过错责任的一般规则[27]的解释，使它在一些领域中更严格。

36 最佳的例子是医疗事故责任。即使有明显的契约关系，可适用的责任规则仍属于侵权法（法院通常承认这些案件同时存在侵权之诉和合同之诉）。它们是以过错为基础的。[28] 然而，在过去数年中，我们的最高法院（Corte di Casszione）（意大利最高法院）已经产生的解释趋势导致医疗活动的规则更严格，以更好地保护患者，尤其是那些接受外科手术的患者。

37 原来的规则要求有具体的过错。现今法官区分复杂的外科手术和简单的外科手术。在第一种情形中，法院"从每一方来分析一个特定的手术，确定其期间是否有错误，从而查明是否有过错，如果有过错，在什么程度上有过错"。[29] 在第二种情形中，患者只须证明服务瑕疵、损害或因果关系。[30] 这样的话，依据共同经验的责任推定

---

23 譬如，根据民法典第 2050 条或者根据其他条款，如关于核设施、汽车事故、飞机失事的条款。
24 Art. 2054, IV, c. c.
25 Art. 2054, III, c. c.
26 Art. 2054, I, c. c.
27 Art. 2043, c. c.
28 Art. 2043, c. c.
29 参见 Cass., 21 December 1978, No. 6141, [1979] FI I, 4.
30 参见 Cass., Sez III, 15 January 1997, No. 364, [1979] FI I, 771.

就被确定下来。[31] 要注意，民法典第 2043 条[32]凭借知情同意的概念对医师更严格。

侵权责任的一般实体/程序规则如下：（1）受害人对加害人的意图或过错以及损害和因果关系负有举证责任。（2）法定时效为 5 年。

2. 以过错为基础的责任

大部分答案请参考上文 1. 的内容。

侵权和合同责任体制的区别通常只表现为其制度上的一些不同。当今，这些区分不像过去那样鲜明，但是列举出它们会有帮助。[33]

侵权责任和合同责任的基本区别以合同责任存在（未获满足的）主义务和侵权责任不存在主义务为基础。

现今第三人对履行特定义务的权利的侵犯带来了（侵权）责任。

根据合同责任推定过错存在的假定，也不能作出鲜明的区分（参见导论和（三）、1. 关于"严格责任或过错推定"的讨论）。

限制侵权责任的条款自动就被认为违反了公共秩序（政策），因而是无效的。相反，根据合同法它们是允许的，除非它们违背了公共秩序（政策），或者限制了重大过失和故意的责任。现在特别责任规则的责任限制条款据其定义不是无效的。

人们常说侵权允许判定赔偿不可预见的损害，而合同只准许赔偿那些在协议达成时可预见的损害。然而，意大利法官有时不愿意根据侵权法判定赔偿不可预见的损害。他们说事件本身是不可以预见的，因而它被置于侵权人的领域之外（参见以上民法典第 2051 和

---

[31] 要注意的是，最高法院最近有一个判决明确提到了事实自证的推理。参见 Cass., III civ., 18 May 1999, No. 4801, [1991] *Danno e Responsabilità*, 1111 *et seq.*, with comment by G. Comandé, Il "vademecum" della *Corte di Cassazione* sul danno alla persona e sulle c. d. "tabelle".

[32] "Qualunque fatto doloso o colposo, che cagiona ad altri un danno ingiusto, obbliga colui che ha commesso il fatto a risarcire il danno."

[33] 最新的和令人信服的分析是由 F. Giardina, *Responsabilità contrattuale e responsabilità extra-contrattuale* (1993) 最近作出的，我们对正文中清单的理解多亏了该书。

2052 条）。此外，合同法的规则存在几个例外（参见民法典第 1225 条）。

46 不同的时效期间仍然存在着（违反合同 10 年，侵权赔偿 5 年：参见民法典第 2946－2947 条）。然而，两种诉因的竞合破坏了鲜明的区分。

47 相反，没有理由认为精神损害（肉体痛苦）只有根据侵权法才能获得赔偿。据说侵权法涵盖的领域更适于接受刑事制裁。因此，既然民法典第 2059 条规定，只有在由法律规定和主要规则是刑法典第 195 条时，精神损害才能获得赔偿，就存在把违反合同的精神损害排除在外的倾向。然而，在民法典第 2059 条的严格边界之间，没有任何根据把对因合同而遭受的肉体痛苦的赔偿排除在外。

48 在两种责任规则之间作选择不管怎样都是一个策略问题，而非乍看起来那样。在关系能够轻易建立起来且合同是义务的坚实来源时，就没有理由避开合同责任工具：当事人的规定将占主导地位。然而，要注意法律能限制当事人根据利益（如健康）的重要性自由选择，不允许他们自由地调整它。[34]

3. 替代责任和企业责任

49 对以下规则的传统解释是与格言无过错无责任联系在一起的完全的过错（选任、监督或培训上有过失）推定。它明显是个巧妙的办法。这样规定的理由在于获益者亦要承担不利的标准。更好的是：赔偿损害的法律义务直接归结到个人。其逻辑上的正当理由是需要补偿受害人，对为其利益而利用第三人之人科以经济责任。过错只对证实雇员/未成年人实施的侵权行为的存在有意义……这是与其他人一起适用责任规则的假定。

---

[34] 该部分更详细的内容源自 F. D. Busnelli/G. Comandé, Some remarks on the borderline between contract and tort liability, Wrongfulness in the Italian Legal System, in: H. Koziol (ed.), *Unification of Tort Law: Wrongfulness* (1998), pp. 83 *et seq.*

(1) 民法典第 2049 条——主人和店主/商人的责任

民法典第 2049 条规定:"主人和店主/商人对其佣人和店员在执行职务时所为的不法行为(侵权;根据民法典第 2043 条,那意味着故意或有过错地为不法行为)造成的损害承担责任。"

(a) 根据民法典第 2049 条,侵权行为的存在,连同(b)有害行为与商业活动的联系(法院形容它为"必不可少"),以及(c)侵权行为人与"承担责任的"人之间的关系——即使是一时的关系——是该规则起作用的必要内容。

规则的理由使它仍保持一致,甚至在 1988 年 5 月 244 号法律第 5 条(产品责任,参见下文)出现后也是一致的。

(2) 民法典第 2054 条第 3 款——事故发生时机动车所有人的责任

第 2054 条第 3 款让机动车所有人、分期付款的车辆购置人、机动车的用益权人与司机对撞车事故共同承担连带责任,除非其能证明车辆的行驶与其意思相悖。

人们通常认为法律推定机动车所有人在监督上有过失。法院认定,要逃避责任,必须得采取拒绝许可的实际措施。

然而,传统智慧再一次令人不满意。事实上,既然所有人能够就给第三人造成的损害投保,所有人的责任能够容易地与给予受害方损害赔偿金的需要联系在一起。要注意到,从 1969 年起,汽车保险就已是强制性的,对所有人严格责任的限制意味着对投保法律义务的限制。

(3) 民法典第 2047 条——无行为能力人造成的损害

在这种情形中,对民法典第 2047 条第 1 款的传统解读也看到的是以过错为基础带有过错推定的规则。

所引用条文的第 1 款让对无行为能力人负有监督义务的人对无行为能力人造成的损害承担责任,除非他能证明,即使他履行监督义务已尽了适当的注意，仍不能阻止致损行为发生。法院似乎不可能排除责任，除非"监护人"与无行为能力人的危险行为完全无关。注意：根据民法典第 2043 条它不是侵权行为，因为能力欠缺排除可归责性，因此侵权行为不能成立；参见民法典第 2046 条。

58　　其实，监护人只是救济受害人的保证人或"保险人"。

59　　我们是否可把民法典第 2047 条第 2 款归为严格责任并不是很清楚。然而，该条文说，"法官可以根据当事人的经济条件，判定致害人（无能力人）（给予）公平赔偿"。

（4）民法典第 2048 条——父母、监护人、教师的责任

60　　该条文第 1 款要父母、监护人对未成年人或与其共同生活的被监护人的侵权行为造成的损害承担责任。相同的规则适用于未成年人由其收养的收养人（收养机构被 1984 年 5 月 4 日 184 号法律所废除）。

61　　第 2 款在学生和徒弟受其监管时要教师（包括传授技能和手艺的人）承担相同的责任。

62　　第 3 款使上述两款所涉及的人如果能够证明他们不能阻止该行为发生则可以免责。

63　　法院说父母提供的免责证据要能证明对未成年人的教育和教导符合家庭的日常社会状态，也使其行为符合环境与未成年人的态度和习惯。他们必须证明已试图纠正轻浮或冒失等性格缺陷。证明不可能避免该行为以及行为发生在父母实际控制的领域外是不够的。

64　　教师的责任与父母的责任一样"严格"。而且在这种责任情形中，法官对免责证据条款的解释很严格：学生意外或草率的行为不能成为免责的理由，实际上，反而使它相当不受制，即使拟定的规则并没有描述任何绝对责任。

（5）国家对官员履行其职责造成的损害的责任（1988 年 4 月 13 日第 117 号法律）

是否有可能把这种责任归入严格责任真的不清楚。

其实,官员只在其行为或疏忽构成犯罪时才对损害负责(1988年4月13日第117号法律第12条),在其他情形中,由国家支付损害赔偿金。实际上,该法律确定只在官员有重大过失或故意地为117/1998法律第2款所列举非法行为中的一种时,国家才承担无限连带责任。这明显把国家的严格责任限制在有限的情形中。

(6) 瑕疵产品提供者的责任[1988年5月24日第224号法律(产品责任)第4条第1款]

这种形式的"替代"责任使产品提供者在制造商无法区别时,根据法律规定的条件对损害承担责任,如果提供者没有告诉受害人生产者或向其提供产品之人的身份和地址。其实,提供者的"严格责任"只是对生产者责任的替代,其明确目的是通过严格责任的"威吓",迫使提供者透露生产者的身份以便使其承担赔偿责任。对这种责任规则的后遗症不需要作补充评论,不过,保护人身伤害的受害者是一个强有力的论据。

4. 严格责任(适用范围、一般条款和类推;请特别关注交通、医疗保健和瑕疵产品领域)

我们在这里描述的责任条款不符合迄今为止由调查表设定的范畴。对医疗保健提供者请参考以上的(三)、1. 部分。

不允许类推适用严格责任条款。

(1) 因对物品(包括机动车)或动物享有权利而承担责任

以下分项的条款成为一开始就明确的严格责任的基本部分,即使在某些情形中它们似乎是以过错为基础并与非常有力的过错推定联系在一起的规则。

A. 民法典第 2051 条——由控制下的物件(动产或不动产)造成的损害

民法典第 2051 条规定,"任何人对由其保管之物造成的损害承担责任，除非能够证明损害是由意外事件造成的（caso fortuito）"。

72 　　正如民法典第2052条所发生的那样（参见下文），被评论规则的适用假定：（a）实际权力的行使和（b）相关的保管义务。前者可能是对物品的所有权、限制物权或人身权，甚至可能是实际上的，而非纯粹偶然的事实权力。

73 　　法院对规则的实际适用表明责任唯一的豁免是认定（证明）实际的原因不可归责于负有保管义务之人：其是一个与被规则"假设"的责任承担人无关的不可预见和不可避免的原因。

B. 民法典第2052条——动物造成的损害

74 　　根据民法典的该条文，"动物的所有权人或在使用期间使用它的人，对动物造成的损害承担责任，不论动物是否由其看管，还是遗失或逃逸，除非能证明损害是由意外事件造成的（caso fortuito）"。偶然的情形，根据法院的判决，也包括受害人有过错。动物所有权人和"使用人"的责任是选择责任。因此，所有权人必须表明，在损害发生时，管控义务已经转移到别人身上，才能不承担责任。

C. 民法典第2053条——建筑物倒塌责任

75 　　这是一个特别规则，该规则规定了一个原本由民法典第2051条调整的例外。实际上，该条款通过对所有权形式上的要求而非实际控制权力来认定责任人。

76 　　所有权人通过证明倒塌与建造瑕疵或维护瑕疵无关就能不承担责任。换句话说，他应当表明倒塌源于偶然原因，如地震或轰炸，或者它能够归责于第三人。注意，除非所有权人本人就是建造者，建造瑕疵是第三人的行为，不过，根据民法典，所有权人也要承担责任。

77 　　根据判例法，维护不力同样如此，即使把它委托给一个有资质的公司。因此，甚至在这些情形中，所有权人负有严格责任。民法典第2053条规定的所有权人的责任能够与根据民法典第2043条确定的建造或维修公司的责任竞合,他用该责任能够弥补其损失。很容易就看到,民法典第2049条的规定碰巧使所有权人成为了损害的保证人。

D. 民法典第2054条第4款——机动车所有权人对保养或制造瑕疵造成的交通事故的责任

汽车所有人、分期付款购买人和机动车用益权人,"在任何情况下",都对车辆的制造瑕疵或缺乏保养造成的损害承担责任。因此,(严格)责任是存在的,即使机动车在保养中没有过失。然而,为利用严格责任的这一条款,受害人应该证明那些瑕疵事实上造成了交通事故。当然,这种责任与司机,与制造人和机械加工车间的责任竞合。

(2) 与危险活动的开展有关的责任

A. 民法典第2050条

第2050条其实是由1942年意大利民法典引入的一项新规则。它规定"不论何人因进行危险活动而给其他人造成损害,根据危险的性质或运用的手段,都必须承担损害赔偿责任,除非其证明已采取一切避免危险的措施"。

该规则可追溯到1933年交通法典的一个条款,该条款本身使人想起1912年一部法律的表述。

不承担责任的唯一方法是证明按照危险活动所要求的注意标准已履行预防损害发生的义务。其理由,按照民法典报告的说法,取决于责任承担人有"最有可能采取一切可能的预防措施"的假想能力。由法院建构义务的方法须认为"侵权行为人"应当让法官推定原因不可归责于他/她(进行危险活动的人),如意外事件;有被损坏的或第三人行为的事实;无法控制的原因。最后,我们能把这种责任说成是准严格责任。一些学者把该条款解释为一种只与证明危险活动与损害之间的因果关系有关的责任规则。

82　　　法院对危险活动的解释很宽泛，远超出制定法所明确表达的。

83　　　对民法典第2050条的适用来说，任何非典型的活动都是危险的，如果"根据其性质或运用的手段，它造成损害的可能性非常大"。大多数危险活动是由企业主进行的，并不排除不是企业主的人承担责任，所以法律说"不论何人"。实际上，打猎通常被归入危险活动。除了别的以外，为适用民法典第2050条，被认为危险的活动也包括：海上运输燃料、医疗手术活动/制药活动、石油运输、储气罐的生产和运送、输电线路的管理、洞穴或矿井管理，但不包括银行业务。

84　　　规则的特性，尤其是其设置的举证责任倒置，使其作为一种调节性规则非常有意义：一种法官能够轻松支配的准严格责任体制。

B. 第2054条第1款

85　　　民法典第2050条的理由是"把已为道路交通确立的原则扩展到所有对第三人构成威胁的活动"。

86　　　第2054条第一段因此确立了驾驶无轨车辆的司机的损害赔偿义务，除非他们能够证明其已尽一切可能避免损害。

C. 采矿法（1927年7月29日第1443号法律）

87　　　矿山、露天矿场、泥炭沼的特许权持有人必须赔偿矿山、露天矿场、泥炭沼开采造成的一切损害。意大利最高法院根据获益者亦要承担不利（*cuius commoda, et eius incommoda*）原则详细阐明了这种（严格）责任的理由。

D. 核设施（1962年12月31日第1860号法律）

88　　　特别规则是1962年12月31日第1860号法律为履行经济发展与合作组织1960年7月29日关于和平时期使用核能的公约而引入的。

89　　　意大利法第15条规定，"在损害是设施发生的事故或与它有关的事故造成得到证明时"，核设施的管理人对设施给人和物造成的所有损害承担责任。

责任似乎是绝对的,既然只有入侵、内战、暴动、罕见的自然灾难才可以免除责任。实际上,管理人仍对天灾、意外事件、第三人行为负责。然而,第 19 条设定了每一次事故能够获赔的损害赔偿金的限额。当然,达到已确定限额的保险(第 21 条)是强制性的。

注意超过最高限额的损害赔偿金是由国家在法律明确确定的最大数额内弥补的(第 19 条)。保险的目标,即确保受害人获得赔偿,明显为国家社会基金机构补偿核事故给其造成的损害在事故发生十年后(在时效期间届满后)显现出来的人所证实。

(3)与工作有关的伤害(民法典第 2087 条和 1965 年 6 月 30 日第 1124 号法律)

民法典第 2087 条对雇主课以采取保障工人的身体完整和人格尊严所必需的一切措施的义务。一个特别条款要求雇主要为工人投保与工作有关的伤害险。雇主可免于承担一切民事责任,如果其既定期支付法定保险的保险费,又未因与事故有关犯罪被宣告有罪。该机制明显是一笔交易。在该交易中,严格责任被施加到雇主身上,但只限于支付保险金;工人获得一笔补偿,当然相对于侵权损害赔偿而言是有所减少的,但却是确定无疑的。[35]

(4)产品责任——1988 年 5 月 4 日转化欧盟 85/374 指令的第 224 号法律

这些特别条款既不能排除也不能限制民法典第 2043 条或其他特别规则的适用,它们与这些规则以不同的方式并有些例外地竞合(参见 1988 年 5 月 4 日第 224 号法律第 15 条)。

根据第 1 条,生产者对瑕疵产品造成的损害承担责任(第 1 条),除非(第 6 条)

(a)他们没有把产品投放市场;

---

[35] 亦参见前文(二)和(三)部分,以及下文(五)部分。

(b) 在产品投放市场时瑕疵不存在；

(c) 如果产品既不是其为销售或其他任何形式的经济流通目的制造的，也不是其在经营过程中制造或销售的；

(d) 如果瑕疵由遵守有约束力的法律或规定造成的；

(e) 如果在产品投入市场时，科技不认为产品是有瑕疵的（发展风险）；

(f) 如果对零件或原材料的生产者或提供者来说，瑕疵完全是由包括零件或原材料在内的产品的设计或遵守生产者的这些操作指南造成的。

95　　如果产品因强制买卖（第7条第3款）而投入市场，责任没有被排除，除非债务人适当告知了瑕疵。

96　　受害人应只须证明损害和瑕疵之间的因果关系（第8条）。如果看起来损害有可能是由瑕疵造成的，那么法官就能要求生产者承担技术检测和咨询费用。

97　　第9条确立了生产者间的连带责任。它也根据每个生产者制造的风险的程度、他们过失的程度及其后果的等级在生产者之间分配损害赔偿金。因此，只有在侵权行为人之间分配损害赔偿金时才考虑过错。

98　　第10条如果存在特殊的自甘风险（受害人知道有危害，仍置身其中），则不予赔偿。

99　　根据这些规则，只有人身伤害和死亡、通常供受害人个人使用的（瑕疵产品之外的）物品的灭失或毁损的损害赔偿，才能够被授予（第11条）。

100　　给物品造成的损害不可能获得赔偿，除非超过700,000里拉的数额。其截止时间是从知道（或推定知道：当事人应当知道）损害、瑕疵和责任人的身份起三年。在产品制造或投入欧共体市场十年后，除一些例外情形，就不能提起损害赔偿诉讼（第14条）。

5. 因果关系不确定情形的责任（机会丧失？择一的因果关系？）

请参考导论。 101

6. 运输法领域中的特别规定

关于机动车运行造成的损害，亦参见 3. 替代责任和企业责任与 102
4. 民法典第 2054 条严格责任的内容。

由飞机造成的损害——为转化 1933 年 5 月 19 日罗马国际公约， 103
航运法典（c. n.）第 965 条和第 978 条使承运人、航空器所有人分别对在地面上给人或物造成的损害或者在地面上由两架飞机在飞行期间相撞或由一架飞机和一艘船舶相撞造成的损害或者空中爆炸分别承担严格责任。唯一不承担责任的情形：受害人有过错；工作人员之外的人存在故意（恶意）。

航运法典第 967 条（根据 1929 年 10 月 12 日华沙公约）为责任 104
设定了授予的损害赔偿金的最高数额的限制。没有相应的保险，飞机就不能飞行（航运法典第 798 条）。

就像对核设施事故所说的那样，乍看起来似乎是绝对责任规则 105
的规定本身其实是一种限制责任规则，在其中责任的数额和投保义务被严格估算且受到限制。

（四）证明责任

请参考导论和（三）。尤其是对合同责任和侵权责任，请参考 106
（三）、2. 的内容；对保健领域中的特殊问题，请参考（三）、1.。

（五）共同过失

共同过失被民法典第 2055 条第 2 款和第 1227 条第 1 款确立为一 107
般规则。

108　　　这些规则包含在民法典中，它们不涉及具体的侵权行为或行为。它们只涉及每一类型的损害，包括人身伤害损害。因此，如果受害人促成侵权行为的发生，那么损害赔偿金就要减少。

109　　　尽管所引用的规则被确立为一般规则，但是并不意味着它们能够适用于每一种侵权行为，因为共同过失也存在着特别规则，这些规则包含在特别法中。有些特别规则与第一批规则差别很大（如1986年7月8日第349号法律第18条c.7L，关于环境责任的），其他特别规则差别不大（参见产品责任法第9条：d. P. R. 1988年5月24日，第224号等）。民法典关于交通事故的第2054条第2款也阐明了一个特别规则。它规定车辆相撞的，如果他们中的每一个人都不能证明在损害发生的因果关系中有不同的份额，每一个司机的共同过失都被推定为相等的。然而，该规则所参考的民法典第2055条第3款的一般规定，说如果两个或更多的人造成了损害，不能确定每个人的实际份额的，就推定所有人的责任相同。譬如，另一个特别规则是由民法典第1914条阐明的，该条文涉及保险公司的责任。然而，该规则重复了第1227条第2款，规定债权人必须尽一切可能去避免或减少损失。

110　　　共同过失在一些场合能够被确定为减少损害的方式：（a）受害人/债权人促成侵权行为的发生（"事前"评估）（民法典第1227条第1款）；（b）两个或更多的人一起伤害了另一个人，因此每个人根据其作用承担责任（民法典第2055条）；（c）侵权行为人/债务人是唯一的责任人（即唯一的侵权人），但是受害人/债权人因没有采取合理措施，既没有避免随之发生的损害，又没有减少它们（"事后"评估）。

111　　　民法典第2055条是一项侵权规则。它预知如果多人侵权的，他们均应承担连带责任，受害人可要求他们中的每一个人赔偿损害（民法典第2055条第1款）。然而，赔偿损害之人对其他人有追偿权

（民法典第 2055 条第 2 款），能够获得其支付数额的一部分。因此，受害人可要求每一个侵权行为人赔偿损害。然而，赔偿总额可由侵权行为人按照每个人作用的重要性和其造成损害的大小分担。

民法典第 1127 条是一项合同规则，但是它也适用于侵权法（参见民法典第 2056 条）。该条有两款。第 1 款（民法典第 1227 条第 1 款）规定债权人（或受害人）促成侵权行为发生的，将根据其过失的程度及其造成损害的大小减少赔偿额。因此，该条文阐述的规则与民法典第 2055 条的规则不同，因为共同过失是侵权行为的要件。学者们对第 1227 条和第 2055 条之间的关系看法不同。

一些学者——无法令人信服地——说应认为第 2055 条是一般规则，第 1227 条是例外。[36]

一个更令人信服的观念认为，受害人/债权人的共同过失涉及侵权行为的一个要件：损害的因果关系。实际上，一方面，根据第 1227 条阐述的一般规则，每一个侵权行为人都根据其作用大小（通过计算其缺乏注意的程度和其造成后果的大小）承担责任[37]；因此，第 2055 条第 1 款的正当性就在于保护受害人/债权人。[38] 她/他不必挨个向侵权行为人索赔，却能从他们中的每一个人那里获得全部赔偿。因此，受害人/债权人是侵权行为人之一并促成损害发生的，其当然不承担责任，但是赔偿额将根据其作用减少。

法院，通常并在实际上，不接受第一种理论。在一些旧案例中，法院似乎接受了这种意见，但会根据受害人/债权人作用的大小减少

---

[36] 参见 A. De Cupis, In tema di concorso del fatto colposo del danneggiato, [1959] Foro it., I, 966 等；亦参见 Cass. 6 March 1992, no. 2688, [1992] Rep. Foro it. Responsabilità civile, 71.

[37] 参见 F. D. Busnelli, L'obbligazione soggettivamente complessa. Profili sistematici (1974), pp. 136 et seq.

[38] 参见 F. D. Busnelli (supra fn. 37), p. 138; C. M. Bianca, Diritto civile, V, La responsabilità (1994), p. 653; 亦参见 E. Pellecchia, La responsabilità solidale, in La responsabilità civile, in Il diritto privato nella giurisprudenza, edited by P. Cendon, IX (1998), pp. 504 et seq.

侵权行为人必须赔偿的损害数额。[39] 因此，一旦作用得到证明，法院就会考虑它。

116 第1227条第2款涉及受害人/债权人不能避免或减少只由侵权行为人/债务人的侵权行为造成的和尽应有的"注意"本可以避免的损害。共同过失的第二种概念以"事后"评价为基础。第1227条第2款明确规定，受害人（债权人）符合"必要"（即通常）的注意标准本可以避免的损害，减少或不予赔偿。

117 "谨慎"的概念涉及公正，或（由民法典第1175条和第1375条规定）善意的概念。法院将详细阐明哪种行为能被认为是"公正的"，因为第1227条第2款没有说明要求具有哪种公正标准。在一些情形中，受害人也须采取积极行动，如果公正义务要求采取它们。[40] 例如，如果汽车事故的受害人没有系安全带（或戴头盔），其损害根据其作用应予减少或不予赔偿。

118 在我们的讨论中，受害人/债权人的侵权能力（正如意大利民法典第2056条规定的那样）不是共同过失的要件[41]，至少就在其只是它们的几个原因中的一个时，削减侵权行为人/债务人支付损害赔偿金的义务而言。因此，即使促成损害发生的受害人精神失常，侵权行为人/债务人赔偿受害人的义务应予削减或排除，因为其要件是另一个人（或其他事物）在客观上促成伤害的发生。其实，精神失常之人的行为发挥着与自然事件（或另一个原因）促成对受害者的伤

---

39 譬如，参见两个旧案例：Cass. 18 February 1971, no. 430, [1971] Foro it. I, 1262; Cass. SS. UU. 17 February 1964, no. 351, [1966] *Rivista di diritto costituzionale* (Riv. dir. cost.), II, 90f.

40 L. Bigliazzi Geri/U. Breccia/F. D. Busnelli/U. Natoli, *Diritto civile* 3 (supra fn. 22), p. 158.

41 参见 Liserre, In tema di concorso colposo del danneggiato incapace, [1962] Riv. trim. dir. e proc. civ., 430; Busnelli, *Illecito civile*, cit., 17; Franzoni, Dei fatti illeciti, in Galgano (ed.) *Comm. Cod. Civ. Scialoja e Branca* (1993), p. 774 等。不同看法，Scognamiglio, *Responsabilità civile*, in Noviss. Dig. It., XV, (1968), p. 653; De Cupis, *Il danno. Teoria generale della responsabilità civile* (1979), p. 253.

害相同的作用。

最近，法院已经接受了该方案，法院说侵权行为人必须支付的损害赔偿金应予减少，即使促成它们发生的人精神失常[42]。债务人/受害人没有做什么避免损害或减少损害赔偿额的事的，也适用相同规则（民法典第1227条第2款）。

共同过失的一个要件是受害人违反注意义务。其实，第1227条第1款阐明，损害赔偿金根据受害人/债权人过失的程度相应减少。这个"过错"构成了——由第1227条第1款确立的——"共同过失"，如果它能够被说成已发生事件的共存原因。有必要指出的是，不能认为受害人/债权人是在对伤害承担责任，因此实际上不能说其行为有"过错"[43]，"过错"是一个涉及违背他人利益的概念。因此，一些学者假定应将其行为评价为对本人注意义务的疏忽[44]，该疏忽可被说成一种特别的"责任"（onus）。

债务人/受害人没有避免或减少其可能会遭受的损害要有特别的理由（民法典第1227条第2款）。上文已经解释过，第1227条第2款要求的标准是"公正"（第1175条）或"善意"（第1375条）。这个概念与过错的概念没有什么关系，这是涉及债务人行为的第1176条规定的。受害人的行为是不公正的，如果其已不公正地行事，或者如果其已经不公正地行使其权利。[45]

第1227条第1款规定的共同过失主要是由因果关系原则证成的。根据关于"实质"因果关系的主要理论："必要条件"的因果

119

120

121

122

---

[42] 亦参见 Cass. 25 March 1957, no. 1016, [1958] Foro it. I, 938 et seq. Cass. SS. UU. 17 February 1964, no. 351, [1964] Resp. civ. e prev., 24; Corte Cost., 23 January 1985, no. 4, [1985] Foro it., I, 934; Cass. 1 April 1995, no. 3829, [1996] Giur. it., I 222. 不同看法, Cass. 3 June 1959, no. 1650, [1960] Foro it., I, 1, 927.
[43] 参见 S. Pugliatti, Autoresponsabilità, in Enc. dir. VI, [1959], 459.
[44] Di Prisco, Concorso di colpa e responsabilità civile (1993), pp. 242 et seq.
[45] L. Bigliazzi Geri/U. Breccia/F. D. Busnelli/U. Natoli, Diritto civile (supra fn. 22), p. 158.

关系，另一种所谓的"充分因果关系"，受害人/债权人的行为（或几个侵权行为人中每一个人的行为）能被当作已发生事件的竞合原因。[46]

123　　第1227条第2款规定的共同过失，涉及受害人/债权人未避免或减少损害赔偿额，也考虑了因果关系原则；尽管方式不同。实际上，第1227条第2款认为因果关系的"法律"概念是由意大利民法典第1223条规定的，因果关系被定义为侵权行为与接踵而至的损害之间的联系[47]，并被用来详细说明哪种伤害能够被认为是侵权行为的"直接"后果。

124　　受害人在轻率地承担由侵权行为人制造的风险时，就忘了关心其利益。因此，根据第1227条第1款确立的一般规则，她/他就促成了损害的发生。因而，粗心大意面对危险就会导致赔偿金减少。意大利民法典已经预见到自愿承担风险的特别情形，该情形是由第2046条规定的。该条款涉及精神失常之人所造成的损害，并规定责任不能让其承担，除非其以一种轻率的方式造成自己无行为能力的状况。该一般规则也包括精神失常之人有共同过失的实例。例如，饮酒的受害人同意驾车，结果在由另一个司机引起的事故中受伤害，如果其有能力本可以避免受伤，就是这样一种情形。

125　　在认定共同过失时，法官要考虑由第1227条规定的共同过失的另一个要素。它是受害人所从事活动的类型。这个要素被认为在认定受害人/债权人对损害产生所发挥的那份作用方面很重要。实际上，谨慎的概念，如上文所见，应根据"过错"的概念来理解。法院有时不考虑产生损害的活动类型就接受了"谨慎"的概念（我们

46　参见 L. Bigliazzi Geri/U. Breccia/F. D. Busnelli/U. Natoli, *Diritto civile* (*supra* fn. 22), pp. 722 *et seq.*

47　参见 L. Bigliazzi Geri/U. Breccia/F. D. Busnelli/U. Natoli, *Diritto civile* (*supra* fn. 22), pp. 726 *et seq.* For more details in English see F. D. Busnelli/G Comandé, Causation under Italian Law, in J. Spier (ed.), Unification of tort Law: *Cousation* (2000), pp. 79 *et seq.*

说它是抽象过失的概念,参见民法典第 1176 条第 1 款与第 1176 条第 2 款间的差异)。[48] 然而,在有些情形中,受害者活动的类型(如它是否危险)被用来作为评价其是否遵循了注意义务的要素。例如,打猎[49]或道路交通[50]即如此。

正如已经解释的那样,民法典第 1227 条第 1 款说赔偿金将根据受害人缺乏注意的程度减少(亦参见第 2055 条)。第 1227 条第 2 款重复着涉及未努力注意避免或减少接踵而至的损害的相同规则。因此,知道受害人必须要遵循哪种注意标准,尤其是用哪种方式来确定它变得很重要。法院有时更愿意运用"抽象"的谨慎标准:因此既不要考虑受害者活动的类型,也不要考虑其主观状况。我们假定,具体标准比抽象标准更合适,根据第 1176 条第 1 款和第 2 款阐明的一般规则[51],因为它允许对受害人的年龄,或其具有能力,或产生损害的活动的类型进行考虑。根据第 1775 条和第 1375 条阐述的公正原则,具体标准也是可取的。

为确定赔偿金减少的幅度,第 1227 条第 1 款预见到有两个要素是必须加以评价的。法院对这二者都进行了评价。第一个要素是"过错"(或者,更合适的说法,缺乏注意)的严重性。第二个要素是受害者所造成损害的严重性。对第一个要素进行考虑是为了评估受害人必须保持的注意标准。发挥第二个要素的作用是为了确定受害人对损害的因果关系的作用。这两个因素共同作用使确定受害人的作用成为可能。因此,它使赔偿金按百分比减少,这种减少将逐案确定。

然而,意大利民法典规定,几个人造成汽车事故的,每个肇事

---

48 参见 Pret. Forlì, 19 February 1986, [1986] Resp. civ. e prev., 177.
49 Cass. 3 August 1962, [1963] Foro it., 797.
50 App. Genova, 4 April 1990, [1990] Nuova giur. civ. comm. I. 762.
51 L. Bigliazzi Geri/U. Breccia/F. D. Busnelli/U. Natoli, *Diritto civile, Obbligazioni e contratti* 3 (1992), pp. 92 *et seq.*; F. Cafaggi, *Profili di relazionalità della colpa*, cit., pp. 201 *et seq.*

者的责任额推定相同。因此，受害人是肇事者之一的，其损害减少的百分比是50%。该规则包括在民法典第2054条第2款中。然而，这个推定不是绝对的，因为他们中的每一个人都能证明作用的实际百分比不同于法律所推定的百分比（法律推定）。

129　　对我们的主题来说，强调在民事责任的一些领域中，法院实际上已经消除了过错竞合的重要性也很重要。其实，意大利的判决已从根本上消除了工人共同过失的意义，这使民事责任的一般规则有了例外。民法典第2087条被认为是一个开放式条款。通过这种处置，就有可能，不仅在未采取事故预防措施的情形中，而且在雇员未对这些措施的有效使用进行控制的情形中，把责任的促成记到雇主账上。因此，在我们的最高法院看来，企业主对工人最终的共同过失负责是有正当价值的。雇主不会被免除责任，除非"其雇员的行为可能会被认为，与同样的雇员的经验水平相比，是不正常的和根本无法预见的"。[52]

130　　重要的是，认清工人的共同过失一般对针对雇主的损害赔偿诉讼，以及旨在从社会保障机构获得补偿的诉讼没有任何影响，因为在由工人的单一过错造成事故的情形中，这都最后提供了补偿。

131　　此外，工人的共同过失不妨碍社会保障机构针对有责任的雇主提起追偿诉讼。在这种情形中，实际上，法官已认清"一旦意大利国家工伤事故保险局根据 d. P. R. 第1124/1965号第11条提起的追偿诉讼从有过错的雇主处追回了支付给受伤的工人的金钱，保险人的债权，在受害人有共同过失时，并不会根据其作用大小减少，但是它发现这也只是限制了责任人根据民法典的规则应当支付的补偿

---

[52] Cass. civ., sez. lav., 17 February 1998, no. 1687, [1998] *Rivista italiana diritto del lavoro* (RIDL), II, 516, commented by A. Avio; Pret. Milano, 30 April 1997, [1997] *Rivista critica diriritto del lavoro* (RCDL), 815.

的最终数额"。[53]

(六) 人身伤害中的可赔偿损害

既然法典最初的体系认为侵权责任是一种特别责任,那么,民法典第1223条,尽管是规定在法典的合同法部分,也适用于侵权责任(参见民法典第2056条)。它明确规定,损害应当包括实际蒙受的损失和丧失的收益。这解释了为什么第2056条对损害评估只说"对给受害者造成的损害应依据"调整违约损害赔偿的"第1223条、第1226条和第1227条予以确定"。

民法典第1223条表明不法行为责任的损害赔偿法的主要原则是恢复原状。因此,对经过审判所证实的所有损害都必须予以赔偿。尤其是,我们的民法典载明了损害的两种主要类型:积极损害(*damnum emergens*)和消极损害(*lucrum cessant*)[54]。

其一般原则是必须证实损害的实际数额。然而,如果数额不能证实,就"由法官通过其公正评价来确定"它们(民法典第2056条援用的第1226条)。无论如何,"丧失的收益都会由法官酌情评估"(第2056条第2款)。

因此,获得证明的医疗费用和护理费用都是可赔偿的损失。

因一时性和/或永久性伤残而遭受的收入损失同样如此。

然而,医疗费用是先由社会保障系统支付的,受害人通常必须支付的只是所谓的必需费用(与医疗费用相关的共付医疗费)。甚至在费用与实际成本相比比较少,而且会由侵犯受害人之人偿还时,也是如此。然而,有几个案件做出了对将来外科手术(甚至整容)

53　Cass. civ. sez. lav., 20 August 1996, no. 7669, [1996] *Giustizia civile massimario* (GCM), 1196.
54　这能够从第1223条推断出来。

给予损害赔偿金的判决。[55]

138　　就丧失的收入而言,它们是由雇主向实际上从未"失去"什么的雇员支付的。由其雇主补偿的受害人能够获得与一时性伤害联系在一起的人身伤害赔偿金,但是对失去的工资他不能获得双重补偿,就因为他没有失去什么。[56]

139　　雇主能够从不法行为人那里收回支付给雇员的工资,既然他由于未得到专业服务而已经蒙受损失。意大利法院在许多案件中都已接受这种可能性,尤其是1988年的一个判决确认了它。[57] 在该判决中,它被认为是雇主从对雇员事故负责,并也对在受伤害的雇员缺勤期间支付的社会保障款承担责任的不法行为人那里获得赔偿的权利。因此,雇员能够就人身伤害的经济损失向社会保障机构索赔(I.N.A.I.L——National Institue for insurance against industrial accidents,国家工伤事故保险局)。社会保障机构对不法行为人拥有追偿权。最高法院习惯于区分永久性和一时性伤害:在后一情形中,它们允许工人工作的,他就能够取得因难以工作所造成损害的赔偿金。[58] 要注意的是,这一理解必须根据"生理损害"来解释。

140　　对独立工作者来说,他们必须表明实际失去的收入以弥补损失的收益。在发生交通事故时,丧失的收益要根据前三年最高的公开经济净收益来计算。无论如何,要考虑的年收益不能低于社会养老金价值的3倍(参见1976年12月23日第857号法律第4条)。有时,在实际丧失的收益不能证明时,如对学生来说,法院作出给予

55　参见 Trib. Roma, 11 July 1995, [1996] *Rivista giuridica circolazione e transporti* (Riv. giur. circ. trasp.), 141.

56　特别参见 Cass. 2 April 1984, no. 2163, [1984] *Archivio giuridico circolazione stradale* (Arch. Giur. circ. stad.), 584.

57　Cass., SS. UU., 12 November 1988, no. 6132, [1989] FI, I, 748.

58　Cass. 15 April 1993, no. 4475, [1993] *Repertorio del Foro Italiano* (Foro it. Rep.), voice *Danni Civili*, no. 30.

损害赔偿金的判决要考虑,与给健康造成损害的赔偿金一道,永久性损害根据所作的研究和其他经验能够降低受害者工作能力的方式。在那些公正评判的因素消失时——一些法院说——就适用 1976 年 12 月 23 日第 857 号法律第 4 条提到的原则。[59]

妨碍一个人的职业提升不是单独的损害项目。它在法院判给将来失去的收入时才得到考虑。 141

对永远/暂时受到伤害的家庭主妇来说,不能操持家务本身就被视为积极损害。损害赔偿金要根据失去工作的市场价值来计算。要注意的是,1999 年,为在伤残特别严重时,也赔偿家务事故的受害者,第一方保险方案(主要由国家资助)实施。[60] 142

对于非金钱损失,请参见导论。然而,概括地说:健康损害总是能够全部获赔的。它的判定主要通过运用表现为与永久性伤害率和年龄相关的价目表的标准。这些价值会根据实际情形作出调整。精神痛苦在法律有规定时才得到赔偿(民法典第 2059 条)。 143

在各种增加的费用中,一切与侵权行为直接有关的积极损失都能获赔。为受伤的受害人修理房屋支出的合理费用就是这样的情形。对间接损失来说,有些案件涉及这些损失,不过法院通常把它们说成是根据民法典第 1223 条不能获赔的间接后果。例如,由于扶助受伤害的婚姻伙伴,配偶一方失去的工资收入损害,就是这样的情形。[61] 144

这把我们带入有权提出赔偿请求之人范围的问题。 145

---

59 参见 Trib. Palermo 26 January 1991,[1991] *Archivio giuridico circolazione e sinistri*(Arch. giur. circol. e sinistri),588; Trib. Napoli 29 January 1986,[1987] *Assicurazioni* I, 2, 32. 对使用显示明显的倾向和能力或家庭和社会状况那样的标准的严厉批评,参见 Trib. Firenze, 5 March 1990,[1991] Arch. giur. circol. e sinistri, 42.

60 关于强加"保护家庭健康和为家务事故投强制险的规则"的法律,参见 D. Poletti, La nuova assicurazione obbligatoria per gli infortuni da lavoro domestico: considerazioni sulla legge n. 493/1999,[1999] *Danno e Responsabilità*(DR), 262 – 267.

61 Cass. civ., sez. III, 16 April 1996, no. 3564,[1996] Riv. giur. circ. trasp., 625.

146 　　在非法行为造成永久性伤害时，就有可能——在一些法院看来——把损害赔偿金判给亲属（夫妻间性交[62]和相伴的权利；儿童在精神上和物质上接受抚育的权利）。[63] 只是在 1998 年，最高法院推翻了其以前在人身伤害情形中拒绝判给亲属精神损害赔偿金的声明。[64] 因此，一旦原告明确证实了它，它就能够获赔。亲属也能够请求赔偿其生物损害（非金钱损害），但是，只有当他们能够证实它的实际存在（由医疗专家明确证明的疾病）与其亲属的永久性伤害有因果联系。

147 　　在意大利，诉讼败诉的当事人通常必须向胜诉者支付包括律师费在内的诉讼费（参见民事诉讼法第 91 条）。每个诉讼当事人都必须预见到其花费。然而，在双方当事人都部分败诉或公平原则要求这样做时（民事诉讼法第 92 条），法官可以不要求支付诉讼费用。因此，当事人（包括幸存者）的损害赔偿诉讼胜诉的，就将收回其诉讼费用。要注意的是，该规则可能会使判给的诉讼费用高于实际损害（包括非金钱损失）。当提起诉讼的是轻微的人身伤害时，就是这种情形。

148 　　就伤害老人的规定而言，我们没有发现任何重要的信息。

62　Trib. Genova, 5 July 1993 [1994] Giur. It., I, 2, 1048 with comment by Pinori expressly awarding *pretium doloris*，因为配偶的永久性伤害会对其有间接影响：给失去生育能力的妇女的丈夫造成的损害。我们的最高法院就该问题所裁决的第一个案件是 Cass. civ., sez. III, 11 November 1986 no. 6607, [1987] Giust. civ., I, 572. 这为最高法院所确认：有几个案例，其中有 Cass. civ., sez. III, 21 May 1996, no. 4671, [1996] Arch. giur. circ. strad., 730.

63　Cass. civ., sez. III, 17 September 1996, no. 8035, [1997] Resp. Civ. Prev., 123; Cass. civ., 7 January 1991, no. 60, [1991] Foro it., I, 459 with comment by Simone.

64　参见 Cass. civ., sez. III, 23 April 1998, no. 4186, [1998] *Danno e Responsabilità*, 686 with comment by G. De Marzo. 直到最近，最高法院才确认了相反的原则：参见 Cass. civ., 17 November 1997, no. 11396, [1997] Foro it., Rep. Voce *Danni Civili*, no. 84 等。

(七) 死亡情形中的可获赔损害

1. 人身伤害赔偿和生活费用

在一起死亡案件中，受害人存活了一个合理的时间，以至其蒙受的一时性心理创伤能够被量化为生理损害的，那么受害人就可对它提出赔偿请求。精神痛苦同样如此。

亲属能够就其精神痛苦和生理损害提出赔偿请求，但是，只有当他们能够表明它的实际存在（由医生明确证明的疾病）与其亲属的死亡有因果关系。

长期以来法院的动向并不一致：有些判决主张财产权不能对死亡前所遭受的精神损害提出赔偿请求，因为它是不可由其他人行使的人身权利；其他法院则意见相左。第二种动态现在似乎大行其道。因此，受害人在死亡前所承受的精神痛苦是可获赔的，其继承人能够寻求这种赔偿。[65]

金钱损害赔偿金（包括丧葬费用[66]）和非金钱损害赔偿金必须给予所有因为（现在因为）其亲人死亡（严重受伤）遭受精神痛苦[67]或失去逝去的亲人（有合法的例外）提供的某种经济利益而遭

---

[65] Cass. civ. sez. III, 25 February 1997, no. 1704, [1997] *La nuova giurisprudenza civile e commerciale* (Nuova giur. civ. comm.), I, 221 with commentary by D. Chindemi; Tribunale Genova, 5 June 1992, [1993] Nuova giur. civ. comm, I, 575.

[66] 亲属用来证明所支付丧葬费的数额的原则，参见 Cass. civ., sez. III, 29 May 1996, no. 4991, [1996] Riv. giur, circol. trasp., 936。

[67] Trib. Torino, 8 August 1995, [1996] Resp. civ. e prev., 282 with comment by P. Ziviz, 作为由受害人亲属遭受的"生存损害"赔偿。

受损失的人。[68] 亲属必须证明其亲人的死亡剥夺了其以前享有和其本来会继续享有的经济效用。[69] 这些经济效用也包括涉及帮助和扶助的有经济价值的服务（如家事服务）。[70]

153 死亡时的收入应成为判给逝者亲属未来损害的赔偿金的基础。[71] 然而，法院在对生活和工作机会中可能的职业或变化进行考虑后，就可至少大致估算出将来收入是多少。[72]

154 对于经济损失，也可能会提出给不赚取任何收入的即将死亡的学生的父母/亲属造成经济损害的问题。有时法院说他们不应该得到任何东西，基于这样的推定，她/他还没有给父母任何东西，即使在将来会有收入。[73] 在其他情形中，法院说父母不可能获赔失去的收入，除非他们能够证明它[74]；有时法院说它是能够推断出来的。[75]

---

68 Cass. civ., sez. III, 1 August 1987, no. 6672, [1987] Giust. civ. Mass., fasc. 8-9. Cass. civ., sez. III, 15 December 1981, no. 6630, [1981] Giust. civ. Mass., fasc. 12., 将亲属将来遭受的经济损失与肯定能从死者那里获得持久的经济资助联系在一起，撇开致命事件不谈，即使那些收益对法律义务来说不是应当的。亦参见 Cass. civ., sez. III, 28 October 1978, no. 4932, [1979] Arch. giur. circol. e. sinistri, 275.

69 Trib. Treviso, 27 December 1994, [1995] Resp. civ. e prev., 617 with comment by Fa. Cassella 推定父亲本来会至少将其收入的四分之一用于把其子女抚养到21岁，并至少将其收入的三分之一用于扶养其妻子。

70 Cass. civ., sez. III, 3 November 1995, no. 11453, [1995] Giust. civ. Mass., fasc. 11; Cass. civ., sez. III, 17 September 1996, no. 8305, quoted, and more recently Cass. civ., sez. III, 6 November 1997, 10923, [1998] *Danno e Responsabilità* with comment by U. Violante. 亦参见 Cass. civ., sez. III, 1 April 1980 no. 2112, [1980] Giust. civ. Mass., fasc. 4, 确定死者失去将来收入给其亲属造成的损失有可能只可得到公正赔偿。

71 Cass. civ., sez. III, 6 May 1988 no. 3351, [1988] Giust. civ. Mass., fasc. 5; Cass. civ., sez. III, 25 June 1981 no. 4137, [1981] Riv. giur. circol. trasp., 1053.

72 对重视配偶死后新婚的案件中的演绎推理，参见 Cass. civ., sez. III, 4 January 1996, no. 25, [1996] *Danno e Responsabilità* 463 with comment by G. Ferrando.

73 Trib. Milano, 2 September 1993, [1994] Nuova giur. civ., comm., I, 680, with comment by R. De Matteis. Cass. civ., sez. III, 10 October 1992 no. 11097, [1992] Giust. civ. Mass., fasc. 10.

74 App. Bologna, 7 October 1995, [1996] *Danno e Responsabilità* with comment by G. Ponzaneli.

75 Cass. civ., sez. III, 13 Novermber 1997, no. 8035 Foro it., I, 54.

因此，根据以前阐明的条件，妻子/丈夫能够既要求赔偿肉体痛苦和生活费，又要求赔偿（如果发生的话）他们自己的"生理伤害"。[76]

非婚伴侣则不一样[77]：法院判决的传统智慧寻求国家承认受害人与伴侣的关系以获得赔偿金。因此，有时宗教婚姻被认为足以[78]获得损害赔偿金，有时则不足以获赔。[79]

意大利学者在这个问题上分歧严重[80]，不过最高法院有一个相当新的判决澄清了这个问题，至少是给非婚伴侣所造成精神损害的问题。最高法院说得明白，证明存在表现为在精神上和物质上相互扶助的坚实和持久关系是判给非婚伴侣精神损害赔偿金和经济损害赔偿金的关键。[81] 相应地，非婚伴侣必须证明关系的稳定性和因其非婚伴侣死亡而失去实际的物质帮助。

2. 法律咨询费用和诉讼代理费用

请参见（六）的内容。

---

[76] Cass. 17 September 1996, no. 8035 (*supra* fn. 69).
[77] 参见 Trib. Trento, 19 May 1995, [1995] Nuova giur. civ. commen., I, 1017, with comment by M. V. De Giorgi, 把肉体痛苦与和死者法律上相关的纽带挂钩。
[78] Trib. Firenze, 18 October 1979, [1981] *Diritto e pratica nell' assicurazione* (Dir. Prat. Ass.), 170.
[79] App. Firenze, 23 May 1980, [1981] Dir. Prat. Ass., 175.
[80] 支持侵权赔偿的，S. Patti, *Famiglia e responsabilità civile*, p. 186; D. Angelo, *La famiglia di fatto* (1989), pp. 527 *et seq.*, G. Alpa, Famiglia di fatto e risarcimento del danno, [1976] Foro it., IV, 64; G. Bonilini, *Il danno non patrimoniale* (1983), p. 476. *Contra* A. Trabucchi, Pas par cette voie s'il vous plaît, [1981] Riv. dir. civ., I, 351.
[81] Cass. civ., sez. III, 28 March 1994, no. 2988, [1995] Giur. it., I, 1, 1366. 法院运用了该原则：参见 App. Firenze, 29 April 1996, [1996] *Giurisprudenza toscana* (Giur Tosc.), 59.

(八）赔偿的范围和方式

1. 一般原则、损害赔偿金的数额、临界点和上限

159 根据民法典第 1223 条能够断定，侵权损害赔偿法的主要原则是使受害人获得完全赔偿。这个理念仍然对根据侵权法进行赔偿与根据社会保障计划进行补偿作了区分。这一区分对人身伤害尤为重要，使受害人获得完全赔偿是法律为难的承诺。

160 在原则上，对损害赔偿金数额和类型的法定限制和约定限制都是允许的。然而，人身伤害不受这些限制制约，（侵权法中）其唯一获得承认的与人身伤害（非金钱损失）有关的限制是由民法典第 2059 条规定的。例如，在讨论责任的常规限制时，记起关于旅客运送的第 1681 条是有意义的：限制承运人对旅客遭受损害所承担责任的一切条款均无效。

161 我们的宪法法院[82]，在判断用来执行航空运输的华沙公约的法律的合宪性时，解释说责任的法定限制是不符合宪法的，如果损害赔偿的确定性和充分性没有充分保障（"adeguate garanzie certezza e adeguatezza per il ristoro del danno"）。[83] 在讨论人身伤害赔偿金，尤其是与它们有关的非金钱损失时，必须记住这一点。

162 唯一的限值（上限）是与工人有关的伤害改革所要求的固定数额。根据有利于暴力或恐怖行为受害人的特别法所判给的数额也是固定的（参见 1999 年 7 月 28 日第 510 号法律）。这样的一次性支付就能被解释成上限。工人有关伤害的预期改革，规定了临界点。

---

[82] Corte Cost., 6 May 1985, no. 132, [1985] Resp. civ. e prev., 537.
[83] 相反，对物之损害赔偿进行限制，在根本上是允许的，只要它们符合"合理性原则"，它们考虑了受到威胁的对立利益的平衡。Corte Cost., 22 November 1991, no. 420, [1991] *Consiglio di Stato* (Cons. Stato), II, 1827.

然而，要注意的是，所有著名的案件都不是严格意义上的侵权 163
赔偿金规则。其实近来的一个改革交通事故法的法律（2001年3月
5日第57号法律）制定了一个人身伤害案件判给"生理损害"的表
格（参见附录1）。该法确定的数额能够判给"生理损害"。这个改
革被质疑并已受到批评。[84]

在严格责任或推定过错案件中，法院非常不情愿判给非财产损 164
害赔偿金，因为实际行为和举动对判给它发挥着重要作用。这似乎
很公平、很正当，因为它只涉及那些不能由医生客观评估和确定的
非金钱损失。即：它只作用于精神痛苦，它不能作用于"生理损
害"。

对于人身伤害案件，首先，要澄清的是，医学评估能够确保对 165
"生理损害"进行高度的客观评估；医学评估通常对每一项永久性伤
害做出评估，在每个案件中，根据具体的科学参数，确定其百分比。
通过医学专家的这种评估，法院确定每一个百分点的价值，并将它
乘以永久性伤害确定的百分比。这些年来，法庭和专家制定了指
导表。

计算人身伤害赔偿金的主要问题是关于"健康损害"的。我们 166
的最高法院指明，解决这个损害赔偿的特别的基本问题需要"与相
关损失的类型保持一致的公正评估"。[85] 这意味着对于"健康损害"

---

[84] 更多详情，参见 the commentary of G. Comandé/F. D. Busnelli/M. Bargagna, L'art. 5. commi 2-6. Legge recante "Disposizioni in materia di aperture e regolazione dei mercati" in corso di pubblicazione sulla Gazzetta Ufficiale. Un primo commento: profile giuridico, medico-legale ed attuariale, in M. Bargagna/F. D. Busnelli (eds.), *La valutazione del danno alla salute* (4th edn. 2000); G. Comandé/G. Turchetti, Il disegno di legge delega sul danno biologico presentato dal Governo il suo impatto sistematico ed il "sistema tabellare", in M. Bargagna / F. D. Busnelli (eds.), *La valutazione del danno alla salute* (4th edn. 2000), pp. 629 *et seq.*

[85] Cass. civ., sez. III, 13 January 1993 no. 357, [1993] *Corriere giuridico* (Corriere giur.), 303, with commentary by V. Carbone, I contrasti giurisprudenziali sui criteri di liquidazione, *ibid.*, 305.

来说，可估量性的主要根据在于对心理上、生理上的伤害所做的医学、法律评估的一致性，不能抛开评估而产生客观上的一致性和可估量性；有可能领会根据过去的基于案情实质的案例法确定的伤害所造成的损害赔偿的同质性依据；确保每个法官拥有衡平法的权力去使这种客观的计量适应案件的特性。其目标，得到过宪法法院的明确宣告，是详尽阐述"要达到一种标准，一方面，满足基本金钱上一致的要求，（相同伤害的评估方式从一个人到另一个人不能有太大的差别），另一方面，满足调整损害赔偿裁决使之适应给日常活动造成的确定的损害的实际效果的弹性和灵活性要求"。[86]

167　　法院往往渴望达到这个目标，不过它们没有完全做到。比萨的法庭，受法国计算点（calcul au point）（评估）经验的激励，详尽阐述了"计算点"的公正标准，该标准以——平均——评估疾病程度的过去判决为起点。该标准为我们的宪法法院所接受，宪法法院明确指出它讨论了"最有远见的法院所达到的实质结果"。[87] 然而，每个法院的体制的发展产生了问题。有些法庭认为它们能够精心制作出其本地的（货币）价值表。如果在它们之间比较，"就会出现极端显著和混乱的波动"。[88]

168　　为面对这种风险，在度过"混乱无序"裁决的第一阶段后，那时每个法官都是陈述他/她自己的公平标准的裁决人，其使这一领域进入在不同法院的评估有不确定和不合理的差别的新时代，比萨生理损害研究小组在意大利国家研究委员会（CNR）的资助下详细阐述了国家指导表（国家指导数额表，*Tabellazione Indicativa Nazion-*

---

[86] Corte Cost. 14 July 1986 no. 184, quoted.
[87] Cass. Civ., sez. III, 14 April 1995, no. 4225, [1995] Resp. civ. prev., 519, with commentary by G. Ponzanelli, La Corte di Cassazione ed il criterio equitativo nella valutazione del danno alla salute.
[88] 用判决的话来说：Pret. Lucca, 28 October 1996.

ale——TIN）。[89] 该表既然是根据全国裁决的案件数据制定的，就适于成为全国统一的对"健康损害"进行金钱评估的共同根据。国家指导数额表已为一些法院接受，其用来建构表格的方法现在被立法者确认用于造成轻微人身伤害的交通事故（参见 2001 年 3 月 5 日第 57 号法律）。

因此，很明显，法官（主要根据医生的评估）算定的永久性伤害的百分比是判给生理损害的基础。授予精神损害赔偿金的判决没有明确的指导准则。 169

要注意的是，上诉法院和最高法院不会对初审法院判给的损害赔偿金数额提出异议，如果计算的标准和裁决理由是一致的。因而，当法官的推理在逻辑上一致并合乎证据时，上诉法院就不会对判给人身伤害赔偿金的数额或采用的标准提出异议。 170

定向表，如所述的国家指导数额表，就视受害人的年龄而定的预期寿命来说，是很详尽的。在每个案件中调查受害人的预期寿命是非常罕见的。 171

2. 定期支付的赔偿金或一次性支付的赔偿金；对定期支付和一次性支付的评价

原则上，赔偿金的支付可以是定期的或一次性的。然而，如果没有特别规定"迫使"法官做出定期支付的判决，那么他们就几乎完全不使用该模式。情况就是这样，尽管民法典第 2057 条规定："在人身伤害具有永久性时，法官……能够确定作为终身年金形式的赔偿金"。因此，一次性支付基本上是判给损害赔偿金的唯一方式。 172

---

[89] 参见 G. Turchetti, Gli sviluppi dello studio sulla determinazione del valore monetario base del punto di invalidità, in M. Bargagna/F. D. Busnelli（eds.）, *Rapporto sullo stato della giurisprudenza in materia di danno alla salute* (1996) pp. 171 *et seq.* and G. Comandé, La sperimentazione di una Tabella Indicativa Nazionale tra esigenze di prevedibilità ex ante del danno e di liquidazione equitativa ex post, in *ibid.*, pp. 201 *et seq.*

(九) 第三人责任险对受害人的重要性

173　　保险对确保人身伤害的受害人实际获得赔偿金至关重要。然而,有少数情形,在其中侵权责任条款附有强制责任保险条款。

174　　在这些情形中,投保数额通常与法律所要求的最低数额相一致。

175　　也要记住的是,在一些情形中,如机动车保险或和平时期利用核能,数额是由国际条约或欧盟指令规定的。

176　　在容易产生人身伤害的领域强制投责任保险的条款中,值得提到的有:从1969年起(参见1969年第990号法律第24条),强制投保的交通事故;履行1960年7月29日公约的和平时期利用核能(1962年12月31日第1862号法律);工伤(参见1965年6月30日第1124号法律);强制投合理保险项目的航母(航运法典第798条)。

177　　产品责任不存在强制保险,也值得提到。不仅转化欧盟85/374/CE指令的1988年5月4日第224号法律没有,其他法律也都没有强加强制保险项目。

178　　在一些情形中,如交通事故,受害人对保险人可直接提起诉讼。

二、案例

(一) 案例1

179　　我们假定责任已成立。

180　　根据我们之前已经解释过的内容,亲属对其精神痛苦有权获得赔偿金[参见上文(七)死亡情形中的可获赔损害]。

181　　如前文所述,法院有时对失去扶助不会判给父母任何费用,基于 P 不会给父母什么费用,即使其在将来领了薪水的推定。在其他情形中,法院说父母不可能获赔失去的收入,除非他们能够证明它[90];有时法院说它是能够推断出来的[91]。

然而通常他们无法获赔任何收入损失。 182

P 能够要求 D1 和 D2 赔偿全部损失(分别根据民法典第 2054 条第 1 款和第 3 款):支出的费用(包括被证实的医疗费用)和非金钱损失(包括生理损害和精神痛苦)。 183

其实,即使实际失去的工资得不到证明,P 也总会获赔"健康损害",在健康损害中,法官会考虑对受害人生活造成伤害的所有后果(从审美的、亲属的立场)[92]。 184

法院有时在判给学生损害赔偿金时,也要根据所做的研究和其他经验考虑永久性伤害如何降低受害人的工作能力,以及给健康造成的损害。在公正评估缺少那些参数时——一些法院说——就可适用 1976 年 12 月 23 日第 857 号法律第 4 条的标准(使永久性伤害部分的社会养老金数额增加三倍)[93]。 185

(二) 案例 2

1. 如果 D1 的责任不成立,P 就只能要求在治疗过程中造成损害的 D2 赔偿全部损失。她能够获赔生理损害、精神痛苦,包括(如能证明)雇佣操持家务者的费用和医疗费用在内的支出费用。根据这 186

---

[90] App. Bologna, 7 October 1995, [1996] *Danno e Responsabilità* with comment by G. Ponzanelli.
[91] Cass. civ., sez. III, 13 November 1997, no. 11236, [1998] Foro it., I, 54.
[92] 参见这些判决:Trib. Monza 7 May 1987, [1987] Resp. civ. e prev., 495.
[93] 参见 Trib. Palermo 26 January 1991, [1991] Arch. giur. circol. e sinistri, 588; Trib. Napoli 29 January 1986, [1987] *Assicurazioni* I, 2, 32. 等。对使用显示明显的倾向和能力或家庭和社会状态等标准的严厉批评,参见 Trib. Firenze, 5 March 1990, [1991] Arch. giur. circol. e sinistri, 42.

些事实,她的丈夫和孩子就不能索赔。

187　　2. 在原则上,侵权行为有一个要件(因果关系)是无法证明的。然而,法院会认为 D2 应当考虑到她的体质。实际上,他/她的行为确实失当。因此,除非 P 的体质是完全不可察觉的,P 是能从 D2 那里获得全部赔偿的。

(三) 案例 3

188　　1. 如上文所述,金钱损害赔偿金(包括丧葬费用)和非金钱损害赔偿金必须支付给所有因其亲属死亡而蒙受金钱损害和非金钱损害的人。度假公寓的收入和每月 5000 欧元大概都是妻子和女儿来自逝去的亲属、他们原本会继续享有的某种经济收益。因此,他们可要求获得赔偿。无论如何,死亡时的收入都是把未来损害赔偿金判给死者亲属的基础。

189　　2. 被抚养人所遭受损害的数额会根据 S 的共同过失相应减少[94]。

附　录

针对根据 2001 年 3 月 5 日第 57 号法律(第 5 条)与交通事故有关的轻微人身伤害(被评估为 1% - 9% 的永久性伤害)所判给"生理损害"赔偿价值表。

法律为伤残 1 至 9 的每个百分点都确定了一个基数。然而,它要求随着受害人岁数的增长(从 11 岁开始)每年都减少基本数额

---

[94] 进一步解释请参考 IV。亦参见 E. Bargelli/F. D. Busnelli/G. Comandé, *Contributory Negligence under Italian Law*, in U. Magnus/M. Martín-Casals (eds), *Unification of Tort Law*: *Contributory Negligence* (即出)。

的 0.5%。

如以下表格所示，每个点的价值都是根据若干年龄确定的（以 1,000 意大利里拉为单位）。通过基值乘以伤残点的数字，就可得到最后的数额（例如，10 岁男孩的 5% 是 1,800,000 × 5 = 9,000,000 意大利里拉）。

	10 岁	20 岁	30 岁	40 岁	50 岁	60 岁
1%	1,200	1,140	1,080	1,020	960	900
2%	1,320	1,254	1,188	1,122	1,056	990
3%	1,440	1,368	1,296	1,224	1,152	1,086
4%	1,560	1,482	1,404	1,326	1,248	1,170
5%	1,800	1,710	1,620	1,530	1,440	1,350
6%	2,040	1,938	1,836	1,734	1,626	1,518
7%	2,280	2,166	2,052	1,938	1,812	1,686
8%	2,520	2,394	2,268	2,142	1,998	1,872
9%	2,760	2,662	2,484	2,346	2,184	2,058

荷兰的人身伤害赔偿

威廉·H. 范博姆

一、基本问题

（一）侵权法与社会保障法的相互作用

1. 关于侵权法与社会保障法之间关系的一般评述

关于人身伤害赔偿，荷兰侵权法与社会保障法存在多方面的差异。首先，我们注意到侵权法的首要目的是纠正错误，而社会保障法的首要目的在于保护参保公民的财产利益免受人身伤害、疾病、残疾以及失业所致的损失。事实上，侵权法是以惩罚或矫正正义的基本主张为基础的，而社会保障法是以分配正义为基础的。两者的相似之处在于具有补偿受伤害一方的效果，但是，赔偿的标准还是大不相同。侵权法以完全赔偿为最重要的原则，而在大多数社会保障法中，赔偿的标准都是相当低的。[1] 而且，作为一种规则，社会保障法仅仅覆盖特定项目下的经济损失，主要是收入的损失和医疗费用（就公共医疗保险而言）。社会保障法一概不提供非经济损失的赔偿。

---

[1] 或许公共健康保险除外。

主张侵权损害赔偿所需具备的基本条件构成相对较高的门槛：不法行为、过错和因果关系都是成功主张侵权请求权的障碍，而且受伤害一方原则上负有举证的责任。向法院提起侵权赔偿诉讼需要花费大量的时间和财力，并且还可能对受伤害一方构成心理负担。与此形成鲜明对比的是，社会保障法作为赔偿的途径门槛相对很低。大多数方案都操作快、（相对）效率高，不需要律师介入，它们提供适当的赔偿，受伤害方请求的负担较小。

荷兰社会保障体系提供针对医疗费用的保障以及针对疾病和残疾所致收入损失的保障，而不管伤害的原因为何。因此侵权引发的伤害也同样覆盖在内。另一方面，社会保障法并不取代荷兰侵权法。因此可以举个例子，如果工伤或职业病造成的损失不在社会保障法赔偿范围之内，雇主就负有赔偿责任。但是，已经由社保赔付的部分将从侵权索赔中扣除。[2]

2. 对侵权行为人的追偿权

大多数社保机构拥有针对侵权人的追偿权。[3] 总体而言，行使这些追偿权的条件与受伤害方提起侵权赔偿请求的条件是一样的。虽然这些特殊的制定法上的追偿权不同于民营保险公司的代位追偿权，效果却是基本一致的：一旦法庭受理了受伤害方的侵权请求，追偿权就产生了。同样，如果受伤害方自身的疏忽也构成事故及其所受

2　See W. H. van Boom, Verhaalsrechten van verzekeraars en risicodragers (2000), p. 17, pp. 24-25.

3　Art. 52a Zw (Sickness Benefits Act); Art. 6:107a BW (Civil Code); Art. 90 WAO (Disablement Insurance Act); Art. 83b ZfW (Public Health Insurance Act); Art. 61 ANW (General Surviving Dependants Act); Art. 69 WAZ (Disablement Insurance [Self-Employed Persons] Act); Art. 61 WAjong (Disablement Insurance [Young Disabled persons] Act); Art. 65b AWBZ (General Exceptional Medical Expenses Act); Art. 2 VOA (Accidents to Public Servants [Recovery of Compensation] Act); Art. 49 (1) Wet REA (Disablement Reintegration Act).

伤害的一部分原因，那么追索请求的赔偿数额也按比例减少。[4]

5　　某些社会保障法将雇主和同事排除在追索人行使权利的对象之外，但当他们有故意加害、有意伤害或因严重疏忽而致受害者伤害的情形时除外。[5] 不存在排除家庭成员的法条，但是荷兰最高民事法院的几个案子均不允许针对家庭成员的追偿，认为允许这种追偿即等同于允许利益返还，因为家庭成员一般共同分享收入以及可替代收入的利益。[6]

6　　在荷兰法中，存在对追索请求反映受伤害方请求这一原则的重要偏离。1992 年荷兰新的民法典（*Nieuw Burgerlijk Wetboek*，简称 BW）生效时，立法者觉得该法典引进的严格责任应当维护受害人本身的利益。于是在民法典第 6:197 条引进了临时追索权利方案（*Tijdelijke Regeling Verhaalsrechten*，简称 TRV）。该方案认为追索请求不能依据严格责任提出。依据该方案，如果一个员工在骑车上班的途中被破屋上掉落的瓦片击中，他本人可以依据严格责任提出赔偿请求（民法典第 6:174 条）。但是如果他因此伤害而长期不能工作，他的收入损失的一部分将由特定的社会保障条款所覆盖。社会保障机构随后有追索的权利，但不能依据民法典第 6:174 条进行。社保机构只能在持有足够证据证明屋主有过失（如疏于修理或警告）的情况下，依据民法典第 6:162 条所指的侵权赔偿责任提出赔偿请求。可以说临时追索权给荷兰侵权法制造了一个裂痕：受害者完全可以依据严格责任提出赔偿请求，但他们的（社会）保险人却只能依据相对于受害者的过失提出赔偿请求。虽然这一裂痕在法律文献中受

---

[4]　W. H. van Boom（*supra* fn. 2），pp. 36 – 37.
[5]　Art. 91（1）WAO；Art. 52b（1）Zw，Art. 83c（1）ZfW，Art. 62（1）ANW；Art. 49（3）Wet REA；cf. Art. 6：107a（3）BW.
[6]　追偿的权利因此也可一定程度地影响受害方，这将不符合社会保障的精神，如提供赔偿。关于这个话题，见 W. H. van Boom（*supra* fn. 2），pp. 75 *et seq*.

到了猛烈的批评，但它看来还将继续存在下去。[7]

关于追索诉讼是否优先于受害者本人的诉讼，没有一般的法条规定。[8] 相反，法律学说和司法实践中似乎有一种共识，认为应选择相反的做法：受害者的诉讼请求应优先于追索请求。[9] 正待议会表决的民营保险合同法草案也编入了受害者的优先权。[10]

（二）责任原则和制定法依据

1. 概览

荷兰法将不法行为的过错责任（民法典第 6:162 条）与严格责任区分开来。一般而言，严格责任可以区分为两类：他人不法行为的严格责任以及物体和物质的严格责任。前一类包括雇员和机构的严格责任，后一类包括有缺陷的可移动物体和房屋建筑的责任、产品责任和危险、有毒物品内在风险责任。[11] 虽然严格责任的施加被认为是立法机关的特权，但是荷兰最高法院在特定情形下承担了"立法机关替代者"的职责：某些形式的侵权责任通过判例法延伸而成，达到类似于"半严格责任"的效果。这些情形包括雇主对工业事故的责任、机动车主对涉及行人和骑自行车的人的交通事故的责任。

侵权责任一旦确立，原则上，侵权者必须赔偿受害人遭受的直接损失以及利益的损失（民法典第 6:96 条）。但事实上，此责任的实际限度取决于因果关系的规则。根据荷兰法，必须进行一次二级

---

[7] See W. H. van Boom (*supra* fn. 2), pp. 122 *et seq.*
[8] 然而，art. 2 VOA 明确给予了受害者优先于管理机构的权利。
[9] See W. H. van Boom (*supra* fn. 2), pp. 98–100.
[10] Art. 7.17.2.25 §2, bill no. 19 529.
[11] See J. Spier, The Netherlands—Wrongfulness in the Dutch Context, in: H. Koziol (ed.), *Unification of Tort Law: Wrongfulness* (1998), pp. 95–96.

检验。[12] 第一步是有名的若非则无（condicio sine qua non）（"but for"）检验法。[13] 这一检验如得以通过，则再进行归因检验。后一检验在民法典第 6:98 条中有陈述：

> 只有当损害与产生责任的事件相关，并经考虑损害的性质和责任的性质后，能将损失作为事件的结果归因于债务人时，受害人才能要求其赔偿。[14]

10　　民法典第 6:98 条只确认决定归因的众多因素中的两种，即损害的性质和责任的性质。虽然损害的可预见性未在其中提及，它当然也是一个重要的因素。就损失的性质而言，一旦涉及人身伤害[15]，判例法和学术界都倾向于[16]将因果关系的限度拉伸很远，如果涉及财产损害则近一些，而当损失不属于前述两类时（如纯粹的经济损失）[17]，则最近。

11　　在这一点上，必须对荷兰损害赔偿法做一个最终的概论。在确定施害方的责任及其赔偿责任限度之后，荷兰新民法典允许侵权者对受害者应付赔偿的减轻。民法典第 6:109 条规定如下：

> （1）在特定条件下，包括责任的性质、双方的法律关系以及他们各自的经济能力，如果判决完全赔偿会导致明显不可接受的结果，法官可以减轻损害赔偿的责任。

12　See A. S. Hartkamp, *Verbintenissenrecht*; *deel I-de Verbintenis in het algemeen*〔Mr. C. Asser's handleiding tot de beoefening van het Nederlands Burgerlijk recht〕，(11th edn. 2000)，(hence: *Asser/hartkamp I*)，nos. 424 *et seq.*

13　例外情形中不适用该检验，例如，民法典第 6:99 条（择一因果关系）和第 6:166 条（即团体责任）。

14　See *infra* fn. 21.

15　但是必须强调，一般原则尚未形成。如 J. Spier, How to Keep Liability within Resonable Limits? A Brief Outline of Dutch law, in: J. Spier (ed.), *The Limits of Liability-Keeping the Floodgates Shut* (1996), p. 103, 所述：不管是学说还是判例在这一点上都不明晰。

16　See J. Spier (*supra* fn. 15), p. 101, *Asser/Hartkamp I*, nos. 433 *et seq.*

17　See, *e. g.*, C. J. H. Brunner, Causaliteit en toerekening van schade,〔1981〕*Verkeersrecht*, 210 *et seq.*

（2）减少的数额不可超过债务人已获得或应当获得的责任保险赔付。

（3）任何废止第一款的约定均无效。[18]

至此，这一新[19]规定尚未被广泛应用以减轻责任带来的影响深远的经济后果；只有在完全责任的后果从社会经济角度而言明显不可接受时，法官才能行使减少赔偿数额的自由裁量权。可以认为，减少赔偿数额的决定不仅取决于全额赔偿的严重经济后果，而且还取决于事件的可谴责程度、责任的性质（过错责任还是严格责任？）以及引发爆发性索赔的可能性。[20]

2. 不法行为的过错责任

荷兰法中，不法行为的过错责任编撰于民法典第 6:162 条中：

（1）一个人作出可归责于他的针对另一人的不法行为，有责任对另一人所遭受的由此行为引发的损失进行赔偿。

（2）除了公正的理由外，以下行为被认为是不法的：对主观权利的侵犯，违反法定义务的行为或疏忽，违反恰当的社会行为准则的行为。

（3）如果当事人的过错导致了不法行为，或者根据法律或一般观念当事人对不法行为的原因负有责任，此不法行为可归责于该当事人。[21]

根据民法典第 6:162 条所述，过错责任包含两个因素：行为本身的不法；可归责于行为人。根据民法典第 6:162 条第 2 款所述，侵犯主体权利（比如财产和人身不可侵犯）、违反某项法定义务的行为

18　See *infra* fn. 21.
19　"旧的"民法典事实上也为人身伤害和诽谤案例规定了相似的减轻情形。
20　See *Asser/Hartkamp* I, no. 494.
21　Translation based in part upon P. P. C. Haanappel/E. Mackaay, *New Netherlands Civil Code: Patrimonial Law (Property, Obligations and Special Contracts)* (1990). See also Spier (*supra* fn. 11), p. 87.

以及违反"社交礼仪（maatschappelijke betamelijkheid）"（即恰当的社会行为准则）的行为。违反恰当的社会行为准则这一类行为到目前为止是最重要的，尤其是当受害人不能基于对他财产权或人身健康的直接侵害提出赔偿要求时。根据判例法，具体案例中有许多因素决定行为正当与否，比如损失的可预见性（也被称为"作为行为后果而发生损失的机会"）、可归责的程度、为避免损失而产生的代价、损失的性质以及受害人与加害人的关系。[22] 一个实际的错误行为如果是因为不可抗力或自卫而做出，或者某项制定法规定它是正确的，那么就不认为它是不法的。[23]

15　　第二个因素即可归责性被分解为三种可选择的归责原因，第一种也是目前最重要的原因是：不管是根据制定法，还是仅仅因为"惯例（verkeersopvattingen）（即通过判例法表达的一项不成文的法律或道德观念）"的要求，可以因为当事人的行为（"schuld"，即过错）而归责于他，或者他的行为（的原因）必须归责于他。[24] 因此根据第 3 款，侵权责任不仅发生于存在主观过错的情形，而且也发生于客观上"应负责"的情形。作为"过错"的替代物，这种"应负责任"的范围尚不明确。虽然一些学者认为，根据第 6:162 条第 3 款，即使不存在可归责性和过错也有可能产生侵权责任，[25] 但是司法实践中没有一个案例支持这一结论。话虽这么说，但是不得不承认，

---

[22] 这些标准大多源自里程碑式的判决：HR 5 November 1965, [1966] NJ, no. 136。关于此主题的更多内容见 J. Spier (*supra* fn. 11), pp. 94–95.

[23] See A. S. Hartkamp, *Verbintenissenrecht*; *deel III-de verbintenis uit de wet* [*Mr. C. Asser's handleiding tot de beoefening van het Nederlands Burgerlijk recht*] (10th edn. 1998), nos. 58 *et seq.*

[24] 更多关于"惯例（verkeersopvattingen）"作为非法行为和错误的推定基础关系的内容：B. G. P. Rogmans, *Verkeersopvattingen* (1995), pp. 9 *et seq.*

[25] 关于此主题的更多内容，见 E. Bauw, Een onberekenbare bepaling; over de toerekening krachtens verkeersopvattingen in het derde lid van Art. 6: 162 BW, *Te Pas* (*Stein-bundel*) (1992), pp. 51 *et seq.*

在一些特定的法律领域，还是有案例部分支持这个结论。毫无疑问，这跟 1992 年废除的旧民法典有所不同。根据旧法典第 1401 条（差不多就是从法国民法典第 1382 条翻译而来），仅仅当一方所受损失是由另一方行为的过错所致，责任才会发生。然而判例法很大程度地扩展了过错的内容范围。自从民法典第 6:162 条生效以来，因为过错行为的责任也可基于"应负责任"（第 6:162 条第 3 款）而发生，对过错内容的扩展在某种意义上已经没有必要了。[26] 然而，民法典第 6:162 条第 3 款为归责所提供的替代性原因至今并无多大意义。原因很好解释：过错的内容范围已经得到相当的扩展，可以涵盖很大范围内各种并无过错的行为类型。甚至可以说，过错的内容已被扩展到无法辨认的程度。[27]

1983 年最高法院对梅珀尔鹿（Meppelse ree）案的判决为这个"趋势"提供了一个著名的例子。在这一判决中，法院公然用主观的、法律上的可归责性替代了道德上的可归责性。两车迎面相撞，引发事故的司机被判定法律上应归责于他，但从道德层面来看，又明显地不应归责于他：转瞬之间，一头鹿突然从密林中窜出，横穿公路，挡在车前，为了不撞上它，司机向左打了方向盘。不幸的是，他因此撞上了对面开来的车。尽管任何有理智的人碰上这事都会有同样的反应，[28] 但是荷兰最高法院还是根据法律上的可归责性（比如，紧急状态下的错误）判决他应负法律责任。虽然根据新的民法典，我们可以把梅珀尔鹿案的判决归档在根据"惯例"归责的标题之下，这个案例仍然显示了过错概念的宽泛程度。[29]

16

---

[26] 关于此主题更多内容，见 *Asser/Hartkamp* (*supra* fn. 23), nos. 70 *et seq*.

[27] *Cf.* G. H. A. Schut, *Onrechtmatige daad* (5th edn. 1997), pp. 95 *et seq*.

[28] HR 11 November 1983, [1984] NJ, no. 331; cf. G. H. A. Schut (*supra* fn. 27), pp. 95 *et seq*.

[29] 关于此主题，见 C. H. Sieburgh. *Toerekening van een onrechtmatige daad* (2000), pp. 142 *et seq*.

3. 严格责任和替代责任；概述

17　　荷兰民法典中有很多种严格责任，这里仅提最重要的。[30]如前文边码 8 所述，对他人错误行为所致的严格责任和有缺陷或危险的物体所致的严格责任作了区分。因他人的不法行为而发生的严格责任主要由民法典第 6:170 – 171 条解决。[31]根据民法典第 6:170 条，如果雇员在履行职责的过程中做出了侵权行为并且其职业活动增加了发生这种侵权行为的风险，而雇主在他与雇员法律关系的基础上控制这些活动，那么雇主应当对此侵权行为负责。这种雇主的严格责任适用范围很广。[32]例如，民法典第 6:170 条中的"雇佣"概念不仅限于合同制的雇佣。因此，如果 A 协议受雇于 B，而 B 指示 A 听从 C 的差遣，根据民法典第 6:170 条，C 完全也可以被认为是 A 的"雇主"。

18　　除第 170 条之外，第 171 条规定，如果承包人的可归责的错误行为发生于委托人业务的进程当中，那么委托人应当对此行为负责。[33]结果，任何承包人，只要以外部的观点看，他提供的服务被认为是委托人核心业务的一部分，他的错误行为导致的损失都要由委托人承担责任。

---

[30] 因此，以下严格责任未得到广泛的处理：民法典第 6:169 条（父母为 14 岁以下孩子非法行为承担的严格责任），民法典第 6:172 条（法定代表人/代理人的严格责任），民法典第 6:176 – 177 条（垃圾倾倒场所和钻孔的严格责任）。更多讨论，作者推荐荷兰报告"关于严格责任的问卷调查"，C. E. du Perron/W. H. van Boom in B. A. Koch/H. Koziol (eds.), *Unification of Tort Law: Strict Liability* (2002) p. 227.

[31] 作者将不讨论民法典第 6:169 条（父母为 14 岁以下孩子非法行为承担的严格责任）以及民法典第 6:172 条（法定代表人/代理人的严格责任）。

[32] See C. J. van Zebett et al., *Parlementaire geschiedenis van het nieuwe burgerlijk wetboek, boek 6 algemeen gedeelte van het verbintenissenrecht* (1981); continued in: W. H. M. Reehuis/E. E. Slob, *Parlementaire geschiedenis van het nieuwe burgerlijk wetboek, invoering boeken 3, 5 en 6; boek 6 algemeen gedeelte van het verbintenissenrecht* (1990) (hereinafter: C. J. van Zeben), p. 719.

[33] See the comparative remarks by Ch. Von Bar, Vicarious Liability, in: A. Hartkamp et al. (eds.), *Towards a European Civil Code* (2nd edn. 1998), pp. 440 et seq.

根据民法典第 6:174 条，如果一幢固定建筑存在缺陷，对人或物构成（严重）威胁，并且这种威胁最终成为现实，那么该建筑的所有人应承担责任。[34] 根据严格责任的性质，所有人不管对此缺陷知情与否，都应承担责任。[35] "建筑"的概念包括房屋构造（比如住房、工厂，还有管道以及固定的仓库等）和公共基础设施（如桥梁、隧道、公路等等）。

相似地，民法典第 6:173 条规定了可移动物体缺陷的严格责任。如果可移动物体未能达到特定条件下为其设置的安全标准，因而对人或物构成威胁，当威胁成为现实时，可移动物体的所有人应当承担责任。民法典第 6:173 条的范围限于两个方面。第一，第 3 款排除了特定的物体，即机动车、船舶、飞行器和动物。第二，在第 2 款中，管道装置经常将索赔对象直接指向有缺陷产品的制造者，结果，有缺陷产品的所有人原则上将免于被诉，赔偿责任应当由制造者来承担。

1995 年，民法典第 6:175 条引进了具有内在危险的物体引发的风险所致的严格责任，[36] 该法条是受三个条约的实质性影响而产生的，他们分别是 1996 年 5 月 3 日订立的《关于危险有毒物海运损害赔偿责任的国际公约》（HNS），1989 年 10 月 10 日订立的《关于危险货物公路、铁路、内陆船舶航运过程中损害民事责任的公约》（CRTD），以及 1993 年 7 月 21 日订立的《洛迦诺公约》。[37] 第 6:175 条设定了经营贸易过程中所用危险物的严格责任。该法条将危险物定义为众所周知具有对人或物构成特定危险的严重属性的物质（如易爆、氧化、易燃、有毒物质）。因为民法典第 6:175 条仅限于对人

---

[34] 责任主体也可以是在其活动中使用客体的人或法律实体。
[35] Cf. C. C. van Dam, *Aansprakelijkheidsrecht* (2000) no. 1003.
[36] 民法典第 6:175 条与民法典第 6:176 - 177 条（倾倒场所和钻孔的严格责任）一起被采用。
[37] 洛迦诺公约：关于危害环境的民事责任的公约。

或物构成的危险,因此不能根据此条提出纯粹经济损失赔偿。[38] 危险物的严格责任由该危险物的专业使用者(比如营业或执业过程中的使用者)承担,也可由其职业受托人承担。[39]

22 根据民法典第6:175条所列举的责任人,危险物的非专业所有人或使用者不必承担该物的严格责任。因此,持有危险物质的消费者的责任只能根据错误行为的过错责任的一般标准来认定。判例法认为,危险物质的所有人就该物质固有的危险对潜在的受害者负有最大限度的注意义务。据此,所有人应当知晓可能的危险并且谨慎处置并告知他人这些危险存在的可能性。[40]

23 民法典第6:173、6:174和6:175条适用于对人或物的严重危险实际发生的情形,因此纯粹经济损失赔偿不能依据这些条款作出。[41] 然而,对人或物的危险即将发生之时,为避免或减少损害而采取合理措施(包括因为这些措施而发生的损害和损失)所产生的费用却在可赔偿之列(第6:184条),即使这些措施是由第三人发起的〔依据反射性损害(dommage par ricochet)〕。

4. 特定主题:交通事故

24 交通事故受害人包括交通事故中的机动车和非机动车受害人两种。后者主要包括骑自行车的人和行人,1994年的道路法(Wegenverkeerswet)第185条对他们提供特别的法律保护以防止机动交通工

---

38 还要参看注解41中的评述。
39 See Arnhem District Court 18 January 2001, [2001] *Nederlandse Jurisprudentie (kort)* (NJ-kort), no. 26. 注意,职业"受托人"的责任也可适用于运输人、搬运工等接管了与运输合同有关的货物的人。但在适用特别的运输责任规则时,则此类规则优先。
40 HR 8 January 1982, [1982] *Nederlandse Jurisprudentie* (NJ), no. 614; C. C. van Dam (*supra* fn. 35), no. 1304.
41 但是注意一个相关的主题,立法规定实际上并未排除第三人所遭受的并由严格责任领域内之事件所导致的间接纯粹经济损失获得同样赔偿的可能性。例见有关危险、有毒物质使用中执行严格责任的备忘录,*Kamerstukken II* 21 202, no. 3, pp. 18–19, discussed by J. Spier (*supra* fn. 15), p. 102.

具⁴²的危险。⁴³ 第 185 条的主要内容是：如果一辆机动车发生了伤害骑自行车的人或行人的事故，车主对该事故负责，除非有重要证据证明事故是由不可抗力引发的（不可抗力包括车主或管理人对其不负责的人的行为）。⁴⁴不可抗力很难成立。机动车的缺陷⁴⁵或者司机突然出现身体缺陷⁴⁶不能认为是不可抗力。此外，关于不可抗力和共同过失，荷兰最高法院的判例对 14 岁以下和以上的受害人也有区别对待。

从荷兰最高法院的多个判决来看，特别年轻的受害人在获取赔偿方面享有特殊的地位。如果受害人年龄小于 14 岁，考虑到其年龄，只有在其具有故意或接近于故意的大意时，不可抗力和共同过失才能得到考虑。⁴⁷ 实践中，这意味着年幼的行人或骑自行车的人被机动车伤害以后几乎总是能得到全额赔偿。

荷兰最高法院已设立了关于 14 岁及 14 岁以上行人和骑自行车的人人身伤害赔偿责任的特殊规则。如果受害者年满 14 周岁，只有在机动车驾驶员在任何方面对事故发生都不能被指责的情况下，才构成不可抗力。关于这一点有条非常重要的规则：机动车司机必须预见他人包括行人和骑自行车的人的错误。⁴⁸ 因此，只有受害者或第三人极端不可能的行为才能证成不可抗力抗辩。⁴⁹ 如果不可抗力抗辩

42　此概念包括轿车、摩托自行车、摩托车、巴士和卡车，但不包括火车车厢。
43　必须牢记，荷兰是个自行车国度：荷兰人口约 1600 万，而骑自行车的人达到 1300 万，机动车数量只有约 600 万。
44　若管理人或车主未亲自驾车，仍须对其允许使用车辆的人的行为负责。概念"允许"包括车主或管理人因过失而给他人（如盗贼、冒险兜风的人）使用车辆的机会的情形。
45　HR 16 April 1942, [1942] NJ, no. 394.
46　Art. 6:165 BW.
47　HR 31 May 1991, [1992] NJ, no. 721; HR 1 June 1990, [1991] NJ, no. 720; see C. C. van Dam (*supra* fn. 35), no. 1308.
48　See recently HR 14 July 2000, [2001] NJ, no. 417.
49　HR 16 February 1996, [1996] NJ, no. 393; C. C. van Dam (*supra* fn. 35), no. 1308.

不成立，根据公平的原则，司机必须承担受害人至少50%的损害的赔偿责任，除非受害人存在故意或接近于故意的大意行为。司机是否应该承担50%以上的损失赔偿责任必须根据有关共同过失的"一般规则"来确定。[50]

27　　最高法院确定，代位求偿的保险人[51]不能享有关于保护交通事故中非机动车受害方之上述判例法所带来的利益。[52]

28　　关于机动车受害人（即司机和机动车乘客）没有专门的制定法规定，因此适用不法行为过错责任的一般规则（第7:162条）。由此，如果两辆机动车相撞，必须判定一方司机的过错。机动车相撞事故中的"过错"是一个客观的高标准的概念：只有在司机对于事故的发生毫无可指责之处时，才不存在"过错"。据我观察，[53]这一点基本意味着司机不仅自身要遵守交通规则，还必须预见其他交通参与者的错误。

29　　两机动车相撞与机动车和行人或骑自行车的人相撞最大的不同在于举证责任。两机动车相撞，受伤一方负有提供足以证明另一方过错的事实的责任。[54] 从最高法院多个案例的判决来看，这个举证责任不可草率对待。[55] 举例来说，机动车逆行撞上另一车辆的单纯事实并不能充分证明其犯下了可归责的错误。[56]

30　　关于这一主题荷兰有重新修订法律的计划。人们希望修订后的法律会规定机动车的严格责任，以利于受伤的行人、骑自行车的人

50　HR 28 February 1992, [199] NJ, no. 566; HR 24 December 1993, [1995] NJ, no. 236; on art. 6:101（与有过失），see *infra*, nos. 53 *et seq.*

51　包括社会保障机构；见上文边码4。

52　HR 28 February 1992, [1993] NJ, no. 566 and HR 2 June 1995, [1997] NJ, nos. 700 - 702.

53　见边码16。

54　《民事诉讼法》第177条。

55　I. Giesen, *Bewijs en aansprakelijkheid* (2001), pp. 147 *et seq.*

56　HR 24 September 1993, [1994] NJ, no. 226, HR 9 October 1999, [1999] NJ, no. 195.

和乘客；并且，对责任的抗辩事由仅限于受害者的故意或大意行为，但是政界尚在辩论"大意行为"是否应该解释为单纯的大意行为还是接近于故意的大意行为。[57]

5. 特定主题：医疗保健

有关医疗事故责任，没有特别的严格责任可以适用。执行医学治疗（合同）的医学专家有责任根据职业标准执业（民法典第 7:453 条）。若因专家执业不符合规范而造成病人受伤或治疗失败，则产生基于过错的责任。

如果治疗在医院内进行，医院与医疗专家共同承担责任（民法典第 7:462 条），两者均不可通过合同免除或限制责任（第 7:463 条）。

临床医学实验受特别的制定法责任条例的管理。这些条例规定了由实验引起的人身伤害的严格责任。根据医学实验的性质，不得提出"技术现状"的抗辩。[58]

6. 特定主题：产品责任

关于产品责任，几乎没有必要提起荷兰民法典已经充分执行了《欧洲产品责任指令》。[59] 指令的一般内容和范围无须在此讨论。然而必须注意到，荷兰立法选择了允许"技术现状"的抗辩，并且未将非财产损失排除在可获得的损害赔偿之外。

除了欧洲指令基础上的严格责任，制造商对有缺陷或不合理地不安全产品的责任大多可以依据不法行为的一般过错责任来判定。这方面，荷兰最高法院做出了一些"硬性规定"。首先，最一般的规

---

57 See *Brief van Minister van Justitie betreffende de vaststelling en invoering van afd. 8.14.I (verkeersongevallen) van het Burgerlijk wetboek*, Kamerstukken 1998/99, 25759, nr. 5.

58 *Wet Medisch-wetenschappelijk onderzoek met mensen*（Medical Research [Human Subjects] Act），*Stb.* 1998, no. 161, art. 7.

59 包括最近的 99/34/EC 指令，其将农业和渔业初级产品置于 85/374/EEC 产品责任指令的保护之下。

定是：若制造商上市的产品在正常情形下或根据其使用目的使用时导致了损害，那么这是制造商的过错。其次，如果制造商不能保证避免其产品可能存在的特性和瑕疵，他就是有过错的。[60] 绝大多数涉及产品责任的实际案例中，对生产方法的视察和极其小心的监管的缺失构成了危险的主要根源，上述两条规则结合起来，正为这些案子的过错责任提供了坚实的基础。

7. 因果关系不确定时的责任

36 在很大数量的案例中，因果关系的证明对于诉讼的结果是至关重要的。[61] 例如，关于某种类型的癌症与暴露于某种化学物质之间的因果关系，医学尚未能为我们提供经验上的证明，因此在民事案件中也不存在因果关系的证明。不存在因果关系的证明，就没有赔偿责任。

37 在另一层面上，即使存在医学证明，也就是说，流行病学统计数字支持一种化学物质和某种癌症之间的因果联系，这本身在某个特定案例中也不足以构成因果关系的证明。[62] 当存在具体案例中难以证明因果关系的这些情形时，判例法一直在竭力平衡受害人与责任人的利益。例如，虽然有确切证据证明与石棉接触可引发致命的间皮瘤，但是要证明某个员工何时染上间皮瘤仍然是个不可逾越的困难。考虑到间皮瘤可因吸入单根石棉纤维引发，染病的日期当然就至关重要了：如果员工 C 为雇主 A 服务 10 年，然后为雇主 B 服务 14 年，期间都暴露于同样水平的石棉灰尘中，那么他为两雇主服务期间的染病机会就不是均等的。

38 从理论上来说，荷兰侵权法可能会以三种不同的方式来处理此

---

60 HR 6 December 1996, [1997] NJ, no. 219, and HR 22 October 1999, [2000] NJ, no. 159.

61 See I. Giesen (*supra* fn. 55), pp. 3 *et seq.*

62 See I. Giesen (*supra* fn. 55), p. 347.

事。第一种，根据原告必须证明支持其请求的事实的诉讼规则（《民事诉讼法》第177条），该员工有责任证明吸入致命的石棉纤维的日期。结果往往是员工的请求被驳回，因为要证明确切的日期是不可能的。

第二种，作为上述规则的一个例外，法庭可以将该举证责任倒置以减轻受害人的负担。[63] 这将导致 A 和 B 共同或各自的责任，因为两者都无法证明自己与 C 的疾病无关。关于这个特定的案例，民法典第6:99条就选择了这种方式。根据这一关于"选择性因果关系"的规定，如果损害的发生可能起因于由不同人负责的两个或更多个错误行为，并且可以确认这些行为中的至少一个的确导致了损害，那么对这些行为负责的每个人都有责任全额赔偿，除非他证明损害不是由他的行为引发的。

荷兰最高法院1992年作出了一个里程碑式的决定，规定群体侵权案例不存在民法典第6:99条的例外。[64] 这一决定为多家由于疏忽而制造了危险药物的制药厂中的任何一家承担全额赔偿责任创造了可能性。因为疾病的潜伏期很长，个体的受害人无法证明哪家公司生产了他们用过的药物。荷兰最高法院决定民法典第6:99条适用于此类案件，认为每一个受害人都可以向生产和销售了这种药物的多家公司中的任何一家提出赔偿请求。这一决定受到了来自业界和法学家的严厉批评（但也得到更倾向于消费者的法学家的支持），一系列因为这一决定的后果是一家制药厂可能会承担全部数量的人身伤害赔偿责任，尽管不可能全部数量的人身伤害都能归因于它。

荷兰最高法院还制定了因果关系不明案件中举证责任分配的其他规则。这些规则中最重要的一条是倒置规则（omkeringsregel），我

---

63 HR 25 June 1993，[1993] NJ, no. 686 采用了这一立场。关于雇主对职业病的责任，见 I. Giesen (*supra fn.* 55), pp. 174–184.
64 HR 9 October 1992, [1994] NJ, no 535.

42   第三种，即使因果关系不能被证明，法庭也可以认为受害人仍可对 A 和 B 提出反映因果关系可能性的赔偿请求。这一"第三条路"解决方案，尤其是当因缺少必要条件的证明而无法赔偿时，受到越来越多人的支持。这个解决方案在"机会丧失"理论的范畴下得到强烈倡议。[66] 虽然目前几乎还没有判例坚定支持准许因"机会丧失"而索赔的可能性，但荷兰最高法院的确有一些判决，似乎更倾向于支持机会丧失的赔偿的可能性，而不是驳回因果关系证据不足的索赔。[67]

8. 运输法领域的特殊规定

43   一般认为运输公司对于乘客的责任是合同性质的。作为规则，人身伤害责任是以过错推定为基础的。因此，只有当运输公司能出具不可抗力的证据时，才能解除其责任。[68] 乘客死亡和人身伤害赔偿的最高限额是每人 137,000 欧元。[69]

44   关于运输公司对于乘客以外人员的人身伤害赔偿责任，并没有特别的条文规定，因此适用不法行为的过错责任的一般规则，[70] 而且也没有任何条文限制赔偿的数额。在判例中，公交运营商代为承担

---

65 See no. 50.
66 See A. J. Akkermans, *Proportionele aansprakelijkheid bij onzeker causaal verband* (1996), pp. 107 et seq.
67 See HR 24 October 1997, [1998] NJ, 257（如果律师没有忘记立即上诉，那么索赔请求在上诉过程中将有机会成功）。关于此主题的更多内容，见 I. Giesen, *Bewijslastverdeling bij beroepsaansprakelijkheid* (1999), pp. 72 et seq., pp. 122 et seq.
68 参见民法典第 8:81-82 条（一般载人运输合同）；第 8:84 条规定这些责任规则和举证责任的分配是强制性的。同样的规则适用于公共运输合同（第 8:105 条）、海上旅客运输合同（第 8:504 条）、内陆载人水运输合同（第 8:974 条）、公路载人运输合同（第 8:1150 条）。另见相当过时和多余的条款：art. 1 *Spoorwegwet* 1875（铁路法）以及 art. 5 *Locaalspoor-en Tramwegwet* 1900（地方铁路和轨道电车法）。
69 See art. 8:85, 110, 518, 983, 1157 BW, and the relevant Statutory Regulations (*Stb.* 1991, 105 et seq.). 限额适用于运输合同。
70 前文边码 24 起可见一般规则概述。

司机的责任，而司机的行为要根据其他交通参与者的高注意标准来判断；这方面有一条很重要的规则，就是司机必须预见其他交通参与者（包括受害人）的错误。[71] 万一有责任产生，根据公平原则，公交机构必须承担受害人至少 50% 的损失，除非受害人存在故意或接近于故意的大意行为。司机是否应该承担 50% 以上的赔偿责任，则必须根据与有过失的一般规则来确定。[72]

民法典中编入了关于运输危险物质的承运人的严格责任的特别规定，[73] 前文（边码 21）所述的一般严格责任也是同时编订的。此种运输工具的严格责任特点如下： 45

该严格责任仅限于特别法规所列出的危险物质。责任只能对"第三人"实行，而不能对任何与该承运人有合同关系的当事人实行。事实上，承运人的合同优先于危险物质的严格责任。此外，在下述情形下，责任可完全排除： 46

● 导致损害的原因是军事冲突、战争、内战、暴动或者具有不可预见的、不可避免的、不可抵抗的属性的自然事件。

● 损害完全因第三人的某个行为或不作为引发，并且其行为或不作为是出于制造损害的目的，或由于过失但知道其行为或不作为可能导致损害的发生；此第三人不包括承运人的雇员、代表或者代理人。

● 损害发生的原因是托运人没有履行将物质的危险属性告知承运人的义务，并且无论是承运人、其雇员、代表还是代理人都不知

---

[71] See recently HR 14 July 2000, [2001] NJ, no. 417.

[72] HR 14 July 2000, [2001] NJ, 417. 但是注意，该判决涉及一辆在城市车流中行驶的有轨电车，不确定同样规则是否适用于单独行驶的火车。也要注意，不确定同样规则是否适用于涉及 15 岁以下少年儿童的事故。少年儿童可能受到"百分百赔偿"规则的保护。关于此主题，见前文边码 25。

[73] See art. 8:620 – 627 and 1030 – 1037（海运和河运中危险物质的严格责任），8:1210 – 1220（陆路运输中的危险物质），以及 8:1670 – 1680（铁路运输中的危险物质）。

道或不应当知道所运的物质是危险的。

47　　承运人关于运输危险物质的严格责任的限制是与普遍接受的承运人责任限制的概念一致的。至于海运和内陆水运承运人的责任限制，则适用有关赔偿限制的一般国家规则和国际公约。[74] 对于公路和铁路运营商，已实行特别的限制。对死亡和人身伤害，相关的限额分别是：公路 7,200,000SDR 每事件，铁路 18,000,000SDR 每事件。[75]

（三）证明责任

48　　一般来说，受害人必须证明：(1) 产生责任的事实[76]，(2) 这些事实与发生的损害之间的因果关系（必要条件）。[77] 根据荷兰民事诉讼法第 177 条，当有特别制定法要求举证责任倒置时，或为了合理和公平，法庭可以倒置举证责任。[78]

49　　关于因果关系的证明，举证责任引出了一个风险分配的因素。[79] 例如，雇主必须承担责任，除非其证明自己提供了足够的工作场所安全措施。[80] 结果，如果一雇员在工作场所遭受人身伤害，雇主就承担了伤害原因未知（也就是事故本身的原因）的风险。涉及骑自行

74　两套规则均基于 1988 Strassbourg CLNI Treaty。

75　See artt. 6-7 Uitvoeringsbesluit aansprakelijkheid gevaarlijke stoffen en milieuverontreiniging（危险物质与环境污染责任实施法令，*Stb.* 1994, no. 888）。因为当前 SDR 价值为 1.47 欧元（写作时数值——译者注），所以欧元的相应值分别大约为 10,617,000 欧元和 26,544,000 欧元。

76　在效力上，"错误"、"可归责"等法律要件的构成无须严格意义上的举证。See I. Giesen (*supra* fn. 55), pp. 14-15.

77　See *supra*, marginal no. 36; compare I. Giesen (*supra* fn. 55), pp. 112 *et seq.*

78　I. Giesen (*supra* fn. 55), pp. 98 et seq. 注意，并不要求损害数额计算的精确证明。

79　Extensively on that topic, see I. Giesen (*supra* fn. 55), pp. 443 *et seq.*

80　Art. 7:658 BW；此规则可能有个例外，即证明事故由雇员过于草率或重大疏忽的行为所造成。

车的人和行人的交通事故中也使用了相似的风险分配机制。根据道路交通法第 185 条,[81] 机动车主负有证明不可抗力的义务,这意味着他还应该证明引发碰撞的实际原因和事件。如果不能确定事实,则默认为机动车主负责。[82]

高等法院适用的另一种"风险分配"方式是"倒置规则"。在最近的判决中,最高法院声明以下为一般规则:如果某个行为构成合同的不履行,或者某个不法行为众所周知将产生导致某种特别损害的风险、并且该风险最终成为现实(损害发生了),那么可以推定损害和该行为之间存在因果关系,除非责任人提供别的证明。[83] 这条规则已经适用于诸如交通事故之类的案例中。一个骑自行车的人进入单行街道逆行,后与迎面过来的另一辆自行车相撞,他声称并不是他逆行的不法行为引发了事故,因为路足够宽,对面过来的自行车完全可以避免与他相撞。法庭认为这个有过错的骑车人必须提供不存在因果关系的证明。在另一案例中,一辆机动车超速行驶撞上一个行人,致其严重受伤。司机声称车速和伤害的严重性之间不存在因果关系,认为自己即使没有超速也会造成相似程度的伤害。法庭认为司机应该为他的主张提供证据。[84]

如果这一倒置规则事实上与它看起来那样是个一般规则的话,那么损害的未知原因的风险可能取决于可能导致了损害的任何被告。[85] 但是,倒置规则的确切范围和效果尚不明了。但它看起来的确达到的效果是:责任人简单提出不存在因果关系的抗辩从而无需向

81　On that topic, see *supra*, nos. 24 *et seq.*
82　See HR 17 November 2000, [2001] NJ, no. 260.
83　HR 16 June 2000, [2000] NJ, no. 584 and HR 26 January 1996, [1996] NJ, no. 607.
84　HR 16 November 1990, [1991] NJ, no. 55. Compare I. Giesen (*supra* fn. 55), pp. 139 *et seq.*
85　On this topic, see C. Drion, Naar Haagse toestanden in het aansprakelijkheidsrecht?, [2000] *Nederlands Juristenblad* (NJB), 1956–1959, I. Giesen (*supra* fn. 55), pp. 116 *et seq.* See also HR 19 January 2001, [2001] RvdW, no. 34.

受害人提供赔偿的做法行不通了。如果举证责任倒置规则的效果在于，当伤害的性质强烈指向与不法行为有关的因果关系时，应该由加害方证明不存在因果关系，那么这条规则就大有可称道之处。

52 对于选择性因果关系（民法典第 6:99 条）也有一条关于因果关系证明的特别规定。见前文边码 39。

（四）共同过失

53 共同过失在损害的数额评估过程中会涉及。民法典第 6:101 条制定了适用共同过失抗辩的一般条件：债务人负有法定赔偿责任的任何情形，也就是制定法（特别是民法典本身）认为存在损害赔偿的义务的任何情形。一般来说，违反合同义务的情形或者侵权责任（包括严格责任[86]）的情形下，都可能产生损害赔偿责任。[87]

54 民法典第 6:101 条第 1 款规定：

当损害发生的部分原因在于可归责于受害人的某个事件时，按照受害人和责任人各自对损害的发生可归责的程度，责任人的赔偿责任按比例减少，但须考虑不同过错严重程度的差异以及其他案情，以决定是否执行不同的赔偿比例或全额赔偿、或由受害人自行承担过错的后果。[88]

55 严格地说，共同过失被定义为受害人的可归责的未能合理照顾自己利益的过错。[89] 但是民法典第 6:101 条的范围实际上要广得多，

---

[86] See C. J. van Zeben (*supra* fn. 32), p. 352, and HR 7 March 1980, [1980] NJ, no. 353.
[87] See further M. H. Wissink/W. H. van Boom, 'The Netherlands', in: U. Magnus (ed.), *Unification of Tort Law: Damages* (2001), pp. 143 *et seq.* Cf. J. Spier (*supra* fn. 15), p. 115.
[88] 第 2 款表述："在执行第 1 款的过程中，若赔偿责任涉及对第三人代表受害人管理的物体的损害，则可归责于此第三人的事件归责于受害人。"
[89] See, *e. g.*, *Asser/Hartkamp I*, nos. 448 *et seq.*

因为它仅仅要求损害的"部分原因在于可归因于受害人的某个事件"。因此,不仅受害人自己的疏忽行为可以构成共同过失,受害人对其负有替代责任(比如雇主责任)的他人的行为也可以构成共同过失。而且,根据民法典第6:101条,受害人一般要承受自己一方的严格责任的风险(比如,受害人所有的有缺陷的有体物部分导致了损害)。[90]

受害人合理照顾自己利益的责任意味着共同过失也可能发生增加损害的作用,不管是在事件发生之时、之后或者之前。结果,针对使侵权行为人承担责任的事故,受害人必须做出合理的行为来减少自己所受的损害。一般来说,如果他做不到这点,增加部分的损害不能获得赔偿。减少自己损害的这一责任被认为是基于民法典第6:101条。[91]

为给法庭足够的空间做出任何可取的判决,第101条的观点相当灵活可变。但是立法者的首要着重点应该是损害的分配。作为结果,基本的分配是在平衡双方对事故的发生或损害的增加的原因分担的基础上进行的。但在特别情形下,出于公平的要求,法庭可以优先给予全额赔偿或使赔偿责任完全丧失的选择。这种可选择的、公平的分配被称为公平修正(*billijkheidscorrectie*),也就是基本分配结果的衡平调整。

至于人身伤害的特别类型,即使受害人的行为存在明显的过失,他也受到完全保护,无须承担共同过失责任。例如,即使事故的发生事实上部分出于雇员的明显疏忽,雇主对工伤或职业病的责任还是不可减少。因此如果雇主对工伤或职业病负责,他就负有全额赔偿雇员的责任。只有当雇员的故意行为或不计后果的任性行为实质

---

[90] See A. J. O. van Wassenaer van Catwijck/R. H. C. Jongeneel, E*igen schuld en mede-aans-prake-lijkheid* (1995), pp. 8–10.
[91] See, e. g., C. J. van Zeben (*supra* fn. 32), p. 351, *Asser/Hartkamp I*, no. 453.

性地导致了自己的伤害时,他的索赔才会被驳回。[92]

59 　　此外,如前文边码25、26和44部分所述,即使受害人的共同过失超过或等同于限定的百分比,机动车主对骑自行车的人和行人的赔偿责任原则上不能减少到限定的百分比以下(对于14岁以上受害人是50%,14岁以下受害人是100%)。

(五) 人身伤害中可得的损害赔偿

1. 总论

60 　　荷兰民法典包含数条关于可获赔损害的类目及其评估的规则。一般来说,法庭对于损害赔偿的判决和评估有很大的自由裁量空间。例如,非财产损害的评估就是个"公平"问题(民法典第6:106条)。此外,法庭在确定赔偿的类型和数额时也不受一般民事诉讼程序规则的制约。因此在这方面也有很大的估价空间。

61 　　对于人身伤害,损害赔偿法的目标是完全赔偿,不管是财产上的还是非财产的损失。这表明实际的损失必须不多也不少地获得赔偿。因此所有的财产损失,包括医疗费用、辅助照料的合理费用、因身体伤害而增加的支出、实际的收入损失、未来收入增加的损失(比如伤害中断了可能的职业前景)以及其他(将来的)损害,都将获得赔偿。

62 　　关于将来的损害,法庭可以判定赔偿以一次付清或分期付款的方式作出(民法典第6:105条)。在人身伤害司法实践中,加害和受害双方一般都倾向于一次付清的方式(部分原因是为了规避收入税)。一次付清的未来损害赔偿的计算依据是合理的预测:如果伤害

---

[92] Art. 7:658 BW; HR 20 June 1996, [1997] NJ, no. 198 显示这一例外几乎从不会实现,因为以最高法院的眼光看来,只有当证明行为的鲁莽性质及其可能产生的所有后果在事故发生之前短时间内一直在雇员的清醒意识当中,才构成故意。

没有发生，未来经济情况将会怎样。[93]

民法典第 6:96 条明确规定，财产损害也包括出于以下三种目的而发生的合理费用：为防止或限制由他人有责任的某一事件导致的可合理预期的损害；为确定损害的责任和数额；为接受责任人的自愿偿付。[94] 但是，民事诉讼中的律师费和诉讼费并不总能获得全额赔偿，因为法律特别规定了固定的赔偿数额。民法典第 6:96 条的范围相当宽泛：按照判例法，它同样适用于任何金钱之债。[95]

根据荷兰法，损害赔偿责任是补偿性的。惩罚性抑或象征性的损害赔偿都不是独立的损害赔偿类型。但是，诸如责任人的可归责程度之类的因素可以在第 6:98 条（因果关系）[96] 或 6:109 条（减轻）[97] 框架下予以考虑，由此影响可获得的损害赔偿数额。

2. 不可预见的损害的归责

民法典第 6:98 条制定了因果关系形成的第二阶段（前文边码 9 起有评述）。这里必须强调民法典第 6:98 条的重要性。判例法强烈建议侵权人应"使受害人恢复到他初见时的状态"，意思基本是说，在人身伤害案中，侵权人甚至可对范围、持续时间、严重程度和属性相当不可预期或不可预见的伤害负责任。人身伤害的受害人并不需要依从某一标准。因此在具体案例中，若伤害由于受害人自身处置不当而加重，责任人仍须全额赔偿。[98]

63

64

65

---

[93] The Civil Code calls this the *afweging van goede en kwade kansen* ('taking into account good and bad chances'; art. 6:105 BW). See for this process 'in action' HR 15 May 1998, [1998] NJ, no. 624; HR 14 January 2000, [2000] NJ, no. 437.
[94] 注意，这些费用的发生和额度都须合理。
[95] 实际上它也可由第三方的索赔援用（见下文边码 68）。See HR 5 December 1997, [1998] NJ, no. 400.
[96] On art. 6:98 BW, see *Supra* nos. 9 *et seq.*
[97] On art. 6:109 BW, see *supra* nos. 11 *et seq.*
[98] On the topic of predisposition, see *infra*, no. 92, and especially note 137.

3. 非金钱损失

66　　人身伤害案件中，还应判定非金钱损失的赔偿（民法典第 6:106 条）。非金钱损失的赔偿数额依照公平原则确定。相关因素特别包括：伤害的性质、严重程度和永久性；必要医疗的程度和持续时间；索赔与事实符合的程度以及责任的性质和责任人的过错程度。[99] 确定损害的数额时，法庭通常会参考其他荷兰法院相似案例中的判赔数额，有时也会考虑参考国外法庭的判赔。[100] 虽然法庭对非金钱损失数额的评估拥有相当大的自由裁量权，但在司法实践中，根据法律期刊《交通法》公布的判例法系统综述，人身伤害案件还是有标准可循的。

67　　在非金钱损失的赔偿数额方面，荷兰的法院并不慷慨。虽然在最近的案件中，赔偿数额似乎有所增加，但仍远远低于欧洲平均水平。[101]

4. 第三方索赔人的范围

68　　人身伤害案件中，必须注意到，作为因伤害导致的后果，第三人损害的索赔受到民法典的限制。本质上，只有第 6:107 条（人身伤害导致的第三人花费）、107a（雇主对疾病福利的追偿）和 108 条（死亡案件中被抚养人和被赡养人的特定索赔）明确提到的第三人索赔才会被允许。

69　　在人身伤害案件中，作为规则，荷兰法律只允许受害人本人的索赔。第三人索赔被民法典第 6:107 条认为是受到限制的。该法条规定：

如果一人在另一人负责的事故中遭受身体或精神的伤害，另一人不仅负有赔偿受害人本人损害的责任，而且还应当补偿第三人因

99　See HR 17 November 2000, [2000] RvdW, no. 235.
100　See HR 8 July 1992, [1992] NJ, no. 714, and HR 17 November 2000, [2001] NJ, no. 215.
101　On that topic, see W. V. H. Rogers (ed.), *Non-pecuniary loss in a Comparative Perspective* (2001).

受害人利益受损而发生的费用,但是该费用必须符合这样的条件:如果受害人本人支出这笔花费,他本可以就此费用向责任人索赔。

新民法典第6:107条基本上是为了取代1838年民法典第1407条,并且根据始终如一的判例法,旧法典第1407条仅允许受害人的索赔,且仅允许针对受害人本人所受损害的索赔。[102] 在采用第107条时,从社会经济学角度来看,与旧的民法典下存在的法律情形相比,立法者显然不欲增加伤害责任人及其保险人的经济负担总额。因此可以推断,举例来说,雇员身体损害而后引发的雇主的间接损害无法提起索赔。即使导致伤害的不法行为面对雇主也是不法的,第6:107条还是限制了雇主的索赔。

民法典第6:107条采纳的唯一新意在于,反射性损害现在可由第三人本人提出索赔,但仅限于受害人本人若遭此损害本可索赔的情形。[103] 就基于第6:107条的索赔而言,只要加害人对受害人做出不法行为即可成立,至于是否存在对第三人的注意义务,则不在考虑范围之内。

人身伤害案件中,最近生效的民法典第6:107a条允许必须依法继续对(无法工作的)受伤雇员支付薪水的雇主向责任人追偿损害。

在死亡案件中,第6:108条允许依赖死者生活的人——包括配偶、非婚伴侣、未成年子女——因为失去扶养来源而提出赔偿请求。[104] 该条也允许所有支付了丧葬费用的人提出赔偿请求。

作为规则,针对精神打击和配偶关爱丧失的索赔未被允许,因

---

[102] HR 2 April 1936, [1936] NJ, 752; HR 10 January 1958, [1958] NJ, no. 79; HR 16 June 1972, [1972] NJ, no. 375, HR 12 December 1986, [1987] NJ, 958. See also *Asser/Hartkamp* I, no. 472.
[103] See HR 28 May 1999, [1999] NJ, no. 564.
[104] 此项包括死者生前一般家务劳动贡献的损害索赔。

为此类第三人损失的判赔与第三方索赔制度的穷尽特征不符。[105] 然而，学术著作和实际判例中都有越来越多的反对意见，认为不应拒绝悲伤的家人任何形式的损害赔偿要求。[106] 因此，这导致司法部宣布将考虑修改民法典，以允许固定数额的对丧亲之痛的非金钱损害赔偿，最近提到的数额是 10,000 欧元。[107] 此外，荷兰最高法院最近作出一个里程碑式的判决，允许一位目睹女儿被车碾过后尸体残骸的母亲因为巨大的精神创伤而获取赔偿。[108] 此判决对其他类别的精神打击索赔的意义影响尚不明确。

（六）死亡情形中可获得的损害赔偿

75　如上文边码 73 所述，荷兰立法采用了有限制的索赔许可。在效果上，死者家属可以就丧葬费用索赔，但荷兰法原则上不支持有关精神伤害和打击的（非财产）索赔。[109]

（七）赔偿的范围和方式

76　就人身伤害案件的损害赔偿而言，并没有特别的索赔门槛。交

105　这方面的法律尚不确定。HR 8 April 1983,〔1984〕NJ, 717, 否定了其孩子在小车事故中丧生的母亲的索赔。但此案中，损害的缘由据说是孩子的死亡，因此索赔被 art. 6:108（的前身）排除。虽然国会的议程对这一主题相当模糊，但他们似乎允许（也就是说，似乎不禁止）因目睹或遭遇伤亡事故而受强烈打击的人提出非金钱损害的索赔。See C. J. van Zeben (*supra* fn. 32), p. 1274.

106　For an overview, see S. D. Lindenbergh, Schrik, onrechtmatigheid en schade,〔1997〕Rechts-geleerd Magazijn Themis (RM THemis), 187 *et seq.*, S. D. Lindenbergh, *Smartengeld* (1998), pp. 202–219 and A. J. Verheij, Shockschade,〔1999〕NJB, 1409 *et seq.*

107　See memorandum by the Minister of Justice, 20 June 2001, *Kamerstukken II*, 27.400 VI, no. 70.

108　HR 22 February 2002,〔2002〕NJ, no. 240.

109　参见边码 74。

通法中有索赔的限额规定（见上文边码43及其以下），民法典第6:109条在一定程度上给予法庭减少赔偿数额的一般权利（见前文边码11及其以后）。

77　前面边码62部分我已经提到，法庭可以判定以一次付清或分期付款的方式作出对将来损害的赔偿（民法典第6:105条）。在人身伤害司法实践中，加害方和受害方双方一般都倾向于一次付清的方式（部分原因是为了规避收入税）。一次付清的未来损害赔偿的计算依据是合理的预测：如果伤害没有发生，未来经济情况将会怎样。[110]

78　制定法规定应付的损害赔偿的利息从导致人身伤害或死亡的事故发生时开始。[111] 没有正式的通知要求（比如给加害人的正式信件或传票）。目前的利率是7%。[112]

（八）第三方责任保险对受害人的重要性

79　一般而言，荷兰没有强制性的责任保险。但是，大部分消费者和商家都享有某些形式的责任保险。保险限额足够赔偿单人的人身伤害案件：大部分保险人提供单次事故额度为1,000,000至5,000,000欧元的标准保单。在群体性侵权或重大事故案件中，保险额度就明显不够了。

80　强制机动车险方案要求机动车主投保的单次事故保险额度至少为907,560欧元，[113] 平均额度为2,300,000欧元。

---

[110] The Civil Code calls this the *afweging van goede en kwade kansen* ('taking into account the good and bad chances'; art. 6:105 BW).
[111] Art. 6:119, 120 BW in conjunction with art. 6:83 sub b BW.
[112] See *Staatsblad* (Stb) 2001, no. 630.
[113] See *Besluit bedragen aansprakelijkheidsverzekering motorrijtuigen*. 长途客车的强制保险限额为136,134欧元每乘客，最高总额为270万欧元；危险物质公路运输车辆的最高额为6,806,703欧元。See art. 2 – 2a *Besluit bedragen aansprakelijkheidsverzekering motorrijtuigen*.

81　　作为保险业的一般规则，潜在加害人与保险人之间责任保险合同的单纯存在并不给予受害人任何权利。原则上，受害人可向加害人提出索赔，加害人继而根据合同可向保险人索赔。如遇加害人破产，保单收益必须交与破产程序中的接管人，以便最终将保险收益分配给所有的债权人。这将导致受害人得不到充分赔偿。因此在荷兰法中，对此问题的数个解决方案已经实施或被建议。[114]

82　　首先，强制机动车险方案给予事故受害人直接向机动车险保险公司提出索赔的权利。这种直接索赔被称为直接诉讼，给了受害人在加害人破产案中最重要的优先权，原因很简单，因为损害索赔不一定针对加害人的财产。保险人可以对其合同相对人提起的抗辩（比如抵消以及因未交保险费而致的保险终止），不可以对抗受害人。[115]

83　　在其他人身伤害案例中，受害人对保险收益享有优先权（民法典第 3:287 条），这从理论上保证了受害人可获赔偿。但在实践中，这一优先权并不有效，因为它没有避免破产受托人费用和其他清算费用导致的减损。因此第 3:287 条规定的优先权并未针对加害人的破产提供足够的法律保护。

84　　有时，保险合同本身会规定保险公司必须（或可以）直接将保险收益交给受害人。但是，这样的合同条款是否能够规避破产程序

---

[114] See K. W. Brevet/C. W. M. Lieverse, Verzekering en faillissement: de positie van de benadeelde en de verzekeraar als de schadeveroorzaker failliet gaat, in: Chr. A. Baardman *et. al.* (eds.), *Verzekering en faillissement* (1996), pp. 1 *et seq.*

[115] Art. 6 WAM (Motor Liability Insurance Act). On this topic, see, e. g.: C. P. Robben, *De action directe en de Wet Aansprakelijkheidsverzekering motorrijtuigen* (1993), W. H. van Boom, Hoegeprivilegieerd is het voorrecht op de verzekeringspenning?, [1994] WPNR 6151, 635 *et seq.*, W. H. van Boom, Wie profiteert van het voorrecht op de vordering uit de WA-polis? Opties voor de wetgever, [2000] WPNR, 6394, 195 *et seq.*, C. C. van Dam/E. A Waal, De directe actie in titel 7. 17 BW, in: T. Hartlief/M. M. Mendel, *Verzekering en maatschappij* (2000), pp. 105 *et seq.*

设定的优先权,还不是很清楚。[116]

目前正待决议的私人保险合同法提案,选择了一种可为家属(死亡案中)和受害人(人身伤害案中)提供法律保护的新方式。[117] 根据这一提议,如果加害人可向保险公司提出索赔,受害人和家属可以执行加害人对保险公司的合同索赔。[118]

二、案例

(一) 案例1:截瘫

D1 根据道路交通法第 185 条承担责任[119],D2 根据民法典第 6:162 条承担责任。两项责任(多个共同侵权人)可由 D1 的强制机动车险赔付。[120] P 可就合理的医疗费用、家庭护理费用以及 P 家中设施必需的调整提出索赔。[121] 非财产损失的数额可能会在 55,000 欧元(截瘫)和 100,000 欧元(四肢瘫痪)之间。[122]

P 可以索赔收入损失,包括将来的收入损失。根据前文,[123] 法庭需要作出合理的预期:如果伤害没有发生,未来经济情况将会怎样。

---

[116] On that debate, see: C. P. Robben, Het voorrecht van artikel 3: 287 BW als action directe in boek 7. 17 BW?, [2000] *Tijdschrift voor Insolventierecht*, 41–48.

[117] Art. 7.17.2.9c, bill no. 19 529.

[118] ON this proposal, see J. G. C. Kamphuisen, De directe actie, in: J. H. Wansink *et al.*, Het nieuwe verzekeringsrecht (2000), pp. 159 et seq.

[119] 见前文,边码24。

[120] 见前文,边码80。

[121] 注意,这些名目的损害绝大多数由社会保障和私人保险(部分)承担。所有保险赔偿都从侵权索赔中扣除,但受害方自然仍可向侵权者索赔社保和私人保险未赔付的损害部分。

[122] See the case law dealt with in M. Jansen, *Smartengeld*, (14th edn. 2000), nos. 393 *et seq*. 注意,从欧洲的角度看,荷兰对非金钱损害的赔偿额度非常低。On that topic, see W. V. H. Rogers (*supra* fn. 101).

[123] 参见边码62。

但是对一个 16 岁孩子的未来作出预期是很困难的，对于 P 的损失如何计算，没有决定性的判例法，但是一般能接受的方法是估算 P 医科学业有成，最终成为一名医生的机会。[124] 这一衡量未来机会的好与坏（goede en kwade kansen）的过程，涉及对一般十几岁孩子的平均发展的调查。[125] 但是如果责任人能够向法庭证明，P 其实是表现很差的学生，既不认真也不聪明，那么结果可能会对 P 不利。[126] 根据判例法，法庭应该带着对 P 的"宽大"来看待这些证据，因为他的遭遇已经使他不能证明自己真正的未来了。[127]

88 亲属可以针对为了 P 而产生的合理费用如交通费提出索赔。如果亲属决定不雇用专业的帮手，而由他们自己来照顾 P，他们可以根据雇用专业帮手（不需要产生实际收入的损失）的平均费用提出索赔。[128] 至于亲属是否可以对因去医院探望 P 而导致的收入损失提出索赔，则是有争议的。[129]

---

[124] See J. M. Barendrecht/H. M. Storm, *Berekening van schadevergoeding* (1995). pp. 177 et seq.

[125] 这将引出一个结论：假想的未来收入是基于案件中提到的平均数额，而不是同行排名前十的医生的收入。

[126] Cf. District Court Groningen 18 April 1980, [1981] *Verkeersrecht* (VR). no. 4 and the case law mentioned by J. M. Barendrecht/H. M. Storm (*supra* fn. 124), pp. 194 – 198. 注意，法院不应仅因关于 P 是前程渺茫的差生的陈述而被说服。See HR 15 May 1998. [1998] NJ, no. 624; HR 14 January 2000. [2000] NJ, no. 437.

[127] See HR 15 May 1998, [1998] NJ, no. 624. 但这并不迫使法院自动给予受害者"在没有相反证据之前肯定的判断"。See, in this sense, HR 14 January 2000, [2000] NJ, no. 437.

[128] HR 28 May 1999, [1999] NJ, no. 564.

[129] On that topic, see: A. R. Bloembergen, case note under [1999] NJ, no. 564; S. C. J. J. Kortmann, case note [1999] *Ars Aequi*, 656 et seq., S. D. Lindenbergh, case note [1999] NTBR, 227 et seq., W. H. van Boom, case note [1999] *Aansprakelijkheid & Verzekering* (A & V), 85 et seq.

（二）案例 2：膝盖手术

如果医生未按照职业标准履行职责，病人可以要求他承担责任。手术进行的医院代为承担医生的治疗失当责任。[130] 医生和医院一起分别对人身伤害负责。[131]

89

病人可以提出额外手术费用和必要的后续治疗费用的索赔。[132] 她也可以就专业家庭护理的合理费用[133]以及一小笔可能在 1000 欧元到 2000 欧元之间的非财产损害提出索赔。如果病人最终因事故或治疗失当而永久失去膝关节功能，判例法似乎暗示了非财产损害赔偿数额的大幅增加（最高 20,000 欧元）。[134]

90

病人的孩子和丈夫可能无权提出任何索赔。一般而言，荷兰法不允许这样的第三人索赔（比如因为伤害或家庭生活受打扰而导致的精神紧张、悲伤等等[135]）。[136]

91

如果不能确定伤害是由治疗失当造成，还是病人自己处理不当

92

---

130 参见边码 31 及以下。
131 Art. 6:102 BW.
132 注意，前面边码 121 提到的限制此处同样适用。
133 但不能据此推出，如果病人的父亲承担家庭护理工作或出钱请专业人员护理，他可以自己索赔这笔费用。See art. 6:107 BW and HR 28 May 1999, [1999] NJ, no. 564.
134 See the overview of case law dealt with in M. Jansen, *Smartengeld* (14th edn. 2000), p. 180.
135 On that specific topic, see HR 8 September 2000, [2000] RvdW, no. 180. The Court decided, inter alia, that Art. 8 of the Rome Human Rights Convention as such does not support claims for non-pecuniary loss in case of personal injury of a family niember.
136 On third party claims, see *supra* nos. 68 *et seq*.

造成,[137] 必须注意以下事项。如果很清楚（或者没有争论，或者事实证明）医生的确有过失，并且一般认为这种过失会产生病人实际遭受的伤害的风险，那么就适用举证责任倒置规则。[138] 根据这一规则，医生必须证明他的失当处置与伤害之间不存在必要联系。虽然这种证明不是完全没有可能，但在绝大多数案例中都是很困难的。

（三）案例3：生活费用损失

93 一位顶级律师的死亡使他的家属（本案中是配偶及12岁的女儿）有权获取生活费用的损失赔偿。[139] 在评估损害数额时，荷兰法追随"赡养费"的方法。这基本上意味着，赔偿数额一方面应当反映死者生前花费在家属身上的数额，另一方面，还应当根据家属总的财产来源来确定。[140] 因此，如果该家庭习惯于在里维埃拉的别墅度假，这笔费用也应得到赔偿（这是死者过去花费在家属身上的钱）。因为家属总体财力也在考虑范围之内，这意味着家属失去生活费用的索赔不是普通的损害索赔。如果家属因为律师的去世而获得一笔人身保险的收益，那么这笔收益在大多情况下会从生活费用索赔中减除。人身保险通常会改善家属的财力，因此应当被减除。[141] 当然，

---

[137] Note that the same does not apply when the complications have been concurrently caused by both the malpractice and the mother's *predisposition* (i. e., a physical state that renders the victim more prone to the specific injury than an 'average' victim). In that case, the 'tortfeasor has to take the victim as he finds it'. Consequently, the doctor would be liable in full, but in case of permanent disability, the predisposition may be taken into account in the calculation of future damages. See HR 21 March 1975, [1975] NJ, no. 372; HR 8 February 1985, [1986] NJ, no. 137.

[138] 参见边码50。

[139] 参见边码73和75。

[140] 数额不在制定法的赡养费范围内。

[141] See, e. g., HR 19 June 1970, [1970] NJ, no. 380.

这给责任人创造了很大的意外利益,[142] 所以这种做法也受到不少批评。但是荷兰最高法院最近再次重申了它。[143]

关于未来生活费用的计算,前文边码62的原则同意适用。未来生活费用的赔偿通常一次性支付完毕。[144]

不管是配偶还是女儿都不能提出对精神痛苦的非金钱损失索赔。[145] 但是,如果荷兰司法部最近的提案已经生效,那么配偶和女儿都能得到定额10,000欧元的精神损害赔偿。[146]

---

142 根据荷兰法律,人寿保险人没有向责任人追偿的权利,该意外利益的原因即在此。
143 HR 4 February 2000, [2000] NJ, no. 600.
144 Art. 6:105 BW. On that topic, see *supra* no. 62.
145 参见边码47。
146 参见边码47。

西班牙的人身伤害赔偿

米克尔·马丁-卡萨尔斯　若尔迪·里沃特
何塞普·索莱·费利乌[*]

一、基本问题

（一）侵权法与社会保障法的相互作用

1　　通常，在西班牙法中，社会保障津贴和福利、社会补助以及其他非侵权赔偿方案没有取代侵权责任。此外，即使社会保护制度是不完整的，因此难以普及，法院和法学普遍认为受害人的侵权赔偿请求和对其给予的社会补助是兼容的，彼此不排斥。然而，这些补助是否会降低给予受害人的赔偿金的数额并不清楚，对这一点将在下文做出解释。

2　　以下是社会法对侵权法的影响能够确定的主要领域。

1. 医疗保健

3　　尽管医疗保健最初是社会保障制度的一部分，但是它现在是一项公共服务，已得到普及。根据《西班牙宪法》第43条——该条为

---

[*] 笔者想对西班牙科学技术部批准 SEC2000－0579 R&D 资助用于支持西班牙侵权法对欧洲侵权法的贡献项目表示感谢，本文就是在该项目框架内完成的。

《大众健康法》(*Levy General de Sanidad*, LGS)[1] 所扩展——所有西班牙人和所有在西班牙定居的外国公民都有资格享受健康保护和医疗保健。医疗服务是由社会保障(Seguridad Social),国民医疗制度,或在相应自治体中负责医疗服务的机构提供的。医疗保健,既包括基本服务又包括特别服务,还包括药物补助与补充性和预防性服务[2],是由社会保障基金提供资金的,或者说,医疗费用最终是由国家指定用于公共卫生的专款提供的。大多利用者对其接受的大多数服务不必支付什么。[3]

关于对侵权行为人有可能行使追索权,有两个规范是必须考虑的。一个规范有着广泛的适用范围,并规定凡是第三人有义务付款的,"向利用者提供服务的公共机构就会有权利要求有责任的第三人支付它们已经提供的服务费用"(《大众健康法》第83条)。另一个规范特别适用于对已成为社会保障机构或与它合作的任何实体提供服务之依据的人身伤害负侵权责任之人,它规定社会保障机构和这些合作实体将"有权要求负侵权责任的人,最终有义务依法或按照合同被替代之人,支付它们已经提供的健康服务的费用"[《社会保障法》(Social Security Act, LGSS) 第127条[4]]。RD 63/1995 附件 II 提到在强制责任险以及"人身伤害或给已接受治疗之人造成的疾病的任何其他公共或私人的第一方保险或第三方保险"框架内开展业务的保险公司,是有资格行使这种追索权的人。

4

---

[1] *Ley 14/1986, de 25 de abril, General de Sanidad* (BOE no. 102, 29 April 1986).

[2] 参见 Annex I of Real Decreto [Royal Decree, RD] 63/1995, de 20 de enero, *sobre Ordenación de Prestaciones Sanitarias* (BOE no. 35, 10 February 1995).

[3] 参见 *Resolución de 13 de junio de la Dirección General del Instituto Nacional de Salud*, 它对医疗保健中心那些没有资格获得社会保障机构提供的医疗保健补助的病人所能收取的价款作了检讨 (BOE no. 154, 28 June 2001)。

[4] 参见 *Real Decreto Legislativo 1/1994, de 20 de junio, por el que se aprueba el texto refundido de la Ley General de la Seguridad Social* (BOE no. 154, 29 June 1994).

2. 人身伤害和死亡的社会保障津贴

5 除了覆盖失业和退休的风险，社会保障计划通过津贴形式为死亡和损害受害人的身体完整或心理健全的事故或疾病的长期影响提供保护。对于这些津贴的要求和范围，必须区分共酿（contributory）方案和非共酿（non-contributory）方案。

3. 共酿方案

6 它以将要获得津贴之人以前附属于社会保障制度并载入共酿名单为先决条件，并以他或她满足了有资格取得相应津贴所必需的所有要求为先决条件。自从 1974 年以来，共酿方案就已涵盖"职业风险"（即由工伤或职业病带造成的死亡或人身伤害）和"普通风险"（即死亡、疾病和退休）。根据社会保障法，所有雇员都必须注册；许多自营职业者（empresarios autónomos）也是该制度的成员。在这些风险中的任何一种风险出现时，工作者及其家庭，除了医药补助，还可以获得相应赔偿和津贴。这些会根据伤害的严重程度及其对受害人工作能力的影响做出调整。对于死亡，要给予所谓的死亡和幸存津贴（《社会保障法》第 171－179 条），遗孀和孤儿的抚恤金是最重要的。

7 津贴的数额（表现为一次性支付或租金）与共酿的程度有关。该程度取决于事故发生前赚取的工资（或自营职业者获得的收入）。就人身伤害而言，它会根据在事故发生后受害人是否能继续从事其他获得报酬的活动做出调整。

4. 非共酿方案

8 非共酿保护涵盖——除了养老金——遭受"被预知具有永久性，并消除或改变那些遭受它们之人体力、心理或知觉的身体或精神伤害，不论是先天与否"的风险，只要伤害程度等于或超过 65%。有资格领取津贴之人是那些年满 18 岁、不足 65 岁，合法定居西班牙，没有资格领取共酿津贴、没有充足收入的人（参见《社会保障法》

第 144 条第 1 款)。

在这两种方案中,津贴的给予与雇主或第三人任何终局的侵权责任无关。在这个意义上,《社会保障法》第 127 条第 3 款第 1 项规定,在"津贴由与某人的刑事责任或侵权责任,包括雇主有直接关系的情形带来"时,"若所有要求得到满足,就得支付津贴……而不管这些责任"。而且,它又说,"在这些情形中,工作者或其被扶养人能够要求据说要对犯罪或对侵权行为承担责任之人做出相应赔偿"。

该条款为这两种决定的一致提供了依据。法院的裁决在实务中认可这种一致性的存在。除此之外,法院的多数意见认为,计算出与由侵权人(或其保险公司)支付的赔偿金相称的数额和从社会保障机构作为津贴领取的数额是可能的。[5] 在西班牙法中,与该话题有关的严重问题是有诸多法院(民事法院、刑事法院、劳工法院等)能够处理侵权责任,这也是值得提到的。在这种情况下,对哪个法院将有能力处理对侵权责任造成的损害的赔偿请求和对社会保障机构的赔偿请求交织在一起的事务,争议无限。[6]

关于社会保障机构对造成损害提供医疗保健服务和支付社会津贴之人的追偿权,有效的立法只提到了获赔项目中的医疗保健费服务(参见上文边码 4),没有提到其他类型的津贴或收益。相应地,法院已明确认定,社会保障机构只能要求侵权人偿付医疗费用,而

---

5 参见 *Sentencia del Tribunal Supremo, Sala Civil* (Supreme Court decision, Civil Chamber [STS]) 27 November 1993 [1993] *Repertorio de Jurisprudencia Aranzadi* (RJ), 9143 和 13 July 1998 [1998] RJ, 5122. 亦参见 STS Cont Adm 4 February 14 1999 [1999] RJ, 1614.
6 参见 STS 7 July 2000 [2000] RJ, 5928, 引用了 STTS 13 July 1998 [1998] RJ, 5122, 13 October 1998 [1998] RJ, 8373, 18 November 1998 [1998] RJ, 9692, 30 November 1998 [1998] RJ, 8785, 24 November 1998 [1998] RJ, 9694, 18 December 1998 [1998] RJ, 9642, 1 February 1999 [1999] RJ, 745, 10 April 1999 [1999] RJ, 2607, 13 July 1999 [1999] RJ, 5046 和 30 November 1999 [1999] RJ, 8287. Instead of many, in social jurisdiction, 参见 STS Social 14 July 1999 [1999] RJ 6803.

不能要求他偿付其他补助和津贴（如一时性残疾津贴）。[7]

5. 其他赔偿替代形式

12 几个法律和条例使某类受害人能有权要求对所遭受的不以侵权为基础、因此与任何一种侵权责任无关的伤害进行救济。在大多数情形中，它们也与侵权人的侵权责任无关。

13 社会保障保护之外的主要赔偿替代形式是为恐怖主义受害人（Act 13/1996 from 30 December [8]），暴力犯罪和侵犯性自主犯罪（Act 35/1995 from 11 November [9]）的受害人确立的方案认可的津贴。尽管后者与法院判决判给的赔偿金相比具有附属性，并与侵权人实际支付赔偿金不相符（第5条第1款第1项）[10]，发给恐怖主义受害人补助与针对侵权人提起的侵权诉讼完全无关。为保护受害人，同时为了要恐怖主义分子承担侵权责任，另一个法律已获通过［《恐怖主义受害人团结法案》（Solidarity with the Victims of Terrorism

---

[7] 参见 *Sentencia Audiencia Provincial*（Provincial Court decision [SAP]）Asturias 20 September 1999 [1999] *Aranzadi Civil*（AC），1975 和 Palentica 31 December 1999 [1999] AC, 2606.

[8] *Ley 13/1996, de 30 de diciembre, de medidas fiscales, administrativas y de orden social*（BOE. no. 315, 31, December 1996），Artt. 93 to 96 和 DT 3。这些权利的行使已受 RD 1211/1997, *de 18 de julio, por el que se aprueba el reglamento de ayuda y resarcimientos a las víctimas de delitos de terrorismo*（as stated in [1998] RD, 1734, *de 31 de julio*（BOE no. 215, 8 September 1998）调整。

[9] *Ley 35/1995, de 11 de diciembre, de asistencia a las víctimas de delitos, violentos y contra la libertal sexual*（BOE no. 296, 12 December 1995）。该法已由 RD 783/1997, *de 23 de mayo, por el que se aprueba el reglamento de ayudas a las víctimas de delitos violentos y contra la libertrad sexual*（BOE no. 126, 27 May 1997）制定的条例所发展。

[10] 然而，如果侵权人破产，不能全额支付它们，未获赔偿的部分救济金将会被给予；然而，即使并用这两种工具，受害人所获赔的数额也根本不能超过法院判决所判给的数额（art. 5. 1 II）。

Act[11])]。该法允许受害人从国家领取本应由侵权人支付的损害赔偿金,并规定国家有权向侵权人追索已支付的损害赔偿金。

还值得提到的是,在这个领域中感染艾滋病病毒(HIV)的病人,或患血友病和其他与血液凝固有关的先天性疾病的病人是有社会补助的。通常,获得这些补助与受害人有资格获得的任何其他公共补助是并行不悖的,"先放弃因感染 HIV 而对任何公共卫生部门或其员工的一切赔偿请求"是必需的。此外,那些获得法院宣告任何公共卫生部门有罪的判决之人没有资格领取该补助(参见《艾滋病病毒感染者补助法案》第 3 条[12]和该法第 3.7 条关于患血友病和其他与血液凝固有关的先天性疾病之人因在公共卫生制度架构下接受治疗感染丙肝而领取社会补助的规定 [13])。对患有所谓的"中毒综合征"的受害人收到的补助,法院已宣布必须把它们从附带承担侵权责任的西班牙国家应向受害人支付的损害赔偿金中扣除掉 [14],除非能够认为所取得的数额与侵权责任制度格格不入。[15]

14

15

---

[11] *Ley 32/1999, de 8 de octubre, de solidaridad con las víctimas del terrorismo* (BOE no. 242, 9 October 1999)。可获赔偿的唯一条件是这些身体损害或精神损害或死亡已在 1968 年 1 月 1 日至 2001 年 12 月 1 日之间发生(art. 1 of 9th Additional Provision of the Act 14/2000, from 29 December, on Tax, Administrative and Social Measures [BOE no. 313, 30 December 2000])。

[12] *Real Decreto-Ley 9/1993, de 28 de mayo, por el que se aprueba la concesión de ayudas a los afectados por el Virus de Immunodeficiencia Humana (VIH) como consecuencia de actuaciones realizadas el sistema sanitario público* (BOE no. 130, 1 June 1993)。根据该法,赔偿必须在 1993 年 6 月 1 日至 1993 年 8 月 1 日之间主张。但是,the 2nd Additional Provision of the Act 42/1994, from 30 December, on Tax, Administrative and Economic Measures (BOE no. 313, 31 December 1994) 把该法的时间跨度扩展到 1995 年 4 月 1 日。

[13] *Ley 14/2002 de 5 junio, por la que se establecen ayudas sociales a las personas con hemofilia u otras coagulpatías congénitas que hayan desarrollado la hepatitis C como consecuencia de haber recibido tratamiento con concentrados de factores de coagulación en el ámbito del sistema sanitario público y otras normas tributarias* (BOE no. 135, 6 June 2002)。

[14] 参见 STS Social 24 May 2001 [2001] *La Ley*, 7263。

[15] 参见 STS 26 September 1997 [1997] RJ, 5366 和 Auto TS 2 December 1998 [1998] RJ, 9688。

(二) 责任原则和制定法依据

1. 责任规定概览

(1) 一般条款：过错责任

16　　西班牙侵权法自始就把过错当成责任成立的基本要求。根据《西班牙民法典》(CC) 第 1902 条，"因作为或不作为而有过错或过失给他人造成损害之人有责任弥补造成的损害"。在西班牙法院的判决看来，民法典第 1902 条规定的过错责任仍是侵权责任的基本原则。[16] 然而，严格责任的情形在民法典中，尤其是在在民法典外确立侵权责任的大多数法律中，也能找到（参见下文边码 41）。

17　　不过，西班牙侵权责任的演变已经淡化了最初由民法典确立的过错责任与严格责任的尖锐对立。一方面，法院的判决已发展出被称为过错责任"客观化"的标准，一个发端于 20 世纪中期的过程，该标准已经使用过几种专门手段，如 (a) 在某些活动中要求采取更高的注意标准（参见下文边码 22）；(b) 把过错的范围扩大到包括甚至最小的过失 (*culpa levissima*)（参见下文边码 21）；(c) 认为遵守行政条例不是符合注意标准的充分证据（参见下文边码 23）；(d) 全面转换——只有很少的例外——举证责任（参见下文边码 24 和 25）。另一方面，规定严格责任的规则没有把它以同样的力度强加于所有案件。

(2) 责任限制

18　　对于过错责任，除了一般抗辩，如不可抗力、同意、受害人的过错、第三人的过错，没有规定特别的限制。相反，在严格责任领域，一些条款确立了几个限制（参见下文边码 52）。

---

[16] Instead of many, 参见其中最新的判决，SSTS 13 Aprl 1998 [1998] RJ, 2388; 3 July 1998 [1998] RJ, 5411; 12 May 1997 [1997/3833] 和 27 June 1997 [1997] RJ, 5399.

2. 过错责任

(1) 过错的概念

通常认为,过错即粗心大意、草率、不谨慎地行事。[17] 因此,法律学者和法院表明,结果的可预见性是过错的主要和最有特色的要素,该要素与另一个要素注意标准直接联系在一起,使它们能够对过错做出评价。然而这两个要素的先决条件,是侵权人的侵权能力。首先,侵权人必须能够犯错 (*capaz de culpa civil*)。这意味着,他至少必须有能力理解伤害他人是什么意思。[18] 第二,过错要求能够预见到结果(民法典第 1105 条)。因此,一个人是有过错的,如果其没有预见到其有义务预见的后果,而且因此,不能避免损害事件发生。即使预见到它,没有采取合理措施避免之人也有过错。[19] 最后,必须运用的注意标准以客观和抽象的标准为基础:能要求普通的理性人 (*buen padre de familia*) 做到的标准(民法典第 1104 条第 2 款)。[20]

(2) 实务中的要求

与最高法院的许多其他判决一起,STS 29 December 1997 ([1997] RJ, 9602) 和 STS June 1998 ([1998] RJ, 5286) 指出,"法理和法院一致认为,为了侵权责任的成立,必须满足四项要求: (a) 行为人的不法行动或不作为;(b) 其意图或过错;(c) 损害;(d) 行动或不作为与损害之间的因果关系"。[21] 要使责任成立,所有

---

[17] F. Rivero Hernández, in J. L. Lacruz et al., *Elementos de Derecho Civil, II, Derecho de Obligaciones* (1999), p. 471.

[18] F. Pantaleón Prieto, Comentario a la STS de marzo de 1983, [1983] 2 *Cuadernos Cívitas de Jurisprudencia Civil* (CCJC), 452.

[19] L. Díez-Picazo, *Derecho de daños* (1999), pp. 362 – 363. L. Díez-Picazo/A. Gullón, *Sistema de derecho civil*, vol. II (8th edn. 1999), p. 608.

[20] SSTS 12 May 1998 [1998] RJ, 3576; 30 May 1998 [1998] RJ, 4112; 15 September 1998 [1998] RJ, 6742.

[21] 关于法理, R. De Ángel Yágüez, *Tratado de responsabilidad civil* (1993), p. 257; F. Rivero Hernández (*supra* fn. 17) p. 465; L. Díez-Picazo/A. Gullón (*supra* fn. 19) p. 598.

这些要件都必须同时具备，可是它们中的每一个都有自己的特性和范围，并有别于其他要件。在这个意义上，西班牙法中的过错不属于不法性的领域。不法性通常与行为的非法性联系在一起。[22] 特别是，不法性要在十分宽松的意义上来理解——被理解成对不伤害他人（neminem laedere）的一般义务的违反。[23] 出于这个原因，而且与在其他法律制度中的情形相比，西班牙法院已不需扩大注意义务[24]的范围就可把责任扩张到新情形。

21 相反，西班牙法院通过宽泛解释民法典第1902条所规定的过错责任的要求，已经扩大了过错责任的适用范围。因此，通过认为相关的过错甚至在过失轻微时也存在（in Lege Aquilia levissima culpa venit），它们已经要求尽最大程度的注意，这使它们在侵权人的行为被认为只是错误或不幸时成立过错责任。[25]

22 第二，西班牙法院也已经提高危险职业活动或企业活动规定的注意标准。在这些情形中，最高法院已宣布，适用的注意标准不是理性人的注意标准，而是取决于"有关活动的类型和能够预见到属于案件的技术领域的正常合理的和通情达理的人具有的"更高标准。[26] 在这种情形中，过错的出现是由于"一个人在从事职业活动时，根据其交往的获得普遍承认的技术规则和案件的特定环境，没有尽应尽的注意义务"。[27]

23 更高注意标准的要求也为认为证明遵守规则不足以证明侵权人

---

[22] STS 29 December 1997 [1997] RJ, 9602. Contra F. Pantaleón, Comentario del artículo 1902, in: C. Paz-Ares/ L. Díez-Picazo/R. Bercovitz/P. Salvador, Comentarios del Código Civil, II (1991), pp. 1993 – 1994, 其认为不法性不是西班牙侵权责任体系的要求。STS 7 January 1960 [1960] RJ, 104 看法相似。

[23] SSTS 28 February 1994 [1994] RJ, 685; 29 December 1997 [1997] RJ, 960.

[24] 在由一些人承担和其违反使行动或不作为不法的义务的意义上。

[25] SSTS 1 October 1998 [1998] RJ, 7556 和 23 October 1998 [1998] RJ, 877.

[26] STS 9 April 1963 [1962] RJ, 1964.

[27] SSTS 23 March 1993 [1993] RJ, 2545; 3 May 1997 [1997] RJ, 3668.

已尽适当的注意所证实。在这个意义上，西班牙最高法院已经一再宣布，尽管民法典第 1902 条以过错原则为基础，但是，"必要的谨慎不仅涵盖着先见之明和规则确立的注意，而且涵盖着谨慎要求采取防止损害发生的所有那些措施"。[28]

最后但并不是最不重要的——而且大概是最重要的手段——是已经提到过的过错推定和由此带来的举证责任倒置。尽管民法典里里外外确实有一些条款或多或少明确规定了举证责任倒置［民法典第 1903 条；第 1907 条；第 1908.1 和 4 条；第 1909 条；《消费者保护法》（LGDCU）第 26 条］（参见下文边码 78），可是民法典第 1902 条没有确立过错的举证责任倒置，而且多年来，证明过错都认为是由原告负责的。

第一个转换民法典第 1902 条所确立的过错责任的举证责任的判决是在 1943 年做出的（STS 10 July 1943 [1943] RJ, 856）。自从那时起，西班牙最高法院就一直把举证责任倒置适用于许多不同的情形，甚至已超出那些制造特殊风险的情形[29]，以至于现今有人说举证责任倒置在西班牙一般过错责任制度中已成为一般规则。[30] 只有很少的特殊判决不适用它。[31] 相反，医疗事故领域是唯一举证责任未倒置、原告必须证明医生有过失或其他卫生专家有过失的领域（参见

---

[28] 其中包括 SSTS 3 June 1998 [1998] RJ, 5411；19 December 1992 [1992] RJ, 10703；24 December 1992 [1992] RJ, 10656 和 10 March 1994 [1994] RJ, 1736.

[29] 其中包括 SSTS 5 April 1963 [1963] RJ, 1956；11 March 1971 [1971] RJ, 1234；19 October 1988 [1988] RJ, 7588；20 December 1989 [1989] RJ, 8856；19 December 1992 [1992] RJ, 10703；5 October 1994 [1994] RJ, 7452；30 December 1995 [1995] RJ, 9616；10 March 1997 [1997] RJ, 2483.

[30] 关于西班牙最高法院的判决达到这个结果所遵循的方法，参见 A Cavanillas Múgica, *La transformación de la responsabilidad civil en la jurisprudencia* (1987), pp. 66 *et seq*.

[31] 它们涉及风险不存在的情形（如，SSTS 8 June 1992 [1992] RJ, 5169；12 July 1994 [1994] RJ, 6390；20 March 1996 [1996] RJ, 2244；29 May 1999 [1999] RJ, 4382），不过有人说它们是非常特殊的。在其他判决中，西班牙最高法院把举证责任倒置适用于特别风险不存在的情形。参见下文脚注 100。

下文边码83)。

(3) 合同责任与侵权责任的差别

26 在西班牙法中,合同责任和侵权责任的差别不是很多。西班牙民法典用来调整侵权责任的条文很少,这使得法院和法学论著把大多数主要适用于合同法的一般条款类推适用于侵权法(参见民法典第1101条等)。这些条款,例如,是那些与由法院减责(民法典第1103条)、注意标准(第1104条)或可获赔损害的范围(第1107条)有关的条款。[32]

27 合同责任和侵权责任之间最重要的差别是时效期间不同。合同请求权的时效期间是15年(民法典第1964条);侵权请求权的时效期间是从受害人知道损害时起1年(第1968.2条)。

28 另一个重要的差别是,尽管民法典第1137条——一个应适用于所有债务,不论其渊源的条款——确立了多数债务人不负无限连带责任的原则,最高法院早就认定侵权人总是要负无限连带责任。

29 然而,根据所谓的"民事过错统一性原理"(*principio de unidad de culpa civil*),西班牙法院构建合同请求权而非侵权请求权不是不可能的,如果在有问题的案件中,基于正义,它认为合适(例如,因为侵权的时效期间已经过去)。因此,尽管合同和侵权保护不同的利益,法院大都会认可合同责任和侵权责任的竞合,因而,同一事实通常会导致适用合同责任规则或适用侵权责任规则,尤其是如果违反合同给原告已造成人身伤害。

---

[32] 尽管一些法律和某些判决认为第1107条适用于侵权责任(SSTS 20 June 1989 [1989] RJ, 4702; 24 November 1995 [1995] RJ, 6352),另一部分法律学说拒不承认该观点,并拒绝这样扩张适用[F. Pantaleón, El sistema de responsabilidad contractual (Materiales para un debate), [1991] *Anuario de Derecho Civil* [ADC], 1031]。亦参见 J. Delgado Echeverría, in: J. L. Lacruz et al., *Elementos de Derecho Civil*, II, *Derecho de Obligaciones* (1999), p. 47.

西班牙最高法院确立的"民事过错统一性原理"[33] 指出，当事人间合同的存在将不足以使合同责任排除侵权责任。要做到这一点，致害行为就必须发生在"协议的严格范围内，并作为其合同内容正常发展的结果"出现。然而，在造成损害的行为同时违反合同并违背不伤害他人的一般义务时，原告可以选择提起合同之诉或侵权之诉。最高法院也说，合同责任和侵权责任的竞合产生的合同之诉或侵权之诉可以择一或相辅相成地提起。最高法院甚至允许事实原封不动地呈给法官，他就可以选择根据最适合案件的理由提出诉讼，那可能更有利于受害人，最终能为其所遭受的损害提供最完全的赔偿。[34]

3. 替代责任和企业责任

(1) 导论

如果用"替代责任"我们就能理解让一个人对他人的过失承担责任，甚至在前者已以应有的注意行事的责任制度，那么，必须言明的是，除非在少数特殊案件中[35]，法律文本没有把对他人的行为或疏忽所承担的责任说成"间接责任"。根据民法典第1903条，一个人不可能对他人的行为承担责任，除非该人本身已有过失。这是对他人的责任的主要特征：对他人承担责任之人因其有（在选任或监督上）过失而负责，该过错的推定是不可推翻的（参见民法典第1903条第6款）。因此，人常言，严格来说，对他人的责任是对自己行为承担责任的一种情形[36]：承担责任之人只要没有满足预见和避免那些其要负责之人的行为所需要的必备标准，就要承担责任。因此，

---

[33] 对该学说的严厉批评，参见 L. Díez-Picazo (*supra* fn. 19), pp. 263 *et seq.*

[34] 在这个意义上，例如，SSTS 1 February 1994 [1994] RJ, 854; 8 April 1999 [1999] RJ, 2660 和 3 May 1999 [1999] RJ, 3426.

[35] 例如，art. 61.3 *Ley Orgánica* 5/2000, *del 12 de enero, reguladora de la responsabilidad penal de los menores* (Organic Act concerning criminal liability of minors; LORPM) 规定的，父母对其未成年子女，在子女的行为被认定为犯罪或不端行为时所造成的损害承担严格和直接责任。

[36] F. Pantaleón Prieto, Culpa, in: *Enciclopedia Jurídica Básica* (EJB) (1995), p. 5955.

西班牙的法学学说和法院的判决经常说，对他人的责任不是一种附属责任而是一种直接责任[37]。不过，因为在实务中总是难以推翻过错的推定，在大多数情形中甚至是不可能的，纸面上的法和行动中的法就出现了不一致。

32 适用由民法典第1903条规定的对他人行为承担责任的情形是：（a）父母对由其监督的子女造成的损害承担责任（参见民法典第1902条第2款）；（b）监护人对与其生活在一起由其监管的未成年人或无能力人造成的损害承担责任（第1903条第3款）；（c）企业的所有者或主管对由其雇员"在从事其受雇从事的业务时或因执行职务"造成的损害承担责任（第1903条第4款）；（d）拥有非高等教育机构的人和实体，对其未成年学生在受该机构的教师管理或监督，参加课程活动或课外活动和那些附属活动"期间造成的损害承担责任（第1903条第5款）。通说认为，民法典第1903条列举的清单是封闭的，既不允许类推适用，也不允许做广义解释，[38] 尽管法院偶尔对此稍微要更灵活一些。[39]

33 民法典第1903条规定的对他人行为之责任制度的一般特征有：

---

[37] 法律作品，参见 L. Díez-Picazo/A. Gullón (*supra* fn. 19) p. 554; C. I. Asúa González, in: L. Puig Ferriol *et al.*, *Manual de Derecho Civil*, II, (3rd edn. 2000), p. 496; R. De Ángel Yágüez (*supra* fn. 21) p. 333. F. Pantaleón Prieto (*supra* fn. 36) 谈到了由"自己行为"引起的责任。对于最高法院的判决，参见 SSTS 29 June 1999 [1999] RJ, 4895; 29 March 1996 [1996] RJ, 2203; 28 October 1994 [1994] RJ, 7875; 28 February 1992 [1992] RJ, 1404 和 20 October 1989 [1989] RJ, 6940.

[38] 参见 R. De Ángel Yágüez (*supra* fn. 21) p. 329; F. Rivero Hernández (*supra* fn. 21) p. 523 和 F. Pantaleón (*supra* fn. 36) p. 5956.

[39] 特别是，有些判决把第1903条第4款规定的规则扩展到机动车出借，其被掩盖的目标是使机动车的所有人负侵权责任，并让其保险人与其一道负侵权责任（在这个意义上，Pantaleón，[*supra* fn. 36] p. 5956）。这一动向的实例，是 STS 23 February 1976 [1976] RJ, 880，最高法院在该案中把第1903条适用到一个把轿车出借给其男友的女孩身上，以及 STS 23 September 1988 [1988] RJ, 6854 和 STS 30 December 1992 [1992] RJ, 10565，它们认定已将轿车借给其儿子或女儿的父母负有责任，尽管他们不是未成年人。

1) 责任施加给一些对他人造成的损害承担责任之人（如父母、监管人、企业或公司的所有者或主管或者学校的所有者），带来依附的家庭、职业关系或教育关系让他们有了关联。这些关系的主要特征是在被认定承担责任之人和直接造成损害的其他人之间存在等级关系或隶属状态，这意味着前者有权力指导或命令后者，在某种程度上能控制或监督他的行为。

2) 这些人被认定为对他人承担责任，是因为他们在履行其监督、教育或指导职责时本身有过错。该过错的推定是不可推翻的，因此民法典第 1903 条提到的人将被认定有责任，除非能够证明其是以应有的谨慎行事（第 1903 条第 6 款）。[40] 然而，对法院判决的分析表明，在实务中，已以应有的注意监督或选任的证据几乎是从未满足过，因此，本人几乎不可能逃脱承担责任。在父母承担责任的情形中，父母被认定有责任，即使他们证明在致害事件发生时其不在场，因为其不得不工作，或子女的行为是不可避免的，显然就是这种情况。[41] 对雇主责任来说，除了他们几乎不可能承担责任的事件，即使已不可能识别出造成损害的具体雇员[42]，他们被认定有责任。

3) 要使父母、监护人、雇主或教育机构所有者的责任成立，儿子、受监护人、雇员或学生有侵权能力不是必不可少的要求（STS 30.6.1995 [1995] RJ, 5272）。唯一必要的是，直接造成损害的行为在客观上是故意的或有过失的，即它以产生责任为宜，只要是它是由有侵权能力的人完成的。[43] 如果直接造成损害的人有侵权能力，

---

40 R. De Ángel Yágüez (*supra* fn. 21), p. 326.
41 SSTS 29 December 1962 [1962] RJ, 5141; 14 April 1977 [1977] RJ, 1654; 7 January 1992 [1992] RJ, 149; 24 May 1996 [1996] RJ, 3915; 4 May 1983 [1983] 2623.
42 SSTS 3 July 1984 [1984] RJ, 3792; 8 May 1999 [1999] RJ, 3101; 19 June 2000 [2000] *La Ley*, 5145. 关于这个客观化的过程，参见 S. Cavanillas Múgica (*supra* fn. 30), p. 93.
43 在这个意义上，F. Pantaleón (*supra* fn. 36), p. 5955, 声称"认定某人因未阻止一个完全正常的行为发生，而且他本来不会负责，如果他自己完成该行为而承担责任是不合理的"。

一个不同的问题是其是否也将根据民法典第 1902 条的一般规则承担责任。在这种情形中，只要父母、监护人、教育机构所有者和雇主的责任是直接的（参见边码 31），他们就与由其管理直接造成损害之人一起承担无限连带责任。[44]

(2) 合同——侵权责任

37 与第 1903 条关于侵权责任的规定相比，西班牙民法典对债务人对其雇员的行为承担合同责任没有做出任何特定规定。然而，法学家[45]和法院的判决[46]都承认，有一个一般原则会满足对雇员的行为承担合同责任的需要。民法典的几个条文（如第 1564、1596、1721 或 1784 条），是对该一般原则的具体运用，是对其存在的证据。尽管在理论上人们能试图发现对他人行为的合同责任和侵权责任有一些差异[47]，但是在实务中没有什么差异。西班牙法院往往把第 1903 条第 4 款规定的侵权责任规则运用到对他人行为的合同责任上。[48]

(3) 抗辩

38 本人可以免除责任，如果其已证明其在选任或监督上已尽其注

---

44 F. Pantaleón (*supra* fn. 36), p. 5956.
45 J. Barceló Doménech, *Responsabilidad extracontractual del empresario por actividades de sus dependientes* (1995) p. 18; L. Díez-Picazo, *Fundamentos de Derecho Civil patrimonial* (1993), p. 592.
46 SSTS 22 June 1989 [1989] RJ, 4776 和 1 March 1990 [1990] RJ, 1656; SAP Barcelona 10 April 2000 [2000] AC, 1484.
47 参见 F. Jordano Fraga, *La responsabilidad del deudor por los auxiliares que utiliza en el cumplimiento* (1994), p. 444.
48 在由工伤引发侵权责任，工人受害者根据民法典第 1903 条第 4 款针对雇主提出赔偿请求的领域；(SSTS 8 February 1989 [1989] RJ, 756; 6 October 1992 [1992] RJ, 7529)；在运输合同领域（STS 7 June 1991 [1991] AC, no. 690）；在尽管根据民法典第 1596 条有可能适用合同责任，可是最高法院仍毫不犹豫地适用第 1903 条的工程合同体系内（SSTS 30 December 1980 [1980] RJ, 4815; 20 July 1992 [1992] RJ, 6438），或者，最后，在医疗责任领域，在病人根据第 1903 条第 4 款对医生或他已经与其订约的私立医院提出赔偿请求时（SSTS 12 February 1990 [1990] RJ, 677; 22 February 1991 [1991] RJ, 1587），都是这样的。

意（参见上文边码31）。

对于雇主，西班牙法院已认可本人的免责，在代理人的行为超出受雇范围，不符合代理人的身份或其从事的活动与交托给他的职能完全格格不入时。[49] 在代理人造成损害是有意的，或者违反了收到的命令或指示时，免责也是允许的。[50]

只要通说[51]和法院的意见[52]认为雇员的过错是雇主承担责任的先决条件，雇主以适当的注意行事得到证明的，就不可能认定雇主有责任。[53]

4. 严格责任

（1）适用范围

确立严格责任的条文在民法典内是能够找到的，尤其是在它之外发展侵权责任的几部法律中能够找到。民法典确立严格责任的条文涉及动物造成的损害（民法典第1905条）、有害烟雾造成的损害（第1908条第2款）、位于街道范围的倾倒树木造成的损害（第1908条第3款）和被抛弃的或从住处坠落的物品造成的损害（第1910条）。另一方面，几个特别法为那些从事某些被认为包括适当危险的活动之

---

[49] STS 2 July 1990 [1990] RJ, 5756. 关于学理，参见 R. De Ángel (*supra* fn. 21), p. 2015; J. Barceló Doménech (*supra* fn. 45), p. 311.

[50] SSTS, 2ª, 13 April 1981 [1981] RJ, 1637; 29 November 1982 [1982] RJ, 7217; 16 December 1992 [1992] RJ, 10298.

[51] 在那个意义上，M. Albaladejo, *Derecho civil II, Derecho de obligaciones*, vol. 2, (1994), pp. 485–486; A. Gullón Ballesteros, *Curso de Derecho Civil, Contratos en especial, Responsabilidad extracontractual* (1972), p. 482; M. Yzquierdo Tolsada, *La responsabilidad civil del professional liberal* (1989), p. 80.

[52] SSTS 24 March 1980 [1980] RJ, 1297; 25 October 1980 [1980] RJ, 4815; 13 October 1995 [1995] RJ, 7407; 20 September 1997 [1997] RJ, 6706; 15 September 1998 [1998] RJ, 6742.

[53] 不同于该意见，J. Barceló Doménech (*supra* fn. 45), p. 306。J. Barceló Doménech 提出了一些论据支持认定雇主有责任而不管直接造成损害的雇员有无过错。

人确立了严格责任制度。这些法涉及航空运输[54]、核能[55]、狩猎[56]、道路交通[57]、产品和服务责任[58]、产品责任[59]、由公务人员造成的损害和由公共机构造成的损害。[60] 尽管西班牙法律学者通常不提到它，生物医学临床试验，在某些情况下，也是另一种严格责任的情形。[61]

（2）一般条款和类推

42　　西班牙法对于物或特别危险的活动所造成的损害没有规定严格责任的一般条款。尽管西班牙法院已经向给与受害人更大保护逐步迈进，可是只有非常孤立的附带意见——未被法院遵循——就是，风险理念有可能带来严格责任，甚至在立法者没有明确规定严格责

54　Art. 120 *Ley de Navegánción Aérea*〔Air Navigation Act. LNA〕. *Ley* 48/1960, *de 21 de julio, sobre normas reguladoras de la navegación aérea*（BOE no. 176, 23 July 1960）.

55　Art. 45 *Ley de Energía Nuclear*〔Nuclear Energy Act, LEN〕. *Ley* 25/1964, *de 29 de abril, reguladora de la energía nuclear*（BOE no. 107, 4 May 1964）.

56　Art. 33 *Ley de Caza*〔Hunting Act, LC〕. *Ley* 1/1970, *de 4 de abril, de Caza*（BOE no. 82, 6 April 1970）.

57　Art. 1 *Ley de responsabilidad civil y seguro en la circulación de vehículos a motor*（Road-Traffic Liability Act, LRCSCVM）. As established by the Additional Provision 8（DA 8ª）of the *Ley* 30/1995, *de 8 de noviembre, de ordenación y supervisión de los seguros privados*（BOE no. 268, 9 November 1995）（Act about the ordering and supervision of private insurance〔LOSSP〕），该法修正了 the Act of Use and Circulation of Motor Vehicles.

58　Art. 28 *Ley* 26/1984, *de 19 de julio, General para la Defensa de los Consumidres y Usuarios*（General Act for the Defence of Consumers and Users, LGDCU）（BOE no. 176, 24 July 1984）.

59　Artt. 5 和 6 *Ley* 22/1994, *de 6 de julio, de responsabilidad civil por daños causados por productos defectuosos*（Spanish Products Liability Act, LRPD）.（BOE no. 161, July 1994）.

60　Artt. 139 *et seq. Ley* 30/1992, *de 26 de noviembre, de régimen jurídico de las Administraciones Públicas y del Procedimiento Administrativo Común*（Legal Regime of Public Administrations and General Administrative Procedure Act, LRJAP）（BOE. no. 285, 27 November 1992〔BOE no. 311, 28 December 1993 和 no. 23, 27 January 1993 纠正了错误〕），为 the Act 4/1999, of 23 January 1999 所修正（*Ley* 4/1999, *de 13 de enero, de modificación de la Ley* 30/1992, *de 26 de noviembre, de Régimen Jurídico de las Administraciones Públicas y del Procedimiento Administrativo Común*〔BOEno. 12, 14 Januray 1999〕）.

61　Art. 62 Medicine Act（*Ley* 25/1990, *de 20 de diciembre, del Medicamento*〔BOE no. 306, 22 December 1990〕和 13. 3 RD 561/1993 of April〔BOE no. 114, 13 May 1993〕）。

任时。[62]

法院也不会类推适用严格责任的规则。不受规定严格责任的条文调整的案件遵循过错责任的一般规则。这不只发生在诸如适用涉及有害烟雾的第1908条第2款，或涉及坠落物品的第1910条之类的情形中，而且发生在由《机动车交通事故责任保险法》（LRCSCVM）调整的交通责任中。对于机动车保险，法院对机动车运行（hecho de la circulación）概念的解释非常宽泛。[63] 在狩猎责任领域中，达到了一个相似的后果。狩猎责任毫不犹豫地把严格责任规则适用于严格来讲法律的条文没有涵盖的一些情形，以便让受害人从保险公司获得赔偿金。[64]

（3）过错责任和严格责任的相互影响

通常，严格责任的存在并不排除根据由民法典第1902条的一般条款规定的过错责任提起赔偿请求的可能性。[65] 而且，必须着重指出的是，甚至在由严格责任制度调整的案件中，西班牙法院往往也适用一般过错责任规则。这发生在产品责任、狩猎责任[66]、道路交通事

43

44

---

[62] 在这个意义上，参见 STS 30 December 1980 [1980] RJ, 4815.
[63] 特别是，法院认为那是与机动车行驶有关的损害，其中包括那些由打开车窗往外跳，撞上在它的附近正在骑自行车的人的乘客造成的损害（SPA Asturias 22 July 1992 [1992] AC, 1157）和那些因为公共汽车占据整个道路给摔倒的行人造成的损害（SPA Pontenvdra 6 April 1998 [1998] AC, 4670）。
[64] 例如，因而，在 STS 27 January 1993 [1993] RJ, 37 中，未成年人未经其父亲同意使用属于其父亲的猎枪射击伤到了另一个未成年人。
[65] 例如，涉及动物责任，参见 STS 30 April 1984 [1984] RJ, 1974。亦参见 art. 15 LRPD。
[66] 在该领域，有几个判决宣告被告有罪，被告是狩猎者，造成了损害，其根据是第1902条（SSTS 8 July 1988 [1988] RJ, 5681；21 January 1992 [1992] RJ, 128；26 April 1994 [1994] RJ, 6989；29 November 1994 [1994] RJ, 9164），或者是第1903条，在狩猎者未成年，其父母被认定承担责任时（SSTS 6 April 1995 [1995] RJ, 645；STS 18 May 1995 [1995] RJ, 1030；STS 9 July 1999 [1998] RJ, 5547）。

故责任[67]和烟雾或泄漏造成的污染等重要领域。

(4) 可获赔损害

45 通常,严格责任制度下可获赔的损害与那些根据过错责任能够获赔的损害没有差别。金钱损失以及非金钱损失在严格责任中通常都是可获赔的。严格责任唯一排除非金钱损失的情形是瑕疵产品造成的损害[参见《西班牙产品责任法》(LRPD)第10条第2款],但是这种排除是由与西班牙传统侵权法相抵触的指令强加的法律移植。[68] 除此以外,在道路交通事故中,严格责任被限定在人身伤害和死亡的情形,从而判给的金钱损失赔偿金和非金钱损失赔偿金都是源自它们的。在这种情况下,财产损害,是根据过错责任规则得到赔偿的(参见《机动车交通事故责任保险法》第1条)。

(5) 损害赔偿金的数额(上限、下限)

46 在西班牙侵权法中唯一的下限是 65,000 比塞塔(PTA)(大概是 390 欧元),该限额是由《产品责任法》第 10 条第 1 款后段为产品责任设置的。

47 民法典规定的严格责任实例以及交通事故和狩猎事故责任规则没有规定任何上限。在这后两种情形中,唯一受到限制的数额是根

---

[67] 在该领域法院解决大部分案件的根据也是过错责任的一般规则(参见 STS 27 January 1983 [1983] RJ, 392; STS 31 January 1992 [1992] RJ, 540; STS 9 June 1993 [1993] RJ, 4472 和 27 November 1995 [1995] RJ, 9803 等)。它们甚至把 LRCSCVM 规定的侵权责任,说成"准客观"责任的例证[一种也由一些法学家遵循的标准,如 J. Perán Ortega, *La responsabilidad civil y su seguro* (1980),p. 390],或者它们说该法只规定了过错责任的举证责任倒置(因而,SSTS 19 October 1988 [1988] RJ, 7588 或 20 December 1989 [1989] RJ, 8856 等)。该路径已受到 F. Gómez Pomar, Coches y accidentes (I):la posición del Tribunal Supremo, [2000] 3 *InDret* 7–8,(http//www.indret.com)严厉批评。

[68] 在那种情形中,LRPD 不得不遵循 Directive 85/374/CEE,尽管它涵盖死亡和人身死亡(art. 10.1 LRPD),它不得不把非金钱损失的赔偿金排除在其保护范围之外(art. 10.2 LRPD),从西班牙法的角度来看,这是非常怪异的事情。非金钱损失于是不会得到赔偿,除非生产者根据西班牙一般国内法也有责任(即 artt. 1902 *et seq.* CC,过错责任)。

据强制保险所可获赔的总额（参见下文边码 152 和 154）。相反，以下情形，有固定的最大数额，不论保险是否有限制：

A. 产品。《产品责任法》第 11 条对人身伤害和死亡所规定的 10,500,000,000 PTA（63,110,000 欧元）的最高数额，是生产者对由于死亡或人身伤害造成的损害所承担全部责任的上限，这些损害是由具有相同缺陷的同样商品所造成的。 48

B. 飞行事故。对给乘客造成的身体伤害，航空运输承运人的责任限额不能低于 1,000,000 特别提款权（SDR）[相当于 63,110,000 欧元，1997 年 10 月 9 日欧盟第 2027 号条例第 3 条第 2 款关于事故发生时航空承运人责任的规定，该款在这个问题上取代了《西班牙航空法》（LNA）第 117 条]。[69] 对于欧盟第 2027 号条例不包括损害赔偿，《航空法》（第 118 和 119 条）设定的、2001 年 1 月 19 日第 37 号敕令第 3 条和第 4 条更新的限制仍有效。[70] 49

C. 核事故。根据 1967 年 6 月 22 日第 2177 号法令第 16 条关于核风险（RRN）的规定，核设施的运营者承担责任的最高限额是每次事故每一运转的设施 300,000,000PTA（约 6,000,000 欧元），不论受害人有多少，他们蒙受的核损害的类型是什么。 50

(6) 时效

一般规则是，除非另有规定，民法典第 1968 条第 2 款规定为侵权责任的一般时效（自受害人知道有损害时起 1 年）也适用于严格 51

---

[69] 在那个意义上，参见 M. T. Álvarez Moreno, La responsabilidad de las compañías aéreas en caso de accidente: régimen instaurado por el Reglamento comuntario 2027/97 de 17 de octubre, [2002] Actualidad Civil, 813–833. 对欧盟第 2027 号条例不适用的航空运输承运人来说，2001 年 1 月 19 日第 37 号敕令（BOE no. 29, 2 February 2001），规定的数额适用于它们对死亡承担的责任和对人身伤害承担的责任。

[70] 例如，每件丢失或损坏的行李，上限是 500SDR（594 欧元）。财产损害或第三人伤害，损害赔偿总额的上限根据飞机的重量来确定[例如，13,580,000SDR（16,143,218 欧元），对重量超过 50 吨的飞机，超出 50,000 千克的，每千克增加 130SDR（154 欧元）]。

责任。例如，公共机构的严格责任［《西班牙公共管理与行政诉讼法》（LRJAP）第142条第5款］，就是这样的。然而，一些特别法规定了不同的时效，有些更短（《航空法》第124条第1款，空中事故，6个月），有些更长（在产品责任中，自受害人遭受损害之日起3年，《产品责任法》第12条）。对核损害来说，其时效要根据所蒙受损害的具体性质来确定（即时损害10年和迟延损害20年，参见《核能源法》（LEN）第67条第1款）。

52　　另一方面，《产品责任法》第13条规定的10年期间，一旦逝去，就排除了根据该法的规定要求赔偿的可能性。

（7）赔偿基金

53　　现在唯一运转的赔偿基金是保险赔偿财团（Consorcio de Compensación de Seguros），一个受西班牙金融和财政部监管的自治实体[71]，该财团对在通过普遍方式不能获得赔偿的人身伤害和财产损失做出赔偿。其介入只有在严格责任法要求投的某一强制保险的框架内才是可以想象的。因此，例如，它覆盖机动车（《机动车交通事故责任保险法》第8条第1款）造成的损害或狩猎［皇家法令（RD）63/1994第7条］造成的损害，并总是以强制保险为限。

（8）专门分析某些领域

A. 交通

54　　在交通和运输工具领域中，有两个特别法对严格责任制度作了规定：《机动车道路交通责任保险法》（LRCSCVM）和《航空法》（LNA）。相反，在由火车事故造成损害领域中，尽管强制旅行保险从1928年就已经存在，陆上运输企业在法律上必须购买责任保险（参见下文 边码151），可是，特别规定是不存在的，侵权责任受过

---

[71] 受 the Royal Decree 731/1987, of 15 May（BOE. no. 142, 15 June 1987）调整。

错责任的一般条款调整（民法典第 1902 和 1903 条）。[72]

（a）机动车

《机动车交通事故责任保险法》适用于由"交通行为"造成的事故，并使司机对由驾驶制造的风险引起的伤害承担责任（参见《机动车交通事故责任保险法》第 1 条第 1 款）。该法没有提到其他能够被认定负有责任的人，如控制机动车之人（Halter，保管人），或凭借任何法律权利占有机动车的人。它规定机动车的所有人，连同司机都会认定为有责任，如果"司机与他具有民法典第 1903 条规定的关系之一"（如雇主与雇员，父子，监护人与被监护人等）。在他能够证明为防止相关损害发生，他的行为符合理性人的注意标准的情况下，所有人的责任将会消失。[73]

该法没有把乘客排除在受保护的人的范围之外，尽管在实务中，强制保险只会覆盖乘客人身伤害，如果乘客为受伤司机的亲属或机动车所有人的亲属。第二受害人是在单方事故中死亡的司机的亲属的，就不能从强制保险中获得其死亡赔偿金，因为这只是第三人

---

[72] 然而，法理指出，考虑到活动类型和它承载的风险，在实务中，通常判给赔偿不要求证明有过错，只要事故发生在活动过程中，而且它不能归咎于不可抗力或受害人的过错。Cf. J. Puig Brutau, *Fundamentos de Derecho Civil*, II‐3 (1983), pp. 161‐162. 这常常发生在十字路口出事故的情形中。在该情形中，十字路口制造的风险通常被称为国家铁路公司 RENFE 承担责任的根据。例如，in STS 21 November 1985［1985］RJ, 5624, 7 October 1998 in［1998］RJ, 7388 和 25 February 2000［2000］RJ, 1017。有时，最高法院使铁路公司对未采取本可阻止事故发生的特定安全措施承担责任。在铁轨下面或上面设置栅栏或建造通道通常是事后的要求，参见 STS 20 October 1998［1998］*Lay Ley*, 9929 和 4 November 1999［1999］*La Ley*, 3488.

[73] 该条文一字不差地重复了民法典第 1903 条，学说将其理解为在课以举证责任倒置的过错责任（在选任或监督上）（参见上文边码 31）。如果在使用机动车时，犯了罪或轻罪，因为适用刑法典包含的侵权责任，所有人就对由其"被抚养人、代理人或其他由其授权的人"所造成的损害承担补充责任（art. 120.5 CP）。这种补充责任不要求过错，因此所有人承担严格责任。

保险。[74]

57　在"与机动车的运转或运行无关的"不可抗力介入时（《机动车交通事故责任保险法》第 1 条第 2 款）责任会消失。然而，"机动车的瑕疵，抛锚或其任何部件或装置失灵"都不会被认为是不可抗力。[75] 受害人的全部过错也排除侵权人的责任（参见下文边码 95）。

　　（b）空中交通

58　《航空法》第 120 条规定，对空中运输造成的损害来说，"损失的可获赔性以事故或损失为基础，并在所有案件中，甚至在遭受机会损失时，而且即使承运人、运营人或其雇员能证明其已经以应有的注意行事，都符合由本章确立的责任限制"。对由空中运输造成的损害承担责任因此是十分少的绝对严格责任的一个例证。

59　航空运输承运人或运营人（《航空法》第 121 条）对以下损害项目承担严格责任：

60　给乘客造成的人身伤害。所有欧共同体航空运输承运人现在都依据欧盟第 2027 号条例的条文承担责任。该责任也是严格的。

61　给运输货物造成的财产损害和给行李造成的财产损害（《航空法》第 115 条第 3 款）。

62　给地面上的人或财产造成的损害（《航空法》第 119 条）。在这种情形中，航空运输承运人承担责任的依据是 1952 年 10 月 7 日《关于外国航空器对地（水）面上第三人造成损害的公约》（简称《罗马公约》）的规定。[76]

---

[74] Art.10 a) 和 b) RD 7/2001, of 12 January (*Real Decreto 7/2001, de 12 de enero, por el que se aprueba el Reglamento sobre la responsabilidad civil y seguro en la circulación de vehículos a motor* [BOE no.12, January 2001])。在那个意义上，现在参见 STS 15 April 2002.

[75] SSTS 21 November 1989 [1989] RJ, 1897（刹车失灵）和 6 May 1998 [1998] RJ, 6116（交通灯瑕疵）。

[76] 西班牙 1957 年 3 月 1 日批准的（BOE. no. 117, 17 May 1961）。STS 10 June 1988 [1988] RJ, 4868 适用了该规则。

《航空法》第 120 条没有提到不可抗力，但是它的确明确明排除了意外事故（accidente fortuito）。学说上认为该条的意义是航空运输承运人对不可抗力负严格责任，甚至在损害可归责于第三人的行为时（例如，空中交通控制者缺乏远见造成的事故）。然而，在这种情形下，航空运输承运人根据侵权责任的一般规则能要求侵权人弥补其支付的赔偿金。[77]

B. 医疗保健

对医疗保健来说，要区分服务由受私法管辖的医疗保健专家或机构提供（私人医疗保健）或由在受公法调整的制度框架内提供（公共医疗保健）。

（a） 私人医疗保健

《消费者保护法》第 28 条第 2 款规定，医疗保健服务受严格责任制度调整。[78] 这个严格责任制度适用于提供这些服务的中心或机构，但是不适用于提供服务的医生和医疗保健专家，他们在过错责任制度下也是要继续承担责任的。[79] 相应地，医院或医疗保健中心就能够，一方面对其没有尽适当注意义务的医生和医疗保健专家造成的损害承担责任，另一方面对不能归因于医疗保健专家的过失而由

---

[77] L. Díez-Picazo (*supra* fn. 19), pp. 133 – 134.
[78] 在总体上，关于《消费者保护法》第 28 条第 2 款确立的严格责任制度，参见 S. Cavanillas Múgica, *Responsabilidad civil y protección del consumidor* (1985), p. 178 和 R. Bercovitz, Comentario del Art. 28, in: R. Bercovitz/I. Salas, *Comentarios a la Ley General para la Defensa de los Consumidores y Usuarios* (1992), p. 716. 亦参见 A. Paniza Fullana, La responsabilidad civil médico-sanitaria y la LGDCU, Comentario a las Sentencias del TS de 1 de julio y 21 de julio de 1997, [1998] *Aranzdi Civil*, 71 – 111 和 Responsabilidad sanitaria y protección de los consumidores (applicación del Art. 28 del la LGDCU a un supuesto de responsabilidad sanitaria: la Sentencia del TS 9 de junio de 1998), [1999] 652 – 653 *Revisat General de Derecho*, 75 – 83.
[79] 其中包括，SSTS 9 June 1998 [1998] RJ, 3717; 9 March 1999 [1999] RJ, 1368; 19 June 1999 [1999] RJ, 4895 和 30 December 1999 [2000] *La Ley*, 5042. 在这个意义上，亦参见 F. Peña López, Comentario a la sentencia del 11 de febrero de 1998, [1998] 47 CCJC, 777 – 795, at 786.

医疗保健中心或医院的活动造成的其他损害承担严格责任。当受害人遭受的损害是由瑕疵药品或医学产品造成时，就要适用产品责任法规定的严格责任制度（参见下文边码67和68）。

（b）公共医疗保健

66　　被告是受行政法调整的公共中心、医院或医疗保健机构，其侵权责任以调整公共机构的责任的一般规范为基础，这是严格的。[80] 然而，就像在私人医疗保健的情形中一样，它们的医生或医疗保健专家必须有过错，公共医疗保健中心才要对他们的作为或不作为承担责任。另一方面，公共医疗保健中心也要对履行服务造成的、不能归因于医生或医疗保健专家的作为或不作为的损害负严格责任。

C. 有缺陷的产品

67　　西班牙产品责任法实施了欧洲缺陷产品指令（Directive 374/85/CEE），为没有提供人们有权期待的安全的（《产品责任法》第2条和第3条）、由《产品责任法》第4条认为属于生产者的那些人投入流通的产品规定了严格责任制度。《产品责任法》认可对生产者开发风险责任的免除（《产品责任法》第6条第1款e项），药品、食物和食品除外（《产品责任法》第6条第3款）。生产者对这些产品不能运用开发风险的抗辩，尽管产品投入流通时的科技知识水平不能发现缺陷的存在。

68　　产品责任也部分受《消费者保护法》第25条至第31条调整。这几条在西班牙产品责任法通过前，与民法典的过错责任的一般条款（参见民法典第1902条）一道适用于产品责任。然而，《产品责任法》和《消费者保护法》的规范是不相容的。《消费者保护法》只适用于由不属于《产品责任法》意义上的产品的物品造成的那些损害（《产品责任法》的最终条款1a）。《产品责任法》第2条给

---

[80] 参见STS 19 June 1998 [1998] RJ, 5068.

"产品"下的定义很笼统,现在也包括主要的农产品[81],因此导致《消费者保护法》的规定在该领域中的适用大为减少。《消费者保护法》的规定在实务中只限于不动产。

5. 不确定因果关系情形下的责任

对于因果关系,法院运用的主要理论是"充分因果关系"理论。[82] 在一些难以确定因果关系的复杂情形中,西班牙最高法院已经承认通过所谓的"推定证据",它就能得到证明。因此,拖拉机在之前四年中都未接受检查就用来收割谷物的,就可推定庄稼地里的大火是由其排气管产生的火花引起的(STS, 2a 12 May 1986 [1986] RJ, 2452)。或者是,房屋在一些工人用"圆锯锯掉木条和栏杆"完成工作并在离开时锁上房屋后着火的,最高法院推定事故的原因就是工人对机器的操作(STS 26 January 2000 [2000] RJ, 227)。

一个针对著名菜籽油案签发的判决(STS, 2a, 23 April 1992 [1992] RJ, 227)对因果关系的存在所作的解释更灵活得多。该判决提出了在确定产品的消费与受害者蒙受的损失间的因果关系在科学上不可做到时是否有可能确定因果关系的问题。在这个棘手的情况下,尽管所有遭受伤害的人都消费过变质的菜籽油,但并不是所有消费过菜籽油的人都遭受了伤害,这已获得证明。此外,造成损害的具体原因还没有确定下来。为解决这个问题,最高法院运用了德国联邦最高法院在其"皮革案(Lederspray)"判决中[83]阐述的原理并断定,

---

[81] Art. 2 LRPD 是由 *Ley 14/2000, de 29 de diciembre, de Medidas fiscales, administrativas y del orden social* (BOE. No. 313, 30 December 2000)(关于财政、行政和社会事务的某些措施的法律)的附加条文 12 确立的,其制定是为了遵守 1999/34/CE 指令。

[82] 参见,其中包括,SSTS 27 September 1993 [1993] RJ, 6746; 24 January 1995 [1995] RJ, 165; 1 April 1997 [1997] RJ, 2724; 14 February 2000 [2000] RJ, 675; 2 March 2000 [2000] RJ, 1304。在相同意义上,参见 R. De Ángel Yagüez, Comentario del artículo 1902, in: I. Sierra Gil de la Cuesa (Coord.), *Comentario del Código Civil, vol.* 8, (2000), p. 416.

[83] NJW 1990, 2560, 2562.

尽管产品造成伤害的具体方式不能查明,但是因果关系是存在的,只要产品消费与伤害之间的因果关系得到证明,只要有可能排除其他因素对因果关系的影响。

71 机会丧失——在西班牙法中,机会丧失学说的引入是最近的事,尽管它已经被用来解决少数法律问题,但至今都未得到全面发展。尽管西班牙法律学者在讨论该主题时采纳了法国的法律理论,[84] 共同的标准仍然难以确定下来。

72 遵循法国的法学学理,机会丧失被定义为一个有利事件发生可能性的丧失,当这种可能性看来足够重要。[85] 近年来,西班牙最高法院在原告因其律师未告知其这种可能性或粗心大意没有及时上诉而不能上诉时已经开始裁定赔偿机会丧失。[86] 该学说也已被用于裁决失去的机会与原告的身体完整性有关的案件,因为它包括"进行手术接上他已经失去的手的机会,手术最终是否会成功是未知的"。[87] 在非法解雇案中也能发现对"机会丧失"的引用。在这些案件中,法院判给工人一笔款项以赔偿(失去薪水和丢掉工作带来的)金钱损失和其他被认为是非金钱性的赔偿项目,其中就包括"失去从事职业活动的机会的损失"。[88]

---

[84] R. De Ángel Yagüez, *Algunas previsiones sobre el futuro de la responabilidad civil* (1995), pp. 82 et seq.; E. Vicente Domingo, *Los daños corporales: tipología y valoración* (1994), p. 130; M. Yzquierdo Tolsada, Comentario a la STS 10.10.1998, [1999] 50 CCJC, 523; M. Yzquierdo Tolsada, *Sistema de Responsabilidad civil contractual y extracontractual* (2001), pp. 152–155.

[85] R. De Ángel Yagüez (supra fn. 84) p. 82; M. Yzquierdo Tolsada (supra fn. 84, P. 152) 亦参见 M. Martín-Casals, Wrongful Conception and Wrongful Birth Cases in Spanish Law: Two Wrongs in Search of a Right, in: Magunus/J. Spier (Ed.), *European Tort Law. Liber Amicorum for Helmut Koziol* (2000), p. 199.

[86] 参见 SSTS 26 January 1999 [1999] RJ, 323; 14 May 1999 [1999] RJ, 3106; 16 December 1996 [1996] RJ, 8971.

[87] STS 10 October 1998 [1998] RJ, 8371.

[88] SSTS, Social, 14 April 1997 [1997] RJ, 4222; 22 April 1998 [1998] RJ, 3730.

这些判决认为"机会丧失"是损害的独立项目，不同于如果机会不丧失最终就会具有的金钱效果。[89] 在这个意义上，一些判决认为"机会丧失"是"不重要的"或非金钱的损害。[90]

6. 运输法领域中的特殊规定

这个领域中的责任是由民法典中（第1601－1603条）和商法典中（第349－379条和第652－718条）关于运输合同的规定调整的。然而，这些规范中的大多数在实务中已过时了，并已为行政立法以及调整国际运输的不同分支的统一法所取代。无论如何，损害发生在运输期间的，合同请求与侵权请求，尤其是与那些以确立严格责任制度的特别法（如道路和空中交通责任法，参见上文边码55－63）为基础的侵权请求是兼容的。

对适用于国内运输的规定来说，目前有效的立法适用于诸如不履行或瑕疵履行的问题和对被运送的货物造成的损害责任。[91] 然而，它没有包括任何致力于死亡或人身伤害责任的规则。法院已经认为，承运人必须达成一个结果，而且因为其债务因此是结果之债，他就会被认定为有责任，除非他能够证明不可抗力或受害人有全部过错。[92]

关于国际运输[93]，西班牙已批准以下国际公约：

---

[89] M. Yzquierdo Tolsada [1999] 50 CCJC, 538.
[90] SSTS 29 January 1997 [1997] RJ, 641; 14 April 1997 [1997] RJ, 4222; 22 April 1998 [1998] RJ, 3730; 25 June 1998 [1998] RJ, 5013.
[91] 陆上运输（机动车和铁路）：artt. 21, 22, 23, 24, 28 Ley 16/1987, de 30 de Julio, de Ordenación de los Transportes Terrestres and Chap. VIII（"De la recepción, transporte y entrega de los equipajes y mercancías"）of the Reglamento de Policía de Ferrocarriles, de 8 de septiembre de 1878。海上运输：Artt. 693－705 Commercial Code.
[92] 参见 STS 31 May 1985 [1985] RJ, 2835。在法律理论上，参见 R. Padilla in: G. Jiménez Sánchez, Derecho mercantile (5th edn. 1999), pp. 606－607 即可。
[93] 关于在西班牙适用这些国际规范的最新资料，参见 J. M. Alcantara/M. Romero Escudero, Spain, in M. Huybrechts (ed.), International Encyclopedia of Laws. Transport Law, vol. 2, (1998).

1974年12月13日在雅典缔结的《1974年海上旅客及其行李运输的雅典公约》以及1976年11月19日在伦敦缔结的《1974年海上旅客及其行李运输的雅典公约的1976年议定书》。西班牙1981年9月22日的文书批准加入（BOE no. 108, 6 May 1987）。该议定书于1989年4月30日在西班牙法中生效（BOE no. 242, 9 October 1990）。

《关于铁路旅客及行李运输的统一规则》（CIV公约），为1980年5月9日和1990年12月20日在波恩达成的《国际铁路运输公约》所修正。西班牙1981年12月16日和1992年9月1日的文书批准加入。[94]

1929年10月12日签订的《关于统一国际航空运输某些规则的华沙公约》，西班牙1930年1月31日批准；1955年9月28日海牙议定书，西班牙1965年12月6日批准。二者最近都已为1999年5月28日蒙特利尔公约所取代，西班牙将很快批准该公约。

77　　相反，西班牙没有批准1973年3月1日在日内瓦缔结、于1994年4月12日生效的《国际道路旅客和行李运输合同公约》（CVR）。然而，该公约可适用于西班牙，如果运输合同包括在公约的适用范围中（第1.1条）。

（三）证明责任

1. 关于过错

78　　一些法律条文，在民法典内外，多少都明确规定了举证责任的倒置。例如：

民法典第1903条（父母和监护人对其子女或被监护人的行为的责任；教育者和学校的所有人对其未成年学生的责任，只要损害发

---

[94] BOE no. 16, 18 January 1986 和 no. 230, 23 September 1996.

生时他们受其监督；以及雇主对他们的雇员行为的责任）。

民法典第1906条（保护区的所有人在当动物损害周边的财产而所有人没有采取阻止它们繁殖的必要措施，或是妨碍到这些周边财产的所有人追捕它们时的责任）；

民法典第1907条（建筑物所有人对建筑物因缺乏维修倒塌造成损害的责任）；

民法典第1908条第1款和第4款（与可能有潜在危险或有害的工业品和活动造成的损害有关的责任）；

民法典第1909条（建筑师、建筑物建造人或任何参与建筑物建造的有技能的人，在建筑物因建造瑕疵给他人造成损害时的责任）；

最后，过错责任举证责任倒置的另一种情形是《消费者保护法》第26条，该条规定的是产品和服务责任。

然而，除了这些举证责任倒置法定的情形，举证责任倒置在西班牙过错责任制度中业已成为一般规则。[95] 尽管在很少的案件中存在例外[96]，西班牙最高法院不仅在具体风险存在时[97]，或受害人证明侵权人的过错困难重重时[98]，甚至在得到证明的事实使人们得出侵权人

---

[95] 关于西班牙最高法院达致这个结果所遵循的方法，参见 S. Cavanillas Múgica（supra fn. 30），pp. 66 et seq.

[96] 实际上，有可能找到少数罕见的特殊案件没有适用举证责任倒置，其理由是证成举证责任的倒置风险原理不适用于所有的日常活动，而只适用于那些"包括相较于一般标准相当反常的风险"的活动。例如，SSTS 8 June 1992 [1992] RJ, 5169；12 July 1994 [1994] RJ, 6390；20 March 1996 [1996] RJ, 2244 或 STS 29 May 1999 [1999] RJ, 4382.

[97] 属于这个十分庞大的判决群体的，包括 SSTS 19 December 1992 [1992] RJ, 10703；5 October 1994 [1994] RJ, 7452；30 December 1995 [1995] RJ, 9616；10 March 1997 [1997] RJ, 2483；13 April 1998 [1998] RJ, 2388；3 June 1998 [1998] RJ, 5411 和 1 October 1998 [1998] RJ, 7556.

[98] 例如，在判决 SSTS 14 October 1961 [1961] RJ, 3299 和 5 April 1963 [1963] RJ, 1956.

的行为有过失的结论时[99]，倒置了举证责任。举证责任的倒置是系统化的，最高法院甚至在似乎不存在证成这种倒置的具体根据时也适用它。[100]

80 　　西班牙过错责任制度的另一个一般规则涉及医疗事故：这是举证责任唯一未全面倒置的领域，[101] 尤其是如果赔偿请求是针对医疗专家提出的。然而，该规则有可能有些例外，而且对医疗专家的过错是可以推翻的推定，当损害产生于使用诸如麻醉（STS 17 June 1989 [1989] RJ, 4696）、激光射线（STS 29 June 1990 [1990] RJ, 4945）或放射治疗（STS 1 December 1987 [1987] RJ, 9170）之类特别危险的仪器或技术时，或当给病人造成的损害与医疗干预常见的固有风险完全不成比例时。[102]

2. 合同责任和侵权责任之间的差别

81 　　对于合同责任，法学通说认为，债为给付特定物的，存在一项适用举证责任倒置可以推翻的过错推定。在这些类型的债中，如果债权人能证明债的存在以及对它的违反，债务人就被推定有过错，债务人不可能逃避责任，除非其能证明物已丢失或灭失，尽管其已尽

---

[99] 因此，在西班牙最高法院的判决 STS 22 February 1991 [1991] RJ, 1587 中，在牙医给原告医牙时折断了锉（file）并给他的嘴造成严重伤害时，得到证明的事实就会使人们断定锉折断仅有的两个原因是他保管这套牙具的条件不佳或他对它的使用不当。法院认定"这些情形中的任何情形，牙医使用锉都是有过错的"。

[100] 因此，在酒吧的消费者跳进坐落在公园中的简易游泳池受伤时（STS 23 February 1995 [1995] RJ, 1107）；在自治共同体所有的建筑物的门砸到女孩并伤了她时（STS 4 May 1995 [1995] RJ, 3891）；在车库的机械门伤到一个七岁的男孩，鉴于"机械门是危险装置"时（STS 8 April 1996 [1996] RJ, 2989）或在受害人下夜总会的楼梯时摔倒并受伤时（STS 21 November 1997 [1997] RJ, 8039）。

[101] 参见 STS 13 July 1987 和 E. Gómez Calee, El fundamento de la responsabilidad civil en el ámbito medico-sanitario, [1998] ADC, 1693 – 1767, 1740 note 134 引用的其余判决即可。

[102] 在这个意义上，参见 SSTS 12 February 1990 [1990] RJ, 677；2 December 1996 [1996] RJ, 8938；21 July 1997 [1997] RJ, 5523；29 June 1999 [1999] RJ, 4895；9 December 1999 [1999] RJ, 8173；19 July 2001 [2001] RJ, 5561.

了应有的注意（参见民法典第1183条）。同样的制度适用于结果之债，在债务人承诺做一些事情以实现结果时。在这种情况下，据说未实现结果——违反义务——让法院推定债务人有过错。然而，证明已经以应有的注意行为不会让其逃脱责任。要想免责，债务人必须证明使其不能实现特定结果的，是不可抗力或受害人有全部过错。[103]

相反，若出问题的债是手段之债（*obligaciones de medios* 或 *de actividad*），即债务人承诺使用其可以用尽的一切手段实现结果的债，问题更复杂。在这些债中，债务人承诺做到为实现结果所必需的一切注意行为，但是其未承诺实现结果。有过错的证据在这里与违反承诺的证据部分重合，证明违反承诺意味着同时证明债务人在提供服务时有过失。因此，认定医疗责任的许多判决表明，法院要求，在这些情形中，债权人要证明债务人有过错。[104]

然而，甚至在该领域中，医生和医疗保健专家的合同责任与侵权责任没有什么大的差别。如上文所述（参见上文边码25），证明医生在侵权责任中有过错，是侵权中过错责任举证责任全面倒置的例外。西班牙法院因此认为，考虑到医疗行为的特殊性，医生的过错是不能推定的，原告有责任证明他们没有以应有的注意行为。[105]

（四）共同过失

1. 定义和范围

尽管西班牙民法典没有专门规定共同过失的条件和效果，法学

---

[103] 参见 J. Gil Rodríguez, in: Puig Ferriol *et al.*, *Manual de Derecho Civil*, II, (3rd edn. 2000), pp. 314–315.

[104] 如 SSTS 22 April 1997 [1997] RJ, 3249; 16 December 1997 [1997] RJ, 8690; 19 February 1998 [1998] RJ, 634.

[105] 其中包括，SSTS 8 May 1991 [1991] RJ, 3618; 10 November 1997 [1997] RJ. 7868; 14 April 1999 [1999] RJ, 2615; 23 October 2000 [2000] RJ, 9197.

家和法院一致认为它在侵权法中发挥着巨大作用。[106] 所蒙受的损害,不仅由被告的过失行为造成,而且由受害人本人的草率行为造成的,法院就会运用共同过失原则减少损害赔偿金。由共同过失带来的这种赔偿减少作用于侵权责任的所有领域。[107]西班牙法也认为受害人的过错可能只影响损害的范围,因为其未采取根据案件情况的合理措施缩小其范围(减损)。[108] 在法学论著和法院看来,[109] 该义务的根据是民法典第 7 条规定的诚信的一般原则。

85 　对共同过失唯一的一般规定能够在 1995 年西班牙刑法典第 114 条中找到。该条与源自犯罪或轻罪的侵权责任有关,它规定"受害人的行为促进损害发生的,法官或法院就会减少其补偿金或赔偿金的数额"。

86 　严格责任特别法中的一些规定也明确提到了共同过失。[110]《机动车交通事故责任保险法》第 1.1 II 条对共同过失的提及有可能是最

---

[106] 关于该主题,参见 F. Soto Nieto, La llamada,《compensación de culpas》,[1968]*Rivista de Derecho Privado*(RDP),409 - 427; R. de Ángel Yágüez (*supra* fn. 82), p. 438; R. M. Moreno Hórez, ¿Concurrencia de culpas o concurrencia de causas?, [1986] *Actualidad Civil*, 2393; C. Rodríguez Marín, Culpa sin víctima y responsabilidad sin culpa, [1992] RDP, 113 - 132; J. Solé Feliu, La concurrencia de culpa de la víctima en la jurisprudencia reciente del Tribunal Supremo, [1997] ADC, 867.

[107] 例如,在交通责任(SSTS 11 Februay 1993 [1993] RJ 1457; 1 July 1995 [1995] RJ, 5423 和 12 September 1996 [1996] RJ, 6561)、雇主责任(SSTS 21 March 2000 [2000] RJ, 2023 和 6 April 2000 [2000] RJ, 1821)、公共机构的责任(SSTS 4 May 1999 [1999] RJ, 4911; 1 July 1999 [1999] RJ, 6713 和 14 February 2000 [2000] RJ, 1870)、火车事故(STS 15 March 1999 [1999] RJ, 2147)、狩猎事故(STS 21 March 2000 [2000] RJ, 2426)、儿童蒙受的损害(STS 30 June 1995 [1995] RJ, 5272; 3 October 1996 [1996] RJ, 7011 和 9 July 1998 [1998] RJ, 5547)等即如此。

[108] C. I. Asúa González (*supra* fn. 37), p. 488.

[109] L. Díez-Picazo (*supra* fn. 19), p. 322。参见 STS 29 November 1995 [1995] RJ, 8361.

[110] 参见涉及核事故的 LEN 第 45 条第 2 款,以及关于由瑕疵产品造成的损害的 LRPD 第 9 条。此外,民法典(art. 1905 CC;动物责任)和几个法律,如 art. 33.5 LC 或 art. 25 LGDCU,也提到了受害人的全部过错。法律理论同意,在这些情形中,受害人的共同过失也能适用,并导致损害赔偿金减少。

明确的。除了排除司机对可完全归责于受害人过错的损害承担责任[111],它规定,有共同过失的,就要公平分摊责任,赔偿金数额就将考虑"相应的共同过错的重要程度"。

2. 一般条件

共同过失与因果关系有关。它甚至可以更准确地说,与产生损害的竞合因果关系有关。[112] 法院的判决已认识到,"受害人的行为在影响到因果关系时,是至关重要的"[113],并用"竞合原因"的措辞频繁提到共同过失的情形,把受害人行为说成是"造成伤害的促成原因"。[114]

对共同过失的确定来说,并不要求受害人在主观上可归责,即其有侵权能力。能认为受害人的行为在客观上有过失,它已促成损害的发生,就足够了。[115] 对于没有侵权能力的儿童,例如,法律著作中的通说认为,尽管他们缺乏行为能力,对其共同过失必须加以考虑以减少赔偿金。[116] 按照这种观点,由于受害人在客观上有不谨慎的行为,西班牙最高法院减少了给未能充分认识到危险存在的受害人的赔偿金。[117]考虑到一般条款对这个问题没有规定,《机动车交通事故责任保险法》附件的规则1.2提供的立法理由赞成为儿童和精神不健全的人的共同过失设立一般规则,它规定,受害人没有侵权能

---

[111] 例如,在 STS 17 December 1992 [1992] RJ, 10698 (行人走入马路) 和 STS 31 January 1997 [1997] RJ, 253 (在高速公路坚硬的路肩上通行死在卡车车轮下的骑摩托车的人) 中即如此。

[112] 参见 C. I. Asúa González (*supra* fn. 37),p. 488;E. Roca Trías,*Derecho de daños* (3rd edn. 2000),p. 144 即可。

[113] STS 1 February 1989 [1989] RJ, 650;亦参见 STS 15 December 1999 [1999] RJ, 9200.

[114] SSTS 29 December 1998 [1998] RJ, 9980.

[115] J. Solé Feliu,[1997] ADC, 112;E. Gómez Calle,*La responsabilidad civil de los padres* (1992),p. 420.

[116] 一些持有同样看法的作者认为,需要考虑的事,不是有或没有侵权能力,而是"促成损害产生的对行为规范或行为普遍具有的谨慎的客观违反"。在这个意义上,Gómez Calle (*supra* fn. 115),420;J. Santos Briz,*La responsabilidad civil I* (1991),p. 112 和 J. Solé Feliu,[1997] ADC, 874。反对这个看法,F. Soto Nieto,[1968] RDP, 413.

[117] STS 1 February 1989 [1989] RJ, 650 和 31 January 1992 [1992] RJ, 540.

力和事故因其行为发生或其行为促成事故的发生的情形将会与共同过失一样适用同样的标准。

3. 后果

89　作为一般规则，共同过失通常允许根据受害人参与带来损害的因果关系的程度相应地减少赔偿金。[118] 在某些情形中，共同过失甚至能够彻底消除赔偿。只要受害人的行为是"结果的全部根据"或"异常重要或非常强大以至于吸收了任何其他促成结果发生的过错"，就会出现这种情况。[119]

90　在最高法院看来，减少的数额要由初审法院来评估，评估的进行要考虑案件的一切情节。[120] 通说也认为，在上诉审中不能审查共同过失，除非在特殊案件中，如初审法院在评估损害赔偿金时没有考虑到它时。

91　除非侵权人的故意使侵权行为与共同过失不相干，[121] 受害人的共同过失不起作用的情形是很少的。不过，在大多数明确提到责任份额的判决中，受害人的份额都高于10%。相应地，在责任份额很低，即低于10%时，法院在实务中不会考虑受害人的共同过失以减少赔偿金。[122]

92　责任分摊适用从被告有10%的过错到原告有90%的责任不等或

---

[118] 例如，SSTS 11 February 1993〔1993〕RJ, 1457 和 STS 15 December 1999〔1999〕RJ, 9200。
[119] 也适用于 SSTS 25 September 1996〔1996〕RJ, 6655 和 STS 13 May 1998〔1998〕RJ, 2390 等。
[120] SSTS 9 March 1995〔1995〕RJ, 1847; 17 September 1998〔1998〕RJ, 6544; 15 March 1999〔1999〕RJ, 2147; 2 November 1999〔1999〕RJ, 7998; 15 December 1999〔1999〕RJ, 9200 和 21 March 2000〔2000〕RJ, 2023。最后一个判决明确说，"适用该主题的原则是衡平原则，它根据案件的情节将会很明显。"
[121] 受害人能够获得全部赔偿，尽管其未采取一切必要和充分的措施保护其本人。关于法律著作，F. Soto Nieto,〔1968〕RDP, 413; J. Solé Feliu,〔1997〕ADC, 889。关于法院的判决，参见 STS 2ª, 8 June 1995〔1995〕RJ, 4563。
[122] 关于法律著作，J. Solé Feliu,〔1997〕ADC, 896。

相反的弹性百分比。在这个范围内,百分比变动很大。有一些判决认定原告和被告按四等份分担责任。[123] 当原告的共同过失很明显,但难以量化时[124],其他判决选择对原告和被告各按 50% 分担责任。[125]

4. 共同过失和第三人

(1) 受害人的法定代理人或雇员

有一些判决,在他们以其孩子的名义起诉不法行为人(例如,在 STS 11 June 1991 [1991] RJ, 4439 中)时,会因父母的共同过失(在监督上有过错)减少赔偿。这也被承认,每逢雇主因其雇员的行为而向第三人承担责任,受害雇主就被视为与其雇员的过错等同,以达到减少他会获得的赔偿金的目的(例如,STS 9.3. 1995 [1995] RJ, 1847)。[126]

(2) 第二受害人

尽管确切来说,人们不能说被抚养人或者对任何事都负责,或者又能以任何方式影响到损害的因果关系,但是,死去的第一受害人的共同过失会减少第二受害人的赔偿金,是得到一致认可的。[127]

(3) 责任和损害赔偿保险

根据《保险合同法》(Ley del contrato de Seguro, LCS)第 76

---

[123] 例如,原告 3/4,被告 1/4,SSTS 7 October 1988 [1988] RJ, 7388 和 1 February 1993 [1993] RJ, 1457 就是这样。

[124] 例如,STS 15 March 1995 [1995] RJ. 2657 认定,"在诉讼程序中没有证据来测算这一可能的减少,这使上诉法院认为应把赔偿金评估为 50%,这个标准很公正,坚持它是明智的"。

[125] SSTS 2ª, 29 October 1994 [1994] RJ, 8330; 9 March 1995 [1995] RJ, 1847; 28 May 1993 [1993] RJ, 4082; 2 February 1994 [1994] RJ, 860 和 18 December 1995 [1995] RJ, 9146 等就这种情况。

[126] 法律著作也同意认定雇主具有雇员的过失,参见 J. Santos Briz (*supra* fn. 116), p. 116; J. Solé Feliu, [1997] ADC, 880.

[127] STS 21 March 2000 [2000] RJ, 2023, 2 March 1994 [1994] RJ, 1640, STS 25 September 1996 [1996] RJ, 6655, 8 October 1998 [1998] RJ, 7559, STS 3ª, 4 May 1999 [1999] RJ, 4911. 关于法律著作,F. Pantaleón (*supra* fn. 22), p. 1998.

条[128]，受害人或其继承人可以直接请求保险公司支付损害赔偿金（参见下文边码158）。受害人有共同过失，赔偿金已经根据受害人共同过失的程度减少的，保险人和被保险的侵权人对其余的有明显限制的赔偿金承担连带责任，关于保险人，其将只在保险单的最高数额范围内承担责任。[129] 然而，保险人可以拒绝支付赔偿金，如果损害是由受害人的单一过错造成的。[130]

96 受害人的共同过失和支付赔偿金的保险人的代位求偿权没有特别规则。

（五）人身伤害案件中的可赔偿损害

97 在人身伤害案件中，金钱损失和非金钱损失都可赔偿的。因为侵权责任的一般条款（民法典第1902条）没有提到这种区分，学理和法院都认为所有的损失都是可赔偿的。[131]

1. 物质损失或金钱损失

98 其出发点是西班牙侵权法受恢复原状（restitutio in integrum）或完全赔偿受害人遭受的损害之原则调整。对金钱损失来说，这意味着赔偿必须既要考虑到实际遭受的损害（积极损害），也要考虑到收益损失（消极损害）（民法典第1106条）。在人身伤害案件中，完

---

[128] BOE. no. 250 17 October 1980.
[129] 参见其中包括，SSTS 17 May 1994 [1994] RJ, 3588; 28 June 1996 [1996] RJ, 4906 和 29 December 1998 [1998] RJ, 9980.
[130] 在这个意义上，STS 13 June 1991 [1991] RJ, 4453 认定"保险人对受害人只有在他或她是为唯一对致害事件负责的人时拥有抗辩权，而且明显他拥有的所有对人抗辩都能对他或她提出"。同样的看法也在 STS 2ª, 15 November 1990 [1990] RJ, 8912 和 1 April 1998 [1998] RJ, 1868 中能够找到。
[131] 一个旧判决就已作出这样的理解。该判决涉及道路事故造成的人身伤害，否定了不能判处侵权人既支付金钱损失又支付非金钱损失的看法，并说一次性支付的包括这二者在内的赔偿金不等于双倍赔偿（STS 9 December 1949 [1949] RJ, 1463）。

全赔偿包括：（1）弥补已经产生的费用（以及那些可预见的费用），作为临时或持续伤残的结果；（2）赔偿由于暂时或持续缺乏收入能力而失去的收入。

（1）第一个赔偿项目包括但不限于以下费用：医疗和保健费用、急救和交通费用、康复费用以及受害人出院后继续治疗的费用。它还包括在特定情形中为使受害人的生活更过得去而（如为残疾人提供座椅电梯）支付的附加费用。后一种费用通常被认为是金钱损失[132]，而且不会妨碍受害人获赔非金钱损失。[133]

（2）第二个赔偿项目会考虑到：（a）由于人身伤害暂时失去收入和（b）由于其长期的影响和结果而持续或永久丧失收入能力。

关于问卷表中提到的收入能力丧失的影响的那些方面（妨碍职业提升，妨碍养老），必须指出的是，法院没有把它们列为独立的损害项目。在评估金钱损害时，法院不总是作统一的估算，对这些因素的考虑不是为了增加损害赔偿金。[134] 处理相似问题的一组主要案例——尽管与人身伤害的经济后果完全格格不入——涉及的是非法行政行为阻止了原告在职业上晋升或阻止其取得公务人员的职位。[135]

对于给家庭主妇造成的人身伤害和不能操持家务，学理上分析

---

[132] 在人身伤害的框架内，参见 R. De Ángel Yágüez（*supra* fn. 21），p. 156.

[133] F. Gómez Pomar, Daño moral, Working Paper No. 6, 发表于电子杂志 InDret（http://www.indret.com）。该理念在评估道路事故的损害赔偿金时也出现了。在道路事故中，除非金钱损失，还要评估这些开支，因为赔偿项目不同。参见 Table IV Anex I（永久性人身伤害损害赔偿金的共同因素）LRCSVM.

[134] 阻碍某人职业提升在原告提出它的案件中只偶尔得到回应。当这已经发生的，法院就会要求受害人对这个赔偿项目承担全部举证责任（参见 SAP Murcia 25 January 1999 [1999] AC, 164)。

[135] 在一个这种类型的案件中，原告在经过 8 年的耽误后才恢复工作，原告要求赔偿与其在剩下的工作年限中不可能获得的资历有关的补充费用。STSJ País Vasco 24 February 2000 [2000] RJCA, 526 不同意赔偿失去的补充费用，其理由是它们"只是期望，期望建立在投机的基础上，根本不是其资产组成部分"。

了收入损失评估的问题,并讨论了哪个方案是最佳的。[136] 法院通常毫不犹豫地对造成暂时或永远不能操持家务的情况判给赔偿金,尽管其评估的方法不是十分清楚。[137]例如,在简易斗牛场看台倒塌严重伤害家庭主妇案中,STS 18 April 2000 [2000] RJ, 2672 撤销了初审法院的判决,因为它判给的赔偿数额没超过受害人为付给帮助她做家务的清洁工报酬而索赔的 26,000,000PTA(大概是 156,263 欧元)。这一损害赔偿金必须增加到超过 77,000,000PTA(大概是 462,779 欧元)的数额。她已经被判给这一数额,用来支付另一个帮助其处理日常事务的人的工资。此外,必须强调的是,在交通事故案件中,适用《机动车交通事故责任保险法》确立的价目表使受害人甚至在其没有收入时,也至少能取得与所遭受伤害的估价相称的基本数额。在这些情形中,受害人终身残疾的,就能够要求增加赔偿金的数额,如果伤害使其不能开展日常活动。[138]

2. 非金钱损失

法院已经指出,人身伤害带来的非金钱损失主要由疼痛以及受害人因它遭受的身体痛苦和精神痛苦组成。[139] 对这种疼痛和痛苦必须作出宽泛的解释,不要把它限定在那些身体疾病或心理疾病的情形。

---

[136] Cf. J. Pintos Ager, *Baremos, seguros y derecho de daños* (2000), p. 194 和 E. Vicente Domingo, *Los daños corporales: Tipología y valoración* (1994), pp. 122 – 124.

[137] 因此,SAP Guipúzcoa 27 April 2001 [2001] AC,除了花销和长期影响方面的其他款项,还判给掉进开挖的沟渠的受害人在其不能操持家务期间每日 5,000PTA(30 欧元)的数额。在一个相似案件中,一个 71 岁的受害人承受着影响其家庭主妇的日常能力并使其不能操持家务的后果,法院判决一次性支付 8,000,000PTA(4,800 欧元)(SAP Barcelona 11 June 1999 [1999] AC, 6973)。

[138] 在涉及一个 69 岁的家庭主妇的相似案件中,SAP Zaragoza 14 July 2000 [2000] AC, 1456 判给的损害赔偿金是 500,000PTA(3,000 欧元)。亦参见 SAP Málaga 7 July 2000 [2000] ARP, 3063.

[139] 在一些案件中,痛苦取决于很多个人因素,如严重受伤过后不会引起疼痛的昏迷,西班牙法院已经判给永久性昏迷的人赔偿金但是赔偿金并不在赔偿目录里。在一起医疗事故中,最高法院的意见(STS 30 January 1990 [1990] RJ, 74)是赔偿每一个"临床死亡"病人 10MPTA(60,101 欧元)。

法院在这里往往谈到像焦虑、不安、烦躁、悲伤、无常[140]或悲痛[141]这样的情感。

西班牙的部分学者赞同把身体上的伤害列为一种独立于非金钱损失这个一般概念的自主损害项目的趋势。这个损害项目相当于意大利的生物损害的概念,在西班牙被理解成"对健康的损害或者对身体完整性或精神完整性的损害,这种损害是确定和真实的,与其产生的金钱后果和非金钱后果无关"。[142] 尽管该趋势尚未在涉及西班牙侵权法的大多数领域的判决中找到,它已经得到最近的一些法律,如《机动车交通事故责任保险法》附件[143]的采纳。《机动车交通事故责任保险法》明确承认与非金钱损失有关的人身伤害的自主性。它规定"非金钱损失的损害赔偿金的数额对所有遭受人身损害赔偿的受害人来说都是一样的,要从尊重或恢复健康权的意义上来理解"(附件,Ⅰ7)。[144]

104

在这样继受生物损害之后,最近的学理试图根据以下标准把人身伤害引起的非金钱损失分为:(a)生物损害,不论是生理上的,还是精神物理上的,其赔偿对所有人都是一样的,并以其在医学上能进行评价的事实为特征;(b)具体的人身伤害,包括所有那些在医学上不能进行评价,在医学上能进行证实的损害项目——如美学损伤、性功能损害、不舒适或异常痛苦等,以及(c)纯粹精神损失

105

---

140 参见 STS 27 January 1998 [1998] RJ, 551 即可。
141 参见 STS 31 May 2000 [2000] RJ, 5089,涉及飞机造成旅行延误带来的烦躁,但是该判决概括了法院对非金钱损失的观点的现状。
142 参见 R. De Ángel Yágüez (supra fn. 21), p. 698; E. Vicente Domingo (supra fn. 136), p. 323.
143 正如 Ley 30/1995, de 8 de noviembre, de ordenanción y supervisión de los seguros privados (BOE no. 268, 9 November 1995)(关于私人保险整顿和监管的法案,其修改了机动车使用和运行法案)的附加条款 8(DA 8ª)规定的。
144 这也是 J. A. Xiol Rios, Daño patrimonial y daño moral en el sistema de la Ley 30/1995, [1999] Revista de reponsabilidad civil, circulación y seguro (RRCCS), 306. 亦参见, J. Fernández Entralgo, Valoración y resarchimiento de daño corporal (1997), p. 88.

或非金钱损失,指的不是疾病,而是在医学上既不能评价又不能证实的精神痛苦、疼痛、焦虑、不安、悲伤或难过等。[145] 迄今为止,西班牙的法院对所有这些损害项目都予以赔偿,尽管通常把它们融入了非金钱损失(*daño moral*)的一般概念。[146]

3. 法律咨询费用和代理费用

(1) 法律咨询和代理预计支出的费用

106 首先要区分出庭律师(barrister, lawyer)提供的法律咨询服务与事务律师(a type of solicitor)在法庭里提供的代理服务。律师费是由律师和客户自由约定的,并必须遵守关于职业伦理和不公平竞争的规范。然而,律师协会根据价目表提供了指导价。相反,事务律师的收费是由公共管理机构根据统一和强制的收费范围或价目表确定的。

107 成功酬金,通常叫做胜诉费(*pacto de cuota litis*),在西班牙法中是不允许的。这由西班牙律师界最近的一般规程——西班牙律师一般规程(*Estatuto General de la Abogacía española*)[147] 明确规定的。其第44.3条规定,"律师和客户之间在诉讼终结前达成的,客户承诺向律师只支付一定比例的从诉讼中获得的金额的协议,是被禁止的,不论这支付的是一笔金钱还是客户因诉讼获得的任何收益、资产或价值"。在实务中,除已达成的固定酬金之外,通常还会约定律师将取得一定比例的损害赔偿金。这个比例通常是赔偿金的10%至15%,尽管在一些案件中它达到20%也不罕见。

---

[145] 关于这一分类,参见 M. Martín-Casals, Hacia un baremo europea para la indemnización de los daños corporales? Consideraciones generales sobre el Proyecto Busnelli-Lucas, Conferencia inédita presentada en el II Congreso Nacional de Responsabilidad Civil y Seguro(Córdoba, 3 – 4 May 2001), http://civil. udg. es/cordoba/pon/martin. htm(Date: 17 September 2001)。

[146] 在这个意义上,参见 M. Medina Crespo, *La valoración civil del daño corporal. Bases para un tratado*, vol. 1, (1999), pp. 46 *et seq* 所作的一般评论。

[147] 2001 年 6 月 22 日第 658 号敕令(BOE no. 64, 10 July 2001)批准。

根据律师协会的收费规定，律师的酬金要根据诉讼类型和赔偿 108
请求的数额来确定，它与是针对死亡提出赔偿请求还是针对人身伤
害提出赔偿请求没有关系。因此，根据加泰罗尼亚有效的酬金指南，
在标的估计达 500,000PTA（3000 欧元）的案件中，律师酬金将是
112,500PTA（约 660 欧元），而在标的估计达 2,000,000PTA（约
12,000 欧元）的案件中，律师酬金将是 282,500PTA（约 1,600 欧
元）。对上诉和撤销原判，酬金就必须在再次考虑赔偿请求的数额后
重新进行计算，但是它会减少 60%。

律师在代表保险公司行事时，其得到的酬金通常都较低。西班 109
牙保险公司协会每年都发布一种价目表或酬金指南，大多数保险公
司都遵从它们。

（2）法院关于费用的裁定

法院判给的金额通常不包括作为可赔偿损害项目的诉讼开支和 110
费用。[148] 法院根据其他规则解决费用的分摊，其基本规则是每个当事
人都必须自己支出这些费用，最后的分配取决于诉讼结果。因此，
"一审的费用将由其请求被全部驳回的当事人承担，除非法院认定案
件有严重的事实问题或法律问题"（《民事诉讼法》第 394.1 条）。
对请求的部分认可或驳回的，每个当事人都要承担自己的费用和一
半的共同费用，除非有根据要求一方当事人承担它们，因为人们认
为他贸然不顾地提起了诉讼（《民事诉讼法》第 394.2 条）。对于上
诉和撤销原判来说，所有的请求都被驳回的，规则是相同的；但是，
上诉人的请求被部分或全部认可的，法院对在一审中胜诉、在上诉
中败诉的当事人根本没有提到什么费用（《民事诉讼法》第 398
条）。无论如何，费用由当事人之一承担的，承担费用的当事人必须
支付的律师酬金的数额不会超过诉讼标的总额的三分之一（《民事诉

---

[148] 诉讼程序费用包括律师酬金和代理费用以及法院的开支，如发布公告、保管费用、专家费等（《民事诉讼法》第 241 条）。

讼法》第 394.3 条）。相应地，律师酬金超过该数额的，超过部分将由与他们签约的当事人承担。

(3) 法律援助

111 《法律援助法》(Ley 1/1996, de 10 de enero, de Asistencia Jurídica Gratuita, LAJG)[149] 发展了《西班牙宪法》第 119 条，并规定那些提交法律援助申请时年收入不超过两倍国家最低工资的人可以享受法律援助（第 3.1 条）。接受法律援助包括律师和事务律师（《法律援助法》第 6.3 条）为所有与特别程序有关的诉讼及相应的上诉（《法律援助法》第 7.1 条）免费提供法律协助和代理。

112 有利于获得法律援助的当事人的费用命令包括另一方当事人不得不承担受益人的费用。如果费用命令是对获得法律援助的人做出的，获得法律援助的当事人就必须承担另一方当事人的费用，只是在其经济状况在诉讼程序终结三年内有改善的时候（《法律援助法》第 36.2 条）。最后，有资格获得法律援助的当事人赢得诉讼的，就必须支付其费用，只要这些费用没有超过其获得的金额的三分之一（《法律援助法》第 36.3 条）。

（六）死亡案件中的可赔偿损害

1. 导论

113 首先必须强调，不存在以一般条款处理这个问题的法律规定。从 1995 年开始出现了《机动车交通事故责任保险法》(Indemnizaciones basicas por muerte, 死亡基本赔偿）的附录表格 I 中的指南，其指向的是道路交通事故造成的死亡。该表格界定了有权获得赔偿的亲属范围，并确立了基本赔偿额度。但是，其中既包含金钱损失也包

---

[149] BOE no. 11, 12 January 1996.

含非金钱损失,并没有对二者予以区分。

首先必须指出,法院并非是从以下观念出发的:因一名亲属死亡而遭受损害者,仅仅包括那些有权请求受害人支付扶养费的人。传统上,法院已经认识到这类赔偿包含三项内容:丧葬的费用,亲友因死亡事故而处于无人照护状态的损害,以及因失去所爱之人而陷于"悲痛空虚"的非金钱性损害。[150] 法院判决倾向于关注事故引发的非金钱性损害,在实践中其存在与否需考虑亲属关系之远近。[151] 另一方面,丧葬费用的赔偿数额为已证明花费的数额,而且很显然只判给那些已经实际支出丧葬费用的人(同样参见《机动车交通事故责任保险法》附录第一部分第6点)。

为将西班牙法院在此类案件中的立场加以系统化起见,出发点必须是原告有权提出主张的依据。

(1) 继承取得之权利

在这种类型下,必须清晰区分两种情形:

A. 第一种情形是,受害人主张损害赔偿,但在被判给之前死亡。得到一致认可的观点是,此时受害人将其身体伤害、金钱和非金钱损失的诉权全部移转至他/她的遗产中。对此给出的论证是:针对损害赔偿的权利已经属于受害人的遗产,而受害人也已通过提出损害赔偿的主张而表达了他或她获得赔偿的意愿。[152]

B. 第二种情形是受害人在主张损害赔偿之前就已死亡。在这种情形下,西班牙最高法院民事庭无例外地拒绝了任何形式的损害赔

---

150 参见 SSTS 2ª 12 November 1981 [1981] RJ, 4317, 引用了 STS 2ª 1 February 1974 [1974] RJ, 365 和 5 June 1972 [1972] RJ, 3016.

151 F. Rivero (*supra* fn. 17), p. 486.

152 例如,在 STS Sala 2ª, 15 April 1988 [1988] RJ, 2777. 在学理上,不用多, R. Álvarez Vigaray, La responsabilidad por daño moral, [1966] ADC, 108; R. García López, Responsabilidad civil por daño moral, Doctrina y jurisprudencia (1990), pp. 202 – 203; E. Vicente Domingo (*supra* fn. 136), p. 234.

偿诉权移转至遗产中的可能性,"而并不区分是即时死亡抑或事故发生一段时间之后才死亡"(STS 1996 年 12 月 14 日,[1996] RJ,8970)。[153] 按照这一推论,仅亲属和关系密切之人可主张损害赔偿,而这一主张属于本人固有之权利,因此损害赔偿诉权并不转移至遗产中,也就没有任何人可主张"继承取得之权利"。[154] 这一推论得到了最高法院刑事庭的坚定支持(Sala 2ª)。[155]

(2)固有权利

按照西班牙法院的意见,在受害人死亡的案件中,其近亲属不但可获得间接遭受的金钱损害的赔偿,而且可以为自己遭受的痛苦要求非金钱损害赔偿(本人固有之权利)。这一权利的享有并不限于受害人的亲属,而是同样包括"通过情感纽带"与受害人联系在一起的人。[156] 作为实务上的一般原则,可以说近亲属不包括远亲,但如果父母和配偶,或者配偶和子女一起出现的话,法院通常判给他们所有人损害赔偿。[157]

---

[153] STS 24 November 1998 [1998] RJ,9694 宣称"本院一再和一贯地说,侵权受害人的身份,不论侵权根源于犯罪与否,与继承人的身份不会重合,而且首先,所爱之人的死亡没有把因其死亡产生的任何财产性权利归入其遗产"。在同一意义上,其中包括 SSTS 1 October 1994 [1994] RJ,7439;20 July 1995 [1995] RJ,5728.

[154] 例如,STS 14 December 1996 [1996] RJ,8970 说,"在死亡案件中取得赔偿的权利通常属于受害人最近的亲属,尽管是固有权利而非通过继承取得的"。

[155] 例如,STS,2ª,12 May 1990 [1990] RJ,3916;28 April 1997 [1997] RJ,3376.

[156] 因而,例如,STS 20 July 1995 [1995] RJ,5728 判给了受害人的父母非金钱损失的赔偿金,不是因为他们是继承人,而是因为他们自己的痛苦和不幸;STS 1 June 1981 [1981] RJ,3037 把获得赔偿金这一固有权利判给了死者的配偶和子女;SSTS 10 January 1970 [1970] RJ,247,4 May 1983 [1983] RJ,2622,以及 1 October 1994 [1994] RJ,7439 等把获得赔偿金这一固有权利判给了死者的配偶;STS 24 November 1970 [1970] RJ,4889 获得赔偿金这一固有权利判给了死者的兄、弟,他是受害人最近的亲属,因为受害人单身,而且其父母已经死亡很久;STS 15 April 1988 [1988] RJ,2777 把赔偿金判给了受害人的孙子女、外孙子女;STS 19 December 1997 [1997] RJ,8799 把获得赔偿金这一固有权利判给了与他同居的妇女。

[157] STS 31 May 1972 [1972] RJ,2787 把老年人死亡时的赔偿金不仅判给了其儿子,还判给了其死亡前居住的老人之家,这是例外。

与此相反,《机动车交通事故责任保险法》附录表格 I 所建立的赔偿体系将有权受偿的主体归入五个互不交叉的群体中,并规定判给某一群体中每个受益人的赔偿额取决于受害人的年龄。在这些群体中包含事故发生时并未合法离婚的配偶(与其地位相同的是"未婚但关系稳定的同居者"),未成年和成年子女,同时也在不同的范围上包含受害人的父母和祖父母,及其无论成年还是未成年的兄弟姐妹。

2. 法律咨询和代理费用

参见前面已经论述的内容(前文边码 106 以下),因为不论所遭受的伤害是什么类型,基本原理都是相同的。无论如何,按照表格所列费用,每获得 800 万 PTA(约 48,080 欧元)的赔偿,律师费都会达到 1,032,500PTA(约 6100 欧元)。

(七)赔偿的范围和方式

1. 导论

西班牙法律并不仅仅因需赔偿的伤害属于人身伤害这一事实就给赔偿额规定上限或下限。西班牙法中仅有的赔偿上限或下限要么关涉到某些规定了严格责任制度的特别法的适用,要么和待赔偿损害的类型有关(前文边码 48-50)。

作为一项一般规则,损害赔偿评估应"依据案件情况"决定;按照法院的理解,这并不意味着法院的完全自由裁量,而仅仅是"谨慎"和"合理"标准之下的决断(STS Sala 3a, 1998 年 1 月 20 日,[1998] RJ, 350)。尽管在涉及源于犯罪或轻罪的侵权行为时,刑法典第 115 条课加了在刑事法庭上解释和说明所判给的赔偿额之理由的义务,而且学界认为相同规则应适用于所有损害赔偿判决,法院通常仍然会判给一笔总付金额,既不区分赔偿的不同项目,有时甚至也不区分金钱和非金钱损失。

124 　　损害赔偿额的评估被认为属于初审法院判决的事实问题。[158] 因此，它不会在上诉或最高法院审理的过程中得到审查，除非初审法院并未遵循相关法律规定——如果存在的话——或"谨慎与合理"之要求所确立的各种标准。[159]

125 　　上述制度在法院适用的判断标准和相似案件中所判给的赔偿总额两个方面均引发了缺乏统一性的状况，并导致判给的数额显著地过低或不合理地过高。对于这个问题，得到普遍认可且某些民法和行政法学者也同样鼓吹的解决方案是：在议会提出和通过某些规章，将人身伤害和死亡的赔偿金在法律上强制估价。正如已经指出的那样，迄今为止仅在道路交通事故所引发的人身伤害和死亡领域实现了法定强制估价。[160]

126 　　这一法定估价方案被法学论著严厉批评；在2000年6月29日西班牙宪法法院作出STC 181/2000判决之前，普通法院也对法定估价提出诸多疑问，主要的一点是：该方案究竟是强制性的，抑或仅提供法官并非必须遵守的某种指南。最高法院的开创性判决STS，1997年3月26日，[1997] RJ, 1864反对该方案具有强制性，这标志着一个转折点，并为众多初审和上诉法院所遵循。[161] 最高法院刑事庭后来也采取了同样的立场（例如 STS 2a，1999年7月5日，[1999] RJ, 5818）。尽管存在来自法院和法学著述的这些反对意见，

---

[158] STS 6 May 1997 [1997] RJ, 3866, 11 July 1997 [1997], 5605, 19 April 1999 [1999] RJ, 2588, 12 July 1999 [1999] RJ, 4772, 15 December 1999 [1999] RJ, 9200, 21 January 2000 [2000] RJ, 225 和 18 December 2000 [2000] RJ, 10123.

[159] 参见 STS 2ª 21 April 1989 [1989] RJ, 3498 和 23 February 1989 [1989] RJ, 1250.

[160] 然而，法院有几次已愿意把为交通责任规定的法定定价类推适用到其他各种事故造成的死亡和人身伤害。例如，STS Cont Adm 28 June 1999 [1999] RJ, 6330，输血感染艾滋病病毒造成的损害。

[161] 它认为法定定价"明显是对法院职能的限制；它也破坏了贯穿我们的私合同法、违反明确要求必须赔偿已发生的损害的第1902条的契约自由原则，"因而，认为排他的法定定价会违背"宪法的规定，如确立平等原则的第14条、保护生命权和人身完整权的第15条"。

宪法法院 6 月 29 日的判决 STC 181/2000 仍然认定法定估价方案属强制性的，其中仅仅很小一部分是违宪的。最高法院刑事庭已经有机会将宪法法院给出的法律原则适用于很多案件当中。[162]

2. 赔偿范围

(1) 金钱损失

正如前面提到的，在人身伤害案件中，全部赔偿的项目包括：(a) 偿付作为暂时或持续性伤残的后果而已经发生（也包括可预见）的各种费用；(b) 赔偿因暂时或持续性收入能力欠缺而导致的收入损失。

只要受害人能证明它们的存在和数额，事故引发的费用将获得全部赔偿。实际上，在《机动车交通事故责任保险法》附录表格中，第一部分第 6 点明确规定"除本表格所确立的赔偿项目外，所有医疗和住院费用无论如何应予赔偿"。不过需要注意的是，如果社会保障系统无偿提供了健康护理帮助，且未主张其偿还请求权（参见边码 3），则原告不能主张上述费用的赔偿。[163]

法院在评估受害人将来会支出的费用，特别是他或她将因事故而接受的治疗所支出的费用时，并没有采用任何固定方法。他们通常会判给一个总付金额，这一数额充其量能达到原告所要求的数额，由法院通过粗略猜想的方式进行评估。

A. 暂时性伤残

通常在暂时性伤残案件中，赔偿额的评估是按照某个日计算率乘以受害人不能从事其工作或职业活动的天数而得的。法院实务确

---

[162] 参见 STS 2ª 20 December 2000 [2000] RJ, 10652, 也为 SSTS 2ª STS 2ª 15 February 2001 [2001] RJ, 2501; 15 March 2001 [2001] RJ, 1894, 16 April 2001 [2001] RJ, 2981 和 24 April 2001 [2001] RJ, 3570.

[163] 然而，受害人能够选择其喜爱的那种医疗保健，不论是公共的还是私人的，而且对开支要全部赔偿，除非对它的考虑是过分的。参见 E. Vicente Domingo (*supra* fn. 136), pp. 100 - 101, 以及其他文献。

定该计算率约为每天 7000 至 8000PTA（约 42－48 欧元）。不过，只要受害人能证明其丧失的收入更高，则可以主张上述评估适用该更高数额。

131　　不过对于交通事故而言，《机动车交通事故责任保险法》附录表格 V 提供了一种定价系统。该系统从一个基本赔偿额出发，该赔偿额对于任何人都相同，不考虑其是否工作，包括非金钱损失（A 段），其变化取决于受害人是否仍在住院（每日 52.84 欧元）。如果受害人已经出院，其所接受的赔偿额取决于受害人能否从事其通常工作或职业活动。如果不能，则其赔偿额为每日 42.93 欧元；如果其仍能从事其工作活动，则仅能受领 23.12 欧元。这一数额可以通过 B 段规定的所谓"矫正因素"而得到提高，该段涉及依据受害人收入范围对其丧失的收入进行某种估价的问题。表格 V 的 B 段已经被西班牙宪法法院于 2000 年 6 月 29 日作出的 STC 181/2000 判决宣告为违宪。宪法法院认为，此种系统只有在规定严格责任时方符合宪法，但若将侵权人的排他性过错规定为责任基础，则不符合宪法。它声称，若不如此认定，则行为的可谴责性只会不利于受害人，而绝不会有利于他，因为在共同过失的案件中，受害人的过失将被考虑以减少赔偿数额，但在赔偿超出估价系统的实际收入丧失时，侵权人的排他性过错则不会得到考虑。按照这种奇怪的推论，一旦侵权人的过错得到确认，则法院就可以背离法定估价系统所评估的赔偿额，而依据案件情况评估受害人的暂时性伤残的赔偿额（在这一意义上，参见 STC 242/2000，10 月 16 日）。

正如法教义学已经指出的那样[164]，用来宣告法定估价系统在上述 132
案件中违宪的逻辑同样可以适用于所有收入丧失案件的法定估价，
甚至在死亡或永久性伤残案件中亦然。[165]

B. 永久性伤残

迄今为止，一种用以评估永久性伤残所导致的收入丧失的赔偿 133
额的共同方法尚未被发展出来。法学界的权威学者们指出，赔偿必
须覆盖普通人在平均寿命期间的生活费用，[166] 但实务中法院通常依据
善良衡平判给一笔总付金额，而不考虑预期和计算的精算方法，而这
类方法在人寿保险或事故保险等领域已得到广泛应用。[167]

儿童收入丧失的赔偿问题同样未得到系统地处理。法院仅仅将 134
自己限定于评估案件中的具体情况，并判给一笔包括所有损害项目

---

[164] 参见 M. Martín-Casals, Una lectura de la sentencia de Tribunal Constitucional sobre el baremo, *La Ley* 11. 9. 2000, 1 – 5; L. F. Reglero, Campos, Responsabilidad civil y Constitución (A propósito de la STC de 29 de junio 2000, sobre el sistema de valoración del daños corporales de la LRCSCVM [2000], *Aranzadi Civil*, 1 1; J. Pintos Anger, STC de 29/06/00, sobre el baremo, Working Paper No. 28, 发表于电子杂志 InDret（http://www.indret.com）.; J. Fernández Entralgo, Primera Sangre. Notas sobre la sentencia 181/2000, de 29 de junio, del Pleno del Tribunal Constitucional, *La Ley* 1 November 2000, 1 – 6; M. Medina Crespo, El resarcimiento de los perjuicios económicos derivados del daño corporal, a la luz del la sentencia constitucional de 29 de junio de 2000, [2000] *Boletín de Información del Ministerio de Justicia*, 1878, 5 – 11.

[165] 有些判决已表现出这种扩张的趋势。因而，例如，STS 2a 20 December 2000 [2000] RJ, 10652 从定价方案的强制性入手，它继续说"不能忽视的是，用来宣布此已受到鲜明质疑的方案不合宪的原理能够扩展到本法所包含的其他类型的人身伤害，评定死亡或永久性伤残造成的收入损失就是这样的"。运用相似的推理思路，STS 2a 2 April 2001 [2001] RJ, 3340 甚至认为"在死亡或伤害严重案件中，在目前有定价方案未涵盖所遭受的金钱损失的特别情形出现时，法院必须充分满足受害人的赔偿请求"。

[166] 参见 L. Díez-Picazo（*supra* fn. 19），p. 324.

[167] 在这个意义上，对学理上的建议，参见 J. Pintos Ager（*supra* fn. 136），p. 194.

的总付金额。[168]

135　　有关道路交通责任问题,《机动车交通事故责任保险法》附录表格 III 依据一个点数系统规定了基本赔偿额,这一点数系统系该法为不同类型的伤害所建立,其依据受害人年龄大小而不同。这些赔偿额同样涉及"非金钱损失",如此评估出来的数额可以依据表格 IV 中规定的若干矫正因素加以修正。另一些赔偿额涉及金钱损失的评估。表格 IV 考虑了受害人的净工资或收入;其同样考虑了损害是否引起受害人残疾以致不能从事其通常工作或职业的问题,受害人是否严重伤残或者说是否需要他人的永久性帮助和照料方可从事日常生活中最普通的活动,以及受害人是否需要对居所或车辆进行改装(以适应残疾生活)。

136　　尽管特定类型的永久性伤残的赔偿规则在某些案件中可能不会导致受害人所遭受的收入损失得到全部赔偿,宪法法院并未就此点宣告该法构成违宪的可能性。宪法法院认为,针对该法的违宪审查请求并未触及这一方面,而依职权作出此类宣告则是不适当的。不过,鉴于针对该法的其他违宪审查请求正在司法程序的处理过程中,故宪法法院在不久的将来很可能不得不就此点作出明确的宣告。

(2) 非金钱损失

137　　如上所述,非金钱损失的损害赔偿评估系由法院在"谨慎"和"合理"的标准下,"依据案件情况"而进行。

138　　有关此类损失,唯一的数值表(同样也包括金钱损失的评估)是道路交通责任法引进的汽车事故引发的人身伤害和死亡的规定。作为一项基本原则,该系统确认了在非金钱损失案件中"损害赔偿

---

[168] 通常不用考虑受害人将来从事的活动,永久性伤残在这方面如何影响他,或在因其伤害获赔的同时对其失去用来从事研究的时间应获得哪种赔偿。在这个意义上,参见 E. Vicente Domingo(supra fn. 136), p. 129. 然而,STS 11 March 2001 [2001] RJ, 1520 判给一个被另一个儿童伤害的儿童病假期间每天 3,000PTA(18 欧元),并因"对肉体和精神的长期影响和赔偿丧失的工作收入"而判给一笔钱。

对于所有受害人来说都是相同的"(附录 I，7)，且仅在非常特殊的情况下方可允许对该原则进行轻微矫正。不过在实务中，非金钱损失评估的客观性又在受害人个人情况的考量（如年龄、单身抑或已婚、子女数目等）面前有所后退。由此，虽然各个表格在医疗意义上区分了不同种类的伤害，并将每种伤害联系到特定的数值表（通常是特定的点数），实务中对该框架的适用仍然遵循着西班牙法院传统的判给总付金额的方法。这一总体评估并不区分哪一部份评估归属于心理伤害的非金钱损失，哪一部分归属于"纯粹"非金钱损失（即疼痛和痛苦）或其他非金钱损害项目。甚至就连金钱和非金钱损失之间的区分都难以作出。

各个表格针对此种损害的操作可以简要归纳如下： 139

A. 表格 I 规定了死亡案件中的基本赔偿额，但一系列个人情 140
况，无论涉及受害人（如年龄）还是有权受偿的亲属（配偶，未成年子女，成年子女，成年子女是否达到 25 岁，受害人父母是否健在，受害人是否有兄弟姐妹，亲属是否与受害人共同居住，或某些亲属是否与其他亲属达成一致意见，等等），都必须被纳入确定赔偿额的考量范围。[169]

不仅如此，表格 II 还确立了若干所谓"矫正因素"，这些因素 141
在增加赔偿额方面考虑的范围包括金钱损失、受益人的身体或精神伤残、（在向父母赔偿的案件中）受害人是否属于独生子女、（在向子女赔偿的案件中）父母是否在事故中双亡、怀孕的受害人是否失去胎儿。在减少赔偿额方面，这些因素则指向"受害人共同过失"的存在，"该过失要么存在于事故本身的因果关系中，要么存在于事

---

[169] 立法者现在运用的原理不是很清楚，而且其实际使用会造成情况十分相似处理却不相同的荒谬后果——或以更法律化的术语来说，造成不公正的现象。参见 F. Pantaleón Prieto, *Indemnizaciones tasadas, subbenciones indirectas: la valoración de los daños personales en el Proyecto de Ley de supervisión de los seguros privados* [1995] RRCCS, 390.

故结果的恶化上"。

142　　B. 如前所述，在人身伤害的赔偿案件中，表格 III 依据一个点数系统规定了基本赔偿额。《机动车交通事故责任保险法》表格 IV（永久性人身伤害的损害赔偿额的矫正因素）规定，在非常不合理的情形下（"如果单一伤害超过 75 点或所有累加伤害超过 90 点"，则此项标准满足），补充性非金钱损害赔偿的基本额度可以提升至 70,505 欧元。如果受害人遭受了重大伤残，或需要其他人的帮助以实施日常生活最基本的活动，如穿衣、走动、吃饭等（如在四肢瘫痪、截瘫或致盲案件中那样），则表格也包括一项被称为"家庭成员的非金钱损失"的损害赔偿项目，该项目将赔偿受害人近亲属"基于日常共同生活因持续照料和看护之需要而发生的实质改变"。这一项目的赔偿"依据情况"可高达 105,757 欧元。

3. 赔偿方式

（1）一次性支付或定期支付

143　　法院的共同实践是赔偿一笔总付金额。但这并不意味着定期支付是被禁止的。虽然传统上法院的确不愿意判给定期支付，[170] 但现今判给定期支付的可能性已经在《机动车交通事故责任保险法》附录第一部分第 8 点有关道路交通责任的规定中得到公开承认。该点规定："为受害人的利益，以评估年金的方式对损害赔偿的全部或部分替代，得随时约定或由法院判决。"同一法案的附录第 9 点规定，对赔偿总额或年金的修正仅得在据以得出它们的情势已经发生实质变更，或已出现继续损害的情形下方为可能。在实务中，保险公司倾向于在因人身伤害而产生严重的永久性残障的受害人的配偶遭受非金钱损失的赔偿案件中采用年金形式进行赔偿［参见《机动车交通故责任保险法》表格 IV（永久性人身伤害之损害赔偿的矫正因素)］。

---

[170] 参见 STS 4ª 13 June 1984［1984］RJ, 4374 和 STS 2ª 28 April 1989［1989］RJ, 3567 等。

法院在是否判给年金的问题上有广泛的裁量权。[171] 它甚至可以不顾原告请求支付年金的事实而坚持以一次性支付的形式判给损害赔偿金。唯一的限制是,判给的总付金额不得超过按照通过考虑受害人情况(如年龄、寿命预期等)而合理适用于本案的资本化计算方法所主张的数额。[172] 在考虑其他途径后,原告有可能要求年金,而法院可能判给一次性支付。[173]

144

在这类情形中,受害人经常会建立一笔养老金基金。[174] 不过,如果法院以年金形式判给损害赔偿,则判决同样会强迫被告设立令受害人得益的基金。[175]

145

(2)评估时点

尽管损害赔偿诉权在损害产生之时发生,法院却倾向于按照损害证据被提交司法程序的时点来评估赔偿额。考虑到通货膨胀和程序冗长,这似乎对受害人更为公平。理论上对这一做法的正当化解释在于,损害赔偿是价值之债。[176] 在公共管理机关的侵权责任问题上,这一问题似乎已经一劳永逸地得到了法律上的澄清。1992 年

146

---

[171] 因而,在 SAP Albacete 19 April 1993 [1993] AC, 858 等中,法院必须决定赔偿金的支付形式是一次性支付还是年金。除了赞成支付年金而非一次性支付的其他理由,法院强调年金确保对受害人生活的资助,能够被复审,并防止该款项成为其他人的意外收获。
[172] STS Cont Adm 5 June 1997 [1997] RJ, 5945.
[173] 在这个意义上,参见 STS 17 March 1998 [1998] RJ, 1122.
[174] 参见 J. Pintos Ager (*supra* fn. 136), p. 193.
[175] 这偶尔已成为行政法院的做法。因而,STS Cont Adm 2 February 1980 [1980] RJ, 743 建议通过判给受害人一笔按照现在的利率带来相同的月收入的款项弥补受害人的余生会失去的收入。近来,*Juzgado de Instrucción no.* 14 of Barcelona 7 November 2000 的判决已经引起舆论的注意。这裁定汽车保险公司必须建立一个寿险基金,该基金的金额必须高到可以产生每月 1,800,000PTA (约 10,500 欧元) 租金的收益。
[176] 起点是 STS 20 May 1977 [1977] RJ, 2132. 随后,在这个意义上,STS 21 November 1998 [1998] RJ, 8751. 另一种也为法院所接受的可能性,是根据损害发生时的现行价值评定损害赔偿金的数额,不过要按照评定损害赔偿金的日期对该金额作出调整,不论是通过当事人的协议,还是通过法院的判决 (STS 15 April 1991 [1991] RJ, 2691)。

《公共管理与行政诉讼法》第 141 条规定，损害赔偿指向损害实际发生时（被害客体）所具有的当前价值，且这一数额应按照《一般预算法》（General Budget Act）每年确定的法定逾期利率进行调整，全额支付。自 1999 年起，损害赔偿额应受到"至侵权责任诉讼程序终结之日为止按照生活费用索引进行的调整"（《公共管理与行政诉讼法》第 141 条新草案）。

(3) 利息

在所有司法程序中和任何司法管辖区内，利息问题均受到《民事诉讼法》第 576 条第 1 款规制，该款规定：自债务人被命令支付其欠款之时起，在欠款的法定利率之上应增加两个百分点。关于公共管理机构的侵权责任，自 1998 年以来，《行政法院管辖权法》（*Ley 29/1998*, *de 13 de julio*, *de la Jurisdicción Contencioso Administrativa*）第 106 条规定：法院决议支付一笔流动金额的，自动包含从初审判决通知之日起的金钱的法定利息。除此之外，若公共管理机关拖延判决执行超过三个月，法官也可将这一利率增加两个百分点。

要求保险公司支付法定利息的判决在实务中尤其具有重要性。根据《保险合同法》第 20.4 条，保险公司必须按照等于当前法定利率的年利率支付金钱，这适用于到期的赔偿，当保险人在事故发生后三个月内拖欠未支付赔偿款，或在交通事故引发损害的案件未支付法院判定的赔偿额（《机动车交通事故责任保险法》附加条款），则利率增加 50%。在事故发生后两年或更长的时间，年利率不得低于 20%（《保险合同法》第 20.4 条第 II 款）。

（八）第三方责任保险对受害人的重要性

1. 强制责任保险

《保险合同法》第 75 条规定"为使所有政府规定的行为都能得

以实施,责任保险须为强制。除非有关当事人事先证明他或她已购买保险,公共机构不会准许此类行为实施。若保险为强制而有人仍不投保,则将被课加行政罚款"。

正常情况下,严格责任情形中会要求强制保险,但也并非一律如此。例如,在民法典规定的所有严格责任案件中都没有要求强制保险[177];在产品责任案件中,虽然《产品责任法》允许政府设立此种保险,政府却并未设立,而且在不久的将来似乎也非常不可能设立。根据现行规则,保险或其他责任填补机制仅在如下情形下是强制性的:

- 机动车(对于车辆所有人而言,《机动车交通事故责任保险法》第2.1条);
- 核设施(对于运营者而言,《核能源法》第55、56条);
- 飞行器(对于航空运输工具而言,《航空法》第127条;亦见理事会条例(EC)第2027/97号,第7条);
- 狩猎活动(对于猎人而言,《狩猎法》第52条);

其他并非必然与严格责任相联系的强制保险情形为:

- 船舶运营(对于拥有船舶的船运公司而言;参见 Ley 27/1992, de 24 de noviembre, de Puertos del Estado y de la Marina Mercante[178])
- 生物医学实验。《药品法》第62条规定,对于临床研究阶段的产品,或已被批准的药品的新性状的临床实验,或在实验对象不

---

[177] 有些行政法规已经为某些类型的具有潜在危险的动物引入了强制保险(cf. art. 3 Ley 50/1999, de 23 dediciembre, sobre el régimen jurídico de la lenencia de animales pontencialmente peligrosos [BOE no. 307, 24 December 1999])。有一些自治共同体也已经在其立法中引入了该义务,举例来说,Catalonia in the Llei 10/1999, de 30 de julio, sobre la tinenƒa de gossos considerats potencialment perillosos (DOGC no. 2948, 9 August 1999)。

[178] BOE no. 283, 25 November 1992.

能获得治疗利益情形下的临床实验的实施必须以强制保险为前提条件。[179]

• 陆路运输。经 1997 年 7 月 11 日的 RD 1136/1997 修正的《陆路运输法》（*Relgamento de la Ley* 16/1987, *de Transportes Terrestres*, ROTT）[180] 第 5 条规定"提供此类运输服务的公司有义务针对运输情形下导致的损害的侵权责任投保，如果规制每一运输特别类型的规范或一般保险规章明确如此规定"。

2. 投保数额

152　机动车。强制保险的数额上限取决于损害类型。根据 1 月 12 日的 RD 7/2001：（a）人身伤害和死亡，35 万欧元；（b）财产损害，所有受害人 10 万欧元；（c）医疗和住院费用，全额可赔；（d）丧葬费，全额可赔。

153　核设施。对于核设施的事故所引发的、国际核容器公约确定数额的严格责任，赔偿上限为 3 亿 PTA（180 万欧元）。对于辐射性装置，规章确立了最低 100 万 PTA（约 6000 欧元）的赔偿额度（对比《核风险法》第 17 条第 2 款）。

154　航空器。根据 1997 年 10 月 9 日理事会条例（EC）第 2027/97 号第 3.1 条 b）有关航空运输工具事故的规定，条例（EEC）第 2407/92 号第 7 条中规定的获得保险义务应理解为要求共同体的航空运输工具投保至第 2 段所要求的责任限额，"达到合理水平"。

155　狩猎活动。强制保险限额为每个受害人 1500 万 PTA（90,151 欧

---

[179] 必须购买保险的人是发起人，其保险范围必须包括"发起人的"责任、"主要研究人员或项目负责人的"责任"和其团队的"责任以及"医学实验开展医院或中心所有人的"责任（art. 13.2 RD 561/1993）。

[180] BOE no. 175, 23 July 1997.

元）。[181]

划艇。保险所覆盖的人身伤害赔偿限额为每个受害人 2000 万 PTA（约 12 万欧元），最高限额为每次事故 4000 万 PTA（约 24 万欧元）。财产损害和其他附随性金钱损失（同样包括收入丧失）的保险限额为每次事故 1600 万 PTA（约 9600 欧元）（参见 RD 607/1999 第 8 条）。[182]

生物医学研究。被保险的不同损害类型对应于《药品法》第 62 条以下、RD 561/1993 第 13 条规定的严格责任制度下的损害类型。RD 561/1993 第 13.7 条规定了强制保险的最低额度，并指出其可通过两种不同的标准确立：（a）如果赔偿系一次性支付，则最低保险限额为每个诉讼标的 3000 万 PTA（约 18 万欧元）。（b）如果赔偿系通过终身且逐年调整的年金形式支付，则最低保险限额为每年每个诉讼标的 300 万 PTA（约 1.8 万欧元）。

3. 第三方直接请求权

《保险合同法》第 76 条确定了所谓的"直接诉讼"，这一制度允许受害人直接向侵权人的保险人主张损害赔偿。但是这一显然有利于受害人的机制并不意味着侵权人逃脱了责任，而只是意味着他对保险未覆盖的责任额度负责。同时《保险合同法》第 76 条并未阻止受害人对被保险的侵权人提出主张，也允许保险人在被保险人故意引起致损事件的情形下从被保险人处追偿。

一般规则并未规定这一直接诉讼的时效。但在机动车强制保险领域，针对保险人的直接诉讼在一年后失效（比较《机动车交通事故责任保险法》第 6 条第 2 款）。

---

181 Art. 3 RD 63/1994, *de 21 de enero, por el quese aprueba el Reglamento del suguro de responsabilidad civil del cazador, de suscripción obligatoria*（狩猎责任强制保险条例）［BOE no. 40, 16 February 1994］。

182 参见 *Real Decreto* 607/1999, *de 16 de abril*（BOE no. 103, 30 April 1999）。

160　根据《保险合同法》第 76 条，"直接诉讼不因保险人对被保险人的抗辩而受到影响"。因此，保险人只能援引"受害人的排他性过错"抗辩（按照法院意见，这也包括共同过失和由此导致的责任减少）及其他一切对他或她享有的属人抗辩。因此结果是，保险人不能对受害人主张基于被保险人违反合同义务的各种抗辩。[183] 与此相反，保险人可以对受害人主张那些源于其共同关系的抗辩，这类抗辩为保险合同本身所生之义务所固有（例如，赔偿已经被支付，支付义务已经罹于时效，已经被抵销或取消）[184] 或暗示受害人无权主张赔偿（例如，保险合同已经不复存在）。[185]

161　在机动车强制保险领域，现行规定确认保险人只能对受害人主张法律所规定的保险义务豁免情形，而再无其他，不论就此是否存在约定（参见 RD 7/2001 第 11.1 条）。[186]

二、案例

(一) 引论

162　在分析案例 1 和 3 之前必须先提请注意，现在几乎不可能就金钱损失或非金钱损失给出精确的获偿数额。上面解释过的原因是，

---

[183] 参见 F. Pantaleón（*supra* fn. 22），p. 2003.

[184] 参见 F. Sánchez Calero, Comentario del artículo 76 in: *Comentarios al Código de Comercio by Legislación Mercantil Especial*, vol. XXIV-2（1990），pp. 661–663.

[185] 因此赞同 F. Sánchez Calero（*supra* fn. 184），pp. 652 *et seq.*

[186] 被排除在机动车强制保险范围之外的损害类型规定在 art. 10 RD 7/2001，包括：a) 发生事故的机动车的司机的死亡和人身伤害；b) 给投保机动车造成的损害，以及给它运送的财产和属于被保险人、机动车所有人、司机、配偶、其他血亲或所有已提到的这些人法律上三代以内的亲属的财产造成的损害；以及 c) 被偷盗机动车造成的人身伤害或财产损失。在后一种情形中，强制保险弥补的数额范围内的赔偿金是由保险赔偿基金赔偿的（"Consorcio de Compensación de Seguros"）。

西班牙法院通常判给一笔不区分不同赔偿项目的总付金额,而其多少又因法院不同而大有差异。最高法院甚至经常不给出任何数字就确认下级法院判决,量化研究十分稀少。同样也没有任何统计数字发表在专业期刊或官方信息源上面。一致性主要存在于 1995 年针对道路交通事故而确立的法定赔偿额上。这些表格正在被法院越来越多地用于其他领域。但是同样地,授予的损害赔偿无区别地包含了金钱和非金钱损失,而所判给的数额又因适用不同参数而差别巨大。

(二) 案例 1

P 可以对下列人等主张赔偿:
- 引发事故的货车的驾驶员 (D2)
- 货车所有人 (D1),但只有在:

——D2 在使用货车时犯罪或犯轻罪,而 D2 又是所有人授权的受扶养的家属、代理人或其他人(刑法典第 120.5 条)。所有人 D1 承担严格但补充性的责任。

——D2 与其之间的关系符合民法典第 1903 条所规定的情况之一(雇员、子女或监护人、学生)。所有人承担基于过错的直接责任,且服从法律规定的举证责任倒置。

——货车未投保(RD 7/2001,1 月 12 日第 1.3 条第 2 款),所有人和驾驶员承担连带责任。

- 直接向货车的保险公司(《保险合同法》第 76 条,LRCSCVM 第 6 条)

因为这属于道路交通事故案件,故赔偿额评估(既包括金钱损失也包括非金钱损失)必须适用《机动车交通事故责任保险法》附录表格,这些表格规定了死亡和人身伤害的损害赔偿额评估的标准和限制,不论涉及的是暂时性还是永久性伤残。表格唯一未作规定的是医疗和住院费用，这些费用一经证实就应按照其实际数额进行赔偿（参见 Primero 附录，6）。

165　　按照法定标准，P 可以向侵权人或保险公司（此时显然要遵从自愿或强制保险的限制）主张的数额应按如下方法评估：

1. 医疗和住院费用。只要得到证明，即应赔偿全部已经发生、已经支付或将要支付的费用。

2. 永久性伤残所产生的金钱和非金钱损失。表格 III 和 IV 应适用。本案所描述的伤残可以在医疗意义上评估为 75 - 85 点之间，受害人可被定性为"重度残疾"。因事故发生时受害人 16 岁，故赔偿额评估如下：

166　　（1）基本赔偿。从 75 点的 162,482 欧元到 85 点的 201,302 欧元。如果取 80 点的中位数，则基本赔偿额为 181,468 欧元。

167　　（2）矫正因素（加在基本赔偿额上）。分为不同类型：

A. 经济损害。虽然受害人并不赚取收入，但他已达到可工作年龄（16 岁）的事实必须予以考虑；相应地，基本赔偿额可增加 10%。

B. 补充性非金钱损失。因损害超过 75 点，故存在补充性非金钱损失。这一赔偿项目将赔偿额增至 70,505 欧元。

C. 考虑到本案中的人身伤害暗示着在从事工作或活动方面绝对和永久性的伤残，赔偿增至 70,505 到 141,010 欧元之间的某个数目。

D. 改装居所的费用。如果系属必要且得到证明，则可获得最多 68,651 欧元的赔偿。

168　　如果赔偿额的评估不参考上述表格，则结果甚至有可能更不确定，更高或更低的数额都可能被判给。法院遵循其判决实务，依据其裁量权判给一笔包括金钱和非金钱损失的款额。为确定这一数额，受害人所受伤害的严重性和该伤害对他或她将来生活的影响都被纳入考虑。因此举例来说，2000 年 7 月 21 日 SAP Barcelona，[2001] AC, 30 判给一名因被告过失而遭受截瘫的 14 岁儿童 1 亿 PTA（601,000 欧元）。迄今尚未发展出和适用任何考虑受害人所受伤害如何具体影响其职业生涯的赔偿模式或框架（例如，2000 年 3 月 11 日，STS [2000] RJ, 1520，一名儿童遭受暂时性伤残和严重的永久性后果）。同样，也不存在任何评估未成年或学生受害人的收入丧失数额的公认标准（1998 年 2 月 10 日，SAP Burgos [1998] ARP, 776，判给与请一天病假的成年人相同的赔偿额）。

不过可以断言，法院会一致拒绝考虑特定职业前途的发展，因为此类收入丧失的计算投机性太强。作为一般规则，法院排除对"单纯预期，或者可疑或偶然之收入"的赔偿。[187] 对于非金钱损失而言，尽管这属于受到极端严重伤害的被害人所得到的总付金额的基础，法院通常却并不按照受害人的利益进行区分（就像在从事体育活动时会出现的情况），而是按照此等情势在一般意义上对他或她精神状况的心理影响进行区分。

关于 P 的亲属的请求权，撇开他们作为 P 法定代理人的最终地位不论，无法排除以下可能性，即其父母和其他亲属可以主张其遭受的金钱损失（费用和收入丧失）及其子女或亲属的永久性伤残给他们这些第二受害人造成的非金钱损失的赔偿。

在严重伤害的案件中（如在截瘫案件中），普遍的做法是，在判给第一受害人以损害赔偿之外，他或她的近亲属作为第二受害人起诉并获得了表现为一次性支付形式的损害赔偿。因此，例如 2000 年 4 月 18 日的 STS [2000] RJ, 2672 在判给受害人 1.03 亿 PTA（619,042 欧元）作为人身和职业帮助之外，还判给受害人的子女和配偶 1000 万 PTA（60,100 欧元）的总付金额。或者也可见 2001 年

---

[187] 参见 STS 25 February 1998 [1998] RJ, 1810, 21 October 1996 [1996] RJ, 7235, 30 June 1993 [1993] RJ, 5340 和 6 July 1983 [1983] RJ, 4073.

2月22日的STS［2001］RJ，2242，其判给了受害人的配偶700万PTA（42,070欧元）。与此相反，在某儿童遭受的严重伤害只引起暂时性伤残而未有永久性后果的案件中，1998年2月10日的SAP Burgos，［1998］ARP，776拒绝判给其母一笔300万PTA（18,000欧元）的总付金额，其母提出请求的理由是自己因儿子的伤害遭受心理冲击及其他非金钱损失。1999年6月9日的San Cont Adm，［1999］RJCA，2561判给一个儿童的母亲32,100PTA（192.92欧元），以赔偿其被迫减少其工作时间照看其受伤的儿子而遭受的暂时性收入丧失，但强调其赔偿的仅是金钱损失。

172 尽管如此，由于待分析的案件属于道路交通事故案件，故无论是亲属的金钱损失还是非金钱损失的赔偿都必须在附录和表格IV规定的参数框架下进行评估，而该框架仅允许在严重永久性伤残（*grandes inváldos*）的案件中赔偿受害人亲属的损失。该框架准许判给他们一笔因"生活和共同生活被扰乱"导致的"非金钱损失"，以及"持续性照料和看护"的总付金额。这一赔偿额"依据情势"进行评估，最高可达105,757欧元。由于该规定并未提及针对某亲属之收入因照看受害人或其他直接与受害人相联系的情形而最终丧失的赔偿，此种损失是否可赔的问题遂浮出水面。某些法学家和法院判决认为，事故造成的暂时性收入丧失的可赔性不受法定定价系统的狭隘框架限制。[188]

（三）案例2

173 1. 出发点是私法规制的医疗职业人士或机构提供的医疗服务

---

188 参见 M. Medina Crespo, El tratamiento del lucro cesante en el sistenma de la Ley 30/1995. La posibilidad de su efectiva reparación y la práctica judicial, in: J. Fernádez Entralgo (Dir.), *Valoración judicial de daños y perjuicios* (1999), pp. 570 – 572.

（私人医疗服务）与适用于公共机关的制度所规制的机构框架内的同类服务之提供（公共医疗服务）的区别。

私人医疗服务。根据有关私法规则，受害人可以对实施过错行为的医生 D2 提出主张（民法典第 1902 条）。她亦可提出针对医院 D1 的诉讼，D1 对 D2 的行为直接负责且适用法定的举证责任倒置（民法典第 1903 条），只要 D1 可被认作其雇员且在其权限范围内行事。

公共卫生。按照公共机关侵权责任的特别制度（《公共管理与行政诉讼法》）所适用的规则，受害人只能要么起诉 D1，要么起诉负责提供医疗服务的地方当局（比较《公共管理与行政诉讼法》第 145 条第 1 款），而不能起诉相关的医疗职业人士。上述公共机关对其医疗职业人士造成的损害承担直接严格责任。不过，只有当上述医疗职业人士的过错得到证明时，它们才承担责任。

赔偿同时包括金钱和非金钱损失。

至于受害人有权获偿的金钱损失，除了瑕疵手术所引发的费用之外（例如，补充性治疗、路费、医药费），还包括不可能从事他或她通常活动的赔偿，而无论此种活动是否产生收入。如果伤残是暂时性的，法院实践是为伤残逐日设定赔偿额［例如 2001 年 4 月 27 日 SAP Guipuzcoa（2001）AC，922 判决：每日 5000PTA（30 欧元）］。至于伤害对受害人将来活动的影响，法院承认可判给一笔总付金额，其中包含对伤害造成受害人从事家务之能力的限制的赔偿。因此，例如 1999 年 6 月 11 日 SAP Barcelona［1999］AC，6973 就判给一名 71 岁妇女 800 万 PTA（约 4800 欧元），因为伤害后果消极地影响了其作为家庭主妇的通常工作。更有甚者，如果受害人在病假期间或在将来必须雇佣他人实施其在事故发生前自己实施的活动，则法院同样会赔偿这类费用，只要这类费用不能被视为已经由受害人接受的损害赔偿金所覆盖（比较 2000 年 4 月 18 日，STS［2000］RJ，2672 判给一个截瘫受害人 2600 万 PTA（约 156,000 欧元）去雇佣清洁女工从事家务)。

178 　　非金钱损失包括不能治愈的永久性残障（secuelas）以及与感觉和知觉关联的伤害，如身体疼痛，因陷入困境或对手术最终结果不确定而致的焦虑所引发的精神痛苦。这一损害的评估将依据法院的谨慎裁量权并考虑案件情况进行。

179 　　至于受害人子女和配偶的最终请求，一般规则是：他们不能要求法院对他们的请求予以任何保护。主妇的暂时性伤残所导致的不便和不舒适在重要性上并不足以正当化对非金钱损失的赔偿。在所谈的虚拟案件中，似乎并未出现从其他人处得到帮助的必要性，或至少也没有必要到迫使丈夫削减其工作日或停止工作照看其受伤配偶的程度。在一般意义上可以说，除最严重的案件之外，判给受害人的损害赔偿同样对其家庭的其他成员有利。对于配偶和子女的赔偿，无论是针对配偶或母亲暂时不能贡献家务工作的金钱损失，还是针对其因遭受的困境而产生的焦虑、不舒适或精神痛苦等非金钱损失，在这类案件中都不在考虑之列。

180 　　2. 我们的出发点是，从"并发症"（complications）产生的损害既可能是由于医疗服务的瑕疵而产生的，也可能是由于 P 的体质而产生的，两个原因是互斥的关系（选择性因果关系）。

181 　　在这类案件中，西班牙法律缺乏一般规则，也不存在指向医疗或保健责任的特别规则。结果是，为令 D2 承担责任，其行为与所生损害之间的因果关系必须总是得到证明。[189] 如果原告不能建立这一因果联系，则被告即被免责。[190]

182 　　另一方面，法院也同样没有在医疗或保健责任领域引入一般性的因果关系推定规则，以使原告的证明变得简单。结果，按照举证

---

[189] 在这个意义上，参见 R. De. Ángel, *Responsabilidad civil pro actos médicos, Problema de prueba* (1999), p. 109.
[190] 参见 STS 23 October 2000 [2000] RJ, 9197, 关于糖尿病休克住进医院的儿童死亡的。

责任一般规则推论得出的是，因果关系必须由原告证明。不过，因果关系证明可以通过所谓"推定证据"（prueba de presunciones）实现，即如果法院能够从原告证明的其他事实中推导出内科医生的行为是待赔偿损害的发生原因，则证据被推定。为达到这一目的，原告必须向法院提供足够多的证据，以便法院能够建立起证据的推定。这一证明方式摧毁了法院通过证据推定而建立的信赖，从而给被告造成了负担。它在法院实践中相当普遍，法学界也赞同之。[191]

例如，在1990年2月12日STS［1990］RJ，677中，在一个女 183
孩的耳道中实施的外科手术破坏了其面部神经。法院认为"似乎无可置疑……可以说在手术中存在疏忽，无论其如何轻微，都导致了肿块伤害神经，因为任何外部原因的发生，或任何异常，或不可预料的、倾向于导致相同结果的病人器官反应都完全没有得到证明"。另一个较晚的判决，1998年9月8日的STS［1998］RJ，7548，作出了对实施一个简单手术却导致严重并发症的外科医生们不利的判决，其判决理由是"法庭上没有证据显示，损害结果是因原告接受的外科手术之外的原因而发生的"，且"与手术的性质和重要性相比，这一结果是不正常且完全不合情理的"。

这些司法推定生效的必要条件是，损害结果无法归因于其他原 184
因，而这却正是选择性因果关系案件中所发生的情形。因此，在选择性因果关系案件中，证据不能通过这一机制而确立，普通的举证责任分配规则仍应适用。所以举证责任在原告一方，如果他不能精确证明哪一事件构成损害原因，法院则只能做出有利于被告的判决（在此意义上，见1990年2月7日，STS［1990］RJ，668）。

最后必须指出，西班牙法院并未发展出基于概率因果关系的规则， 185
以使法院在某一特定概率（如75%）以上即可做出不利于被告的判

---

[191] Cf. C. Díaz-Regañón, *El régimen de la responsabilidad civi médica. Hechos y Derecho* (1996), pp. 241–242.

决，即使在他或她导致损害的问题上众所周知并不存在绝对确定性。

（四）案例 3

1. 寡妇和女儿的请求权？

186 通常而言，某人死亡可令第二受害人有权请求因此而生的金钱和非金钱损失的赔偿。在法院实践中常见的是，两方面的赔偿内容都被包含在一笔总付金额中，该金额在不超过原告请求数额的前提下，由法院按照谨慎的司法自由裁量权判给，而该裁量并不利用任何已经确立的理性计算方法。与其他法域不同，第二受害人的赔偿并不与任何实际或最终扶养权相联系。结果是，即使是寡妇所接受的赔偿额（推定相当于家庭费用）被专门单列，这一数额的评估也未必考虑了第二受害人从死去的第一受害人处实际接受的数额。

187 在本案中，受害人的死亡被认为系交通事故造成，因此一般规则不适用。损害赔偿额的评估必须按照附录表格 I 和 II 确立的法定估价系统进行。从这些表格中推算出如下结果：

188 基本死亡赔偿（包括非金钱损失）（表格 I）。（合理地）假设死去的受害人年龄不超过 65 岁，则赔偿额推算为：

对于寡妇：84,606 欧元

对于未成年女儿：35,252 欧元

189 矫正因素（表格 II）。适用下列规则：

190 经济损失。既然死去受害人的年收入为 24 万欧元（2 万欧元 × 12 个月），超过 70,505 元，那么每个受害人的赔偿额必须提升 51%-75%。具体提升幅度由法院裁量并考虑案件情况，这意味着寡妇的赔偿额从 43,149 欧元升至 63,454 欧元，女儿赔偿额从 17,978 欧元升至 26,439 欧元。

191 家庭具体情况。因为女儿是受害人唯一后代，故在这一项目中她的赔偿额可以从基本赔偿额提升 30% – 50%，这会导致额外受偿 10,575 至 17,626 欧元。

在治疗死去受害人过程中支出的医疗护理费用及丧葬费。只要能够证明，即全额赔偿（附录 2a）。 192

撇开所有医疗和丧葬费的赔偿不论，寡妇有权接受的最大总赔偿额为 148,060 欧元，女儿的最大总赔偿额为 79,317 欧元。 193

正如报告已经指出的（参见前文边码 135），交通事故案件中的损害赔偿评估已被宣告为部分违宪，因此根据 6 月 29 日 STC 181/2000 判决，只要侵权人的过错是损害的排他性原因，该评估即为无效。不过必须强调的是，违宪宣告仅及于表格 V 的 B）针对暂时性伤残案件确立的收入丧失的赔偿限制，而并不及于表格 I 和 II 所涉及的死亡案件中的赔偿额评估。正因如此，尽管本案中侵权人有过错，法院也不能背离法定估价系统去评估原告遭受的收入损失。实际上，在宪法法院判决之后，最高法院刑事庭继续反复将法定估价系统适用于交通事故引起的死亡案件，这些案件中侵权人具有过错，甚至负有刑事责任（参见前文边码 162）。[192] 194

2. S 的共同过失的结果？

正如报告已经指出的，死去第一受害人的共同过失将削减第二受害人的赔偿额，这一点得到一致认可。[193] 在本案中，按照表格 II 最后一部分的规定，赔偿额可以被削减达 75%。不过，这一规定并未被法院树立为可用以作为削减赔偿额之指南的标准。一般而言，法院的通常实践是根据受害人对致害因果关系的参与程度，按比例削减赔偿额。 195

---

[192] 参见 STS 2ª 20 December 2000 [2000] RJ, 10652 以及，重复着相同的分析，SSTS 2ª STS 2ª 15 February 2001 [2001] RJ, 2501; 15 March 2001 [2001] RJ, 1894, 16 April 2001 [2001] RJ, 2981 和 24 April 2001 [2001] RJ, 3570.

[193] STS 21 March 2000 [2000] RJ, 2023, 2 March 1994 [1994] RJ, 1640, STS 25 September 1996 [1996] RJ, 6655, 8 October 1998 [1998] RJ, 7559, STS 3ª, 4 May 1999 [1999] RJ, 4911.

瑞典的人身伤害赔偿

比尔·W. 杜瓦

一、基本问题

(一) 侵权法与社会保障法的相互作用

1. 瑞典模式

二十世纪下半叶,瑞典侵权法经历了彻底的变革,区别于其他所有欧洲国家而自成一体。可以说人身伤害法律领域的发展达到高峰,其社会功能得到强调。瑞典侵权法缓慢而稳步地终结于赔偿法的领域中,其核心是通过保险保护抑制了责任(liability repression through insurance protection)。[1] 依据侵权法索赔的权利成为瑞典社会

---

[1] See J. Hellner, Haftungsersetzung durch Versicherungsschutz in Schweden, in J. Fleming/J. Hlllner/E. Von Hippel, *Haftungsersetzung durch Versicherungsschutz* (1980), pp. 24 et seq. See also idem, Compensation for Personal Injuries. The Swedish Alternative, [1986] *The American Journal of Comparative Law*, 613 – 633; idem, The Swedish Alternative in an International Perspective, in C. Oldertz/E. Tidefelt (eds.), *Compensation for Personal Injury in Sweden and other Countries* (1988), pp. 17 – 39, especially 37. See also B. W. Dufwa, The Swedish Model of Personal Injury Compensation Law Reconsidered, in U. Magnus/J. Spier (eds.), *Liber Amicorum for Helmut Koziol* (2001), pp. 109 – 142, especially 109 – 110 and idem, Development of International Tort Law till the Beginning of the 1990s from a Scandinavian Point of View, *Scandinavian Studies in Law vol.* 41 (2001), pp. 87 – 182. See also *Alternative Compensation Mechanisms for Damages. The Nordic Countries. Common Report and National*

深层价值的表达方式。这一发展过程包含明显的政治因素,但学者的活动对其作出了最大的贡献,如果没有他们,侵权法的发展方向可能完全不同。许多优秀的学者参与其中,创造了赔偿法领域的"瑞典模式"。

第一位是处罚法教授伊瓦尔·斯特拉尔(Ivar Strahl),1951 年他在一项激进独创、闻名世界的条例草案[2]中,以一种跟传统截然不同的方式对待侵权法。他对人身伤害和财产损失作出了明晰的区分。对这一主题的理解在 1951 年是全新的。按照瑞典侵权法的传统,这两者在所有情形下向来都是相提并论的。现在这种传统第一次受到了全线冲击,以一种间接而又有力的方式。[3]

斯特拉尔认为,人身伤害中应尽量利用保险体系来救助受害人,这才是可取的。[4] 赔偿法根本不该依附于侵权法。[5] 相反地,赔偿应当以一种方式标准化,以满足受害人的需要。[6] 斯特拉尔描绘了一副广阔的体系前景:受害人可得到一项为全体瑞典公民提供的一般保

(接上页注 1)
Reports. World Congress New York 22. – 25. October 2002, pp. 151 – 191. 一名德国法学家最近也发表了关于瑞典系统的研究结果: B. Fasterling, *Die Abstimmung des Schadensersatzes mit dem Schadensausgleich bei Personenschäden am Beispiel der Rechte Schwedens und Dänemarks* (2001).

2 Förberedande utredning angående lagstiftning På skadeståndsrättens område, [1950] *Statens Offentliga Utredningar* (SOU) 1950: 16. 斯特拉尔自己以发表在斯堪的纳维亚法学研究杂志 [Scandinavian Studies in Law (1959)] 上的《侵权责任和保险》(Tort Liability and Insurance) 一文第 199 页起,在一个国际论坛上表达了自己的想法。丹麦法学教授 Henry Ussing 的文章在一定程度上走在了他的前面: The Scandinavian Law of Torts. Impact of Insurance on Tort Law, [1952] *American Journal of Comparative Law*, 359 et seq. 据说斯特拉尔的观点对 Albert Ehrenzweig 的文章《交通受害者的"全额援助"保险》["*Full Aid*" *Insurance for the traffic Victim* (1954)] 产生了影响。

3 See also B. W. Dufwa, Responsabilité du fait des produits en droit suédois, [1977] *Revue International de Droit Comparé*, 527 – 529.

4 I. Strahl (*supra* fn. 2) p. 98.

5 I. Strahl (*supra* fn. 2) p. 97.

6 Loc. Cit.

险的赔偿，而且这项保险赔偿不问伤害的缘由。该体系的财政支持不仅来自国家，而且还来自制造损害风险的企业。[7]

斯特拉尔发现，为财产损害创设相应的体系没有可能，于是强调，侵权法必须经历一个激进的体系变迁，并且若没有立法的支持，他所为之奋斗的目标也不可能达到。[8] 但是瑞典的立法者从未考虑斯特拉尔的立法构想。

3　　斯特拉尔之后，在本世纪剩余的年代里，欧洲的首位保险法教授扬·赫尔纳（Jan Hellner）接过了变革的火炬，但他比斯塔拉尔谨慎。他至少没有公开力争像斯特拉尔所推荐的那样激进的体系，而是仅仅赞同不同种类的保险体系在多个领域代替侵权法的观点。比他小10岁的法学教授贝蒂尔·本特松（Bertil Bengtsson）是最高法院的成员，在立法工作中异常活跃，得益于他在瑞典法律界的独特地位，得以将这些思想推向实践的高峰。可以说，瑞典模式是由法律学者创造的。但是，另外两名最高法院的成员埃兰·康拉迪（Erland Conradi）和乌尔夫·努登松（Ulf Nordenson）通过立法工作也作出了重大的努力。此外，两名保险人代表卡尔·奥尔德茨（Carl Oldertz）和埃兰·斯特伦贝克（Erlard Strömbäck）也为赔偿法的瑞典模式作出了贡献，他们的成就将被永远铭记。

4　　表面上看，侵权法在人身伤害领域的作用被削减了。但经过深入分析，我们发现一个惊人的事实：侵权法的规则已被带入特别的保险体系中加以运用。因此侵权法仍然十分重要。引用一位著名瑞典诗人的诗句：[9] 碎花瓶中的玫瑰，依然永远是玫瑰。这句话被当做谚语引用，从现实的角度看，还有一个附加含义：但是，并非碎花瓶中的所有东西都是玫瑰。

7　I. Strahl (*supra* fn. 2) p. 98.

8　I. Strahl (*supra* fn. 2) p. 159.

9　Gustaf Fröding in *Idealism och realism*.

上世纪后半叶瑞典侵权法的发展并非没有争议，因此我们不能引用法国剧作家高乃依（Corneille）的话说：因为没有战斗，战役就结束了。有些学者公开批评现代的瑞典侵权法。本文作者也长期表达这样的观点：侵权法在社会中的地位很重要，即使它存在缺陷，在一定程度上也比为保险所替代的好。[10] 瑞典的侵权法体系复杂，普通民众不易理解，这是个负面效果。有鉴于此，笔者曾着重强调瑞典在侵权法欧化过程中的作用。我们正为一部共同的欧洲民法典问世而努力，过多纠缠于细枝末节可能是件危险的事情。[11]

2. 社会保险提起的追索诉讼被禁止

自 1976 年起，所有由社会保障体系（在瑞典称之为"社会保险"）提起、针对人身伤害责任人的追索诉讼一概禁止。由于国家经济状况不佳，近年来有人讨论将赔偿责任转移到导致损害的人身上，以此减轻社会保险的负担，但有个条件不容忽略：这些人应当被证实对损害负有责任。为达到这一效果，就得允许社会保险提起追索诉讼。

为了调查由国家（或社会保险）提起追索诉讼的全部问题，以及其他一些迫在眉睫的事项，政府于 1999 年成立了一个议会委员会。[12] 委员会于 2002 年 1 月提交了调查结果[13]，在此问题上持反对意见。社会民主主义者、左翼以及委员会主席一致认为，社会保险不

10　例见 B. W. Dufwa, Product Liability Legislation. General Problems and Techniques. The Swedish Experience, [1980] *Tdiskrift, utgiven av Juridiska Föreningen i Finland*, 9（写于 1978 年瑞典药物保险开始生效之后）："这是瑞典赔偿法中经常发生的典型情况。人们可以质疑研制的安全性，其中每个人都须对自己的行为负责，价格因此并没有反映出一项活动的实际成本。在药品市场，此安排甚至与基于私人企业的存在而做出的一般判断相冲突。"

11　See *idem*, Rättsstridighet och det europeiska harmoniseringsarbetet i skadeståndsrätt, in *Festskrift till Ulf K. Nordenson* (1999), pp. 75 – 96, especially 94 – 96.

12　更多细节可见 B. W. Dufwa, The Swedish Model (*supra* fn. 1) pp. 113 and 128 – 132.

13　See *Betänkande* (SOU 2002:1) *av personskadekommittén. Samordning och regress. Ersättning vid personskada* (2002).

可提起追索诉讼。政治家们将此视为事关团结的问题：社会所有成员都须承担这些费用。即使侵权者是故意的，也不管他地位如何，团结的观念必须受到尊重。

那一天结束时，这问题看起来真成了政治问题，因此，即使委员会中仍有小部分强势的成员支持社会保险提起追索诉讼，没有任何迹象表明变化即将发生。

3. 社会保险对侵权法的影响

8　　鉴于瑞典社会保险是个无责赔偿、低交易费用的体系，可以说，瑞典侵权法深受其影响。[14]

9　　新的保险赔偿体系（可称为"优待保险体系"，见下文 6.）在此精神下建立起来。[15] 使法庭不必承担赔偿法领域工作的特别理事会，也创设起来。这些理事会由专业程度不一的专家组成，成为瑞典侵权法一个引人注目的特征。其效应非常明显：用理事会替代法庭，降低了费用。

于是上世纪后半期，瑞典法庭在人身伤害领域的影响力大大降低。结果可以说，人身伤害这一块甚至导致了瑞典宪法的不平衡。只有一个例外，就是工伤受害者仍允许上法庭，但极少有人这样做。

10　　与此同时，侵权法受到了最猛烈的批评。批评由司法部长在损害赔偿法的草案中提出，针对财产损害，但特别强调人身伤害。批评认为，从社会学角度看，人身伤害得到最大程度的赔偿，这一点很重要。[16] 人身伤害赔偿和财产损害赔偿出现了不同，侵权法不再重要，而新的保险体系应该建立起来。

11　　总体而言，受害人索赔的权利得到了加强。80 年代末，大约

14　有关影响见 J. Hellner, Social insurance and tort liability in Sweden, *Scandinavian Studies in Law* (1972), pp. 187–209.

15　*Cf.* J. Hellner, The Law of Obligations and the Structure of Swedish Statue Law, *Scandinavian Studies in Law*, vol. 40 (2000) pp. 334–335.

16　See Regeringens proposition 1972:5 pp. 78–100.

90%的人身伤害都根据"自动的"保险协议获得赔偿。从实用角度看，侵权法的重要性大大降低（参看前文）。

社会保险在侵权法领域对法庭的影响难以觉察。已知法庭处理侵权法时尚无对社会保险的直接参照。但可能已有间接的影响。这可以从最高法院1981年的一个判决看出，下文边码115处有此案描述。

这一发展的背后有两条基本思路：

第一，预防的观念几乎不存在。之前，瑞典法学家相信法律的预防作用，40年代末，他们开始质疑预防在侵权法领域的效果。这是保险体系发生根本变化的一条界线。责任隐入了后台。损害赔偿的补偿效应得到前所未有的加强。对侵权法信任不足，其强烈表达使得雇员的责任减轻，这一变化不仅发生在人身伤害赔偿范围，同时也涉及财产损害赔偿范围（见下文边码92）。

第二，预防作用没有意义，所有的问题都归结为从一套特殊的保险方案获取赔偿，在这样的体系下，减少交易费用显得尤为重要。瑞典赔偿法的一般原则就成了：最好把所有的费用都转化为对受害者的赔偿。让钱落入受害者的口袋比落入律师的口袋更为合理。

4. 私人保险

为保护自己，受害人可以购买单项或组合的私人保险（人寿，疾病或事故险）。这不减少社会保险的赔偿。

5. 员工福利

养老金、其他定期赔偿或病假期间薪水如果由雇主或者具有员工福利性质的保险支付，在支付后应从损害赔偿中减去。这意味着，雇主必须赔付损失，且无权向侵权人追偿。反对这一体系的学说对此提出了批评。假如小公司A的雇员X，在由大公司B的过错引发的事故中受伤，根据瑞典保险体系，A将向雇员X支付养老金或病假期间薪水，但是无权追索任何补偿。

16　但是，1999年设立的议会委员会，在2002年的草案（见前文边码7）中提出，雇主应当享有追偿的权利。

6. 优先的人身伤害赔偿

17　人身伤害的受害者不仅得到社会保险、私人保险和各种工作福利的保护，同时还得到特别的保险方案的保护。在这样的方案下，损害或多或少得到"自动的"赔偿。这里保险人负有某种严格责任。受害人根据侵权责任的规则得到最多100%的赔偿；根据侵权法，受害人应处于伤害仿佛从不曾发生的状态。

18　这些特别保险方案是附属性的。[17] 它们仅仅赔偿未获社会保险或工伤保险赔偿的损害，同时也将从受害者的其他一些福利中减去。其关键规则设定于损害赔偿法（1972:207）第5条第3款。[18] 原文如下：

"在确定收入损失或扶养损失的赔偿数额时，受害人因该损失而有权获得、并以如下形式获得的其他任何类似福利应当减除：

（1）根据社会保险法（1992:381）符合其强制性保险条款应得的赔偿，或者根据工伤保险法（1976:380）应得的赔偿，或者任何相似的福利。

（2）养老金、其他定期赔偿或病假期间薪水，且由雇主或者具有员工福利性质的保险账户支付。"

这就是说，这些方案最重要部分的负担是对非金钱损失的赔偿；这些损失永远不会得到社会保险或工伤保险的赔偿。

19　一方面，这个体系跟斯特拉尔的想法有冲突，因为它不完整，没有覆盖社会上所有的人身伤害。另一方面它还是迎合了斯特拉尔的想法，因为所有这些保险方案都体现了斯特拉尔的草案所强调的价值。

17　See to the following also B. W. Dufwa, The Sweish Model (*supra* fn. 1) pp. 122 – 128.
18　法案也常被称为"侵权责任法"。但是"损害赔偿法"与瑞典语的标题更为贴近。

这些保险方案一共覆盖了大约90%的人身伤害。有人也许会问，如果彻底追随斯特拉尔的想法，构想一个更为完整的保险体系，岂不是更好？怎么没有朝这样的方向发展呢？这个问题有两个答案。一个是历史的原因。这些方案是一步步发展起来的，并没有一步达成的愿望。另一个原因可以从经济现实中找到。未被覆盖的受害者，主要是小孩和失业者，没有人为他们承担费用。

涉及的保险方案有 5 个：（1）交通保险；（2）工伤保险；（3）病人保险；（4）药物保险；（5）犯罪损害赔偿体系。

（1）交通保险

交通损害赔偿法案（The Traffic Damage Act, 1975:1410, 通常简称为 TSL）在乌尔夫·努登松（见边码 3）的监督下完成，于 1976 年 7 月 1 日生效。[19] 其解决方案是让由车主购买的强制车险而不是车主或司机来承担交通事故赔偿责任。因为该赔偿被认为不是损害赔偿，因此取了个特别的名字，叫做交通意外薪酬（*trafikskadeersättning*）。然而基本上，实质上，它还是一个损害赔偿的问题，因为该体系是根据侵权法的原则建立的，不仅涉及赔偿的条件，还涉及赔偿的数额大小。承担人身伤害赔偿严格责任的既不是车主也不是司机，而是交通保险。（第 10 条第 1 句）

交通损害赔偿法案没有废除司机和他人的过错责任。高效的交通保险通常让受害者没有理由再去利用这种人身伤害赔偿责任。即使他用了，因此发生的费用仍然可以从交通保险得到赔偿。

司机或乘客遭受伤害时，承担严格赔偿责任的是本车的保险。

---

[19] About the Act, see J. Hellner, La nouvelle loi sur l'assurance automobile obligatoire, *Revue générale des assurances terestres* (1977), pp. 153 – 170; *idem*, The Swedish Traffic Damage Act of 1975, in J. Van Steenberge/A. Geerts (eds.), *Le dommage humain. Menselijke schade* (1981), pp. 269 – 282. See also, B. W. Dufwa, Assurance no-fault dans le cadre des règles de la responsabilité civile, *Les Cahiers de droit* (*Quebec*), *Numéro Special* (1998), pp. 183 – 204.

受害人必须向此保险索赔，因此在碰撞事故中，他们不可以向对方汽车的交通保险索赔。[20]

24 　　其他受害者包括行人和其他车外人员，可以向造成伤害的汽车的保险索赔。

　　瑞典交通损害赔偿法案引入的保险被称为无过错保险。这样的保险定义并未被普遍认可，但是存在一种最小限度的定义。这样的保险源于美国，传统上，它必须满足两个前提条件。第一，受害人的福利必须由无过错地造成伤害的一方即（无过错）侵权人来支付。第二，现实中的侵权人通常从赔偿责任中解脱出来。[21] 但是在欧洲特别是瑞典，还必须加上广为引用的一点，第三，保险"直接"让受害人获益。[22]

25 　　第一个前提并不显著。赔偿责任险覆盖严格责任，这很常见。当然这种严格责任不是传统意义上的。它跟保险人的联系有点怪，因为后者跟汽车的行驶毫无关系。但是凡事讲求实际，瑞典的立法者们毫不犹豫地把交通保险当成了责任险。

26 　　我们也可以用同样的方法来讨论第二个前提。被保险人全部或部分从人身伤害赔偿责任中解脱出来这一点，就责任保险的性质来说一点也不新鲜。这个保险覆盖了被保险人对第三人的侵权责任，保险的性质决定了保险人不可对被保险人提出追索。但此处问题有所不同。由于自己的疏忽而引发交通事故、造成伤害的司机、车主或其他任何人（比如机修工），他的责任可以解除吗？不能。他有其个人的过错责任。但现实使针对这样的个人的索赔几乎从未发生过。为什么原告不向他的交通保险索赔，而要向侵权者个人（或者侵权

20　这里出现"直接保险"的概念。
21　*Cf.* B. W. Dufwa, Vår komplicerade trafikskaderätt och framtiden, [1979] *Svensk Juristtidning*, 401–495, especially 428.
22　*Cf. loc cit.* p. 431 at note 94, p. 456 at note 188 and p. 46 at note 229.

者的责任保险，如果它覆盖这种伤害责任的话）提出索赔呢？为什么要把索赔建立在过错的基础上，而不是严格责任的基础上呢？实际上在有些情况下，原告可能会因选择侵权者、不选择保险而得到好处，比如，交通赔偿的时效期间已过，而损害赔偿的时效期间未到，不过这样的情形几乎已不存在。

最后，如果原告向侵权者个人索赔，侵权者在支付赔偿之后还有权向交通保险追索（第19条第1款）。如果侵权者的伤害行存在故意或重大过失，他就无法行使这一追索权利。这两种情形不适用第二个前提。但是，这个问题在此关系不大，在这里的术语背景下可以忽略。

第三个前提的情况就不同了，在交通事故中受伤的各种各样的受害人都有权从交通保险得到赔偿。 27

而车主即在交通保险上签字的人，既然他购买的是一种责任保险，他也拥有获取赔偿的权利，这是引人注目的。原因在于，交通保险并不仅仅是责任保险，同时还是一种人身保险。因此在现实中，只要涉及人身伤害，交通保险就是责任保险和人身保险的结合。 28

司机也享有获取保险赔偿的权利，看起来或许有点古怪。假设车子撞了树，并且没有人对事故负责。法国的立法者会说：既然没有责任人，司机就得不到赔偿。但在瑞典情况恰恰相反，立法者认为：责任人当然没有，但是有交通保险在，它就必须承担赔偿责任。 29

交通损害赔偿法案生效之前，瑞典的司机跟法国的司机一样得不到交通保险的赔偿，原因一样：必须遵循侵权法的规则。立法者在交通损害赔偿法案中改变了一切，交通保险从此覆盖了司机的人身伤害。 30

同样，受伤乘客也从交通保险获得赔偿。因此，在前面例子中，如果乘客坐在撞树的车上，也可向交通保险索赔。 31

最后，同样的索赔权利适用于行人和其他受害人。 32

对乘坐事故车的受害者来说,直接向保险人索赔的权利具有特别的意义。在碰撞事故中,他们不可向另一辆车的交通保险索赔。司机和乘客都只能附着于本车的保险。怎样分配相撞车辆之间的损失,则是保险人之后才需要解决的问题。

33 　　所有这些都意味着瑞典人拥有一个特征显著的保险体系。它不仅承担了被保险人对第三人的人身伤害责任,而且还承担了作为被保险人或非被保险人的司机的人身伤害赔偿责任。这个保险跟其他责任保险一样建立在侵权法原则的基础上,但同时,针对现实的需要,它包含了对这些原则的部分废除,大大增强了受害者获得赔偿的可能性。它还包含了一些奇怪因素的组合,当然也可能要感谢登记系统与强制保险相结合所带来的便利。

　　(2) 工伤保险:TFA

34 　　交通损害赔偿法案之后,出现了一个覆盖工伤赔偿的保险,其功能跟交通损害赔偿法案覆盖人身伤害保险的功能大致相同,它的名字叫工伤安全保险(*trygghetsförsäkringen vid arbetsskada*, security insurance at work injury, 现简称 TFA)。[23] 此保险始于 1973 年,开始只覆盖码头工人一个职业群体,后来几乎扩展到瑞典整个工业界。工伤安全保险的基础是瑞典业界两个最大的协会瑞典雇主联合会(*Svenska Arbetsgivarföreningen*, SAF, 一个同业公会) 和全国总工会(*Landsorganisationen*, LO) 签订的一份集体协议。协议认为,必须设立一个针对工伤的保险,并且保险费应该由雇主支付。工伤安全保险不是法律规定的,从这一点上说是自愿的。不受集体协议约束的工人,因为不是任何一个同业公会的成员,不在保险覆盖的范围之内;虽然跟其雇主在涉及同业公会上的政策毫不相关,他们还是无权从工伤安全保险获得任何赔偿。保险覆盖的范围包括工作中的

---

[23] See J. Hellner, "Grborgenheitsversichereung" —eine neue Stufe in der Enhtwicklung des Arbetsunfallschutzes in Schweden, in *Festschrift für Ernst Klingmüller* (1974), pp. 159–171.

事故导致的人身伤害、上下班路上发生的人身伤害以及已经存在90天以上的职业病。这个赔偿体系跟强制性的交通保险一样建立在侵权法的基础上。雇主的责任是完全严格责任,这意味着雇主或其他雇员造成的过错不需要受害者举证,工伤安全保险的责任是严格责任。

工伤基本上由社会保险体系覆盖,社保由国家保险和职业损害保险组成。工伤安全保险是对这个体系的完善。这意味着,工伤安全保险仅仅赔偿社会保险未能赔偿的那部分损害。由它赔偿的最重要的部分涉及非经济损失;这部分根本得不到社会保险的赔偿。

工伤赔偿在社保体系范围之内,后者基本由雇主通过支付保险费的方式来承担。工伤安全保险同样由雇主支付,但是是通过向一个补充保险支付保险费的方式实现。

把所有的工伤费用合并到单一的强制性的非过错保险中是不是更好,这点已经经过讨论。支持者相信,建立在个体化的风险评估基础上的保险费率可以刺激雇主和保险人,使其采取更多的安全防范措施。但反对者认为,因为不做这样的风险评估,现行体系更容易管理,产生的运作费用也会较低。还有一种反对意见认为,高风险行业中的雇工可能报酬较低。也有人认为,保险费率的不同可能给一些人进入劳务市场制造困难。不管怎样,现行体系至今没有任何变更计划。[24]

另一个受到热议的问题是关于由犯罪引发的工伤。这样的损害是该根据犯罪赔偿法案(参见下文边码63 – 65)由国家支付,还是该由雇主支付?现行制度同时建立在两者的基础上。工伤安全保险提供赔偿,但只是一部分,剩余部分由犯罪赔偿体系提供。政府表达自己的观点认为,让雇主承担现由犯罪赔偿体系承担的费用也是

---

[24] See SOU 2002:1 (*cf. supra* fn. 13), pp. 88 – 89.

合理的，但同时表示最好的办法还是不要有相应的立法。工伤安全保险应该将其覆盖范围扩展到也由犯罪赔偿体系支付的部分。[25]

（3）病人保险

A. 介绍

39　　瑞典一种特别的保险，覆盖与医疗事故有关的人身伤害，创设于1975年工伤安全保险成立之后不久。它一开始跟工伤安全保险一样是自愿购买的。[26] 但1996年《病人人身伤害法案》（1996：799）把它列为法定的保险。法案于1997年1月生效。在很大程度上，它是建立在自愿的病人保险的基础上。

B. 背景

40　　瑞典各郡议会和地方当局共同为民众提供公共医疗服务，[27] 他们被认为是医生、护士以及公共医疗服务体系内其他工作人员的雇主。1975年，他们开始根据某些规则，对医疗事故受害者进行赔偿。这一举动出于单方的意愿，从来没有过合同约束，但无疑对病人有利。

41　　这种赔偿是有保险的，保险人是由瑞典四大保险公司组成的病人保险集团，在政府机构的监管下经营活动。

　　病人保险覆盖的医疗项目不停逐项增加，最后覆盖了整个公共健康医疗服务系统。私人医疗机构也可购买这个保险并且也都购买了。

42　　涉及病人保险的损害发生后，受害人可以根据既定的条件直接从保险人处获得赔偿。在某种程度上，病人无须证明损害的发生是否由于过错造成，就可以获赔。赔偿额度原则上跟《损害赔偿法》

---

[25]　See *Regeringens* proposition 1998/99：41 pp. 37 *et seq. Cf.* SOU 2002：1 pp. 90－91.

[26]　About this insurance, see J. Hellner, Sweden, in：E. Deutsch/H.-L Schreiber (eds.), *Medical Responsibility in Western Europe* (1985), pp. 683－728. See also B. W. Dufwa, La responsibilité disarue, in：*L'indemnisation des accidents médicaux* (1997), pp. 57－80.

[27]　See to the following also B. W. Dufwa, La responsabilité disparue (*supra* fn. 26), pp. 57－86.

(1972:207）规定的额度相同。

1994 年这个保险集团解散了，原因之一是整个组织和病人保险的结构有违于反不公平竞争的规则。四家大保险公司扼杀了整个市场。一部新的《不公平竞争法案》于 1993 年 7 月 1 日生效。瑞典成为欧共体的一员，被迫适应遵从欧共体的规则。但还有另一个原因：伴随医疗行业私人化的趋势，私人医疗机构可望增加，医疗的公共控制减弱了。

郡议会们创设了"互助保险公司"（Landstingens Ömsesidiga Försäkringsbolag, LÖF），解决了保险集团解散引起的问题。它取代了集团的活动，但是把理赔业务留给了一家合资股份公司：AB 个人索赔公司（*Personskadereglering AB*）。

C. 法案

立法工作从未讨论过要把病人人身伤害的责任建立在合同法的基础上。另一方面，使用侵权法的可能性也存在很大争议。立法者最终决定建立一个独立的系统，在涉及责任的一些条件时，独立于侵权法之外。

在立法的过程中，建立法案的提议交由斯德哥尔摩大学考虑。该大学发现，包含了严厉责任的侵权法在病人保险的环境中可能会发挥良好的作用。政府的拒绝辞则认为已经来不及作出必需的深入分析了，此事不容任何延迟。但是，政府又说，如果发现新法案存在重大的不足，或者侵权法、保险法或社会保险法的发展能给出一个理由，它也准备重新考虑，再提出一个如何处理有关病人损害的赔偿体系的议案。[28]

在立法之前的讨论中，有意见认为，一个建立在过错规则基础上的体系能够更好地满足预防的要求。其他人则反对说，过错规则

---

[28] See [1996] *Nytt Juridiskt Arkiv* (NJA) II, 476 – 477.

的预防功能本来就存在争议。他们称，特别是在保健与医疗这一领域，赔偿的风险并不能让人更谨慎。纪律处分和惩罚足够达到预防的目的。[29]

48　法案的标题就清楚表明了对预防的态度。标题不是"病人责任法案"，而是"病人损害法案"。法案规则的出发点不是引发损害的行为，也不是损害本身，而是赔偿。赔偿金是规则的中心。[30]

49　由此，病人保险作出的赔偿不叫损害赔偿，而是叫病人伤害赔偿。这是法案的第一个也是最重要的概念。法案第一条规定了病人伤害赔偿的权利。第二个重要概念是保险本身：医疗保健机构必须参加这个保险（第1条）。"责任"这个概念没有出现在法案中。[31]

50　病人保险是个强制险。法案规定医疗机构必须参加病人保险，以赔偿法案规定下的各种损害（第12条）。参保的医疗机构包括两种：公共的以及私立的（第5条第2款）。因为在涉及责任条件的情况下，法案不是完全建立在侵权法的基础上，我们不能把这样一个保险称为传统意义上的责任保险，可以视其为责任保险和社会保险的混合体。

51　签发病人保险的保险人附属于一个病人保险协会。由政府或其指定的机构决定协会的章程（第15条）。

52　病人伤害赔偿由保险人支付（第13条），如果没有参加病人保险（虽然该保险是强制的，但未参加的情形仍然可能存在），根据第15条附属于病人保险协会的所有保险人共同承担赔偿责任，在这样的情形下，协会将作为所有保险人的代表（第14条第1款）。

53　附属于病人保险协会的所有保险人应当共同维持一个病人索赔

29　See *Regeringens* proposition 1995/96：187 pp. 19-20.
30　法案第一条规定："本法包含有关病人伤害赔偿权以及医疗机构购买提供此种赔偿的保险（病人保险）义务的规则。"
31　参看杜瓦（Dufwa）所写文章标题，见前注27。

专门小组并提供资金支持。小组成员应包括病人利益的代表。关于小组组成的其他规定由政府发布（第18条第1款）。

病人保险在三种情况下可以追回已支付的赔偿。第一，病人伤害赔偿所赔付的损失由故意或重大过失所致，保险人以已支付的赔偿款为限，享有受害人索要侵权赔偿的权利（第20条第2款）。第二，如果病人伤害赔偿赔付的损失由《产品责任法案》（1992:18）所覆盖，保险人以已支付的赔偿款为限，拥有受害人在此法案下的权利。第三，如果根据《交通损害赔偿法案》（1975:1410）的规定，损害由交通保险赔偿，并且病人伤害保险已经支付了该笔赔偿，保险人以已支付的赔偿款为限，享有受害人向交通保险索赔的权利（第20条第3款）。

受害人必须是病人，就是说，他必须已经与医疗机构建立起有关他本人健康的合同关系。[32] 根据法案的规定，"相当于"病人的还包括：自愿参与医学研究中的实验项目的人；捐献器官或其他生理材料、用于移植或满足其他医学目的的人（第2条）。

法案仅适用于瑞典境内医疗保健服务过程中发生的伤害（第3条）。医疗保健服务是根据该领域内几个特别法案所开展的活动（第5条）。

如果伤害极有可能是由法案中具体提到的行为、过错或其他情况所引起，病人也可以获得赔偿（第6条）。

（4）药物保险

1978年7月1日，针对药物引起的伤害的保险办法在瑞典生效。[33] 该方案是由药品生产商、进口商和保险公司共同设立的。如果说这是自愿的活动，那还是夸张了，实际上还是在立法的"协助"下开展的。1976年3月，立法机关提出了建立药物伤害赔偿法案的

---

[32] See [1996] NJA II, 478.
[33] *Cf.* to the following B. W. Dufwa, Product Liability Legislation (*supra* fn. 10), pp. 1–11.

建议,[34] 该保险办法正是在这个建议的基础上创设的。如果这个办法没有创设，提议的法案就会被采纳。所以事实上，该保险办法是为应对立法的威胁而设立的。

59 　　药物保险的目的是赔偿其他资源（如社会保险）不予赔偿的损害，并由药物生产商和进口商提供资金支持。该赔偿体系和提议的法案都表达了在产品责任问题上的激进处理手段。索赔人无须证明过错的存在，也无须展示产品的缺陷。

60 　　基本思路是国家严格控制药品，但同时因为批准其使用而承担不可估量的风险。在这样的情况下，国家也有责任采取措施，至少能使药物引起的严重伤害能获得完全的赔偿。因此，国家也参与发起了这个自愿的保险方案。

61 　　但更重要的是，瑞典的药物严格责任由所有生产商和进口商共同承担，原因之一是药物市场的经济条件。一般认为这些条件允许相对长远的责任。交易量大，价格体系由国家控制，一大部分费用已经由社会保险以及其他公共医疗服务责任机构承担，剩余部分不占多数。

62 　　支持药物生产商和进口商联合担责的其他因素如下。怀疑由药物引发的伤害发生时，通常很难判定是否真由药物引发，或者根源是否在疾病本身。病人往往同时使用多种药物，判定伤害具体由哪种药物引发显然很困难，因为不同的药物可以有相同的副作用。这样的情况促使人们认为，必须共同联合承担责任，以使保险"高效"可行。

　　（5）犯罪损害赔偿体系

63 　　早在1948年，瑞典就引进了犯罪损害的赔偿体系。[35] 但此体系

---

[34] *Produktansvar I—Ersättning för läkemedelsskada. Betänkande* (SOU 1976：23 [av produktansvarskommittén. SOU 1976：23 [in English：Product Liability I. Compensation for drug injuries. Law proposal by the Product Liability Committee. State's commissions no. 23 (1976). With a Summary in English].

[35] See to the following Anna Wergens, *Crime Victims in the European Union* (1999), pp. 425 – 435.

仅限于保护生活在刑事监禁所周围的人们；它同时覆盖人身伤害和财产损害。1978年《犯罪损害赔偿法案》生效，国家赔偿首次获得立法基础。赔偿的资金来源是公共税收，规则是一般的侵权法规则，但是存在明显的部分废除：其一，法案规定了赔偿的最低额和最高额。其二，许多必要的判断建立在"合理性"的基础上。

为了获得赔偿，受害人必须证明自己没有其他可获赔偿的途径。跟上述其他赔偿体系一样，该赔偿跟社会保险、私人保险和其他赔偿途径的关系是辅助性的。

赔偿管理机构是"犯罪受害者赔偿与支持局"。根据其法令，必须建立一个理事会来决定更具原则性情形中的赔偿事宜。理事会的赔款评估工作在很多方面都类似于法庭的角色。针对理事会做出的决定不可上诉。

（二）责任原则和制定法依据

1. 有关责任的法律规定概览

（1）《损害赔偿法》

瑞典是世界上少数几个将所有的侵权法一般规则集合在同一法案中的国家之一。《损害赔偿法》（1972:207）于1972年7月1日生效。[36] 法案并没有详尽无遗地对待侵权法，而是通用性的，可适用于各种不同的情形。法案中的规则被认为是依据"普遍认可的侵权法原则"制定的。[37]

---

36 About the Act, see J. Hellner, La nouvelle loi suédoise sur la responsabilité civile, [1973] *Revue Internationale de Droit Comparé*, 686–692; idem, The New Swedish Tort Liability Act, [1974] *American Journal of Comparative Law*, 1–16.

37 See U. Nordenson/B. Bengtsson/E. Strömbäck-Skadestånd, *Huvuddragen av skadeståndsrätten. Kommentar till skadeståndslagen. Annan skadeståndslagstiftning m. m.* (2nd edn. 1976), pp. 78–80.

67 法案具有"框架立法"的特性,就是说,不允许从反面来解读。因此,比如法案包含了过错的规则,这并不意味着严格责任被除外。这一立法技术跟法案产生之前的工作方式相当和谐。过错规则是主要规则,但是法院可以一再强化责任。法案的一般性使它能够适用于有关侵权法的特别立法。

68 鉴于法案的特性,立法者们已经设想法案会在将来不停地改变。法案分为不同的章节,每章都有单独的内容细分,这为修改制造了便利。

69 《损害赔偿法》包含涉及整个侵权法的所有规则:责任的条件、共同责任、分担责任、损害的减轻和损害的数额。但它只处理两种状况,即过错责任和替代责任。

70 法案既适用于侵权法,也适用于合同的情形。根据法案的介绍性条款,其规定"应当适用,其他法律、合同或涉及合同责任的规则另有规定的除外"。这应从以下方式加以理解。[38]

71 《损害赔偿法》表达了这样的观点:普遍的、基本的侵权法规则和原则是存在的,它们在实践中同样适用于有关合同的案例。这些侵权法规则被认为构成了有关合同的损害索赔的出发点。因此《损害赔偿法》也适用于合同法,除非法律或合同另有规定、或者受任何可适用的合同责任规定或原则的制约(《损害赔偿法》第1条第1款)。实践中这意味着侵权法的规定通常受到合同法规定的排挤。很多时候这意味着责任被加以强化,比如损害赔偿法的过错责任可能因为合同法中过错责任的存在而被置之不理。但是跟侵权法相比,在合同关系中,责任也可能更有限。合同对《损害赔偿法》规定的侵权规则所作的部分废除受到完全的尊重。

---

[38] *Cf. ibidem*, pp. 31–33.

原则上免责声明都受到尊重,但是涉及人身伤害时不受尊重。[39]　72
法庭可能会宣判无罪,但根据一般《合同法》(1915:218)会被认为不合理。

《损害赔偿法》覆盖人身伤害和财产损害(第2章第1条)。在　73
两种情形下[犯罪(第2章第2条),以及在公共机构运行的过程中或与之相关的不法行为或疏忽(第3章第2条)],法案也覆盖单纯的经济损失。

遭受特别的非经济损害的受害者也受到法案的保护。法案规定,　74
如果犯罪行为包括对他人自由、安全或荣誉的攻击、严重冒犯他人的,应当赔偿该冒犯引发的损害(第2章第3条)。这种赔偿被称为"侵害赔偿",只有犯罪引发的损害才会根据这条规定得到赔偿,但这并不意味着侵权者必须是法院处以刑罚的,只要证明犯罪已经发生即可。

侵害赔偿不单单发生于侵权者故意或重大过失之后。2002年1月1日起,《损害赔偿法》又给予受害者在另一种情形下得到非财产损害赔偿的权利:当伤害是由"单纯"过失造成时。

有个备受争议的问题:警察、保安及其他易受攻击的职业群体　75
是否有权得到侵害赔偿。在一个案例(NJA1999 s. 725)中,最高法院判定一位脸上被吐口水的警察无权得到这一赔偿。这一态度在一次立法事件中受到政府的批评。[40]

人身伤害可理解为较差的生理和心理状态。心理缺陷可由惊吓、　76
创伤或随后出现的创伤性神经官能症引发。为了将心理问题视为人身伤害,必须有一个医学证明的结果。这个结果可以以受害者休病假的方式出现,但这不是确定人身伤害问题存在的必要条件。

39　See B. W. Dufwa, Droit suédois comparé au droit français, in: *Les clauses limitatives ou exonératoires de responsabilité en Europe* (1990), pp. 57-80.

40　See *Regeringens* proposition 2000/01:68 p. 50.

77　　总体而言，人身伤害自成一类。从社会学角度看，这样的损害赔偿比财产损害和纯粹经济损失的赔偿更为重要，因此在某些方面，这些规则对于人身伤害的受害人来说要比其他受害人更为有利。最明显的不同之处就在于共同过失的规则（见下文边码 110－111）。

78　　瑞典的立法技术进程与一般欧洲国家不同。总体而言，立法工作繁重、费时、极重细节。这些工作导致了大量官方的印刷的文件。据 1985 年 EEC 指令而立的《产品责任法》，仅有 14 条内容，却产生了一千多页的书面文件。立法准备工作文件（一般被称为"motives"）于是被法院广为引用，作为处理细节和全局问题的指导。

　　因为立法准备文件如此丰富，立法者可能允许自己把法案写得更短，甚至不清楚。就雇主、国家或市政当局的责任而言，《损害赔偿法》有一条规定，财产损害赔偿"若因为现有的承保范围或获得此保险的可能性而使其减少被认为是合理的，则可以减少。"（第3章第6条）。如果不研究一下立法文件，我们很难理解这一条款的意思。立法文件对此展开了不同的情形，详尽解释了立法者的意图。

79　　关于这一条，必须说明一点，赔偿法的立法文件经常使用"合理"一词，其频繁程度使瑞典在欧洲国家中独具一格。你可能会认为，通过这一用词，法官的权力得到了强化。但这是不对的，因为真正的权力在政治家手里，立法准备文件只是详尽解释了应该怎样理解法案。[41]

（2）特别规定

80　　跟多数国家一样，除了《损害赔偿法》之外还有其他特别规定，其最重要的目标是强化责任。跟《损害赔偿法》一样，覆盖人身伤害的特别规定通常同时覆盖人身伤害和财产损害。但是在《损害赔偿法》和特别规定中都存在仅涉及人身伤害的条款。《损害赔偿法》

---

[41] 当然在现实中，政治家们的立法工作是由法律工作者来完成的。

中的一个例子是涉及损害赔偿尺度的规定。仅仅覆盖人身伤害的特别法律有《病人保险法》（见上文边码39－57）。

（3）责任的分类

人身伤害侵权责任的分类与其他损害赔偿的分类方法一致。分类考虑了责任的条件，区分了（a）本人过错，（b）他人过错以及（c）不论过错的责任。（b）、（c）项为严格责任，为将两者区别开来，类别（c）被称为单纯严格责任。

（4）责任的限制

限制责任的完善规则是瑞典侵权法的一个显著特征。这些规则中最重要的一条是：如果侵权者没有足够的钱支付赔偿，法官可以减少损害赔偿的数额。但是有一个条件：受害者不需要这笔赔偿。做出减少赔偿的决定之前，必须做一个检验，以查明怎样才是"合理的"，同时也注意其他的相关情况（《损害赔偿法》第6章第2条）。

另一条体现瑞典立法过程实用主义特色的法规，涉及18岁以下未成年人所造成的伤害（以及损失和财产损害）。考虑其年龄和成熟度、所造成损害的行为或疏忽的性质、是否存在覆盖损害的任何第三人责任保险、详尽的经济事实以及其他相关情况，如果认为未成年当事人承担责任是合理的、或者达到合理的程度，该未成年人就需要承担责任（《损害赔偿法》第2章第4条）。立法准备文件体现的原则是：要判断未成年人是否存在疏忽，必须将其与成年人作比较。这意味着大部分孩子容易被认为是有责任的。如果存在覆盖该损害（损失或财产损害）的责任保险，不允许减少赔偿额度。但如果没有这样的保险，可以根据法案中提到的情况（见上文）酌情减少赔偿。

2. 过错责任

瑞典侵权法中不存在关于过错的成文定义。立法人在采用《损害赔偿法》时,仅提到了可称为过错的两种行为:故意的行为或者过失(第2章第1条)。

然而,瑞典的学理中[42]给出了最高法院支持的所有过错形式。这一解释坚持了温菲尔德(Winfield)和乔洛维茨(Jolowicz)和勒尼德·汉德大法官(Learned Hand)给出的著名定义。必须衡量三个因素:(1)损害的可能性,(2)伤害的严重程度[1、2两项都用到了"风险的严重程度(magnitude of risk)"这个用语]以及(3)足够预防措施的负担。

为了描述什么是过错,瑞典的法律学者以理想化的行为作为出发点,但是对这个行为的描述则参照了法条、案例和惯例给出的指引,甚至在一定程度上,刑法也在此扮演了一部分角色。当此类渊源缺乏或不够完善时,也参照了其他渊源:利益调整,社会观点和经济论点;总体而言,法规、保险和社会价值的目标都得以强调。瑞典的法官们都很清楚知道他们通过对过错规则的确信而获得一个合理结果的权力。[43]

可以认为过错推定处于过错责任和严格责任之间,虽然在实践中它更接近于后者。一直以来,运用这一类型的推定对瑞典的法庭来说是一种"恐惧"。直接谈论严格责任被认为更加诚实。立法者也不采用过错推定。而在合同法领域,则又是另一番情景。

违反法条时,"自身的过失"或者"法律上的疏忽"也是瑞典侵权法中存在的事实。[44]

更重要的是,在许多案例中,法庭时显以一种做作不自然的方式提高了注意义务的标准("假想过失")。瑞典的法律很久以来都

---

42 See J. Hellner, *Skadeståndsrätt*, pp. 130 et seq.
43 See B. W. Dufwa, *Flera skadeståndsskyldiga* I (1993), nos. 2105 – 2112.
44 *Cf.* F. Schmidt, Arbetsgivares skadeståndsansvar vid olycksfall I arbete, in Skadeståndsrättsliga spörsmål (1953), from p. 189, particularly pp. 197 – 198. *Cf.* J. Hellner (*supra* fn. 42), p. 143.

认为法庭在某些领域应该这样做。其中一个领域涉及有缺陷之物特别是房屋引起的伤害和损害。[45] 也有这样的案例：侵权者犯了许多的小错误，法庭会根据"许多小错误构成大错误（les petits ruisseaux font les grandes rivières 法语：涓涓细流汇成江河）"的原则来争论。

一般认为合同法对行为的要求高于侵权法。 86

雇员为其工作中的不法行为或疏忽所负的个人责任大为减轻，总体来说已被废除，见下文3.部分。 87

3. 替代责任和企业责任

《损害赔偿法》采取了欧洲普遍的立场。[46] 雇主必须承担其雇员在工作期间因过错导致的人身伤害或财产损害的赔偿责任。类似的，雇员犯罪导致的纯粹经济损失也由雇主负责（第3章第1条第1款）。"雇主"在这里是个广义的概念。一个自然人也可以等同于雇主，例如一位母亲请邻居代为照看孩子15分钟，尽管这可能是无偿的，但是这位邻居此时就相当于这位母亲的雇员。为父母修整草坪的男孩也相当于一位雇员，但有时有个限制，如果草坪非常小，他就不被视为雇员。如果他是帮家里干家务，也不被视为雇员。 88

"工作期间"的概念也是广义的。如果雇员的性侵害行为跟工作有一定联系，雇主也必须承担责任。即使谋杀也可以发生在"工作期间"。有时必须经过复杂的因果分析才能弄清事情经过。如果一名雇员攻击另一雇员，并且其攻击或殴打行为的起因跟工作有关，雇主必须承担责任；另一方面，如果攻击或殴打只因争风吃醋的男女问题而起，则雇主无责。 89

雇主的辩护理由（如共同过失）跟一般侵权法相同。 90

如上可见，受害人可能是另一雇员，也可能是第三人。实践中 91

45　See especially I. Strahl, in *Festskrift till Marks von Würtemberg* (1931), p. 577, particularly pp. 586–587.
46　似乎只有德国立场不同。

此二种情形存在巨大的差别。受害人为另一雇员的情形,工伤安全保险(见前文边码34-38)会做出赔偿。受害人为第三人时,没有这样的保险赔偿。

92　雇员的个人责任被抑制。只有在综合考虑雇员行为或过失的性质、雇员的职位、受害者利益和其他相关情况之后,认为存在"非同寻常的理由",才可能产生雇员的赔偿责任(《损害赔偿法》第6章第1条)。这是瑞典侵权法最重要也是最与众不同的部分。"非同寻常的理由"必须很强烈,实践中罕见。显然它可能包括故意和过失,但不清楚重大疏忽是否足以让雇员承担个人赔偿责任。

93　合同法的基本原则是,各类雇员故意或过失引发的伤害和损害须负一般责任。[47] 侵权法对他人行为或过失的责任作了限制。首先,雇主应对雇员造成的伤害(损害)负责任(如前文所述)。其次,也存在由独立的合同当事人故意地或疏忽地行为和懈怠所致的损害责任。在这样的例外情形下,雇主已经把责任放在另一人身上,尽管他的义务是"不可委托的"(法官判决)。其他还有涉及产品责任(法定)和环境法(法定)的案例。

4. 单纯严格责任

94　单纯严格责任(参看上文边码81)由立法者或者法院在没有立法支持的情况下,适用于以下情形中的伤害:某些动物(主要是狗和驯养的野生动物)引起的伤害,交通运输领域(公路、铁路、航空),核设施领域以及其他危险活动(尤其是发电厂)相关的伤害,环境领域以及涉及产品责任的伤害。

95　法庭未经立法支持就采用单纯严格责任的自由从未受过质疑。而且,他们每采用一次,如在环境领域中的情况就是这样,立法者就会跟从并且规定新的法条。

47　J. Hellner (*supra* fn. 42), p. 164.

汽车交通和医疗保健领域[48]的情况已在上文描述过了（分别在边码 21-33 和边码 39-65）。缺陷产品所致损害的赔偿由《产品责任法》处置。该法据 1985 年的欧共体（EEC）指令而立，1993 年 1 月 1 日生效，不涉及开发风险[49]的责任，但是覆盖了农产品衍生的责任。[50] 法案没有规定财务限制（参看指令第 16 条以及前文边码 82）。关于涉及人身伤害的共同过失的特别规定（见边码 110-123）在《产品责任法》未见踪影，这点很值得注意。如果受害人引发伤害的行为或疏忽并不是出于故意或重大过失，还是有可能因共同过失而减少赔偿数额。因此，人身伤害和（消费者遭受的）财产损害适用同样的规则。

5. 机会丧失和不确定的因果关系

如果受害者本当抓住一个机会的可能性明确存在，机会的损失赔偿似乎毫无障碍。在案例 NJA 1964 s. 431 中，一名学生在车祸中受伤。如果车祸没有发生，该学生应该会在六个月后通过一项考试，然后立即会成为一名教师。由于车祸的原因，他的考试延后一年。最高法院裁决作出了相当于一名教师一年收入的赔偿。[51]

在案例 NJA 1961 s. 425 中，受害者受到数人酒后攻击，头骨受伤，几年后又被一辆汽车碾过，头骨再次受伤。没法确定两次事故对头骨最终伤害的分别影响程度。最高法院认为，为了保护受害者，应该坚持侵权者连带承担责任的原则。这一规则被认为是关于人身伤害的一般规则。[52]

假定已知 A、B 中的一人造成了伤害，但不清楚到底是 A 还是 B。这样的案子该适用什么规则，瑞典法官的判决不能给出明确的答

---

48 *Cf.* Art. 15. 1. a. of the Directive.
49 *Cf.* Art. 15. 1. b. of the Directive.
50 *Cf.* Art. 16 of the Directive.
51 See also [1993] NJA, 68.
52 So B. W. Dufwa, *Flera skadeståndsskyldiga II* (1993), no. 2997.

案。法律教义则认为适当的处理方法是按照合理性来归责。[53] 特殊的保险解决方案适用于与交通事故和环境案件相关的情形中。

6. 交通法领域的特殊规定

100 见上文。

(三) 证明责任

101 一般原则或出发点是由受害人承担举证责任。举证范围包括所有方面,如因果关系、过错等等。[54] 根据这个主要规则,财产损害和人身伤害的举证没有不同之处。但是我们往往会以不同的方式清楚地感觉到,在这方面,法庭对人身伤害的受害人要比对财产损害的受害人更为慷慨。我们必须留意问题产生的背景。

1. 过错

102 过错的概念由许多事实组成,而用于证明过错的事实可能不同。伤害已经发生的事实可能有助于得出有人疏忽的结论,但仅此而已。"让事实本身说话"的原则不存在于瑞典侵权法中。[55]

103 一个典型的困难案例是证明道路养护人员没有预见恶劣天气,从而未能及时在路上覆盖沙砾,最终导致交通事故的发生。这个案例中,受害者往往无法举证,因为很难证明道路养护人员有特别的理由预见风险。[56]

104 有一组重要的案例涉及主人向他人出借物品后遭受的财产损害。从这些合同法案例中归纳出来的原则当然也可适用于人身伤害。在这些案例中,法院有一种倾向,他们留意更多的是个体案例中的情

---

53 B. W. Dufwa (*supra* fn. 52), no. 3032.
54 B. W. Dufwa (*supra* fn. 52), no. 2648 – 2651.
55 但本文作者已经论证并推荐过这一原则,特别推荐其在产品责任事件中的运用,见 B. W. Dufwa., *Produktansvar* (1975), pp. 77 – 78.
56 例子可参见 [1997] NJA, 281 and *cf.* J. Hellner (*supra* fn. 42) p. 146.

况，而不是某些类型的合同中的严厉规则。[57]

2. 因果关系

涉及人身伤害因果关系的举证对瑞典法庭来说是个越来越严重的问题，在颈部扭伤（一般是因乘坐汽车被撞引起）的案例中尤其如此。[58] 但在其他领域同样显而易见，瑞典法庭在处理人身伤害赔偿的案例中，在决定受害者是否成功证实行为或疏忽与伤害之间的因果联系时，面临着很大的困难。但在关于环境和产品责任的案件中至少不是这样。

人身伤害案例中有一个关于"另一种可能性"的问题。[59] 在一些案例中，[60] 受害者提供完整的证据有困难，但事实已不存在其他可能性，最高法院于是免除了受害者的举证责任。以下原则已经确立：如果被告辩称，造成伤害的原因是受害人指控以外的另一种情形，而受害人陈述的原因比被告所述的原因"显然更有可能"，法庭应当尊重受害人的陈述。然而这一法理并不总对受害人有利。实践中，该原则的应用方式与本该用的方式恰恰相反。[61] 它被反面解读了，意味着当两种原因均有可能但都不是"显然更有可能"时，受害者就得不到赔偿。[62]

立法者在两种情况下进行了干预。第一种情况涉及环境责任。根据环境法（1998:808）第 32 章第 3 条第 3 款，如果干扰与损害或伤害之间存在"显著的"因果关系，并且该干扰是水污染（包括地表水的污染和水质改变），以及滋扰行为（噪音、震动、臭气等其他污染），受害者就足以获得赔偿。这条特别规则在准备阶段受到过强

105

106

107

---

57 See J. Hellner (*supra* fn. 42), pp. 146–147.
58 See J. Hellner (*supra* fn. 42), p. 199.
59 *Cf.* J. Hellner (*supra* fn. 42), pp. 200.
60 [1997] NJA, 176, [1982] NJA, 421, [1991] NJA, 481, [1993] NJA, 764.
61 See B. W. Dufwa, *Flera skadeståndsskyldiga* II (1993), No. 2662.
62 *Cf.* [1982] NJA, 421.

烈的批评。批评者认为因果关系的问题应该交由法庭而不是国会来解决。立法者不顾这一抵触,最终保留了自己的意见,决定这一规则不该被反面解读。[63]

108 立法者介入的另一个情形涉及病人保险的因果关系问题。见上文边码57。

109 问题之一是,因果关系的问题可能跟其他事项有关联,并且事情的结果可能更依赖于该其他事项而不是因果问题本身。如果法庭在采用严格责任时存在很大困难,它可能更愿意说不存在因果关系,以此了结案件。[64] 如果一个法庭在颈部扭伤案件时效期开始的时候插手有困难,它可能会判定受害者无法证明事故与伤害之间存在因果关系,这样更省事。[65] 你不能说这样的问题在瑞典普遍存在,但是可以担心他们会发生。

(四) 共同过失

110 1975年损害赔偿法作了修正,在此之前,人身伤害在涉及共同过失问题时比照其他损害赔偿来执行。这次修正意味着一种新的思路,人身伤害必须以一种不同的方式来对待。只有在受害人被控存在故意或重大过失的情况下,赔偿才可能减轻。在死亡案例中,如果受害人促成伤害的行为是故意的,其行为或疏忽只能影响活着的亲属的索赔权利。

---

63 See *Regeringens* proposition 1985/86:83 p. 30。但是这一保留意见没有得到《产品责任法》准备文件的充分尊重,见 proposition 1990/91:197 p. 65 – 66,以及 J. Hellner (*supra* fn. 42), p. 202.

64 见 [1982] NJA, 421,法庭认为数人所受伤害不是由案中的药物引起的,且由于害怕对药业产生强烈的冲击,认为判决药物的严格产品责任会令人难以接受。

65 这是个假想的案例,但是可以看看 B. W. Dufwa, Whipalashskador, trafikförsäkring och preskriptionstidens inträde, [2001] *Svensk Juristtidning*, 441 – 457.

立法过程中，在国会发生了一件意外的事情。禁酒运动有关人士成功促使国会采用了一条新规则：如果受害人是酒后驾车，即使他没有因故意或重大过失导致事故的发生，赔偿还是应该减轻。根据这一规则，酒驾司机可能只会拿到部分或完全拿不到交通损害赔偿（事实上酒驾并不总是意味着驾车存在过失）。国会这一部分人的行为出人意料，而损害赔偿法草案此前从未讨论过这样一条规则。 111

为什么只有在受害人被控存在故意或重大过失（见上文边码110）的情况下，赔偿才可能减轻，有数个原因。最强烈的呼声认为，从社会角度来赔偿人身伤害非常重要。人道主义的观点也被提及：让人因一时的过错而承受可能贯穿一生的痛苦，这是不合理的。新规则实现了更好的风险分散。责任保险覆盖大多数情况下的人身伤害，而受害人购买个人保险的情况在此不应考虑进来。用规则预防事故的观念也自动证明是不适当的：不应指望受害人仅仅因为知道自己的过失会减轻赔偿而更加谨慎，不管规则如何，每个人都会尽力避免伤害自己。前文边码111有关酒驾的规则违背了这些思想。 112

关于人身伤害中共同过失的规则没有涉及受害人未能减少经济损失的情形。例如，受害人受伤后，拒绝了一个工作机会。这样的情况根据赔偿额度计算的原则来决定。 113

委员会的报告里体现了法律的变化，它们对"只有在受害人被控存在故意或重大过失的情况下，赔偿才可能减轻"的观点并不满意。委员会还要求有一个立即可行的形式。法官应当也可以在合理的情况下减轻赔偿。但是政府拒绝了这一提议，全国总工会也不怎么支持。 114

共同故意使两种情况成为讨论的对象。一种是，受害人已经同意了伤害。例如，医生获得病人同意，施行一个危险的手术。因为病人事先接受了这个行为，所以根本不存在赔偿责任。另一种情况 115

是关于自杀和企图自杀。瑞典最高法院于 1981 年判决了这样一个案例。[66] 司机向坐在身边的未婚妻提议一起自杀,未婚妻不同意,但他还是把汽车开向了防护栏,几分钟后他在她怀里死去。这是明显的自杀行为。两人的儿子向汽车的交通保险索赔。保险人最后准备承担 75% 的赔偿责任,最高法院判赔 100%,但是持保留意见认为:如果司机自杀的目的只是为了让亲属得到更高的赔偿,赔款将不必支付。

人们猜测这种判决的背后存在着社会保险特有的观点。

116　　与共同过失有关的重大过失在瑞典法律中颇为罕见。要具备这样的性质,过失必须相当大。典型的情况是相关的行为或疏忽不但给受害人自己而且还给他人带来巨大的风险。另一种情形涉及危险的游戏,例如击剑不戴面罩。还有其他各种明显无视自己生命和健康的行为,例如,明知阳台上的栏杆不可靠,还在上面练习平衡。

117　　赔偿减轻的额度是在权衡双方不当行为的程度以及其他相关状况之后,以合理性的原则来决定的。[67] 这一规则跟财产损害赔偿的规则相同。

首先,过错的程度决定了什么是被认为合理的判断。受害人的共同过失非常大,以致赔偿减轻为零的情况是可能发生的。相反地,受害人共同过失程度太轻,赔偿也可能根本不会减轻。赔偿的减轻额度通常被确定为损害的某个百分比。

118　　除受害人的过错之外,还有其他一些情形会影响赔偿额度。重要的一条是对因果关系的确信程度。受害人有义务减轻损害,如果未能履行这一义务,他有可能根据其责任自行承担未能减轻的那一部分损害。法庭也注意到了一个事实,就是侵权者的行为比受害人的行为更加危险,这种情况下,就不会按通常的做法减轻损害赔偿。

66　[1981] NJA,920.
67　《损害赔偿法》第 6 章第 1 条第 3 款。

另一种影响赔偿减轻的情况是双方的经济状况。立法者并不准备让这条规则运用太多,只有在为了避免明显不合理的结果时才会采用。它必须在以下步骤之后适用。法官只有在检验其他情况之后才能考虑经济情况,然后法官会思考:赔偿的减轻对受害人来说是否不合理地难以承受?要得到肯定的答案,赔偿的减轻必须对受害人谋生的可能性或生存状态产生严重的影响。原则上,如果受害人受到自己购买的保险的保护,从经济上的考虑并不能导致赔偿减轻。这个原则同样适用于自保险人。假定如果受害人因为疏忽而未领取应有的这样一种损害保险,例如,领取住处或职业活动中的火灾保险金,就无法避免赔偿的减轻。

119

对侵权者不公,也是不允许的。如果责任保险覆盖损害赔偿,或者侵权者被认定为自保险人,就永远不会不公平。侵权者是经济状况良好的企业或者资源富足的市政当局,情况也一样。

120

因此,侵权者良好的经济状况永远都不是全额赔偿受害者的单独理由,它可能会影响判决,但只会发生在减轻赔偿对受害人来说不合理的情况之下。

121

假设 X 的女儿 A 和朋友 B 一起损害了 X 家里的一件贵重物品,并且两人都有过失。如果 X 向 B 索赔,B 可以申明 X 应当承担其女儿 A 的过失责任,从而请求减轻赔偿。这样的做法完全正确,符合《损害赔偿法》的规定。必须考虑 A 的行为相当于 X 的行为,因此 X 必须接受赔偿减轻。但是如此认定有个条件,就是它必须是财产损害事件。如果是人身伤害问题,比如说,A 和 B 由于过失一起伤害了 X,赔偿减轻就不可发生。这一点写进了法律(《损害赔偿法》第 6 章第 1 条第 1 款)。因此,在这样的背景下,人身伤害从受害者角度得到了更为慷慨的对待。

122

在共同过失的问题上,儿童和患有智力缺陷疾病的人也得到了更为温和的对待,但主要涉及财产损害。如果一个孩子鲁莽地将自

123

行车骑入车流而受伤,很难想象法官会减少孩子有权向保险人索取的赔偿。

(五)人身伤害可获得的赔偿

124 向人身伤害受害人支付的赔偿项目应包括:(1)医疗费用和其他开销;(2)收入损失;(3)痛苦(非金钱损失,《损害赔偿法》第5章第1条第1款)。商业活动受阻视同为收入损失(《损害赔偿法》第5章第1条第3款)。从事家务劳动的价值等同于收入(《损害赔偿法》第5章第1条第3款)。

125 另外,受害者身边的人——包括配偶、登记的伴侣、同居者、孩子和父母——都可因其受伤而产生费用或其他经济损失,比如交通费、收入损失以及在家照顾受害人发生的费用。在法院实践中,这些损失可以得到支付,但是有个条件:它们可以被认定为受害人的损失;这样,法庭就避免了因亲属是第三人、侵权者没有义务赔偿而产生的问题。在伤病的第一阶段(急性疾病),法庭会非常慷慨,但之后,支付此类费用的态度就会拘谨多了。如果受害者是小孩,或者有生命危险,通常都会得到赔偿。在其他情形下,赔偿探病费用的可能性很小。但在2002年1月1日之后,通过立法的干预,这些可能性都增加了。[68]

126 非金钱损失在《损害赔偿法》中被分为三部分,分别是暂时性生理和心理损害("sveda och värk",接近于疼痛和痛苦的意思)的赔偿、长期损害("lyte eller annat stadigvarande men",畸形、毁容或其他永久性残疾或伤害)的赔偿以及特殊不便("särskilda olägenheter")的赔偿。

---

68 See *Regeringens* proposition 2000/01:68 pp. 20–21.

"疼痛和痛苦（Sveda och värk）"指的是焦虑、失眠、注意力无法集中、抑郁、性障碍、不安以及对未来的担忧等等。这些情况在急性疾病期会发生。交通事故委员会（Trafikskadenämnden）为此建立了一系列的价目表。该委员会属于半官方性质，如果交通事故的伤害不太严重的情况下，保险人依法必须与之直接联系。建立价目表的出发点是确立每个月的基本赔偿数额，这一数额可以根据特殊状况增加。"疼痛和痛苦"不需要经过医学证明。

急性疾病过后，可能会存在伤害的持续性后果：畸形、毁容或其他永久性残疾或伤害（见前文）。举例来说，该后果可能是肢体功能丧失、疤痕、跛行、身体部分缺失、耳聋、视力损害、嗅觉、味觉或性感受能力的损害等等。对周围环境无反应、无法享用假日的情况也在此列。此类后果也建有相应价目表，目标是给所有的伤病按 0–100% 分级。

（六）死亡案例中可获得的赔偿

若人身伤害致受害人死亡，赔偿项目有：（1）丧葬费用，以及由死亡产生的其他合理费用；（2）生活费或其他经济资助的丧失；（3）与死者关系亲近的人因其死亡而遭受的人身伤害（《损害赔偿法》第 5 章第 2 条第 1 款第 3 项）。

死者的近亲属可能获得侵权损害赔偿（见前文边码 74）。

（七）赔偿的范围和方式

《损害赔偿法》中不存在下限或上限。但在不同的赔偿体系中（前文边码 21–65），在涉及单纯严格责任时（如核设施领域），存在或可能存在这样的限制。

132　非金钱损害的赔偿很大程度上被交通事故委员会每年给出的表格标准化了（参考价目表）。

133　关于前文边码 127 提及的"疼痛和痛苦（Sveda och värk）"，首先有一个基本的每月赔偿数额。住院治疗和院外治疗又作了区别。事故发生后前 3 个月的赔偿数额高于其后的 3 个月，再往后的 3 个月数额更低。若有特殊情况出现，基本赔偿数额可能提高 10% - 50%。特殊情况又以别的表格加以解释。

134　"永久性残疾（Lyte och men）"（见边码 128）根据另一个价目表赔偿。重要的考虑因素包括残疾程度和年龄。残疾程度根据伤害的不同以百分比来确定，例如，前臂截肢为 60%，拇指截肢为 25%。

135　未来收入损失、未来生活费或其他经济资助损失的赔偿应当以终生年金、一次性支付或二者结合的方式来确定（《损害赔偿法》第 6 章第 4 条第 1 款）。这意味着受害者可以自由选择某一方式，但有个限制。如果赔偿对受害人的生活来源具有非常重要的意义，应当以终生年金的方式支付，除非有特别的理由不允许这样做（《损害赔偿法》第 6 章第 4 条第 1 款第 2 项）。这是一种特殊的限制，因为立法准备文件认为这种限制对合同自由没有任何影响。[69] 法案同时规定，若受害人欲将终生年金改为一次性支付，只须提及"特别的理由"即可（《损害赔偿法》第 6 章第 4 条第 2 款）。受害人欲买房居住，或开始一个学习课程，都可以认定为"特别的理由"。因为税务原因而需要用钱的情况不属于"特别理由"。[70]

136　在人身伤害赔偿事宜通过合同商定或法院审判决定之后，据以作出决定的条件可能已经发生变化。如果是本质上的变化，可能需要重新审视赔偿评估的整个过程。这意味着赔偿的数额可能增加或者减少。但一次性支付的赔偿数额永远不会改变（《损害赔偿法》

---

[69] *Regeringens* proposition1975:12 pp. 112 *et seq* and 166 *et seq.*

[70] *Regeringens* proposition 1975:12 pp. 167 *et seq.*

第6章第5条第1款)。

现金价值的变化由立法者处理。[71] 但仅限于终生年金的处理。

(八) 第三人责任险对受害者的重要性[72]

在私人生活领域只有一种强制性的责任保险,即交通保险。某些职业活动领域也有强制性的责任保险,其中两个是房地产中介和保险代理人。

也有一些职业领域,其活动预先假定了强制性保险的必要性(这是其主管单位所要求的),但是法律没有要求。律师职业就是如此。

受害人不能向保险人直接索赔,但法律会向保险人和被保险人施压。在被保险人向受害人支付赔偿之前,或在受害人同意之前,保险人不能向被保险人支付赔偿。如果保险人违反这一规则,应当对受害人负责。另一规则规定,如果被保险人有权向保险人索赔而拒绝付诸行动,受害人可以起诉,扣押被保险人向保险人索赔的权利。

若被保险人破产,受害人不能提出扣押索赔权利的诉讼。但赔偿款仍在被保险人名下,即使因为没有受害人的同意而无法取出。根据法律规定,官方的接管人必须随后作出安排,让受害人拿到这笔赔款,但此步骤的完成必须满足一个特别的条件:被保险人向保险人索赔的权利必须产生于破产之前。

71　*Lag* (1973:213) *om ändring av skadeståndslivräntor*.
72　*Cf.* J. Hellner, Tort Liability and Insurance, *Scandinavian Studies in Law* (1962) pp. 128-162.

二、案例

(一) 案例1

1. 费用

142　　P有权就其医疗费用向卡车的强制交通保险索赔（或者，若无法确认肇事卡车，向交通保险局索赔）。赔偿在判断费用的合理性之后支付。无法说明该判断一般是如何作出的，但估计继承因素在其中扮演了一定的角色。从社会保险获得的赔偿会从中自动扣除。他将得到"基数"的69%，该基数是政府为了《一般保险法》［Lag (1962.381) om allmän försäkring］的计算而每年确定的一个数额。2001年该数额为39,600瑞士克朗，折合4298欧元[73]。P的亲属有权获得金钱与非金钱的损害赔偿（见上文边码129－130）。

2. 收入损失

143　　必须进行一个有点特殊的估计。P本有可能成为医生吗？必须对他的学习成绩报告和其他情况——包括他父母的职业——进行分析。若分析结果认为P本不可能成为医生，保险人还必须找出其他一些合适的职业来分析。

144　　如果保险人发现P本该成为一名医生，保险人将在认为合理的前提下，在他职业的开始阶段支付他6万欧元，在其结束阶段支付20万欧元。如果支付50万欧元，将被认为是不合理的。

145　　收入损失将在中学毕业之后再进行4到5年医学专业学习的时间之后开始支付。最后，他的收入损失将因社会保险的赔偿而减少。专业学习期间，国家还会给予一些补贴，这笔补贴的数额也将从保

---

[73] 根据2001年7月13日的汇率。

险人支付的收入损害赔偿中减除。

3. **亲属**

亲属不能从保险人处得到任何赔偿,但他们会从社会保险获得赔偿,前提是他们在家里照顾 P。 146

(二) 案例 2

1. 病人保险会支付赔款(见前文),不管事故发生于何处。 147
2. 若 P 未能从病人保险获得任何赔偿,她可以转向社会保险和自己的私人保险索赔。 148

(三) 案例 3

1. **遗孀和女儿的索赔?**

瑞典交通保险人按惯例向受害人遗孀提供其配偶生前一般收入 50% 的赔偿。这意味着遗孀每月可获赔偿 1 万欧元。遗孀应当找个工作、搬到小一点的公寓居住,或者做一点其他类似的事以减少开销。如果她没有做到,保险人将相应减少赔偿数额。超过寻找新工作所需时间(可能会很久)的假日将不再得到特别的赔偿。 149

从遗孀以上所得的赔偿数额中,交通保险会将其根据《损害赔偿法》第 5 条第 3 款所得的利益减去(见边码 18)。 150

女儿将从社会保险获得特别的"儿童抚恤金"。如果她一直在校学习并是个有才华的人,保险将支付该抚恤金直至其年满 18 岁甚至 20 岁。 151

2. **S 的共同过失的后果?**

没有。只有当事故因自杀而发生时,才会有赔偿的减轻。 152

瑞士的人身伤害赔偿

罗兰·布雷姆

一、基本问题

(一) 损害赔偿法与社会保障法的互动

1. 交叉

1   发生事故的风险及其经济上的后果很大一部分被相对较为密集的社会保障网络所覆盖。

(1) 对工资收入的保障

2   根据《事故保险法》(UVG),强制性的事故保险(*Unfallversicherung*)为雇员提供针对收入丧失的保障(基数为事故发生时工资的80%)。在伤残事故中,由保险机构支付的数额为所丧失收入的80%的定期金(《事故保险法》第20条第1款)。对于死亡事故,《事故保险法》规定了对遗属的保障(死者的配偶获得所保障的收入的40%,子女获得15%,孤儿获得25%,《事故保险法》第31条)。此外,雇员及自由职业者的工资超过"老年与遗属保险"(AHV)(边码3)所保障的工资的,对于超出部分,由《职业保障法》(BVG)所规定的"职业保障制度"(*Berufliche Vorsorge*)提供保障,这提供的同样是针对伤残的定期金或给遗属的定期金。这些重要的法律规定了相互协调的规则,以避免受害人获得过多赔偿。目前所保障的最高工资为106,800瑞士法郎,这囊括了大约92%到96%的劳动者的全部工资(《事故保险法》第15条第3款),包括对非工伤事故的保障。保险赔偿可达到收入的90%,就此保险机构有权向责任人进行追偿。[1]

(2) 给全体居民提供的保障

除《事故保险法》给非自由职业的劳动者所提供的保障之外,"老年与遗属保险"(Alters- und Hinterlassenenversicherung, AHV)为死者的配偶及孤儿提供定期金的保障,联邦"伤残保险"(Invalidenversicherung, IV)为伤残者提供定期金的保障。强制性的医疗保险同样为事故导致的医疗费用提供补充性的保障。这些保险覆盖全体居民。

2. 追偿权/份额优先权

(1) 基本原则

社会保险的所有保险人都享有对责任人的追偿权,从而保险人所支付的保险金要从受害人所享有的直接的损害赔偿请求权中予以扣除。责任人要向社会保险的保险人偿还损害赔偿的大部分,余下的损害才由受害人享有直接请求权。对于责任人而言所适用的规则是,保险人的追偿权不应加重责任人所应承担的责任;换句话说,责任人对受害人及行使追偿权的保险人所承担的债务加在一起,不应超过其总共应承担的责任。

(2) 份额优先权

大多数有关社会保障的法律都明确规定了被保险人的份额优先权(Quotenvorrecht)(有关"职业保障"的法律是例外,[2] 其中的追偿方式由相应的规章来加以规定)。其实,在引入社会保险之前,份

---

1 参见下文边码4。
2 边码2及其以下。

额优先权就已经成为了一项得到判例确认的、有关追偿的基本原则。[3] 在相应的赔偿项目之后会对份额优先权加以单独说明。

3. 附：私立保险

(1) 事故保险

6　　与（强制性的）社会保险不同，私立的事故保险是可以自行选择的。根据给付的不同，事故保险分为损害保险与定额保险。

A. 损害保险

7　　保险提供的保障涉及医疗费用的话，则属于损害保险。[4] 只有当医疗费未由《事故保险法》（UVG）[5] 所规定的强制事故保险或由责任人承担时，才在损害保险的框架内进行赔付。事故保险的保险人在责任事故场合支付了医疗费的，保险人代位取得对责任人的权利［《保险合同法》（VVG）第72条］，这意味着，受害人不能同时行使这一请求权。

8　　上述规则也适用于雇员集体事故保险中的工资损失保障（*Lohnausfalldeckung*），集体事故保险由雇主投保，是对《事故保险法》所规定的保险的补充，针对的是社会保险所没有保障的那部分工资。这种保险赔偿也被归入损害保险的范畴。

B. 定额保险

9　　私立事故保险中所约定的其他保险赔偿（每日津贴、住院时的每日津贴、伤残金、死亡赔偿金），在遭受身体伤害的场合就进行给付，不问是否存在损害结果。从而，事故保险的保险人所支付的这种保险赔偿不属于损害赔偿。换句话说，受害人就其工资损失享有全部的请求权；如果已就每日津贴投了保，则还可以向私立事故保险的保险人请求支付每日津贴。所投保的伤残金和死亡赔偿金，在

---

[3] *Bundesgerichtsentscheid*（BGE）60（1934）II 178/179.

[4] BGE 104（1978）II 44/52 – 54.

[5] 参见上文边码2。

私立事故保险的保险人进行赔付时，不考虑社会保险机构所支付的定期金或者责任人所支付的赔偿。

(2) 人寿保险

人寿保险属于定额保险。在死亡的场合，不论相应的损害是否存在，都要支付保险金。因而，在计算损害数额时，不将人寿保险的保险人所支付的保险金考虑在内；被保险人可以在向责任人主张损害赔偿请求权的同时向保险人请求支付保险金（《保险合同法》第96条）。残疾定期金（Invalidenrente）的保障则属于例外，这一保障系作为对人寿保险的补充而设计的，属于损害保险的范畴（保险人对责任人享有追偿权，《保险合同法》第72条）。

(二) 责任原则与制定法依据

1. 责任构成要件概述

(1) 过错责任

按照瑞士的责任法，原则上，当具备如下四个要件时，致害人应当承担赔偿责任 [《债务法》（OR）第41条]：

- 不法行为（即不法性）
- 损害
- 行为与损害之间存在相当因果关系
- 过错

(2) 原因责任

在过错责任之外，一般法规定了单个的原因责任（Kausalhaftung），例如家长的责任 [《民法典》（ZGB）第333条]、土地所有权人的责任（《民法典》第679条）、雇主的责任（《债务法》第55条）、动物保有人的责任（《债务法》第56条）或建筑物所有权人的责任（《债务法》第58条）。概括起来说，若在特定的场合存在状态瑕疵（建筑物瑕疵）或行为不充分（对雇员、未成年人、动物的监管不够，滥用土地所有权），则发生不以过错为要件的原因责任。责任人通常可以举证证明其不应承担责任。[6]

(3) 公平责任

13　法律同样规定了基于公平的、不以过错为要件的责任，针对的是不具有判断能力的人所从事的不法行为（《债务法》第 54 条）。赔偿的数额并不完全取决于责任的大小，而是取决于整体的情况（特别是也取决于双方当事人各自的财产状况）。

(4) 危险责任

14　在 20 世纪产生了补充性的特别法，规定的是更为严格的原因责任，即所谓危险责任，特别是例如机动车或航空器的保有人的责任、铁路公司的责任、核设施或爆炸物的所有权人的责任、狩猎者的责任或者某些管道供应的运营者的责任。与普通的原因责任[7]一样，危险责任中的致害人在无过错时也要承担责任。但是危险责任更加严格，不问是否存在瑕疵或者未尽注意。原则上，只要所涉的危险活动造成了损害的发生，就足以使加害人承担责任。加害人要想免除责任的话，原则上必须证明存在不可抗力或者完全出于受害人或第三人的重大过错。

15　某些时候，甚至不可抗力也不足以构成免除责任的抗辩事由〔《核能责任法》（KHG）第 5 条就是如此〕。按照《管道供应法》（RLG）第 33 条第 2 款或《核能责任法》第 5 条，第三人的重大过错也不足以使加害人免除责任。

2. 过错责任

(1) 概述

16　过错责任是一般法（《债务法》第 41 条）所规定的第一种也是

6　参见边码 20。
7　参见边码 12。

最为重要的一种责任类型。不过，在 20 世纪的责任法中，过错责任越来越多地受到危险责任的排挤（特别是在道路交通的场合）。[8] 然而，过错责任一直都还适用于个人日常生活中的普通行为（特别是也适用于行人、非机动车驾驶人或者体育运动的场合）。法人机关或企业主（Betriebsinhaber）也就其自身的行为向第三人承担过错责任。

(2) 过错的概念

A. 标准

过错分为主观方面和客观方面。判断能力属于主观方面。《民法典》第 16 条[*]所列举的人（未成年人、精神病人、智障人）以外的其他人，具有判断能力。责任能力（Verschuldensfähigkeit）以对损害发生可能性的认识为前提。过错的客观方面的内容则基于一种类型化的过失概念，指向的是善良家父的标准。导致损害发生的危险越大，对行为人的要求就越高。判例中经常使用"危险规则"（Gefahrensatz）作为特殊的判断标准。[9] 这一不成文的法律规则要求，任何人造成了某种可能使他人遭受损害的情事的，必须采取必要的预防措施、避免损害发生。未采取必要措施避免损害发生，就具有过错。[10]

B. 实践中的要求

对行为人的谨慎行为的要求在逐渐提高，这是一种可以确认的普遍趋势。作为衡量标准的善良家父通常被等同于一个完美的、毫无瑕疵的机器人。由此，法院倾向于将最轻微的疏忽和最微小的缺失当作过错来处理。这特别是涉及在此处极为重要的道路交通领域：

8　参见边码 14。
*　原文为"第 18 条"，应为笔误。——译者注
9　参见如 BGE 79 (1953) II 66/69.
10　例如滑雪时所负的交往安全义务：BGE 113 (1987) II 246/250.

违章驾驶导致事故发生的,通常不作进一步的分析就认为行为构成了过错。责任保险的发展又强化了这一趋势。

C. 合同责任/侵权责任

19 原则上,在合同法和合同法以外的其他法律中,过错的概念是一致的。当然,证明责任的倒置加重了合同债务人的责任;在债务不履行或不完全履行的场合,"若其不能证明其不存在过错",则债务人负有赔偿义务(《债务法》第97条第1款)。"不存在"这一补充要求强化了证明责任。联邦法院所公开的判例之中,也只有在极少的判例中(在大概90年的判例中,笔者仅看到了三个这方面的判例),债务人成功地证明了其不存在过错。

D. 一般过错责任的加重

20 瑞士法不存在"过错责任的加重"。行为人的责任要么是基于过错(就此,如边码18处所述,判例倾向于严格地运用善良家父的客观标准),要么是根据法律而基于原因责任。有的时候,所谓的"轻微"原因责任(参见边码12)与加重的过错责任存在相当的相似之处,在这些场合,行为人通常可以证明,其尽到了在对子女的"监护过程中通常程度上的以及依所处情况而应有的程度上的注意"(家长责任,《民法典》第333条),或者"尽到了依所处情况而应有的全部注意"(雇主责任,《债务法》第55条,或动物保有人的责任,《债务法》第56条),从而免除责任。

3. 辅助人责任

(1) 合同法以外的责任

A. 一般法

(a) 雇主责任

21 如上一段(边码20)所引用的,《债务法》第55条就辅助人所造成的损害对雇主责任进行了规范。这涉及的是一种无过错责任,但可以通过证明来排除责任。雇主要么可以证明,其已尽到了选任、指示和监督上的注意,要么可以证明,"即使尽到了这些注意也仍然会发生该损害"。法院在对这种免责的证明进行审查时非常得严格。

(b) 其他的轻微原因责任

即使法律没有明确地规定,一般法所规定的原因责任也仍然适用于辅助人的行为。这适用于家长(《民法典》第333条)、动物保有人(《债务法》第56条)、建筑物所有权人(《债务法》第58条)或滥用权利的土地所有权人(《民法典》第679条)。

B. 特别法(危险责任)

对于一般的原因责任所进行的讨论,更加适用于危险责任的场合。由此,特别法要么明确地规定了为辅助人承担的责任,比如《道路交通法》(SVG)第58条第4款,又如《铁路责任法》(EHG)第1条第2款的反面解释,要么如其他法律那样默示地作了规定。

(2) 合同责任

根据《债务法》第101条,债务人就其辅助人在履行合同时给合同对方当事人造成的损害承担责任。对于辅助人的行为,债务人应像对自己的行为那样承担责任。[11] 换句话说,债务人只有证明其辅助人不存在过错,并且,债务人自己从事系争行为的话同样不会存在过错,债务人才不用承担责任。[12] 由此,这种免责证明比《债务法》第55条所规定的免责证明更加严格。按照瑞士的法律,遭受损害的合同当事人可以选择援用合同法以外的损害赔偿法,也可以援用合同法中的损害赔偿法,[13] 从而,在这种场合,受害人能够因适用合同法而从《债务法》第101条中受益。

4. 无过错责任

这一问题已经在涉及辅助人责任的边码21中得到了部分处理。

---

[11] BGE 91 (1965) II 294.

[12] BGE 92 (1976) II 241.

[13] 例如 BGE 113 (1987) II 246/247.

（1）适用范围

A. 一般法

26　　就此指向的是《债务法》第 54 条、第 55 条、第 56 条、第 58 条以及《民法典》第 333 条、第 679 条（边码 12）。

B. 特别法

27　　大多数的保护第三人免于特定危险的特别法，给相应的运营者规定了原因性的危险责任。《道路交通法》（SVG）（就此详见下文边码 29）、《1905 年 3 月 28 日关于铁路企业、蒸汽轮船企业以及瑞士邮政的责任的联邦法》（EHG）、《管道供应法》（RLG）、《电力法》（EleG）、《航空法》（LFG）、《产品责任法》（PrHG，参见边码 34）、《爆炸物法》（SprstG）或《狩猎法》（JSG）都是如此。

（2）特殊情形：机动车运行责任

28　　机动车交通由一部特别法即《道路交通法》来加以规范，其中给机动车所有人规定的是一种不以过错为要件的危险责任。与之相反，非机动车驾驶人、行人以及并非机动车所有人的驾驶人，则仅仅就其过错承担责任。

A. 危险责任

29　　《道路交通法》非常广泛地规定了对因机动车而遭受伤害的受害人的保护（《道路交通法》第 58 条及其以下各条）。原则上，机动车所有人要就因机动车运行而导致的全部人身伤害或财产损害承担责任。只有当损害系归因于不可抗力或者完全归因于受害人自己的或第三人的重大过错时，机动车所有人才可以免除责任（《道路交通法》第 59 条第 1 款，详见边码 53）。在受害人与有过失的场合，会相应地减少损害赔偿。若第三人存在过错，但并非重大过错，则损害赔偿的数额不受影响：机动车的所有人和第三人向受害人承担连带责任（《道路交通法》第 60 - 61 条）。机动车所有人的责任也适用于对其家庭成员的责任，由此，家庭成员就身体伤害所享有的请求权也受到机动车责任保险的保障。

B. 单个问题

（a）所有人为驾驶人和辅助人承担的责任

对驾驶人和其他辅助人所造成的、因机动车导致的损害，所有人也要承担责任。这也受到责任保险的保障（《道路交通法》第58条第4款）。所有人自己作为乘车人而遭受伤害的，其基于驾驶人的过错而对驾驶人所享有的请求权，同样受到保险的保障。对于驾驶人自己所受的伤害，保有人同样要基于机动车的运行而承担责任（因驾驶人自身的过错而减轻责任）。这一请求权也受到责任险的保障。

（b）机动车被盗后又被使用时的责任

若损害系因所谓的"盗驾"而造成，在行为人之外，机动车的所有人也要承担责任，以使其保险人对损害赔偿负责。其后保险人可以向行为人进行追偿（《道路交通法》第75条）。

（c）致害人不明的或未投保的损害

机动车责任保险的保险人共同为两项基金提供资金。其中一项基金意在对致害人不明的损害进行保障，另一项基金的目的则在于承担那些未投保的机动车所造成的损害（虽然保险是强制性的，《道路交通法》第76条及其以下一条）。这两项基金都按照危险责任的基本原则如机动车保险人那样向受害人承担责任。

（3）特殊情形：诊疗过失引发的责任

瑞士的立法没有为医生的责任设置特殊的规则。这一问题适用《债务法》的一般规则，特别是，在私人医生的场合适用合同法（委托），在公立医院中由医院的医生进行手术时适用（各州的）公法。虽说在理论上这两种法律的适用是不同的，但这两个法律领域中的结果大多相同。[14] 针对医生,既不存在特殊的过错标准,[15] 在诊疗事故的判断上也没有任何宽容。[16]

(4)特殊情形:产品瑕疵责任

34 　　产品责任事故是由《产品责任法》(PrHG)这样一部"与欧洲协调一致的"特别法来加以独立规范的。该法给瑕疵产品的(广义上的)"生产者"规定了一种原因责任。这种责任既涵盖物质损害,也涵盖非物质损害(抚慰),因为《产品责任法》并不区分两种不同的损害类型,并且该法第11条规定要补充适用债法的规则。关于证明责任,参见边码55及其以下。

5. 原因不明时的责任

(1)机会丧失

35 　　法官要对因果关系的盖然性(Wahrscheinlichkeit)进行衡量。对于这一问题,法官要按照"全有或全无原则"作出"是"或"否"的回答。最近,在我国,也有学者提出应进行差别化的衡量。[17] 不过,在我国,这个问题并未引起很大的讨论,因为法官在对有关盖然性的证据进行判断时享有很大的裁量权。损害的主要部分首先是由社会保险的保险人来承担,这也基本上为受害人排除了这一问题。

(2)选择因果关系

36 　　瑞士法对这一问题并未作什么特殊的处理:若加害人不明(即使仅有50%的可能性),责任就不成立。和"机会丧失"的问题一样(参见边码35),学说对这一问题并未给予很多的关注(判例还完全没有涉及)。

14　参见边码58。
15　BGE 116 (1990) II 519/521.
16　BGE 113 (1987) II 429/432.
17　持这一立场的有 E. Stark, Die "perte d'une chance" im schweizerischen Recht, in: O. Guillod (Hrsg.), *Neuere Entwicklungen im Haftpflichtrecht* (1991) S. 101 – 109.

6. 交通法的特殊规则

运输中的货物遭受损害时的合同责任（不适用于此处所考察的人身伤害）是通过《债务法》中有关运输合同的规则来加以规范的（第440条及其以下各条）。

（1）道路交通法

《道路交通法》也规定了有偿旅行的旅客遭受人身伤害时的责任。旅客可以援用不以过错为要件的危险责任，并且这种责任也不存在最高限额。

（2）铁路运输

《铁路责任法》（EHG）同样给人身伤害规定了一种不存在限额的危险责任（第1条）。这一规则既适用于旅客，也适用于旅客以外的其他受害人。

（3）航空运输

航空运输中的人身伤害是通过经《海牙议定书》修订后的《华沙公约》来规范的：原则上适用的是原因责任。不承担责任的情形仅限于，承运人证明自己及其工作人员已经采取了为避免损害的发生所应采取的一切措施（第20条）。在受害人自己过失（Selbstverschulden）的场合可以减轻责任（第21条）。

（三）证明责任的分配

1. 损害的证明

（1）精确证明

"请求损害赔偿之人，应对损害加以证明"（《债务法》第42条第1款）。这一规则与《民法典》第8条所规定的基本原则是一致的，该条规定，"就某事实而主张权利之人，应对其所声称的事实的存在加以证明。"判例区分不同的证明程度，证明程度根据证明事项的难易程度而定，难易程度又取决于损害的性质。

A. 规则：绝对证明

42　若完全能够对损害加以精确的证明（例如医院或诊所的账单，雇员的工资收入丧失），则精确的证明是赔偿义务成立的必要条件。

B. 例外

（a）表见证据（Prima facie-Beweis）

43　若所主张但却无法明确证明的损害与逻辑相符，并且对这种相符不能提出反对理由，则法官以表见证据（Anscheinsbeweis）为足够。例如受害人声称在事故发生之后衣物被损毁，因为，所有的情况都表明，急救中心不得已将其衣物悉数剪掉了。

（b）高度盖然性

44　责任人可以对受害人主张的损害后果提出有依据的质疑。例如，受害人声称其因事故而遭受了不同寻常的损害时。在责任人提出质疑后，受害人必须向法院证明，这种损害具有"极大的"或者"高度的"盖然性。

45　若加害人一方能够证明，受害人未遭受其所称的损害具有更高的盖然性，那么，原则上，仅证明高度盖然性对于受害人而言就不再够了：此时，受害人必须提出绝对的证明（一般通过有效的、准确的书面证据，或者有说服力的证人证言）。

（2）无法精确证明的损害

46　"对于无法精确证明的损害，法官应根据事物的一般发展进程及受害人所采取的措施，以其自己的裁量来加以估计。"（《债务法》第42条第2款）

47　适用这一规则的条件首先是，用精确的、能以真实的数据作为支撑的计算来对损害加以证明是不可能的或者无法苛求的。无法精确证明的场合，涉及了法律所规定的盖然性的证明。法官的裁量空间确实很大：既可以对损害的存在与否进行判断，也可以对损害的数额大小进行估计,这特别是在计算持续性损害(残疾损害、扶养丧失)时至关重要,因为,众所周知,将来的事情是无法加以证明的。当然,受害人必须提出计算依据并为此提供证明,这是在判断其所主张的损害存在与否及数额大小时要考虑的因素。[18] 法官对其所接受的、作为其损害评估依据的情况,必须给出充分有力的说明。

2. 因果关系的证明

瑞士损害赔偿法所接受的是相当性理论(Adäquanztheorie)。相当性是法律问题(Rechtsfrage)。与之相反,自然因果关系(natürliche Kausalität)则是一个事实要件问题(Tatbestandsfrage),需要加以证明。这一证明的程度和条件与损害的证明相同(边码42-45)。

3. 违法性以及过错的证明

违法性和过错都是法律问题(Rechtsfrage)。因而,要证明的内容涉及成立违法性和成立过错的事实。证明的程度也与损害的证明相同(边码42-45)。

4. 无过错责任的证明

(1)概述

在原因责任的场合,受害人必须对有关责任成立的全部事实加以证明(特定危险的实现、损害、因果关系)。这一责任不以过错为要件,因此,受害人无须证明被告存在什么有过错的行为;从而,要由被告来对其根据法律可以免除责任的事实加以证明(例如受害人或第三人的重大过失行为)。

(2)特殊规则

A. 机动车责任

18　BGE 113 (1987) II 323/343.

51   证明责任按照以下规则来加以分配：
(a) 受害人的证明责任

52   受害人要证明，其因为机动车的运行而遭受了损害。发生了伤害的结果，就已经成立了违法性，因果关系的相当性通常也是如此（事实自证）。从而，受害人只需对其所受的损害加以证明。[19]

在例外的场合，若受害人无法判断谁是行为人，则受害人转而向国家基金要求赔偿。[20] 此时，受害人还需要证明加害人肇事逃逸。

(b) 责任人的证明责任

53   若受害人证实了上述内容，则机动车的保有人及其责任保险的保险人一方则可以尝试去证明其不需要承担责任，就此，其可以证明，损害系基于不可抗力（法院极少会接受这种说法）。在过去一百年的全部已发表的判例中，笔者仅看到在一个案件中，法官同意不可抗力是机动车事故的原因（该机动车经过一座桥梁，这座桥横跨一条小河，小河涨水，桥被冲垮）。[21]

此外，责任人还可以证明：

- 损害完全归因于受害人或第三人的重大过失；
- 责任人以及机动车的驾驶人不存在过错；
- 并且机动车不存在任何促成损害发生的缺陷。

54   责任人如果不能证明这三个方面的内容，原则上就要承担责任。另一方面，责任人还可以证明受害人存在过错，这虽然不能够使责任人免除责任，但可以导致损害赔偿责任的减轻。

B. 产品责任

55   证明责任与 1985 年 7 月 25 日的欧盟指令（EU-Richtlinie）相一

---

[19] 参见边码 41 及其以下内容。
[20] 参见上文边码 32。
[21] BGE 49 (1923) II 254/263.

致。受害人应当对损害、缺陷、缺陷与损害之间的因果关系以及被告作为生产者的身份加以证明。

生产者仅有可能提出免除责任的证明（例如产品未投入流通，在系争的时间点上产品不存在缺陷，等等）。

5. 合同责任

（1）概述

与侵权法上的过错责任不同，在合同责任的场合，证明责任倒置，由此，债务人必须证明其不存在过错（《债务法》第97条）。如边码19处所述，这种证明几乎总是达不到法院的高要求。

（2）特殊情形：医生责任

在私法中，一方面，病人应对作为违约事实的医疗事故（或未尽告知义务）加以证明，另一方面，医生需要证明其不存在过错。医生要想免于责任的话，切实可行的只有，否认医疗事故的存在。根据公法，病人必须证明存在违法性（实践中，存在医疗事故，就存在违法性）；违法性成立，国家就应承担原因责任。在实践中，法官参考的是医疗鉴定结论，因此，证明的问题仅仅具有次要的意义。

（四）受害人的共同过失

1. 责任冲突

（1）过错责任

在损害赔偿计算中，法律首先处理的是赔偿的数额问题，首先，在受害人对于损害的发生具有与有过失时，可以减轻赔偿（《债务法》第44条）。由此，法官要根据加害人的责任和受害人的共同过失各自的意义来确定如何减轻赔偿。在加害人承担过错责任的场合，法官对双方当事人的行为进行比较：双方各自的过错程度相当的，通常会导致赔偿减少一半。不过，受害人还可能基于其他的原因而必须分担损害，例如因为自己对事故也要承担原因责任（比如：无过错的机动车驾驶人驾驶机动车与马车相撞）或因为某种事先存在的病理性状态的共同作用。

（2）原因责任

60　　在进行衡量时，所谓"轻微原因责任"的份量与过错相当。某种原因责任（例如因为建筑物瑕疵）与受害人自己的过错相遇时，与纯粹过错责任场合受害人自己存在过错相似，同样减轻加害人的责任。

（3）危险责任

61　　在进行衡量时，危险责任的权重大于过错，由此，当受害人的过错和边码59及60所列的受害人过错相同时，责任减轻的程度要小。

（4）加害人的原因责任与过错责任的竞合

62　　加害人基于两种名目承担责任（例如既基于危险责任也因为存在过错，这在如道路交通事故中通常如此），则受损害的非保人的与有过错仅在有限的范围内发挥作用。有的时候——特别是在受害人轻微过失的场合——法院甚至"抵销"双方的过错，从而基于危险责任的损害赔偿义务不受影响，于是受害人获得的赔偿不会减少。

（5）请求权的丧失

63　　"请求权丧失"这一表述应当理解为，受害人享有某项损害赔偿请求权，然后又丧失这项请求权。瑞士私法中的损害赔偿法中不存在这种权利丧失制度。行政法中则有不同：

- 《联邦机关及其工作人员责任法》（VG）规定，在一年的期限过后，请求权丧失（《联邦机关及其工作人员责任法》第20条第1款）；

- 《受害人救助法》（OHG，参见边码119）要求，受害人应在犯罪行为发生后两年内向有关机关行使请求权，否则请求权丧失

(《受害人救助法》第16条第3款)。

受害人的行为出于故意或重大过失的,并不"丧失"其请求权: 64
● 要么,受害人根本不享有任何请求权,因为加害人不存在过错,并且由此在危险责任案件中与损害发生原因之间的相当因果关系被中断;
● 要么,(若加害人同样存在过错)受害人仍然享有数额(大为)减少的损害赔偿请求权。

2. 减损义务

法律没有明确规定受害人的减损义务。与之相反,《债务法》第44条规定,当"其(即受害人)所应为之负责的某些情事促成了损害的发生或扩大"时,应减少损害赔偿。由此,例如受害人拒绝进行某种毫无危险的手术[22]或治疗[23]的,应减少损害赔偿。 65

(五) 身体伤害场合应赔偿的损害

"受害人遭受人身伤害的,可以请求偿还所产生的费用,并赔偿全部或部分丧失劳动能力而造成的损失,就此应考虑其经济前途的恶化情况"(《债务法》第46条第1款)。 66

1. 费用

法律所规定的"费用"的概念在外延上很广。其指的是因人身伤害而产生的全部支出: 67

(1) 急救

赔偿的范围包括将受害人送往医院的费用——在必要时可以是通过直升飞机运送。在治疗上,受害人可以自行选择医生和医院。医院、医生或其他医疗人员对责任人或其保险人都不享有直接的请 68

---

[22] BGE 57 (1932) II 61/68.
[23] BGE 61 (1936) II 130/133.

求权；只有因受伤害而（自身）遭受经济损失并就此可以向责任人请求赔偿的受害人，才是债权人。

(2) 住院

69　　赔偿住院费用的条件仅是，该医院对于必要的治疗而言是合适的，且治疗费用就伤害的类型而言是适当的。

70　　因支出治疗费用而造成的损害通常很容易计算。费用的数额可以由医生来加以证实，治疗的方式也可以在医学上加以证明。关于这一损害项目，法院很少碰到争议。

(3) 近亲属发生的费用

71　　事故也可能会给受害人的近亲属带来经济上的后果。

A. 探望费

72　　亲属探望住院的受害人而支出的费用（路费、收入损失），属于反射性损害，对此，亲属自己不享有对责任人的赔偿请求权。由此，判例援用了无因管理制度（《债务法》第419条及其以下各条）并以这个名义赋予了亲属针对受害人的适当的赔偿请求权。[24] 这一赔偿义务从而构成受害人自己的损害，该损害要由责任人来承担。

B. 在家护理

73　　受害人在家接受护理的，进行护理的亲属可以就其护理要求受害人支付适当的费用。父母不得不为因事故而残疾的子女提供长期护理的，就其超出通常的、法定的父母照顾义务而付出的部分，可以请求受害人支付费用。子女所负的这些金钱债务相应地增加了其可诉请赔偿的损害的数额。这一费用根据情况可能达到相当大的数额：若子女不得不完全依赖于其母亲的护理，而母亲本有职业，则母亲根据情况可以以无因管理的名义请求赔偿自己由此丧失的工资收入，这反过来又会相应增加受害人所受的损害。

---

[24] BGE 97 (1971) II 256/266.

C. 其他费用

应予赔偿的还有其他的医疗费用，即为辅助器具、假肢、康复训练、温泉治疗、物理治疗等支出的费用以及由此产生的路费。受害人一直严重残疾的，在必要时要为受害人的住处安装新的必要设施（轮椅通行设施）。这些改建费用也应予赔偿。

2. 工资损失

（1）暂时性的收入丧失

受害人因事故而丧失的工资收入，同样应予赔偿。受害人为雇员的，其所损失的工资的80%由强制事故保险的保险人来保障，该保险人作为社会保障的保险人有权在其保险给付范围内对责任人进行代位追偿（边码4）。若在例外情况下不涉及社会保险的保险人，则雇主在一段确定的时间范围（根据劳动关系已经存续的时间长度）内有义务继续支付工资。判例同样判决雇主对责任人享有相应的追偿权。[25]

（2）损失计算

关于收入损失，要区别受害人在事故发生时是否是自由职业者。

A. 非自由职业者

受害人为雇员的，在大多数情况下，暂时性的收入丧失很容易加以计算。雇主会作为证人来对其工资收入损失加以证明；若这与医生所证实的劳动能力丧失相符，原则上就认为损失已经得到了证明。工资要按照其总数（brutto）来加以赔偿（不减去受害人应缴纳的社会保险保费）。

B. 自由职业者

自由职业者的收入通常会有很大差异。因此，法官在大多数情况下会依赖于专家鉴定人的评估结论。受害人必须提供对于评估而

---

[25] BGE 126 (2000) III 521/523.

言所必要的全部文件，否则其不能要求法官进行自由裁量（《债务法》第42条第2款，参见边码46）。应予赔偿的是损失总额，因为受害人也必须能够弥补其正在继续支出的费用。

C. 特殊情形：家务损害

79　　在家务损害的场合，差额说（Differenztheorie）不具有说服力，法官于是采用了与劳动能力的丧失相应的、按日计算的金额（Taggeld），其数额根据聘请家政服务人员所需的费用来计算。[26] 应予考虑的是住宅的大小，所涉及的、家庭共同生活的亲属的人数，还应部分考虑可要求家庭成员投入的多少，等等。[27] 就此不应考虑实际的支出（即积极损害，*damnum emergens*）。在事故发生之前受害人也给第三人（近亲属）提供家务劳动的，其不再能提供这种给付构成其亲属所遭受的（严格按照法律的话是无须给予赔偿的）反射性损害，对此也不予考虑。相应的，"家务损害"得到了抽象，并且，与具体消除损害的基本原则（参加下文边码80）相反，此处接受的是规范性损害（nomative Schaden）的概念。计算基数为家政服务人员每小时工资标准向上取整（当前为每小时30瑞士法郎）。向上取整应考虑到这样的情况：原则上，家庭主妇所做家务的质量要比外聘家政服务人员完成工作的质量更高。

3. 持续性损害

（1）概述

A. 具体的损失计算

80　　瑞士的责任法在确定将来的损害时也采纳具体的损失计算方式，也就是说，要尽可能地考虑实际的数据并进行可靠的推理。对于事实上已经遭受的和将来可能还要遭受到的损害，受害人都应当获得

---

[26] BGE 108 (1982) II 434/438 f.
[27] 经常引用的是 H. Schulz-Bork/E. Hofmann, *Schadensersatz bei Ausfall von Hausfrauen und Müttern im Haushalt* (6. Aufl. 2000) 中定期发布的统计数据。

赔偿。对于法院来说,这一基本原则的运用并不容易。对将来的损害进行具体的计算,在对全部的重要情况进行深入考察方面确实存在问题,但在对将来的实际需要尽可能地进行相应的赔偿方面也存在优点。

B. 将来的收入丧失

若残疾所导致的收入丧失是持续性的,就应对这一指向将来的经济上的后果加以计算并赔偿(并于损失计算,参见边码90)。

(a) 成年人将来的收入

在对残疾或扶养丧失所致损害进行估算时,法官不能仅根据当时的工资来进行简单计算。法官必须推测并就将来可能延续的整个"活跃期间"(Aktivitätsdauer)(称为"收入持续期间",Erwerbsdauer)对将来的平均工资进行估算。如果涉及的受害人年龄已经较大、不久就会退休,这种估算在某种程度上可能还是简单的。相反,若受害人在其职业生涯中正值壮年,法官必须对其收入将来的发展进行估计,对可能的事业发展机会进行估计,这在大多数情况下会导致判断不准。由于过去数十年间的经济起伏,法院通常以当时的收入水平向上或向下取整作为估算的基础。不过,若能够进行具体的估算,如工资在将来似乎很有可能会增长(特别是对于刚刚开始职业生涯的年轻人),则在确定将来的平均收入时要对此加以考虑。

(b) 未成年人将来的收入

若受害人是一个将来还不知道会从事何种职业的未成年人,要对其将来的平均收入进行可靠的估算,简直是不可能的事情。如果没有其他的参考依据,法院倾向于按照受害人的家族所从事的职业来进行估算。通常也会委托进行一项精神心理方面的鉴定。

对某特定职业的假设得到了认可后,接下来就是估算作为受害人的未成年人在将来四十年或五十年内的平均收入水平。抛开将来物价上涨的问题不谈,[28] 对于在四十年或五十年内实际可能发生的收入增长,几乎无法作出可靠的估算。法官并非先知。因此,对未成年受害人的将来的收入,只是提前作了保守的估计。这一有些无法令人满意的处理,在一定程度上也得到了调和:按照经验,未成年人对于残障的适应能力通常很大,其职业的发展大多会超出医生的事先估计。并且还要注意到,这样赔偿的收入,终生不会受到失业的威胁。

(2) 经济前途恶化

A. 残疾与经济损失之间的不平衡关系

85　将来的损失与残疾程度并非总是存在对应的比例关系。某项在医学上相对较轻的残疾所造成的经济后果,同根据其生理组织上的损害所预料到的相比,可能要重得多。例如,某位钢琴家失去了一根手指。

B. 将来的损害,即使工资并未降低

86　对于在遭受伤害以后仍获得全部工资的残疾人,通常也必须承认其受有损害。这类受害人的经济前途可能因多种方式而变差:例如,在工作的时候,同健康的同事相比,他感到更加劳累,其后这会体现为更严重的健康损耗和更早的退休(同时养老金也更少)。经济前途变差同样也表现在残疾的受害人在就业市场上的机会更少,从而所面临的失业危险也更大。相应的,受害人在工作中升迁的机会也可能更少。对这种变差,很难加以量化。在判决时,受害人工资尚未降低的,法官要将这种(仍"无法预见的")损害考虑进去,从而法官从判决之时起就已经承认了将来的平均的收入损失,其通常大约相当于尚未实际显现的医学上残疾损害的一半。

C. 改变职业

87　事故导致受害人改变职业的,对其经济前途所造成的妨害也可

28　参见边码141。

能大大超过因残疾而在医学上造成的损失。例如，某位因商务而经常出差的成功人士，由于腿脚或背部受伤，以后只能待在办公室里工作，其充满希望的事业也就走到了终点。也就是说，在这样的案件中，受害人很可能不得不改行并重新学习，由此其收入会少掉很多。虽然受害人会重新获得"完整的"劳动能力，但是其此前所拥有的独特的收入能力则丧失掉了。在确定具体的残疾损害时，要对此加以考虑。

D. 严重残疾

受害人遭受严重残疾的（例如残疾程度为 85% 或 90%），法院通常不会再对所余下的、在理论上还能实现的收入进行估算，因为这在劳动力市场上事实上已经几乎无法实现。

（3）养老受到妨害

所谓的"养老受损"的意思是，收入因事故而降低，并导致将来退休以后所能获得的社会保险给付减少。法院考虑到了这种损失，并选择运用两种不同的计算方法：

• "精确的"方法：以额外的、其后折算为货币的定期金来加以赔偿，就此在实践中需要进行保险计算上的鉴定。

• 整体的方法：雇主所要缴纳的社会保险保费被计入折算为货币的工资损失。这一额外的赔偿使得受害人可以自行为补充性的养老提供资金。

（4）残疾场合的损害计算

残疾所造成的损害会延续至将来很长的一段时间，通常是直至受害人去世。其具体的范围包括了受害人如果未遭受这一事故的话本能够获得其收入的那段期间。至于因残疾而造成的损害的具体计算，必须对以下的数据进行估算：

• 将来可能会发生的年收入损失；这通常与残疾在医学上的程度并不一致；法官必须首先弄清楚，残疾会在多大的范围内对将来的收入造成影响、残疾是否会给受害人的经济前途带来妨害（参见边码85）。

● 其工作可能会持续的时间长度。这取决于对受害人的寿命的估计，也就是说，必须考虑到受害人的死亡几率。根据经验，有劳动能力的人通常并不会一直工作，至死方休；必须要注意到通常的退休时间（Aktivitäts-Endalter），这通常在65岁左右，有时（视法定退休年龄而定）会早一点点，（对于自由职业者来说）有时会晚一两年。最后，还要将残疾的风险（即，如果没有发生系争事故，受害人在以后也可能会部分或完全残疾的风险）考虑在内。在货币折算项目"短期活跃定期金"（temporäre Aktivitätsrente）*中，要考虑到这一情况。在受害人为家庭主妇（以及家庭主夫）的场合，判例认为，其从业时间比其他的职业要长。从而，持续性损害折算成货币要根据一种中间性的系数来折算，这一系数大体上居于死亡几率与活跃几率（Aktivitätswahrscheinlichkeit）之间。

当然，不要高估按照"死亡"（Mortalität）和"活跃"（Aktivität）得出的两种折算系数之间的差别，至少当受害人为年轻人时如此。例如，一个20岁的年轻男性至退休年龄65岁为止的死亡系数只比活跃系数（Aktivitätsfaktor）高3.4%。年龄为40岁时，二者之间的区别就到了4%。[29]

91 将来的年收入损失与所从事职业的预计退休年龄这两项必要数据都确定了之后，就可以着手将损失折算成货币。[30] 所运用的是W・施陶费尔（W. Stauffer）、M・舍茨勒（M. Schaetzle）和St・韦伯

---

* "活跃定期金"（Aktivitätsrente），是瑞士的定期金的一种类型，其以定期金权利人具有劳动能力为前提；一旦丧失劳动能力，则不再享有这种定期金。"活跃"（Aktivität）即指有劳动能力。——译者注

[29] 根据 W. Stauffer/M. Schaetzle/St. Weber, Barwerttafeln (5. Aufl. 2001) T 1b und 11.
[30] 关于如何估算将来的平均收入，参见边码82。

(St. Weber)编写的《现金价值表》(Barwerttafeln),[31] 该表大概每十年根据官方人口统计数据及联邦的残疾保险官方数据加以更新。在残疾事故中,折算系数基于以下三部分:贴现率(3.5%,参见边码141)、死亡风险与残疾风险。[32]

(5)律师费

就此问题参见边码142及其以下。

92

(六)死亡场合应赔偿的损害

"在自然人死亡的场合,应赔偿由此所产生的费用,特别是丧葬费用。"(《债务法》第45条第1款)

93

1. 丧葬费

丧葬费应由责任人承担。葬礼的方式、隆重程度和如何举办,都由受害人的亲属来决定。关键的因素一方面是家庭的宗教信仰,另一方面是当地的风俗习惯。对于这一损害类型,一般很少会有争论。当需要将遇难的外国人的尸体运回其遥远的故土时,运送的费用也要计入损失。属于丧葬费用的还有发布讣告的费用、支付给殡仪馆的费用、在必要时置办丧服的费用、接待葬礼参加者的费用以及对坟墓进行第一次整修装饰的费用。

94

2. 所丧失的扶养(扶养损害)

(1)请求权人

"他人因自然人的死亡而失去扶养人的,对这一损害也应予赔偿。"(《债务法》第45条第3款)

因扶养损害而享有请求权的权利人的范围很广泛。享有请求权

95

---

[31] 目前为2001年的第5版。
[32] W. Stauffer/M. Schaetzle/St. Weber, *Barwerttafeln*(上注29)(原文为21,应为笔误。——译者注)T 40/41。

的原则上不但包括其死者的家人或亲属,还包括从死者处获得全部或部分扶养的其他任何人。前提条件仅是,要证明死者对其进行了有规律的、经济上并非微不足道的、预计将会持续一段时间的扶养。能够令人相信,存在有规律的、从全部表象来看计划在将来也要继续实施的、持续性的扶养,就足够了(并参见边码101)。

96　　不但当扶养人为受害人提供了不可缺少的、必要的生存条件时受害人可以请求扶养损害的赔偿,而且,当扶养的丧失使得受害人不再能够享受与事发前的境况相适应的生活水平时,受害人也可以请求扶养损害的赔偿。

　　(2)扶养的类型

97　　通常来说,是从扶养人的工资收入中(以现金)支付扶养费用。但也可能是以提供劳务的方式进行实际的扶养。在涉及家庭主妇时尤为如此。通过从事家务劳动,家庭主妇为其家庭作出了巨大的贡献。这一给付具有可估值的现金价值,[33] 其所提供的扶养的数值也能够用金钱计算出来。如今,越来越多的男性也参与到家务劳动中来,因此,男性的死亡也可能会造成(家务上的)扶养损失。

98　　对这一损害应尽可能具体地予以赔偿,因此,所丧失的扶养的计算取决于许多部分的内容。一方面,就死者而言,问题与残疾场合计算的问题相同(将来的平均收入、退休年龄、退休之前其他的残疾风险、对死亡风险的考虑、折算成货币时的利息)。另一方面,还必须查清,扶养人在将来本会为被扶养人支出多少收入,以及扶养的持续时间(每一被扶养人的预期寿命)。

　　(3)被扶养人与死者之间的关系

　　A. 配偶之间的扶养

99　　当涉及死者的配偶的请求权时,需要查清的是,其所得到的扶

---

[33] 关于对家庭主妇的损害,参见边码79。

养份额是多少（要考虑到被扶养人自己可能也有工资收入）。这是事实问题，而不是法律问题。换句话说，关键的不是死者本有义务为其家庭付出什么，而是其事实上为其家庭付出了什么以及原本计划将会继续付出什么。后一问题还要进一步细化，因为其具体地涉及估算，为了使其配偶因扶养人的扶养而处于的生活水平在将来维持不变，需要花费多少。请求人必须对此前所接受的扶养加以证明和证实。其后，法官必须根据推理和经验，适用《债务法》第42条第2款（参见边码46），对将来所需要的扶养进行估算。假定某些费用按原定标准继续产生（特别是房租或抵押贷款利息，但也包括电费、广播电视费、杂志、车库，有时也包括保险等），从这一原则出发，扶养费通常按死者生前收入的60%来计算（在高收入的场合按大概50%–55%计算）。在配偶之外，又有子女接受抚养的，前者*的扶养份额在预计将对子女进行抚养（参见下一边码）的持续时间内要予以减少。根据被扶养的配偶的年龄，还要进一步减少扶养费的数额（通常是适度减少），以考虑到其因再婚而不再受有扶养损害的可能。判例对"再婚机会"的问题作了小心的适当处理，以此名义减少的数额通常取决于所涉年龄群体在统计上的再婚比例。

B. 子女的抚养

在死者对其家人进行扶养的场合，还必须暂时性地为每个子女计算（通常是适度的）抚养份额，这一份额计算至子女的教育预计结束之时。其后，死者的配偶所应得的扶养份额会增加。子女越少，死者的配偶及子女所得的扶养份额越多。反之，在子女众多的家庭中，扶养总额（包括对死者配偶的扶养）占死者生前收入的比例可能高达如80%。

---

* 原文为"后者"，疑为笔误。——译者注

C. 对家人以外的人的扶养

101 扶养请求权并不以死者所负的法定扶养义务为条件。家人以外的人也可能会获得扶养。扶养可能是基于约定的义务,或基于同居关系,或仅仅是基于某种情谊。关系越疏远,对存在持续性扶养关系的证明要求就越高:所涉及的必须是一种无偿的、有规律的、稳定的扶助关系。

(4) 被扶养人的年龄

102 若未发生死亡事故,本来要在扶养人从事职业的"活跃期间"(Aktivitätsdauer)内从其收入中支付扶养费用,直至扶养人或被扶养人死亡。若以金钱方式进行赔偿(通常如此),则必须将所谓的"同居人定期金"(Verbindungsrente)折算成货币,这一定期金指向的是死者生前预计的活跃期间(Aktivitätserwartung)及其预期寿命。当涉及的是对子女的抚养时,要将"短期活跃定期金"(temporäre Aktivitätsrente)折算为货币(直至预计子女在经济上独立时止)。

(5) 子女作为赡养人

103 子女也可能会对其父母进行赡养(儿童也会在将来成为赡养人)。若如此,则在赡养金的数额之外,还要估算赡养可能会持续的时间长短,因为通常来说年轻人总有一天会组建其自己的家庭,从这个时候起,按照经验,他们不再拥有足够的资源,对其父母的赡养通常由此停止。当然,在法定的养老制度作了重大变革以后,由子女来对其父母进行养老的情形已经变得非常罕见了。在这种场合,赡养费的计算要借助于根据活跃期(Aktivität)计算的临时性定期金(在儿童成为将来的赡养人的场合,推迟至其获得劳动能力之时,期间长度为该子女预计尚无自己的小家庭需予供养的期间)。

(6) 律师费

104 就此问题参见边码142及其以下。

(七) 附：非物质损害（精神损害）（"抚慰"）

"在自然人死亡或身体伤害的场合，在对所处的特殊情形进行衡量后，法官可判决向受害人或死者亲属支付适当的金额作为抚慰。"（《债务法》第47条）

1. 目的

抚慰金的目的在于，通过在损害赔偿之外向受害人另行进行金钱给付，使其所遭受的身体上的和/或精神上的痛苦得到一定的补偿（Ausgleich）。这一金额应给受伤者或受害人带来愉悦的感觉，从而明显地减轻其痛苦，这大概相当于对非物质损害进行的物质上的平衡。

对于抚慰金的支付方式，法律未作规定。在理论上，抚慰金可以一次性支付，也可以以定期金方式支付。不过在实践中，几乎全部是一次性支付。

2. 构成要件

法律规定了请求"抚慰金"的权利（《债务法》第47条及第49条）。关于抚慰金的估算，参见边码第120以下。请求权人为受害人及（在极严重伤害或死亡的场合）其亲属。

事故受害人享有抚慰金请求权的前提是，其所遭受的身体上的或精神上的痛苦曾经（或现在仍）足够严重，这时进行这种金钱上的补偿就是正当的。

（1）受害人为请求权人

当存在"特殊情形"（《债务法》第47条）时，应赔偿抚慰金。当伤害达到某种程度时，就认为具备了这一要件。仅有一片皮肤挫伤或者脑震荡并不足以满足这一条件，即使这导致受害人在几周的时间内丧失劳动能力。相反，若受害人不得不长期住院，法官就可根据情况判决抚慰金。若存在某种持续性损害，如导致容貌毁损或甚至残疾，受害人由此终生遭受精神上的或者也有身体上的痛苦，则通常要判决抚慰金——只要具备了其他的责任要件。在受害人存在与有过失或损害主要是出于受害人的与有过失时，也可以判决支付"适当的"（即数额减少的）抚慰金。

（2）受害人的亲属为请求权人

111　　在两种情况下，受害人的亲属享有抚慰金请求权。

A. 死者的亲属

112　　受害人因受伤而死亡的，原则上就是发生了《债务法》第47条所规定的"特殊情形"，从而使其遗属享有抚慰金请求权。按照死者与其遗属之间的人身关系，在死者的配偶之外，其父母与子女——例外情况下还有其兄弟姐妹——也享有请求权。

113　　判例对受害人亲属范围的界定还要更宽。这一范围并不一定要与家庭的范围相同。关键的在于死者与亲属之间必须存在事实上的、紧密的关系。从而，法院也承认未婚夫或未婚妻享有请求权。反过来，对如兄弟姐妹或孙子女（或外孙子女）则仅在特定条件下才判决支付抚慰金。

B. 严重残疾者的亲属

114　　如果受害人幸存但其健康状况（即残疾）如此严重，以至于其近亲属由此遭受极度严重的精神负担，则受害人的近亲属也例外地享有请求权。这一情况构成加害人对亲属的人格权的严重侵害，从而应当支付抚慰金（《债务法》第49条）。

（八）赔偿的数额与类型

1. 赔偿的数额

（1）免赔额（Selbstbehalt）*

---

* "Selbstbehalt"一词，直译为由受害人自行负担的部分。——译者注

A. 基本原则

对于人身伤害，责任法中不存在要由受害人自行承担部分损害的规则。

B. 补充性的补偿

在道路交通事故中，一直无法查清加害方机动车的损害将由国家保障基金来承担，对此，根据《道路交通法》（SVG）第76条第6款的规定，只有"受害人无法从其他途径获得赔偿的"损害（定额保险所作的赔偿除外），才由国家保障基金承担。

（2）最高限额

A. 基本原则

原则上，若责任人应承担全部责任，则其始终负有赔偿全部损害的义务。反过来说，赔偿也永远不能高于所证明的损害的100%（抚慰金除外）。

B. 例外

（a）民航

瑞士的责任法只是在民航责任中规定了最高限额（经《海牙议定书》修订后的《华沙公约》：责任最高限额为200,000瑞士法郎，在特别重大过失的场合，责任不受限制）。

（b）受害人救助法

应予提及的还有与损害赔偿法紧密相关的另一部法律，即《受害人救助法》（OHG）。若犯罪行为的受害人未从其他途径获得赔偿，则应根据该《受害人救助法》获得赔偿和抚慰金。这涉及的是行政法上的给付，其填补了损害赔偿法（在犯罪人不具有偿付能力时）的一个漏洞。这一给付受到两个方面的限制，一方面其针对的是收入不高的受害人（《受害人救助法》第12、13条），另一方面限额为100,000瑞士法郎。

2. 精神损害赔偿（抚慰）的范围

（1）趋势

120 　　在确定抚慰金的数额时，不存在计算表，而是要根据个案的全部情况（依个案而各不相同）来判断。不过，在司法实践中，总是要参照先例，从而无可避免地产生出了一个关于抚慰金判决的大概公式。这在死亡场合如此，在残疾场合也是如此：在死亡场合，对于相同的亲属关系，要判决大概相同的金额；在残疾场合，对于相似的残疾程度，也要判决相似的金额。以下概述这一普遍性趋势。

　　A. 严重伤害场合

121 　　虽然疼痛的持续时间与最初的疼痛程度以及医生的治疗——特别是还有长时间的住院治疗——这些因素在考量抚慰金数额时要加以考虑，但残疾程度才是最重要的考量因素。换句话说，伤害完全得到了治愈的受害人所应得的抚慰金数额总是要远低于受害人变为残疾时所应得的抚慰金数额。其理由在于，在残疾的场合，受害人终生会遭受身体上的痛苦。因此，直至今日，给完全残疾并需要他人护理的受害人判决的赔偿是最高的（关于数额，参见边码132）。

　　B. 死亡场合

122 　　通常来说，死亡场合的抚慰金的最高数额总是低于严重残疾场合所判决的抚慰金最高数额。

　　●在死者的亲属中，通常要作进一步区分，判决给死者的配偶的数额最高。

　　●按照从高到低的次序，其次是死者的父母，然后是死者的子女。

　　●兄弟姐妹（参见边码128）在少数场合以及其他亲属（祖父母或外祖父母）在例外场合也会获得抚慰金（当然只是适当数额的）。

　　（2）数额

123 　　在1960年至1990年间，瑞士法院所判决的抚慰金数额发生了有规律的（并且部分是显著的）增长。一方面，与此前的判决相比，法院一再地、持续性地注意到了物价上涨的因素。另一方面，联邦法院想要对残疾场合的人格权给予更多的关注，抚慰金正是实现这一目的的合适的制度。在最后的十年里，物价的上涨趋于和缓，从而，自那时以来，有关损害赔偿的司法实践得以相对稳定，至少就联邦法院的判决而言如此。下文（边码125及以下）列举了一些金额，目前，法院在这些金额的范围内判决抚慰金的数额。

本研究仅涉及在非故意造成的事故中应赔偿的数额。故意的行为（谋杀、抢劫等）所造成的伤害大多会导致更高的抚慰金数额，此时抚慰金通常具有刑罚的性质（虽然没有明确表明），一般被排除在责任保险的保险范围之外。按照同样的理解，在发生犯罪行为以后由国家按照《受害人救助法》支付的抚慰金也不在此加以考虑。

A. 死亡场合的抚慰金

（a）向死者的配偶支付的抚慰金

法官虽然必须遵照司法实践中的其他规则（边码122），但是，法官也必须考虑所处理的案件中的具体情况：密切的（或疏远的）关系、婚姻的和谐（或不和谐）、请求人的年龄、事故的情况、过错的内容、其间的悲痛是否能够承受以及如何承受，这些都是可能导致所判决的抚慰金数额不同于平均数额的因素。尽管如此，所判决的抚慰金数额与平均数额之间很少存在大的差别。目前，判决支付给死者配偶的抚慰金数额通常大概为40,000瑞士法郎。[34]

（b）向死者的父母支付的抚慰金

在子女死亡的场合，父亲与母亲各自享有请求权。从而，要分别判决向父亲和母亲支付抚慰金。在实践中，死亡的子女的年龄很少对抚慰金数额产生影响。法院通常将抚慰金数额定为大概30,000瑞士法郎。死者为独生子女或者甚至是两个孩子同时死亡的，抚慰

---

[34] 例如 BGE［1994］*La semaine judiciaire*（Semjud），589/599.

金数额可能达到每个孩子、每位父亲或母亲40,000瑞士法郎。[35]

(c) 父母一方死亡时向死者的子女支付的抚慰金

127　在涉及父母与子女的关系时,法院也不怎么考虑父母一方死亡时子女的年龄。成年的、已经建立了自己的家庭的子女,同样享有请求权,并且抚慰金的数额也几乎不会比判决给年龄小的子女的抚慰金少。一般来说,数额在每个孩子30,000瑞士法郎上下浮动。[36]

(d) 向死者的兄弟姐妹支付的抚慰金

128　原则上,死者的兄弟姐妹只有在死者死亡前仍然与之同住在一起时,才能获得抚慰金。数额在5,000瑞士法郎与6,000瑞士法郎之间浮动;在一起特殊的案件中,法院[37]甚至将抚慰金判决到了12,000瑞士法郎。

(e) 向死者的未婚妻或未婚夫支付的抚慰金

129　法院对于未婚妻或未婚夫的问题持保留态度,不过如今,同居关系与"婚约关系"之间并不总是易于区分。现阶段就此仅有少数公开发表的判例:在过去十年的判决中,笔者仅看到了两个判决,其在数额上也相差巨大。[38]

B. 伤害场合的抚慰金

(a) 未造成残疾

130　虽然残疾程度是在确定抚慰金数额时最为重要的衡量因素,但这并不意味着,当伤者未遭受到永久性损害时,就不享有抚慰金请求权。若受害人所受病痛非常严重(住院数周、进行手术或持续时间更长的疼痛),法官已经可以判决向受害人支付抚慰金。当然,与残疾场合相比,这种情形下的抚慰金数额相对较低。根据具体情况,

---

[35] Tribunal de Martigny et St-Maurice, 29.1.1995 (unveröff.).
[36] 参见如 BGE in [1994] Semjud 589/599.
[37] Wallis, [1994] *Zeitschrift für Walliser Rechtsprechung* (ZWR) 169 ff.
[38] BGE 118 (1992) II 404 判决6,000瑞士法郎, Wallis, [1994] ZWR 169 判决12,000瑞士法郎。

抚慰金数额可能在 1,000 瑞士法郎到 10,000 瑞士法郎之间浮动（例外的情况下甚至更高）。

(b) 疤痕

作为对容貌的损害，疤痕（特别是面部的疤痕）所带来的伤害根据情况可能也非常严重。有一位受害人身上留下了两块丑陋而又非常明显的疤痕，获得了 15,000 瑞士法郎的抚慰金。[39] 根据受害人的职业和疤痕的类型，若受害人所从事的是面向公众的职业，并且甚至可能不得不考虑改行，留下疤痕也可能被认为是残疾。[40]

131

(c) 残疾场合的抚慰金数额

• 受害人的请求权

除残疾的严重程度是最为重要的考量因素外，其他的因素也是需要予以考虑的，例如疼痛的剧烈程度、残疾对于日常生活的影响、性生活、可能需要改行；在严重残疾的场合，是否必须依靠他人帮助才能正常生活，也是重要的考虑因素。在轻微残疾的场合，抚慰金数额的增加与残疾程度的增加相关联（20% 残疾时，大约 20,000 至 25,000 瑞士法郎，30% 残疾时，抚慰金在 30,000 至 50,000 之间），在严重残疾的场合，抚慰金数额则大幅增加：半身不遂、坐在轮椅中需要依靠他人帮助来生活的人，获得的抚慰金为 120,000 瑞士法郎[41]甚至 150,000 瑞士法郎[42]。在一起脑损伤的案件中，甚至给受害人判决了 200,000 瑞士法郎的抚慰金。[43]

132

• 受害人受伤严重时其亲属的请求权

在例外的场合，受害人受伤严重时其近亲属根据《债务法》第 49 条也享有抚慰金请求权（边码 114）。

133

---

39 Neuenburg [1993] *Revue de jurisprudence neuchâteloise* (RJN) 74.
40 关于容貌毁损如 BGE 21.5.1975, Vaudoise/Schneps (unveröff.).
41 BGE 123 (1997) III 301.
42 Zürich [1997] *Blätter für Zürcherische Rechtsprechung* (ZR) 13.
43 Schwyz, 16.4.1997 (unveröff.).

- 配偶的请求权

134 要特别提到的两个案子分别是，某位已婚妇女遭受严重的大脑损伤，[44] 还有一个人失去了左手和左腿并从那以后坐在轮椅中需要依靠他人的帮助来生活。[45] 在这两起案件中，都给受害人的配偶判决了30,000瑞士法郎抚慰金。[46]

- 父母的请求权

135 有两位受害人因受害而半身不遂，其各自的父母分别被判给了10,000瑞士法郎[47]和20,000瑞士法郎[48]的抚慰金。

3. 持续性损害的赔偿的类型

（1）金钱赔偿

136 根据《债务法》第43条，由法官来确定责任人是支付金钱赔偿还是提供实物赔偿。在实践中，几乎一直是优先采用金钱赔偿的方式。

（2）定期金或一次性支付

137 法院让原告来选择，对持续性损害应当是以定期金的方式还是以一次性支付的方式来进行赔偿。

A. 定期支付

138 若以定期金形式进行损害赔偿，一旦按照边码80-89查明了全部问题，要确定定期应支付的数额就不存在特别的困难。若约定或法院确定了定期金每期应付的数额，则定期金的总额也就确定了下来——将来发生物价上涨的除外（参见边码140）。之后可能发生的

---

44 BGE 117 (1991) II 50.
45 Zürich, [1995] ZR 13.
46 还可参见另一起案件，某位已婚妇女遭受严重伤害之后，需要别人的护理，并且丧失了表达能力（判给了60,000瑞士法郎）：Bern [1995] *Zeitschrift des bernischen Juristen-Vereins* (ZBJV) 120 (124).
47 Wallis [1991] ZWR 227 (239).
48 Schwyz 1995 (unveröff.).

受害人情况好转或恶化都对将来的定期金支付不产生影响，因为在确定残疾程度时应当已经考虑到了这些可能的风险。

《债务法》第46条第2款规定，法院可以保留对赔偿数额进行调整的权利，从而法官可以保留在判决后两年内对赔偿数额的调整权。这里规定的期限太短，以至于实践中很少有法官行使这种保留权。 139

受害人选择定期金支付方式的，定期金数额要根据物价上涨指数进行调整。[49] 定期金债务人必须提供担保（《债务法》第43条第2款）。由责任保险的保险人支付定期金的，受害人不再需要获得这种担保，因为保险机构破产的风险本来就会受到相应监管机构的监管。 140

B. 一次性支付/利息计算

从1946年起，在折算成货币时，要计入相对较低的利率即3.5%，这对总金额有积极的（günstig）影响。赔偿总额原则上是确定的。之后不再根据物价上涨因素进行调整，因为受害人要么可以用赔偿数额的实际价值进行投资，要么可以去获取年收益率高于3.5%的收益，从而抵销之后的物价上涨因素。 141

（九）附：律师费

受害人一方支出的律师费用属于可以请求赔偿的损失，这对于身体伤害案件和死亡案件都是如此。其条件是，律师的介入是必要的，并且费用是适当的。 142

1. 诉讼中发生的律师费用

对于民事诉讼中发生的律师费用，除诉讼请求被完全驳回以外，原告以"当事人费用赔偿"（Parteientschädigung）的形式获得赔偿。 143

---

[49] BGE 125 (1999) III 312/320.

若仅有部分诉讼请求获得支持，则受害人也只能获得部分的当事人费用赔偿，此时当事人费用赔偿的减少通常要少于其他损害赔偿的数额的减少，因为当事人要想获得赔偿，仍然必须要提起诉讼。若受害人作为自诉或民事程序当事人通过律师的代理参与刑事诉讼，刑事法院（在责任人罪名成立的场合）同样要判决向其支付"当事人费用赔偿"，这一赔偿要由犯罪人的责任保险的保险人来承担。

2. 诉讼前发生的律师费用

144　　在和解以前及和解过程中可能会发生高昂的律师费用。如果达成和解，则责任人要分担大部分的和解费用。在诉讼案件中，在判决责任人承担责任时，诉讼程序前发生的律师费用属于应予赔偿的损害。目前，《民事诉讼法》（ZPO）仍属于各州的立法权限范围。在一些《民事诉讼法》中，这些费用被直接归入"当事人费用赔偿"的内容。

（十）责任保险对于受害人的意义

1. 强制责任保险

（1）义务/保险金额

145　　作为对危险责任的补充措施，特别法经常规定危险的承担者应投保强制责任保险（这特别是涉及边码 14 中所述的全部责任）。最低保险金额要根据物价上涨及司法实践的发展进行定期调整。目前，每次保险事故的最低保险金额是，机动车事故为三百万瑞士法郎，管道供应设施根据能源的类型为五百万或一千万瑞士法郎。每一核能设施必须投保金额为三亿瑞士法郎的责任保险，在此之外，联邦为核能设施承担最高为十亿瑞士法郎的担保，另加上对利息和诉讼费用最高为一亿瑞士法郎的担保。

　　在机动车事故保险中，保有人（作为乘车人）自己遭受伤害的，其对应承担责任的、被保险机动车的驾驶人所享有的请求权，同样受到保险的保障［《道路交通法》（SVG）第63条第2款第a项的反面解释］。

（2）对保险人的直接请求权

为了加强对受害人的保护，法律赋予了受害人对保险人的直接请求权，加害人可能发生的破产因而不会对受害人产生影响。此外，特别法都规定，保险人不得对受害人主张基于保险合同产生的抗辩（例如因为迟延缴纳保费而中止保险）。保险人必须为受害人提供全面的保护，只能以追偿的方式向被保险人主张可能存在的抗辩。

2. 可选的责任保险

在特别法（边码14）之外，原则上不存在投保义务。不过，不论是在私人领域还是在工商业领域，责任保险都非常广泛地、几乎毫无遗漏地存在。虽然在损害事件中受害人对保险人不享有直接请求权，但是，《保险合同法》第60条为维护受害人的利益而规定了受害人对保险给付所享有的质权。当然，这并不使受害人能够对抗保险人根据保险合同所可能享有的抗辩权，但在可能发生的受害人破产的场合，这一质权为受害人的请求权提供了保护。

（十一）国际私法

1. 管辖

对于因不法行为而提起的诉讼，在瑞士，有管辖权的是被告住所地的法院，或不存在住所地时被告的经常居住地的法院（《有关国际私法的联邦法》IPRG第129条第1款）。对于基于对责任保险人所享有的直接请求权而提起的诉讼，在瑞士，有管辖权的是保险人的营业地的法院或行为地或结果地的法院（《有关国际私法的联邦法》第131条）。

2. 可适用的法律

149　在损害事故发生之后,当事人可以约定适用法院所在地的法律(《有关国际私法的联邦法》第132条)。未作约定的,则适用不法行为发生地所在国的法律(《有关国际私法的联邦法》第133条第2款)。对于因道路交通事故而产生的请求权,关于准据法,适用1971年5月4日的《海牙公约》的规定(《有关国际私法的联邦法》第134条);关于法院管辖权,适用1988年9月16日的《卢加诺公约》。在产品责任案件中,受害人可以选择适用加害人营业地所在国的法律,也可以选择适用产品购买地所在国的法律。

150　多人参与同一起不法行为的,要分别为每一个人确定相应的可适用的法律(《有关国际私法的联邦法》第140条)。当适用于系争不法行为的法律或适用于系争保险合同的法律有规定时,受害人可以直接对加害人的责任保险人提起诉讼(《有关国际私法的联邦法》第141条)。

二、案例

(一) 案例1

1. 引言

(1) 关于责任问题

151　所有人(D1)与驾驶人(D2)是不同的人,这一情况不对责任问题产生影响。当D1不具有过错时,也要对D2的过错承担责任(《道路交通法》第58条第4款)。D2则就其自己的过错承担责任(《债务法》第41条)。原则上法律所规定的连带责任(《道路交通法》第60条第1款)对于P而言并不重要,因为强制责任保险的保险人要同时对两个人(D1和D2)承担保险责任。

(2) 关于受害人对损害的证明

此处要适用《债务法》第 42 条第 2 款：法官必须以其自己的裁量来进行估计。这并不使受害人免于承担对能用于进行估计的全部因素加以证明的义务（边码 47）。

在医学方面，并不清楚 P 是下肢瘫痪还是四肢瘫痪。对此 P 必须通过专家鉴定（或通过法庭专家证人）来加以确定，并证明，虽然现在许多乘坐轮椅者也可以在大学从事学业，但其事实上已经无法完成医学专业（或另外一个专业）的学习。同时鉴定人还必须确认，P 将一直都需要依靠第三人的帮助。

在事业方面，P 需要借助于学校成绩单和/或老师的证言来证明，其本有能力成功地完成医学专业的学习。若能够证明 P 是一个特别聪明的学生，则法官可以对其所主张的高收入加以考虑。

2. 法院可能作出的估算

(1) 受害人将来的收入损失

A. 将来的平均收入

上述情况得到了证明之后，法官就可以着手估算可能会发生的、将来的平均收入。在这一案例中，应进行概括性的估算，因为，对于一项完全建立在假设的基础之上的损害，以不同的收入标准将当前的和未来的各种定期金折算成货币，即使得出一个精确的数字，这种精确也是不真实的。此处可以考虑推测平均年收入损失在 150,000 欧元到 200,000 欧元之间，在计算时取其中间值即 175,000 欧元。

B. 持续时间

医学专业的学习时间根据具体专业各不相同。收入损失可以从例如 27 岁开始计算。收入损失结束的年龄也是未知的。在这样的案例中，司法实践通常运用斯托弗/舍茨勒（Stauffer/Schaetzle）的所谓活跃期表（Aktivitätstafel）[50] 中的表 10 及其以下内容，活跃期（Aktivität）的结束时间大约为 70 岁（表 43）。

C. 计算基准日/折算成货币

157　判决的作出或和解的达成并不是在事故发生之日，根据经验最早也会在一年之后（即本案例中的计算基准年龄为 17 岁）。由此，必须要计算出推迟十年之后的现金价值。根据斯托弗/舍茨勒的表 14x，年龄为 17 岁，推迟十年，所得出的系数为 14.93。

14.93 ×175,000 = 约 2,614,000 欧元

（2）护理费用

158　护理费用预计终生都需要支出。考虑到残疾的严重程度特别是需要进行护理，要按照在护理院接受护理的费用来进行计算。目前这一费用的数额大概为 80,000 欧元。这一费用要终生（表 1）支付。

A. 截至计算基准日已经发生的具体损害

159　这涉及的是截至基准日已经实际发生的费用（住院费等）。

B. 将来的费用

160　终生需要他人帮助，根据斯托弗/舍茨勒的表 1，年龄 17 岁，系数为 25.04。

数额：25.04 ×80,000 = 约 2,000,000 欧元

（3）抚慰（参见边码 132）100,000 欧元

161　受害人 P 的请求权全部数额为 4,714,000 欧元

3. 亲属的请求权

（1）基于提供护理的请求权

162　若受害人的亲属亲自对行为受害人进行护理，则其亲属有权就劳务要求支付报酬。这一请求权并非指向责任人（因为这涉及的是

50　参见边码 91。

一项无须赔偿的反射性损害),而是指向 P 自己,其可能是基于合同,也可能是基于无因管理。这一给付的费用增加了 P 可以诉请责任人赔偿的损害的数额。

(2) 抚慰金请求权

此处涉及父母抚慰金的构成要件,就此假定其成立,则父母每一方都应判决大约 12,500 欧元(假定 P 四肢瘫痪,非常严重的情形),总计 25,000 欧元。

(二) 案例 2

1. 若该并发症源于医生 D2 的过失,受害人 P 及其丈夫与子女享有什么请求权?

(1) 责任基础

在 D1(医院)和 D2(医生)之间要进行区分,这导致了以下的差别:

- 若手术是在某家私立医院进行的,则原则上存在两个合同:其一是受害人与外科医生之间存在的合同,该医生要就其工作自行承担责任;其二是受害人与医院之间就住院及基础设施服务以及术前和术后的护理所形成的合同。若该医生不是这家医院的雇员,则医院无须为该医疗事故承担责任。反之,若在医生和医院之间存在劳动关系,则医院要根据《债务法》第 101 条(参见边码 24)同医生一起对损害承担连带责任(医生承担过错责任,《债务法》第 41 条)。

- 若这起医疗事故发生在某家公立医院,则国家要根据公法对损害承担原因责任(参见边码 33)。在这之外医生个人是否要承担责任,取决于所应适用的(州的)公法,但这在实践上对于病人来说不产生影响。

(2) 请求权

A. 亲属的请求权

配偶与子女对责任人不享有请求权,因为他们所遭受的损害属于不可请求赔偿的反射性损害。他们的损害赔偿包含在了 P 的损害赔偿之中(参见边码 79)。探望的费用也必须首先向受害人主张,然后再由受害人向责任人主张(边码 72)。

B. 家庭主妇 P 的请求权

规范上的(即抽象的)损害,要借助于每周的劳动时间,按照家务的繁重程度及劳动能力丧失的持续时间,以高于家政服务人员小时工资的基数来计算。要"高于"是因为,家庭主妇自行从事家务的效果会更好,这一方面是因为其经验更丰富,另一方面是因为其劳动会更加积极主动。

联邦法院目前认可的小时工资是 20 欧元。因为没有提供更为具体的情况(是别墅还是公寓式住宅?有无花园?有无宠物?子女的独立生活程度?丈夫是否也参与家务劳动?),此处按照每周 55 小时来计算。

由此,六个月的损害大约为 28,600 欧元,另外再加上进行第二次手术的费用以及住院的费用。

抚慰金:考虑到长时间的住院治疗,抚慰金为 5,000 欧元。

2. 若无法确认该并发症源于医生的过失行为还是源于 P 的易患病体质,受害人 P 及其丈夫与子女享有什么请求权?

对此存在两种答案,一种是理论上的,另一种是实践上的。

(1) 理论上

若确实无法查明损害系源于这两种原因中的哪一种,则存在的是"选择因果关系"(alternative Kausalität),受害人无法证实医生应对损害承担什么责任,其结果是受害人什么赔偿也得不到。

(2) 实践上

从自己在一家保险公司定损部门较长时间的经验出发,笔者确认,在责任案件(与刑事案件相对)中,对于并发症原因不明的事故,所聘请的鉴定人仍然会给出责任分配方案,并且在最不确定的事故中,鉴定人可以直接表明,极有可能是两个原因(易患病体质以及过失行为)以大概相同的程度共同造成了损害的发生——这样的看法,法官会欣然接受为对盖然性的证明。

(三) 案例3

1. 遗孀及女儿享有何种请求权?

(1) 引言

扶养损害并不必然根据死者为扶养而每年实际支出的费用来计算,而是要根据为维持被扶养人当前生活标准而在将来必须支出的费用来计算。从而,为度假别墅而需支出的费用要全部计入扶养损害,因为这里涉及的是继续要支出的固定费用(参见边码98)。因此,司法实践一般对此进行整体计算。考虑到死者的高收入以及数量相当可观的每月支出,配偶的扶养份额应为在这种高收入场合通常所采用的比例即50%(而不是45%)。反之,因为给女儿没有特别的支出,对于这种高于平均收入水平的场合,份额应减至大约12%(而不是14%)。[51]

170

(2) 计算

案例没有给出这对夫妇的年龄。从女儿的年龄出发,此处假定这对夫妇的年龄为38岁(丈夫)和36岁(妻子)。

171

A. 遗孀所受的扶养损害

份额:240,000欧元的50%,即120,000欧元。

172

按照斯托弗/舍茨勒的表15〔同居人定期金(Verbindung-

---

[51] 参见 W. Stauffer/M. Schaetzle/St. Weber, *Kapitalisieren* (2001) Tabelle 7 Rz. 4.134, 在确定遗孀的扶养份额时,已经考虑到了对女儿的短期抚养。

srente）/活跃期（Aktivität）］；

年龄36/38，系数为18.96

金额：18.96 ×120,000 = 大约2,275,000 欧元

B. 女儿所受的扶养损害

173　　份额：240,000 欧元的12%，即28,800 欧元。假定：学业持续至25 岁

按照斯托弗/舍茨勒的表 12x ［短期活跃定期金（temporäre Aktivitätsrente）］

年龄38 岁，持续13 年（基于关系来进行推测）

金额：系数10.30 ×28,800 = 大约297,500 欧元

C. 抚慰

174　　根据边码125 所述，对遗孀的抚慰金大约为26,500 欧元。

给女儿的抚慰金（边码127）为20,000 欧元。

总计2,619,000 欧元。

2. 若 S 对事故的发生存在共同过失，其结果如何？

175　　在责任冲突的场合，损害赔偿要根据 S 的与有过失程度来减轻（参见边码59 及其以下各段）。当然，在社会保险的保险人进行追偿的场合，份额优先权对受害人的遗属有利（边码5）。

第二部分
比较报告

Compensation for Personal Injury in
a Comparative Perspective

比较分析

一、基本问题

(一) 侵权法和社会保障法的相互作用

所有经本书调查的国家均设立了一整套适用于大部分人的社会保障制度[1,2]。除了处理特殊类型风险[3]的特殊制度,所有国家都引入了一套统一[4]适用于绝大多数居民的公众健康保险机制。这套机制的某一部分可能因某些职业的特殊性作了修改,而这种修改反过来

---

[1] 下文中的"社会保障"定义出自 U. Magnus, Comparative Report, in: U. Magnus (ed.), *Tort law and Social law* (2002, forthcoming; *infra* referred to as: U. Magnus, Social Law CR)。一般认为,社会保障是国家指定国有机构完成国家保护自己的国民免受人身伤害损害的特定机制。

[2] 见 U. Magnus (ed.) 在 *Tort Law and Social Law* (2002, forthcoming) 中提到的各国官方报告: J. Fedkte/U. Magnus, Germany, no. 7; R. Lewis, England and Wales, no. 8; S. Galand-Carval, France, no. 4; G. Comandé/D. Poletti, Italy, no. 11; C. E. du Perron/W. H. van Boom, Nether lands, no. 14. 见本卷中提及的其他国家的官方报告: B. A. Koch/H. Koziol, Schadenersatz für Körperverletzung in Österreich (下文称为: Austria, *supra* p. 4;) no. 1 ("99 %"); R. Brehm, Schadenersatz für Körperverletzung in der Schweiz (下文称为: Switzerland, *supra* p. 350) no. 3; M. Martín-Casals/J. Ribot/J. Solé Feliu, Compensation for Personal Injury in Spain (下文称为: Spain, *supra* p. 256) nos. 3 *et seq.*

[3] 尤其是职务行为中的事故或专业性行为的风险; 见 *e. g.* H. Cousy/D. Droshout, Compensation for Personal Injury in Belgium (in the following: Belgium, *supra* p. 40) no. 10; C. E. du Perron/W. H. van Boom (*supra* fn. 2) nos. 6 *et seq.*; Austria no. 3.

[4] 其含义并不限于造成伤害或疾病的特殊原因。

却造成了对整体结构的偏离。[5] 此外，尽管这些社会保障制度都最低程度地赔偿了受害者最迫切的要求，但是它们并没能赔偿受害者因人身伤害或疾病而产生的全部损失。[6] 这些机制的设立目的并不是为了给受害者提供全面的赔偿。[7]

2　　一方面，各类社会保障制度设立目的在于提供独立于损害原因的迅速有效的赔偿。因此，即使可能是因为第三方的原因导致受害者的损害，社会保险机构也必须为被保险人的利益而支付赔偿金。另一方面，这些制度的设立并不是为了减轻侵权行为人的责任。除瑞典外（下文会提及），所有国家都规定了社会保险机构向依本国侵权法应对受害者负责任的第三人的追索权。该第三人至少应承担保险机构作为中间人向受害人支付的损失赔偿金。[8] 因此，在这些国家的所有人身伤害实践中，基于侵权法向侵权行为人提起诉讼的不是受害人本人，而是社会保险机构。尽管初看起来他们所提起的诉讼的目的仅仅在于获得已向被害人支付的赔偿金，但是除去一些使用

---

[5] 根据这些制度的结构性基础，仅仅将其称为统一的健康保险机制过于简化。但是这却包括了所有整体上为完成上文所提到的国家福利主要目的的国家制度体系。Cf. Belgium no. 3 以及 J. Fedtke/U. Magnus (supra fn. 2) nos. 1 et seq. U. Magnus 在 Social Law CR (supra fn. 1) nos. 6 et seq. 中对各种制度体系的概述。

[6] 特别是医疗费用。

[7] U. Magnus, Schadensersatz für Körperverletzung in Deutschland（下文称为：Germany, supra p. 160）nos. 3 et seq.; J. Fedtke/U. Magnus (supra fn. 2) nos. 17 et seq.; R. Lewis (supra fn. 2) nos 25 et seq.; Ch. Radé/L. Bloch, La réparation du dommage corporel en France（下文称为：France, supra p. 108）no. 13; S. Galand-Carval (supra fn. 2) nos. 3, 18; F. D. Busnelli/G. Comandé, Compensation for Personal Injury in Italy（下文称为：Italy, supra p. 191）no. 20; W. H. van Boom. Compensation for Personal Injury in The Netherlands（下文称为：Netherlands, supra p. 227）no. 1; Austria no. 5.

[8] Belgium nos. 15, 28; J. Fedtke/U. Magnus (supra fn. 2) no. 6; France no. 15; S. Galand-Carval (supra fn. 2) nos. 20 et seq.; Italy no. 24; Netherlands nos. 4 et seq.; C. E. du Perron/W. H. van Boom (supra fn. 2) nos. 29 et seq.; Austria no. 6; Switzerland nos. 4 et seq.; Spain no. 4. 特别是英国的特殊规定见: W. V. H. Rogers, Compensation for Personal Injury in England（下文称为：England, supra p. 82）nos. 2 et seq., R. Lewis (supra fn. 2) nos. 29 et seq.

特殊法律关系的例外（主要在劳动法领域），这些诉讼的确是以侵权法及其基本原则为基础的。[9]

如上文所述，瑞典的做法大大偏离了这一各国的一贯做法。[10] 瑞典的社会保障制度明确排除了社会保险机构向侵权法上的责任人提起追索权诉讼，故侵权法在实践中某种程度上[11]已然被排除了。[12] 瑞典侵权法的立法目的是为了实现不在社会保障机制赔偿范围内的损害赔偿，具体包括所有非金钱损失以及超出社会保险赔偿标准限度的损害赔偿金。[13] 在瑞典，除公共卫生保健和职业风险保险以外，还有其他无过错赔偿机制，其中交通保险[14]和医疗保险[15]尤其重要。这些制度最初的建立是基于为每个人[16]投保以分担风险的理论，而这种理论使其偏离了一般的社会保险的理念（尽管结果可能是相似的）。但即使在这些特殊制度下，如果社会保险不能弥补受害人的损失，他仍然可以基于传统侵权法要求赔偿。这也反映在瑞典对人身伤害

3

---

9 Belgium nos. 17 et seq.; Germany no. 3; France no. 14; Netherlands no. 5; Austria no. 7. Cf. also U. Magnus, Social Law CR (supra fn. 1) nos. 57 et seq.

10 B. Dufwa, Compensation for Personal Injury in Sweden（下文称为：Sweden, supra p. 316) nos. 1 et seq.; id., The Swedish Model of Personal Injury Compensation Law Reconsidered, in: U. Magnus/J. Spier (eds.), European Tort Law (2000) p. 109（下文称为：B. Dufwa, Swedish Model); J. Hellner, Compensation for Personal Injuries in Sweden, in: P. Wahlgren (ed.), Tort Liability and Insurance (2001) p. 249.

11 Cf. J. Hellner (supra fn. 10) p. 254："过错责任或过失责任规则在人身伤害和财产损害方面仍为瑞典侵权法的基础。"

12 Sweden nos. 6, 22.

13 B. Dufwa, Swedish Model (supra fn. 10) pp. 135 – 136. 亦见 J. Hellner (supra fn. 10) p. 257：结果，侵权责任在人身伤害案件中的作用减弱为为非经济损失提供赔偿，包括遭受痛苦的赔偿、填补超出社会保险的收入损失以及填补社会保险的缺口。

14 Sweden nos. 21 et seq.; J. Hellner (supra fn. 10) pp. 257 et seq.

15 Sweden nos. 39 et seq.

16 所以 J. Hellner (supra fn. 10) p. 257 总结道："在实践中，本规定与强制责任保险的结合使其与侵权法中的严格责任没有太大区别。"

赔偿数额明显低于欧洲其他国家平均水平上。[17]

（二）责任原则与制定法依据

1. 有关责任的规定概览

4　　所有本书涉及的国家在历史上都曾遵循以下理念：一个人应自担损失，但如果第三人通过可谴责的行为导致他的损失，则他可将该损失转移给该第三人。[18]

5　　但特别是在二十世纪以来[19]，许多国家都对传统的过错责任原则做出了实质性变更。一方面，起初的个人主观责任指导原则更多地向对日益重要的注意义务的客观评估转变，而注意义务的客观评估是不考虑行为人个人能力的。另一方面，大量出现的特殊领域的法律规定并不将过错作为承担责任的前提条件。不同国家的发展趋势不同，所以各国的侵权法也据此做出相应改变。从今天的比较法角度来看，正是这些发展对各国法律制度的不同影响才造就了不同制度间最明显的区别。

6　　这些变化与影响日益深远的损害保险和责任保险保障机制相联系，但它仅在瑞典引起很大反响，以致瑞典现今的社会保障制度[20]几乎（虽然不是全部）替代了过错责任原则。

7　　另一个值得关注的是，因普通法系与大陆法系的二分法而产生的法律体系中初看上去最明显的区别主要存在于形式上[21]，但当比较其实体侵权法时，却几乎没有任何其他相对应的后果。虽然英国侵

17　J. Hellner (*supra* fn. 10) p. 271; B. von Eyben, Alternative Compensation Systems, in: P. Wahlgren (ed.), *Tort Liability and Insurance* (2001) p. 193 (pp. 224 *et seq.*).

18　*Cf.* K. Zweigert/H. Kötz, *Einführung in die Rechtsvergleichung* (3rd ed. 1996) p. 650.

19　当然，以前有很多例外；在这方面我们只需考虑替代责任。亦见以下 3. 部分。

20　见边码 3 及其有关参考文献。

21　见 England no. 9.

权法,尤其是其普通法侵权行为种类上与大陆法系侵权法相比有某些特别之处,但其各种各样的诉因却都可以归类到过错责任与无过错责任体系中来。

2. 过错责任

即使在瑞典,过错责任原则仍旧是侵权法的核心。各国对提起侵权之诉的要求虽不相同,但是基本一致。其最大的分歧在于过错标准(至少在理论中是如此)。

在侵权法的赔偿功能上,几乎所有国家都规定提起侵权之诉首先要证明原告遭受了某种损失。其次,都要求损害原因的确定性以及它与被告的相关性。这种证明一般是通过必要条件标准[22]进行的。除比利时[23]外,其他国家还要审查达到必要条件标准的损害行为与损害结果[24]之间是否存在合理的直接因果关系。第二个标准有效地限制了通过客观评估事实所确认的责任。[25]

归责的另一个重要因素——违法性,明确将法律体系进行了分割。并不是所有国家都对违法性做单独要求,大多数国家的过错概

---

[22] England no. 18; F. D. Busnelli/G. Comandé, Causation under Italian Law, in: J. Spier (ed.), *Unification of Tort Law: Causation* (2000) p. 79 (pp. 79 – 81); Netherlands no. 9; Austria of *no.* 14.

[23] H. Cousy/A. Vanderspikken, Causation under Belgian Law, in: J. Spier (ed.), *Unification of Tort Law: Causation* (2000) p. 23.

[24] 德语国家遵循完全因果关系理论,而其他国家则运用相关理论,如近因原则或其他类似原则;见 Austria no. 19; England no. 18; F. D. Busnelli/G. Comandé (*supra fn.* 22) pp. 81 – 83; Netherlands nos. 9 *et seq.*; Switzerland no. 11.

[25] 亦见 J. Spier/O. Haazen, Comparative Conclusions on Causation, in: J. Spier (ed.), *Unification of Tort Law: Causation* (2000) p. 127 (pp. 130 *et seq.*).

念[26]中包含了违法性因素。因此,违反注意义务就成了归责的唯一障碍。但另一些国家采用两步走的方法,保证客观方面和主观方面的分离。然而,侵权法理论的复杂性并不影响适用结果,尤其是在现代发展过程中,主观上的过错的概念已经更多地由客观因素所替代。

11 这些发展对总体上的过错责任要求认知有重大影响。相对于传统责任概念下对被告个人能力及缺陷的考虑,所有现代法律体系更倾向于忽视个人主观方面的因素,而是完全通过对侵权行为的客观评估,以限制无过错侵权行为人[27]滥用免责理由的可能性。奥地利似乎是唯一还坚持在过错责任中保留个人主观因素的国家[28]。

3. 替代责任和企业责任

12 通过对各种第三人责任规则的比较可以看出,存在一个责任谱系,该谱系在很大程度上是由被告自身过错在确立责任中对第三人[29]不同程度的影响所支配的。责任谱系从被告纯粹的过错责任(基于他对第三人的选择和监督产生的)开始,经过举证责任倒置的发展,以纯粹的严格责任(无过错责任)结束。在严格责任下,被告自己的行为及其对实际侵权人的影响不再起作用。对于合同责任,各国一般有特殊规则来规范,但本文[30]在此不讨论合同责任。至少,在所

---

[26] 见 e.g. Belgium (no. 37). Cf. H. Cousy, Wrongfulness in Belgian Tort Law, in: H. Koziol (ed.), *Unification of Tort Law: Wrongfulness* (1998) p. 31:"过错概念由两个要素组成:客观要素和主观要素。……客观要素就是不法行为"。有关法国对此的相关理解见 G. Viney, Le 'Wrongfulness' en droit français, in: H. Koziol (ed.), *Unification of Tort Law: Wrongfulness* (1998) p. 57: "En droit français. l'illicéité n' est pas un élément distinct de la faute: les deux notions sont confondues."

[27] Cf. e.g. England no. 17 and W. V. H. Rogers, Fault in English Tort Law, in: P. Widmer (ed.), *Unification of Tort Law: Fault* (2003, forthcoming) no. 6:因某种程度上无能力之人的周围环境的不确定性,一般标准是非常客观的,而与被告的个人财力或能力无关。

[28] Austria nos. 27 – 29. 另见 the new Swiss Draft General Part of Tort Law (Art. 48a)。

[29] 下文中集中讨论雇主和雇员之间的关系。

[30] 见 e.g. Austria no. 33; Germany nos. 33 – 35; Sweden nos. 70 et seq.; Switzerland no. 24. 另见 Spain no. 37.

有的法律体系中替代责任(企业责任除外)的一个普遍特征在于从属的概念以及(至少理论上的)对结果进行控制的可能性。[31]

与其他国家相比,奥地利和德国侵权法上替代责任的适用范围十分有限。例如,在奥地利,在缺少任何合同关系[32]的情况下,雇主只对雇员的不适宜或危险行为[33]负责任。《德国民法典》第831条规定,雇主只有在未能证明他在选择或监督自己的辅助人[34]时尽到合理注意的情况下才承担责任。在西班牙[35]和瑞士也有相似的规定,但这两个国家并没有对这些条款作狭义解释(所以对被害人有利)。[36] 在比利时[37]、英国[38]、法国[39]、意大利[40]和荷兰[41],雇主的责任与其自身的过错无关,所以他也就没有任何可能反驳,声称自己不应承担责任。如果判决一个瑞士的雇主为其雇员承担替代责任,如果没有"特别原因"[42],几乎可以完全免除这个雇员的个人责任。

4. 严格责任

(1) 概述

A. 术语

用来描述通常列在严格责任项下的各种责任类型的术语有很多。

---

[31] *E. g.* Netherlands no. 17; Spain no. 34. *Cf.* France no. 28.
[32] Austria no. 34.
[33] Austria no. 32.
[34] Germany nos. 36 *et seq.*
[35] Spain no. 31.
[36] Switzerland no. 21 ; A. Koller in T. Guhl, *Das Schweizerische Obligationenrecht* (9th ed. 2000) §25 no. 11; Spain no. 35.
[37] Belgium nos. 42, 47.
[38] England no. 20 (亦见 no. 21 on "独立承包商")。
[39] K. Zweigert/H. Kötz (*supra* fn. 18) pp. 639 *et seq. Cf.* France nos. 25 *et seq.*, 45 *et seq.* 亦见 Belgium no. 42 对1384条字面意思的狭义解释。
[40] Italy nos. 50-52.
[41] Netherlands no. 17.
[42] Sweden nos. 88 *et seq.* 特别是 no. 92. *Cf.* Austria no. 29 (at fn. 42).

在英语中，无过错责任有时用来强调它指明了天平的另一端。[43] 绝对责任则更严格，它几乎不允许任何抗辩。通常情况下，下文中的严格责任这一术语代表了以上所有不同种类的严格责任。[44]

B. 原则

15　　危险性是个很重要的概念，但是它并不是奠定通常所指的一些特殊规定[45]之基础的唯一因素。为使偏离一般过错原则的归责合理化而要求一个物品或一项活动必须达到的危险标准是经常变化的，这使得危险性因素对这些特殊规则的合理化所带来的影响有所减弱。具体来说，有两个控制风险的因素：一个是可能的伤害程度，另一个是损害发生的可能性。例如，核电站至今还没有造成频繁的伤害，但是一旦发生，其损害将是巨大的。另一方面交通事故所造成的伤害程度及其他伤害与总体上的伤害事件相比通常较低，但是它无数次的发生使其依侵权法的特殊方式处理合理化。

16　　当然，还有许多其他有利于无过错责任的因素，例如风险的分配，具体说来就是谁能够控制风险或者说受害人处于什么样的位置。此外，还有很多经济学上的争论，例如，可保险性；将一项活动所导致的所有损失归因于通过此项活动[46]获益的人等。

C. 个别规则还是一般原则

17　　无论是在民法典还是单行法中，严格责任的引入一般都是作为个别规则。唯一允许类推适用以引发责任的国家是奥地利。而在德

43　见 *infra* no. 29.
44　B. A. Koch/H. Koziol, Comparatire Analysis, in：B. A. Koch/H. Koziol (eds.), *Unification of Tort Law*：Strict Liability (2002) p. 395 (in the following：B. A. Koch/H. Koziol, Strict Liability CR) nos. 1 – 3.
45　*Cf.* Belgium no. 54.
46　严格责任的合理性，见 B. A. Koch/H. Koziol, Strict Liability CR (*supra* fn. 44) nos. 48 *et seq*.

国、意大利、西班牙和瑞士[47]，类推是不被允许的。但是瑞士即将引入新的一般原则，这项原则也将作为欧洲其他国家的示范。

另一方面，《法国民法典》第 1384 条是物品的"持有者和保管人严格责任"[48] 的基础。然而在大多数欧洲国家眼中，法国法院的实践可能走得太远。比利时虽然在民法典中采用了相同的措辞，但将其适用条件限制在有缺陷且可能造成损害的物品上。[49]

法国的严格责任适用范围最广，而英国则是严格责任适用范围最窄的国家。在英国为特殊和不常发生的风险设立的规则很少，而对像交通事故等广泛领域中责任的确定仍要在传统的过错概念下进行评估。[50]

（2）使用严格责任的情况

历史上，对火车的严格责任是最先发展起来的。[51] 而今天从实际的角度来看，交通事故责任机制也应该排在首位。除英国[52]外，所有本书调查过的国家都因引入了针对道路事故受害者的特殊赔偿制度，而偏离了传统过错责任原则。[53]

在这个问题上，法国又一次比其他国家走的更远。1985 年的《巴丹泰（loi Badinter）法》规定汽车保有人为其汽车所涉及的所有损害事件均要负责任，而不允许他运用与有过失进行抗辩（除非是

18

19

20

21

47　Austria nos. 38 – 39；Germany no. 47；ltaly no. 69；Spain no. 43；亦见 B. A. Koch/H. Koziol，Strict Liability CR（supra fn. 44）no. 4.
48　France no. 23；S. Galand-Carval, Strict Liability under French Law, in：B. A. Koch/H. Koziol（eds.），Unification of Tort Law：Strict Liability（2002）127（in particular no. 13）.
49　Belgium no. 34. Cf. 意大利民法典第 2050 条的适用范围：Italy nos. 71 – 73，79 et seq.
50　England no. 23 "临时规定的总结"，"比欧洲大部分国家的严格责任少得多"。
51　Austria no. 36（Eisenbahn- und Kraftfahrzeughaftpflichtgesetz）；Germany：Haftpflichtgesetz（§1）；Switzerland no. 39（Eisenbahnhaftpflichtgesetz）.
52　England no. 23.
53　Belgium no. 54；Germany nos. 48 et seq.；France nos. 52 et seq.；Italy nos. 78，85 et seq.；Netherlands nos. 24 et seq.；Austria no. 36：Switzerland nos. 28 et seq.；Spain nos. 55 – 57. 但是瑞典的却是保险机制，见边码 3。

被害人故意引起了事故，例如自杀）。[54]

22　与荷兰相同[55]，比利时在 1989 年《强制机动车责任保险法案》第 29 条为道路交通中的非机动车参与人诉卷入事故的机动车所有人的保险人引入了广泛的诉因，同时引入了相对狭义的共同过失的抗辩（在受害人有着不可原谅的过错时）。但是，除了财产损害（衣服除外）不在赔偿范围外，司机所遭受的损失也不在本规则范围内。与大多数其他法律体系不同，这将使很大一部分交通事故受害人（超过 50%[56]）将在传统的过错责任[57]下解决赔偿问题。

23　除动物侵权[58]、倒塌建筑物侵权[59]等传统案件，不同国家还有着大量其他的个别规则。这其中至少有一些规则有着相同的国际法法源。这些主要包括破坏环境的国际公约[60]，也包括在空中运输[61]和核能领域[62]的国际公约。本书调查的所有国家都依据欧盟指令引入了产品责任规定。[63]

（3）被告

24　大多数无过错责任领域规定的一般特征是责任一般由持有人承担。持有人是指一个有控制物品所带来的风险的能力的人，且他被假定为至少从造成损害的物品中获得了利益（不必是金钱利益）。[64]

54　France nos. 52 *et seq.*
55　Netherlands nos. 24 *et seq.*
56　*Cf.* Y Lambert-Faivre, Les objectifs prioritaires, [1996] Resp. civ. assur. hors série avril, 18.
57　Belgium no. 54.
58　Belgium no. 49; Italy no. 74; Austria no. 35; Sweden no. 94; Spain no. 41.
59　Belgium no. 50; Italy nos. 75–77; Netherlands no. 19; Austria no. 35.
60　*Cf. e. g.* H. Cousy/D. Droshout, Strict Liability under Belgian Law, in: B. A. Koch/H. Koziol (eds.), *Unification of Tort Law: Strict Liability* (2002) 43 (no. 52: oil pollution).
61　H. Cousy/D. Droshout (*supra* fn. 60) no. 21; Italy nos. 103 *et seq.*; Spain nos. 62 *et seq.*
62　Belgium no. 53; Italy nos. 88 *et seq.*; *cf.* 及 Austria no. 36.
63　Belgium no. 52; Germany no. 58; France nos. 41 *et seq.*; Italy nos. 93 *et seq.*; Netherlands nos. 34–35; Austria no. 37; Switzerland no. 34; Sweden nos. 78, 96; Spain nos. 67–68.
64　见 B. A. Koch/H. Koziol, Strict Liability CR (*supra* fn. 44) nos. 77 *et seq.*

(4) 抗辩

只有在对可使用抗辩理由的范围进行比较时，才能发现各国严格责任法律制度的最显著区别。大多数规则一般排除了不可抗力案件中被告的责任，但有些国家规定，在一定情况下被告不能适用不可抗力的抗辩，例如在核能或航空运输责任的规定上。

另外一组重要的抗辩可以被称为"不可避免的事件"[65]，它有时与不可抗力的概念相重合。这些抗辩与过错责任相关，因为在被告已经尽到最大（或类似的最高程度）注意义务时，这些抗辩可以排除被告的责任。实际上，这将明显的无过错责任改变成包括举证责任倒置及更高程度的注意义务[66]的过错责任变体。

在对可使用的抗辩进行比较时，尤应注意法国交通事故责任规则几乎从不允许被告逃避责任：它既不允许被告以不可抗力抗辩，也不允许他用共同过失进行抗辩（上文提到的极少例外除外）。[67]

(5) 对严格责任的限制

尽管一些严格责任（尤其是德国及奥地利所采用的）限制赔偿的最大数额[68]，另一些国家，如瑞士却没有对这些基于国际条约设立的严格责任设定上限，这些国际条约规定了设定上限的选择权。[69]

(6) 过错责任与无过错责任之间的灰色区域

所有的国家都认可过错责任和严格责任并不是非此即彼的两极。

---

[65] *Cf. e. g.* Austria no. 40. 亦见 Germany nos. 49, 53 在这方面的最近改动。

[66] B. A. Koch/H. Koziol, Strict Liability CR (*supra* fn. 44) no. 112.

[67] France nos. 57–58；亦见 *supra* no. 21. 比利时法律对机动车责任的规定同样严格，但是，其范围却窄得多（*supra* no. 22）。

[68] 见 *e. g.* Austria nos. 40, 93; Spain nos. 46 *et seq.* （亦见 nos. 125–126 对交通事故的法定赔偿规定）. *Cf.* B. A. Koch/H. Koziol, Strict Liability CR (*supra* fn. 44) nos. 139–141.

[69] *Cf.* P. Widmer, Strict Liability under Swiss Law, in: B. A. Koch/H. Koziol (eds.), *Unification of Tort Law: Strict Liability* (2002) p. 323 (no. 81): "瑞士法律一般不对赔偿金采用上限和下限，且只要没有国际法要求国内立法者必须采纳这些限制规定，瑞士法律一般避免规定这些限制。"

相反，在原有的以主观理解为主的传统过错责任与不考虑过错也不允许抗辩[70]的绝对责任之间有着顺利的过渡。在这过程中，存在着数量很大的一类行为，它们尽管以过错为基础，却比传统的过错责任更严格，比如通过举证责任的倒置或注意义务标准[71]的提高。从比较法的角度可以很明显看出，有的国家更强调过错因素，另外一些国家强调无过错因素。但是在过错责任与无过错责任之间有着一些重合之处。所以，实际上，无论一个国家主要采用过错责任，使其规则更有利于被告，还是主要采用无过错责任，使其规则更有利于原告，它都不能被贴上单一的一种标签。

5. 因果关系不明确案件中的归责

30 如果不能证明特定行为或风险与损害结果之间有明确的因果关系，那么所有国家都要决定是否允许基于这种（在某种程度上仅仅是潜在的）损害而立案，以及在什么情况下允许立案。这个决定的做出依赖于各国对一个基本问题的回答，即侵权法是应遵循全有或全无的方式，由法官裁决给与原告全部赔偿或不给赔偿，还是损失的归因可以遵循风险的分配，从而使原告也可以得到部分赔偿。英国[72]、德国[73]、意大利及瑞士[74]选择了第一种方式，使所有不确定性的后果全部转移到一方。在奥地利[75]、比利时[76]、法国[77]、荷兰[78]及西班牙[79]（尽管推理过程不同），潜在的侵权行为人在特定情况下也可

---

70 *E. g.* Belgium nos. 57 *et seq.*; Englanel no. 23; Italy nos. 25 *et seq.*（特别是 no. 29）; Austria no. 9; B. A. Koch/H. Koziol, Strict Liability CR (*supra* fn. 44) nos. 2, 154 *et seq.*
71 *Cf. supra* no. 26.
72 England nos. 30 – 32.
73 *Cf.* Germany nos. 59 *et seq.*
74 Switzerland no. 35.
75 Austria no. 18.
76 Belgium no. 56.
77 France nos. 32, 33 *et seq.*
78 Netherlands no. 42.
79 Spain nos. 71 – 73.

以不承担全部的损失。⁸⁰ 采用这种方式的国家依据的理论具体包括机会丧失理论及替代性因果关系理论。

机会丧失理论源于法国⁸¹，现已同样在比利时⁸²得到运用，在西班牙⁸³也得到了一定程度的运用。机会丧失理论不是因果关系理论，它重新定义了损害结果：损害后果关注的不是人身伤害的后果本身，而是要特别关注可以避免此类消极后果发生的机会（在损害行为发生前已经存在的）的丧失。⁸⁴ 例如，一个死于癌症的病人因为医生的误诊而错过了进行某种治疗的机会，而这项治疗有20%的可能性可以治愈他。本案的焦点不在于病人的死亡，而是这个病人在医生误诊行为发生前所确定拥有的20%的康复机会。争议的焦点是要证明医生的误诊使得这个机会的丧失，而不是证明医生的误诊是否引起或在多大程度上引起了全部损失，比如说病人的死亡等等。⁸⁵

基于替代因果关系理论，结合共同过失概念，一些奥地利学者及近来的最高法院判例提出如果不确定损失产生的真正原因是被告的行为还是原告自身的风险，则双方应当分担损失。被告对原告的赔偿仅限于其自身行为可能成为损害产生原因可能性的比例。但是这种解决方式要求双方承担在当时情况下"十分危险"的风险。⁸⁶

---

80 见 H. Koziol, Der Beweis des natürlichen Kausalzusammenhanges. 在 A. Koller (ed.), *Haftpflicht- und Versicherungstagung* 1999 (1999) p. 79. 中提出的比较概述。
81 France no. 32.
82 Belgium no. 56.
83 Spain nos. 71 *et seq.* 亦见 Sweden no. 97.
84 G. Viney/P. Jourdain, *Traité de droit civil. Les obligations: Les conditions de la responsabilité* (2nd ed. 1998) nos. 278 *et seq.*, 370 *et seq.*; F. Chabas, La perte d'une chance en droit français, in O. Guillod (ed.), *Neuere Entwicklungen im Haftpflichtrecht* (1991) p. 131; A. Akkermans, *Proportionele aansprakelijkheid bij onzeker causaal verband* (1997) pp. 107 *et seq.*; H. Koziol, Schadenersatz für den Verlust einer Chance? in *Festschrift Stoll* (2001) p. 233; E. Stark, Die "perte d'une chance" im schweizerischen Recht, in O. Guillod (ed.), *Neuere Entwicklungen im Haftpflichtrecht* (1991) p. 101.
85 *Cf.* Belgium no. 56.
86 Austria no. 18.

前述癌症病人例子中,医生认识到导致病人死亡的重大风险,而医生的误诊行为也明显有产生损害结果的倾向。这类事实下的案件结果大致相同,但对解决不能适用机会丧失理论的不确定性问题也有一定帮助。

33　　所有国家都允许使用传统的方法解决不确定性问题,包括降低证明标准,表面证据规则,举证倒置[87]等等。德国法院已有的做法规定:如果被告在医疗失职案中被证明有重大过失,他有权证实他的行为并没有引起受害人的损害,虽然这种损害是失职行为[88]的一般后果。

6. 交通法中的特殊规定

34　　除了这一领域的一些国际条约对国内交通法规[89]的影响,几乎所有国家都在这一领域对一些交通方式引入了特殊侵权制度,如前述对机动车[90]和火车[91]采用的严格责任制度。

(三) 证明责任

35　　作为一般规则,所有国家都要求原告证明其案件请求中所有的构成要件。[92] 但即使在适用范围上有所不同,所有国家也都无一例外

---

[87] *Cf.* Germany no. 59; France nos. 33 *et seq.*; Netherlands nos. 49 *et seq.*; Austria no. 43; Sweden no. 106; Switzerland no. 43.

[88] Germany no. 66; G. Schiemann, Germany, in M. Faure/H. Koziol (eds.), *Cases on Medical Malpractice in a Comparative Perspective* (2001) p. 123 (p. 131).

[89] *E. g.* in Spain nos. 76 – 77. 亦见 the 1999 Montreal Convention for the Unification of Certain Rules for International Carriage by Air and the necessary adaptations to the laws of the EU member states ratifying the Convention, COM (2001) 273 final.

[90] *Supra* nos. 20 *et seq.*

[91] *Supra* at note 51.

[92] *E. g.* Italy no. 38; Netherlands no. 48; Austria no. 42; Sweden no. 101; Switzerland no. 41.

地设立了特殊风险案件中有利于原告的举证责任倒置规则。[93] 此外，在很多情况下，法院都将证明某些相关事实的责任转移给被告承担。除一般层面上的风险分配之决定外[94]，法院的决定一般基于双方获得证据的可能性，以及某些证据在保管上的缺陷等论据。[95]

过错的证明责任的转移[96]有效地将案件从过错归责原则转移到严格责任，或者至少是更严格的过错责任上。其原因在于，在某一案件中一方的过错对于其相对方来说都是不确定的。 36

现今，除合同责任案件[97]外，与其他国家[98]相比，《德国民法典》和《奥地利民法典》似乎主要在一些更倾向于严格责任的领域规定了举证责任倒置规则。而西班牙法院则将被告证明其是否存在过错作为一般规则使用[99]，而且只有很少的例外。[100] 37

（四）共同过失

如果受害人遭受的损害部分是由于其自身的原因造成的，另一 38

---

[93] 参见例如西班牙边码78中所列内容。
[94] Netherlands no. 49. 亦见 Sweden nos. 101 *et seq.*
[95] 依荷兰民事诉讼法第177条，根据法律规定或应合理性和公正性要求，法院可以进行举证责任倒置（Netherlands no. 48）。
[96] 因果关系的证明责任见上文边码33。
[97] Germany nos. 64 *et seq.*; Austria no. 44. 亦见 Belgium no. 62; England no. 34; Switzerland nos. 57 *et. seq.*; Spain nos. 81–83.
[98] B. A. Koch/H. Koziol, Strict Liability under Austrian Law, in B. A. Koch/H. Koziol (eds.), *Unification of Tort Law: Strict Liability* (2002) p. 9 (no. 6); U. Magnus/J. Fedtke, Strict Liability under German Law, in B. A. Koch/H. Koziol (eds.), *Unification of Tort law: Strict Liability* (2002) p. 147 (no. 7); *cf.* also Italy nos. 32 *et seq.*; Sweden no. 85.
[99] Spain no. 79:"举证责任倒置的规定是系统性的，最高院即使在没有特殊事实以使其合理化的情况下也适用举证责任倒置。" *Cf.* 见 M. Will/V. Vodineliæ, Generelle Verschuldensvermutung-das unbekannte Wesen, in: U. Magnus/J. Spier (eds.), *European Tort Law* (2000) p. 307.
[100] 该一般原则不适用于医疗过失责任领域；Spain no. 80.

部分归因于被告的伤害行为,各国都倾向于按比例减少被告对原告的赔偿额。[101] 无论是在传统的过错责任下,还是在其他更严格的责任形式下,在确定这种赔偿减少的程度时,应考虑到两方面的问题:一是对双方在损害发生原因上的责任份额进行比较,二是对将损害的发生归因于一方的合理性的权衡。在这方面,仅仅考虑共同过失是不够的,因为此种情况下的行为已经不限于对方的冲突性行为。此外,受害人还必须为其辅助人的行为承担替代责任。[102] 另一个相关因素在于原告减轻自身损失的义务得到了普遍认可。[103]

39 在交通责任领域,有许多例外值得我们注意。在荷兰,被汽车撞伤的行人或骑车人的共同过失至多只对损害发生产生 50% 的影响,在某些情况下,如 14 岁以下的受害人的行为,共同过失会被完全忽略。[104] 我们还应注意,法国《巴丹泰法》和比利时《强制机动车责任保险法案》[105] 对共同过失适用范围的严格限制。在瑞典的交通保险赔偿规则模式下[106],对(在法律体系限制内的)全面赔偿的禁止只出现在极端特别过错案件中。[107]

---

[101] Belgium nos. 64 *et seq.*; Germany no. 72; England nos. 44 *et seq.*; Italy nos. 108 *et seq.*; Netherlands nos. 53 *et seq.*; Austria nos. 46 *et seq.*; Switzerland no. 59; Spain nos. 84 *et seq.*

[102] Germany no. 69; Netherlands no. 55; Austria no. 46; Spain no. 93.

[103] Belgium no. 66; Germany no. 71; England no. 39; Italy nos. 119 *et seq.*; Netherlands no. 55; Austria no. 48; Sweden no. 118; Switzerland no. 65; Spain no. 84.

[104] Netherlands nos. 25-26, 44, 59. 依据修订过的德国侵权法,10 岁以下的未成年人不承担过失责任:Germany no. 20.

[105] *Supra* nos. 21 *et seq.*

[106] *Supra* no. 3.

[107] Sweden nos. 110 *et seq.*;及 B. Dufwa, Development of International Tort Law Till the Beginning of the l990s From a Scandinavian Point of View, in: P. Wahlgren (ed.), *Tort Liability and Insurance* (2001) p. 87 (pp. 111 *et seq.*, in particular p. 114: "在涉及与有过失的人身伤害案件中,责任分配并不常见")。Equally J. Hellner (*supra* fn. 10) p. 256: "在实践中,因受伤人的过失而减少损害赔偿金的做法基本已经被舍弃。"

(五) 人身伤害案件中可索赔的损害赔偿

1. 概述

所有欧洲国家[108]都采用全面赔偿原则[109]。但在一般原则外也有例外：一方面，各国在可赔偿性损失，尤其在非物质性损失上有限制[110]，但是这些限制并未过多影响人身伤害领域，在这一领域（这在下文会讲到[111]），各国至少做出规定，要求全面赔偿受害者。[112] 另一方面，各国都对人身伤害赔偿做出了某种限制。最后，除英国[113]外，欧洲大陆所有国家仅允许对受害人实际遭受的损害的赔偿，而排除了"惩罚性赔偿"[114]。

40

2. 医疗费

本书所调查的国家都规定医疗支出在过错责任和无过错责任下

41

---

[108] 见 U. Magnus, Comparative Report on the Law of Damages, in U. Magnus (ed.), *Unification of Tort Law: Damages* (2001) p. 185（下文亦称：U. Magnus, Damages CR）nos. 21 *et seq*. 亦见 本卷中的各国报告：Austria no. 49; Belgium nos. 70 and 74; Germany no. 73; Italy no. 133; Spain no. 98.

[109] 这对瑞典也适用，因为赔偿只有在特殊责任领域（如交通事故领域，工伤领域，医疗过失领域）才会受到限制，然而受害人却可以依据传统侵权法对超出限额的损失得到进一步赔偿见 B. Dufwa, Swedish Model (fn. 8) pp. 120 *et seq*.; J. Hellner (*supra* fn. 10) pp. 257, 265.

[110] 见 W. V. H. Rogers, Comparative Report, in W. V. H. Rogers (ed.), *Damages for Non-Pecuniary Loss in a Comparative Perspective* (2001) p. 245（下文亦称：W. V. H. Rogers, Non-Pecuniary Loss CR）no. 3, 以及该卷中包含的所有各国官方报告。

[111] 亦见 W. V. H. Rogers, Non-Pecuniary Loss CR (*supra* fn. 110) no. 4.

[112] Netherlands no. 61; *cf*. Italy nos. 132, 143.

[113] 有关其适用的有限范围见 W. V. H. Rogers, England, in U. Magnus (ed.), *Unification of Tort Law: Damages* (2001) p. 53 (nos. 2 *et seq*.); *id*., Non-Pecuniary Loss CR (*supra* fn. 110) no. 15; H. Stoll, Punitive Damages im englischen Recht, *Festschrift Henrich* (2000) p. 593. 有关美国法规定见 *cf*. D. Dobbs, *The Law of Torts* (2000) pp. 1062 *et seq*.; W. Prosser *et al*., Handbook of the Law of Torts (5th edn. 1984) pp. 9 *et seq*.

[114] Netherlands no. 64. Further U. Magnus, Damages CR (*supra* fn. 108) nos. 17 and 18.

都可以得到全部赔偿。[115] 这在奥地利也是适用的。在奥地利，如果被告的过失程度较低，其赔偿责任仅限于实际客观损失。实际客观损失包括所有治疗费用，这些费用的赔偿是独立于过错程度的。[116]

42　正如奥地利的报告所强调的，受到伤害的人没有必要将其治疗费用限制在最低水平，他的所有合理支出都可以得到赔偿。[117] 英国[118]也有相同的规定，受到伤害的人甚至可以不选择公共机构，而是选择私人医院的治疗。瑞典报告中同样证实了被告应赔偿所有的费用，只要在当时情况下花费是必要的，且受害人所受伤害与其所选择的治疗方法有着合理的关联关系。[119] 荷兰和西班牙也有类似规定，但是他们的规定更严格一些：受害人应得到全面赔偿，所以实际损害是必须赔偿的。[120] 从整体上看，无论采用哪种方式，结果都是基本相同的。

43　如前所述，所有的医疗费用都能得到赔偿，至少包括实际支出的费用，但不必然包括对不会用到的服务提前支付的费用。[121] 如奥地利法官以前经常在准予赔偿实际花费的同时准予所谓虚构的治疗费用。而奥地利最高法院最近停止了这种实践，且仅在受害人承诺会

---

[115] England no. 42; Germany no. 73; France no. 73; Italy nos. 135, 137; Netherlands nos. 61 and 66; Spain no. 99; Sweden no. 124; Switzerland nos. 66 et seq.
[116] Austria no. 50.
[117] Austria no. 51.
[118] England no. 42.
[119] Switzerland nos. 67 and 69.
[120] Netherlands no. 61; Spain no. 98.
[121] Cf. U. Magnus (ed.), Unification of Tort Law: Damages (2001) 中所提到的各国官方报告：H. Cousy/A. Vanderspikken, Belgium, p. 27 (no. 88); W. V. H. Rogers, England, p. 53 (no. 59); U. Magnus, Germany, p. 89 (no. 60); K. Kerameus, Greece, p. 109 (no. 25); M. Wissink/W. H. van Boom, The Netherlands, p. 143 (no. 109); 亦见本卷中 Netherlands no. 61（"实际损害"），Spain no. 98（"实际遭受的损害"，"对已经发生的费用的赔偿"）；Switzerland no. 70（"aufgewéndeten Heilungskosten"）. Cf. France no. 73（"certaine ou plévisible"）. 只有意大利做法不同，Italy（no. 137）；F. D. Busnelli/G. Comandé, Italy, in U. Magnus (ed.), Unification of Tort Law: Damages (2001) p. 117 (no. 71).

依其所述实际支出这些费用时才准予提前支出费用的赔偿。[122] 但是任何案件都没有严格要求受害人必须在符合赔偿条件前支付所有费用。[123]

3. 探望费用

依据奥地利、荷兰、德国和瑞士的法律,侵权行为人必须赔偿第三方探望受害人的费用,只要根据受害人的伤势,这些探望费用是必要的。在此种情况下,探望费用应作为受害人总体康复费用的一部分,所以是受害人而不是探望人有权要求探望费用的赔偿。[124] 在英国法上也有类似情况。[125] 在比利时,探望费用也是可以索赔的,但探望人本人是否能够提起诉讼还不明确。[126] 但在法国[127],答案是肯定的。另一方面,少数国家对探望费用的求偿持一律否决态度,如意大利和希腊。[128] 所以,虽然探望费用可以在大多数国家得到赔偿,但是在合法的请求权人问题上,各国仍旧存在许多差别。

---

[122] Austria no. 51; *cf.* 及 H. Koziol, Austria, in U. Magnus (ed.), *Unification of Tort Law*: *Damages* (2001) p. 7 (no. 79).

[123] France no. 73; S. Galand-Carval, Frane. in U. Magnus (ed.), *Unification of Tort law*: *Damages* (2001) p. 77 (no. 65).

[124] Austria no. 52, 亦见 H. Koziol (*supra* fn. 122) no. 77; U. Magnus (*supra* fn. 121) no. 59; Netherlands no. 61 and M. Wissink/W. H. van Boom, The Netherlands. in U. Magnus (ed.), *Unification of Tort Law*: *Damages* (2001) p. 143 (no. 108); Sweden no. 125; Switzerland no. 72 (基于不同的推理)。这对南非同样适用: J. Neethling, South Africa, in U. Magnus (ed.), *Unification of Tort Law*: *Damages* (2001) p. 159 (no. 32), 这对美国也同样适用: G. Schwartz, United States, in U. Magnus (ed.), *Unification of Tort Law*: *Damages* (2001) p. 175 (no. 22).

[125] W. V. H. Rogers, England, in U. Magnus (ed.), *Unification of Tort Law*: *Damages* (2001) p. 53 (no. 57).

[126] H. Cousy/A. Vanderspikken (*supra fn.* 121) *no.* 87.

[127] France no. 77; S. Galand-Carval (*supra* fn. 123) no. 63.

[128] 见 F. D. Busnelli/G. Comandé (*supra* fn. 121) no. 70; K. Kerameus, Greece, in U. Magnus (ed.), *Unification of Tort Law*: *Damages* (2001) p. 109 (no. 24).

4. 护理费

45　　所有本书调查过的国家都准予对护理费[129]的赔偿请求。在一些国家，护理费包括由家庭成员提供的帮助，这种帮助或者作为专业性的帮助得到赔偿，或者因其合理性[130]而得到赔偿。

5. 附加费用

46　　受害人也可以获得因受伤而引起的附加费用，如为轮椅的便利使用而对自己家中设施，摆设的改变。这种规定在所有国家[131]都是相同的。但正如罗杰斯所强调的，英国法认为因为赔偿而获得的任何资产"将在他的自身需要消失后由其继承人继承"[132]，所以应避免任何形式的过度赔偿。

6. 收入损失

47　　在任何国家，侵权行为人都必须赔偿受害人的收入损失[133]，包括临时性收入损失和永久性的收入损失。奥地利法律的一般原则是将损害程度和过错程度相联系，所以我们要注意到这条规则并不适用于人身伤害赔偿。所以收入损失可以得到全部赔偿，这同样适用于损害赚得收入能力的情况，因为对赚得收入能力的损害也是对既存资产的一种损害，也已经造成了实际损失。

129　Austria no. 55; Germany no. 73; England no. 42; Italy no. 61; Netherlands no. 61; Spain no. 99; Sweden no. 124; Switzerland no. 67.

130　Austria no. 55; England no. 42; Switzerland no. 73.

131　Austria no. 53; Belgium no. 72; Germany no. 73; England no. 43; Italy no. 144; Netherlands no. 61; Spain no. 99; Switzerland no. 74. 亦见 U. Magnus, Damages CR (*supra* fn. 108) no. 101 以及其所提及的案例 4 所参考的各国报告。更多信息见 H. Backu, Schmerzensgeld bei Verkehrsunfallschäden in France, Spanien und Portugal, [2001] *Deutsches Autorecht* (DAR), 588.

132　England no. 43.

133　Austria nos. 56 *et seq.*; Germany no. 74; England no. 44; France no. 74; Italy nos. 138 *et seq.*; Netherlands no. 61; Spain nos. 98 and 100; Sweden no. 124; Switzerland nos. 75 *et seq.* 更多信息见 U. Magnus, Damages CR (*supra* fn. 108) nos. 107 *et seq.* 以及其所提及的案例 6、7、8 所参考的各国报告。

48　在奥地利[134]、英国[135]、法国[136]甚至意大利[137]，在受害人没有遭受实际收入损失，但其赚取收入的能力受到严重影响[138]的情况下，侵权行为人也应当赔偿受害人。虽然大多数国家都有这种规定，但是比利时[139]、德国[140]、西班牙[141]、瑞士[142]和荷兰[143]法却对这类请求作驳回处理。所以在这个问题上并没有占主流的解决方式。

49　受害人也可以进一步对其职业发展受阻提出损害赔偿要求[144]，但这只是之前所述的一般规则的特别情形。[145] 在大多数国家，未成年人也可以因其未来收入的丧失或损害获得赔偿。但是其赔偿标准并不是未成年人的先前收入（因为缺少评估的基础），而是其父母的状况

---

[134] Austria no. 56；亦见 H. Koziol (*supra* fn. 122) no. 74.
[135] Engjand no. 47.
[136] S. Galand-Carval (*supra* fn. 123) no. 62；H. Backu, [2001] DAR, 588 *et seq.*
[137] Italy nos. 14, 140 and 142；F. D. Busnelli/G. Comandé (*supra* fn. 121) no. 46. 在对生理损害的赔偿问题上，包括工作能力的丧失，以及对赔偿理由的整体考虑与其他国家对非物质损害的定义相一致。见 Italy no. 5 and *cf. infra* no. 53.
[138] *Cf.* 以及 France no. 6 对 IPP (Incapacité Permanente Partielle) 的评估。
[139] H. Cousy/A. Vanderspikken (*supra* fn. 121) no. 93, but *cf.* also no. 96. 依比利时法，受害人至少应获得他为职业活动的进行而付出必要"附加的努力"的赔偿；见 Belgium no. 72.
[140] Germany no. 74；U. Magnus, Damages CR (*supra* fn. 108) no. 69.
[141] Spain no. 98.
[142] Switzerland no. 80: "konkrete Schadensberechnung".
[143] Netherlands no. 61：''实际收入损失''；*cf.* 及 M. Wissink/W. van Boom (*supra* fn. 124) nos. 82, 112 *et seq.*
[144] Austria no. 59；Germany no. 82；Italy no. 141；Switzerland no. 82；亦见 U. Magnus, Damages CR (*supra* fn. 108) no. 107 以及案例 8 所参考的各国报告。但是西班牙法律在这个问题上持谨慎态度，见 Spain no. 101 。
[145] England no. 49；*cf.* 及 Italy no. 141：对某人职业发展的阻碍并不是单独的赔偿缘由，但可以作为衡量收入损失的一个因素。

以及未成年人自身的能力。奥地利[146]、比利时[147]、英国[148]、德国[149]、意大利[150]、荷兰[151]和瑞士[152]都有这类的规定。西班牙[153]虽然还没有合适的案例，但是法院不可能会在这个问题上走得过远。法国[154]在这个问题上也做出了狭义解释，即因为未成年人未来职业的不确定性，损害赔偿要受到一定限制。

7. 对老年人造成损害的规定

50　　在各国[155]，如果受害人的收入损失同时导致其未来应获养老金的减少，这种损害同样是应当赔偿的。这种损害赔偿遵循的是实际收入损失应当得到赔偿的一般规则。

8. 失去照顾家庭能力的赔偿

51　　如果在损害发生之前就照顾着自己家庭的受害人失去了照顾家庭的能力，即使他没有实际收入的损失，在本书所调查的国家中[156]，他也可以因此损害得到赔偿。对受害人可获得的赔偿数额的评估将以替代费用或对他的赚得收入能力损害的评估为基础。

9. 容貌毁损的损害赔偿

52　　如果受害人因受伤而毁容，奥地利法院规定受害人可以因"伤

146　Austria nos. 91 and 115；亦见 H. Koziol (*supra* fn. 122) no. 84.
147　H. Cousy/A. Vanderspikken (*supra* fn. 121) nos. 100 *et seq.*；法庭在对未来特定职业生涯的预测上做出很多限制。
148　England no. 78；亦见 W. V. H. Rogers (*supra* fn. 125) no. 64.
149　Germany no. 82；U. Magnus (*supra* fn. 121) no. 65.
150　F. Busnelli/G. Comandé (*supra* fn. 121) nos. 77 *et seq.*
151　Netherlands no. 87；亦见 M. Wissink/W. van Boom (*supra* fn. 124) nos. 112 *et seq.*
152　Switzerland nos. 83 *et seq.* and 154.
153　Spain nos. 168 *et seq.*
154　France nos. 74, 85；S. Galand-Carval (*supra* fn. 123) no. 71.
155　Belgium no. 72；England no. 50；Netherlands no. 61："其他未来损失"；Spain no. 101（带有限制）；Switzerland no. 89. *Cf.* 亦见 Germany no. 75。意大利对此似乎并没有规定（Italy no. 148）。
156　Austria no. 58；Belgium no. 72；Germany no. 74；England no. 51；France no. 74；Italy no. 142；Netherlands no. 87；Spain no. 102；Sweden no. 124；Switzerland no. 79.

害对今后的发展造成损害"[157] 而获得赔偿金。这一特殊损害赔偿金涵盖了并不包含在收入损失或赚得收入能力概念中的损害类型（如因婚礼的取消而导致丧失配偶的陪伴）。这一款规定的目的在于澄清这些损害的可赔偿性与过错程度无关，同时进一步降低了对损害进行评估的可能性。但是很明显，其他国家并没有与此相应的规则，只有意大利的健康损害概念与其意思相近[158]。

10. 非物质性损害赔偿

所有国家的法院[159]都支持人身伤害案件[160]中提出的非物质性损害赔偿请求，不仅包括生理损害，还包括任何因永久残疾或毁容而遭受的长期痛苦。[161] 这种非金钱损失在合同案件和侵权案件中，在过错责任[162]和无过错责任制度[163]下都应得到赔偿。意大利法律似乎偏离了这个一般原则，其生理上痛苦的规则只适用于刑事犯罪行为的受害人，然而这种明显的限制已经因健康损害规则（danno alla salute）的一般适用而抵销，这使得身体伤害所产生的非物质性损害[164]也可以

---

157 Austria no. 59.
158 *Cf.* Italy no. 14.
159 Austria nos. 60 *et seq.*; England no. 52; France no. 75; 亦见 P. Scarabello, Ersatz immateri eller Personenschäden in Italien, [2001] DAR, 581; Netherlands no. 66; Spain no. 103; Sweden nos. 126 *et seq.*; Switzerland nos. 105 *et seq.* 更多信息见 W. V. H. Rogers, Non-Pecuniary Loss CR (*supra* fn. 110) no. 4 及本卷中提及的各国官方报告。
160 西班牙法规定，表明特定伤害的存在并不是必要的；见 Spain nos. 103 and 105。
161 Austria no. 62; Belgium no. 72; England no. 52; France no. 75; 关于法国，亦见 H. Backu, [2001] DAR, 590; 关于意大利见 P. Scarabello, [2001] DAR, 582; 对本条的限制 *cf.* Italy no. 5; Netherlands no. 66; Spain no. 103; Sweden nos. 127 – 128; Switzerland no. 106.
162 这在奥地利同样适用，即使是在仅存在轻微过失的情况下（一过错程度评估损害赔偿的一般原则中派生出来的：§ 1324 ABGB）。
163 见 W. V. H. Rogers, Non-Pecuniary Loss CR (*supra* fn. 110) no. 10.
164 Italy nos. 4, 14 *et seq.*, 143. 亦见 F. D. Busnelli, Der Gesundheitsschaden: eine italienische Erfahrung-ein Modell für Europa?, in: [2001] *Jahrbuch für Italienisches Recht* 14, 17 *et seq.*; G. Bender, *Personenschaden und Schadensbegriff. Rechtsvergleichende Untersuchung zur neuen Entwicklung des Personenschadensrechts in Italien* (1993).

得到赔偿。德国禁止合同或侵权案件中的非物质性损害赔偿这个限制已被近期修订的《德国民法典》所废弃[165]。但是德国法院仍在运用一个更宽泛且影响较小的限制规则。这种限制体现在法院将驳回未达到显著性要求的非物质性损失,德国的这种做法正与瑞士的做法相一致。[166]

54 在大多数国家,非金钱损害赔偿也同样适用于昏迷的受害人,因为该昏迷是人身完整性受到严重侵犯的结果。[167] 比利时[168]是唯一明确排除了这种损害赔偿的国家。

55 总体来说,除判决数额不同,所有本书调查的国家在对痛苦赔偿的一般适用上达成了相当程度上的一致。然而,在个别问题上也有一定的偏差,如德国和瑞士排除对非明显性伤害案件的非金钱损害赔偿以及比利时驳回昏迷受害人适用非金钱损害赔偿的规定。

11. 第三方诉讼

56 一般情况下,只有遭受了人身伤害[169]的受害人才有权索要损害赔偿。他的请求权能够全部或部分地转移给社会保险机构、雇主或其他支持受害人的第三人[170]。受害人的继承人可以提起损害赔偿之诉,包括非金钱损失,但是荷兰和西班牙的法律规定存在例外,这两个

---

165 见 Germany nos. 15 and 73.
166 Switzerland no. 109.
167 Austria no. 65;England no. 52;在意大利这属于"生理损害"(Italy nos. 14,143)。关于法国 见 *Cour de Cassation* RC Ass 1995/12;关于瑞士见 the Bundesgericht BGE 108 Ⅱ 422 and 116 Ⅱ 519 的决议以及 P. Tercier, Appendix 2: Short Comments Concerning Non-Pecuniary Loss Under Swiss Law, in W. V. H. Rogers (ed.), *Damages for Non-Pecuniary Loss* (2001) p. 301 (no. 18). 亦见 W. V. H. Rogers 在 Non-Pecuniary Loss CR (*supra* fn. 110) nos. 23 *et seq*. 中提供的概要及其引用的各国官方报告。
168 H. Cousy/D. Droshout, Belgium, in W. V. H. Rogers (ed.), *Damages for Non-Pecuniary Loss* (2001) p. 28 (nos. 22 et seq.);相同卷中:M. Wissink/W. H. van Boom, The Netherlands, p. 155 (no. 26).
169 Austria no. 69; Belgium no. 71; Germany no. 76; England no. 53; Netherlands nos. 68 *et seq*.; Sweden no. 124; Switzerland no. 72, 73. 另见 France nos. 76–78.
170 见 *e. g.* Austria no. 58; Italy no. 139; Netherlands nos. 68 and 70; Switzerland no. 75.

国家的法律否认此类请求权转移给其继承人。[171]

德国法对第三方请求有另外一个（仅有那么一点）特殊的规定。《德国民法典》第845条规定，如果受害人有向第三方的家庭或商业事务[172]提供服务的法定义务，则该第三人也可以个人名义提起丧失此项服务的赔偿之诉。

57

一些国家规定如果受害人的亲属因受害人的重伤而震惊，导致遭受了精神上或生理上的损害，受害人的近亲属自身可以提起痛苦赔偿之诉。[173]《瑞士责任法典》第49条在这一问题上的规定更进一步：即使近亲属本身并没有受到伤害，但因看到受害人的情况而遭受了精神上的紧张和压力，近亲属可以提起损害赔偿的请求。[174] 比利时[175]和意大利[176]法院实践中也支持了这种损害赔偿[177]，但法国在对家庭成员的赔偿问题上走得更远。[178] 另一方面，直到最近，荷兰法全面否决了第三人的非金钱损害赔偿请求。但是最高法院却又对一位母亲因目睹女儿的死亡而产生的严重精神打击一案[179]做出了准予赔偿请求的判决。

58

---

[171] 见 *e. g.* Austria no. 83; Belgium nos. 71 and 73; England 67; Italy no. 151. 在荷兰和西班牙，只有受害人在死前已提起的诉讼请求才可以继承: M. Wissink/W. H. van Boom (*supra* fn. 168) no. 27; Spain no. 117. *Cf.* 及 W. V. H. Rogers, Non-Pecuniary Loss CR (*supra* fn. 110) nos. 29-30 提及的包含此项内容的各国官方报告。

[172] 本条不包括 §844 BGB 中所规定的提供生活费的义务。

[173] 见 E. Karner/H. Koziol, Austria, in W. V. H. Rogers (ed.), *Damages for Non-Pecuniary Loss* (2001) p. 1 (nos. 16 *et seq.*).

[174] Switzerland no. 114.

[175] Belgium no. 71; H. Cousy/D. Droshout (*supra* fn. 168) no. 26.

[176] Italy no. 146.

[177] 亦见 W. V. H. Rogers, 在 Non-Pecuniary Loss CR (*supra* fn. 110) no. 37. 中的批判性评价。

[178] France no. 78: 因失去配偶陪伴一般可得到 7,600 欧元的赔偿金，在一些极端案件中赔偿金数额会更高，如在感染艾滋病情况下将达到 23,000 欧元。亦见 S. Galand-Carval, France, in W. V. H. Rogers (ed.), *Damages for Non-Pecuniary Loss* (2001) p. 87 (no. 19).

[179] Netherlands no. 74.

59 如上文所述,比利时,法国及瑞士法在近亲属提出非金钱损害赔偿问题上适用的范围广得多。

12. 法律咨询费用

60 奥地利[180]、英国[181]、德国、意大利[182]、西班牙[183]和瑞士[184]的程序法要求败诉方向胜诉方支付诉讼费用。西班牙法律[185]规定对于诉讼费用中的律师费,败诉方至多只需向原告支付全部费用的三分之一。除依程序法获得的赔偿外,一些国家还例外地允许依侵权法规则获得赔偿。[186]

13. 总结

61 整体看来,各个国家在决定侵权行为人应该赔偿的金钱损失问题上达成的一致影响深远。但是在个别问题上还存在一些偏差,这种偏差对实践造成了重大影响。我们可以看到意大利法律一方面不准予探望费用的赔偿请求,另一方面却准予虚构的从未真正发生的治疗费用的赔偿请求。再者,在收入能力下降的情况下,损害赔偿的获得问题上,欧洲国家有着两种截然相反的意见,但是在实际收入损失的可索赔性上并没有这种分歧。最后,只有法国规定了未成年人的未来收入只在极其有限的范围内是可以索赔的。

62 在非金钱损害赔偿领域,我们还应注意,德国和瑞士的法律都最先规定了非明显性伤害不可以获得损害赔偿;只有比利时拒绝向昏迷的受害人提供非金钱损害赔偿;比利时、法国和瑞士法律在受害人亲属遭受的非物质性损害可索赔问题上的做法与荷兰法截然不

---

[180] Austria no. 71.
[181] England nos. 54 *et seq.* (包括"事后保险"咨询的律师费。)
[182] Italy no. 147.
[183] Spain no. 110.
[184] Switzerland no. 143.
[185] Spain no. 110.
[186] Austria no. 71; Germany no. 75; England no. 59; Switzerland and no. 144.

同，荷兰法直到最近才放弃其一直坚持的极端态度，但现在似乎又放弃了对此类请求的完全否认。

（六）致人死亡案件中的损害赔偿

1. 总述

前一章中所提及[187]的规则一般也适用于受害人死亡之前发生的费用，如治疗费用、收入损失以及非金钱损失。在下文中我们将主要研究由死亡引起的费用，如丧葬费、被扶养人的生活费和非物质性损害。

2. 丧葬费

即使葬礼的费用并不是由侵权行为人所引起的，受害人无论如何都可能因自然原因在某一时点去世，但是所有国家都要求侵权行为人赔偿此类费用。[188]

3. 被扶养人生活费的丧失

同样，所有国家都赋予死者的被扶养人向侵权行为人[189]主张生活费的请求权。但是对提起诉讼的权利人的定义有所不同：在奥地利和英国只有法定的被扶养人才有诉权[190]，而其他国家将这一权利扩大到截至死者死亡时由死者提供财务资助的人。[191] 不仅金钱资助是可以

---

[187] 对向继承人转移诉讼请求问题见上述边码 56。
[188] Austria no. 74; Germany no. 77; England no. 67; Italy no. 152; Spain no. 114; Sweden no. 129; Switzerland no. 94（明确规定将死者尸体运送回家的费用包含在此类费用中）。
[189] Austria nos. 76 *et seq.*; Belgium no. 73; Germany nos. 77–78; England nos. 61 *et seq.*; Italy no. 152; Netherlands no. 75; Spain no. 114; Sweden no. 129; Switzerland nos. 95 *et seq.*
[190] Austria no. 76（与此相悖，只要是作为生活费使用的，死者的实际支出所获的赔偿金甚至更高）; England no. 61。
[191] Italy no. 152; Spain no. 114; Switzerland nos. 95 and 101。

索赔的，其他类型的资助也是可以索赔的，如家务管理。[192]

66　　被告的损害赔偿金额因受害人的共同过失程度[193]相应减少。在一些国家，死者配偶的再婚对他们的生活费损失赔偿请求权[194]也会有一定影响。

4. 死者的诉讼请求权

67　　有人认为，死者的财产应当包括他因伤害致死而丧失的收入的请求权。在一份英国国家报告中，罗杰斯指出，"人在死亡后一段时间内的损失是不能得到赔偿的"[195]。然而，他也提到了一种罕见的例外情况，即受害人在死亡前曾提出对死亡后收入损失的赔偿请求：如果他的寿命因损害行为而缩短，他有权为"失去的寿命"中原应获得的收入的损失获得赔偿。[196] 但是损害赔偿金额应减去他随后死亡所必要的花费。实践中，他可获得的赔偿数额与他的被扶养人所能获得的法定数额大致相同。

5. 非金钱损失

68　　如前所述，侵权行为人必须补偿受害人在其死亡前所遭受的痛苦。受害人的这类请求权通常是不能继承的。如（而且只有）英国报告所述，这种对生命的缩短是不能索赔的[197]。但是大多数国家考虑

192　Austria no. 78; Italy no. 152; Switzerland no. 97.
193　Austria no. 81; England no. 61.
194　Austria no. 82. *Cf.* Italy no. 153 note 71; Switzerland no. 99.
195　England no. 67. *Cf.* also Belgium no. 73.
196　England no. 68.
197　England no. 67.

到了这样一个事实,即受害人在评估非物质性损失[198]的时候已经意识到寿命缩短这一因素了。

无论是从理论角度还是从实践角度考虑,一个更重要的问题在于,被扶养人能在多大程度上要求赔偿他们因至亲去世所带来的非金钱损失。近年来,一些国家越来越多地支持此类诉讼,而有的国家很多年前就已经接受了此类诉讼。提起此类诉讼的有两类亲属:一种是包括在受害人死亡过程中自己遭受了疾病痛苦的被扶养人;另一种包括的范围更广,包括了所有为死者哀悼,对他的去世表示惋惜的亲属。

几乎所有国家都认同至少那些因目睹了受害人死亡或接到受害人死亡的消息而遭受直接人身伤害或创伤的那些人应该得到赔偿。[199] 我们找到的唯一例外是在德国法中。德国法在一些极端的案件中对这种赔偿进行了限制。[200] 荷兰法整体排除了此类诉讼请求,但现在至少对非常严重的感情打击给予赔偿。[201] 奥地利近来克服了一个重要的

---

[198] 见 W. V. H. Rogers (ed.), *Damages for Non-Pecuniary Loss* 所载各国官方报告: E. Karner/H. Koziol, Austria no. 46; S. Galand-Carval, France no. 41; U. Magnus/J. Fedtke, Germany no. 14; M. H. Wissink/W. H. van Boom, The Netherlands no. 33; M. Martín-Casals/J. Ribot/J. Solé, Spain no. 35; *cf.* furthermore H. Cousy/D. Droshout, Belgium no. 25 (尤其提到伤者死前遭受的痛苦); W. V. H. Rogers, England no. 7 (强调这种痛苦应涵盖在全部痛苦中,作为对遭受痛苦的赔偿的一部分); F. D. Busnelli/G. Comandé, Italy no. 49.

[199] Austria no. 85; E. Karner/H. Koziol (*supra* fn. 173) nos. 16 *et seq.*; Belgium no. 73; H. Cousy/D. Droshout (*supra* fn. 168) nos. 8 and 26; England no. 62; W. V. H. Rogers, England, in W. V. H. Rogers (ed.), *Damages for Non-Pecuniary Loss* (2001) p. 54 (no. 20; limits apply); S. Galand-Carval (*supra* fn. 178) nos. 28 and 38; Germany no. 79; Italy no. 150; Spain no. 119; M. Martín-Casals/J. Ribot/J. Solé, Spain, in W. V. H. Rogers (ed.), *Damages for Non-Pecuniary Loss* (2001) p. 192 (nos. 32 *et seq.*); Sweden nos. 129–130; Switzerland no. 112. *Cf.* also W. V. H. Rogers, Non-Pecuniary Loss CR (*supra* fn. 110) no. 39.

[200] U. Magnus/J. Fedtke, Germany, in W. V. H. Rogers (ed.), *Damages for Non-Pecuniary Loss* (2001) p. 109 (nos. 4 *et seq.*).

[201] Netherlands nos. 74–75; M. H. Wissink/W. H. van Boom (*supra* fn. 168), no. 29.

理论障碍，即既然侵权行为人的不法行为和过错行为针对的是死去的人，那么是否应因同样的行为而对死者的亲属承担责任呢？[202] 然而，各国同时也认同杀人同样会对死者亲属的生理和心理健康产生实质性威胁，所以侵权行为人的行为对受害人亲属来说同样是侵权行为。但是，有些国家仍要求受害人亲属亲眼目睹造成受害人死亡的事件。同样，在限制提起赔偿请求权利人问题上，一些国家仅规定了对联系最密切的近亲属的赔偿[203]，而另一些国家的赔偿范围则更大。[204]

71　　在与上文提到的创伤案件相同的情况下，如果存在为去世的近亲属哀悼的情况，这种损害也可以得到赔偿[205]。当然这不是人身伤害问题，而仅仅是非物质性损害。奥地利法排除了在轻微过失或严格责任中侵权行为人对此项损害的赔偿责任。[206] 意大利法律的局限性更强，要求被告为犯罪行为中产生的此类损害负责，因为这种损害并不属于生理损害（danno biologico）。[207] 在德国[208]和荷兰[209]，法院驳回所有此类请求。

6. 总结

72　　在丧葬费用赔偿问题上，各国的规定并无明显差别。但在处理被扶养人丧失的生活费问题上，奥地利和英国对赔偿的限制非常严格，规定只赔偿法定被扶养人的生活费损失，而意大利和瑞士的被扶养人赔偿范围更广。

73　　对于死者的非金钱损失能否被继承的问题，各国没有一致的答

202　见 Austria no. 84；*cf.* also England no. 53.
203　England no. 62；W. V. H. Rogers (*supra* fn. 199) no. 20.
204　见 Spain no. 119.
205　参考前文所述因震惊而导致的损害，fn. 199。
206　Austria no. 85.
207　Italy nos. 5 *et seq.*，164；P. Scarabello，[2001] DAR 581，584.
208　Germany no. 79；U. Magnus/J. Fedtke (*supra* fn. 200) no. 13.
209　Netherlands no. 74–75；M. Wissink/W. H. van Boom (*supra* fn. 168)，no. 29.

案。一些国家要求死者在死亡前曾经提出过这些请求。在由亲属去世而导致的非物质性损害赔偿问题上各国存在实质性的差别：德国、荷兰和法国法律在极端精神打击案件之外几乎完全排除了此类诉求的可索赔性。

（七）赔偿的范围和方式

1. 损害赔偿金类型

在人身伤害或致人死亡案件中，恢复原状一般是不可能的。我们的讨论应集中在金钱损害赔偿上。既然损害是一直持续的，一个重要的问题在于损害赔偿金是应一次性给付还是以定期金方式给付。这个问题与赔偿的各个方面都息息相关，无论是金钱损失，如医疗费、收入损失、生活费，还是非金钱损失，如遭受痛苦的损害赔偿金。一般来说，所有国家都知晓这两种不同形式的损害赔偿金给付方式，但在其适用问题上，各国的做法大相径庭。

从侵权法的赔偿功能上看，损害赔偿金只赔偿既存的损害。这明显说明回溯地赔偿一段时间内损失的定期金给付方式更有利。另一种支持这种支付方式的理由在于：与一次性支付方式的基于对未来发展情况的预测做出的评估相比，定期金方式使得赔偿更能准确反映实际损失。所以一些国家以定期金支付方式为主要规则。德国和奥地利法规定收入损失和生活费损失[210]应采用定期金方式支付，而在非金钱损失方面[211]则没有这种限制。

当然，一次性支付方式也有合理之处：受害人经常需要现金作为收入来源。在较长期间内进行多次支付既缺乏效率又不方便。受害人明显还要承担被告丧失清偿能力的风险。受害人不仅要多次进

---

[210] Germany no. 81; Austria nos. 89 et seq.
[211] 见 Austria no. 94.

行强制执行,而且要随时间进行调整。定期金方式给付迫使受害人重复处理损害事件,而不是一次性结束损害事件。所以即使采用了定期金方式为主要支付方式的国家也允许一次性支付方式[212]的适用。有些国家允许原告在两种方式中做出选择[213],有些国家采用一次性支付为原告主要选择方式的做法,如英国[214]和意大利[215]。另外一些国家或者规定非金钱损害赔偿只适用一次性给付方式,或者规定非金钱损害赔偿主要适用一次性给付方式。[216]

77 因为两种给付方式各有利弊,我们不能说哪一种方式对原告更有利,也不能在评估两种方式对受害人的有利性上给各个国家排名。

2. 对损害赔偿的限制

78 作为一般原则,各国都将对受害人的全部赔偿作为立法的主要目标。[217] 但这种目标在过错责任领域并不能全部达成:如在交通法领域中,国际公约(如《华沙公约》)规定了损害赔偿责任的上限[218];

---

212 Germany no. 81; Austria no. 89.
213 Belgium no. 77; France no. 6; Netherlands nos. 62 and 77; Spain no. 143; Sweden no. 135; Switzerland no. 137.
214 England nos. 44 and 52.
215 Italy no. 172(至少在实践中是这样的,尽管法律规定会指向另外一个为角度)。
216 这对奥地利同样适用:E. Karner/H. Koziol (*supra* fn. 173) no. 33.
217 Austria no. 93; Belgium no. 75; A. van Oevelen. La modération de la réparation du dommage dans le droit belge de la responsabilité civile extra-contractuelle, in J. Spier (ed.), *The Limits of Liability* (1996) pp. 65 et seq.; Germany no. 13; England no. 70; W. V. H. Rogers, Keeping the Floodgates Shut: 'Mitigation' and 'Limitation' of Tort Liability in the English Common Law, in J. Spier (ed.), *The Limits of Liability* (1996) p. 77; G. Viney, Modération et limitation des responsabilités et des indemnisations, in J. Spier (ed.), *The Limits of Liability* (1996) p. 127; Italy nos. 18 and 159 et seq. (肉体的痛苦除外); Netherlands no. 76; Spain no. 98; Sweden no. 131(但并不适用于替代的赔偿制度); Switzerland nos. 115, 117; P. Widmer, Détermination et réduction de la réparation en droit suisse, in J. Spier (ed.), *The Limits of Liability* (1996) p. 137. 亦见 W. V. H. Rogers/ J. Spier/ G. Viney, Preliminary observations, in J. Spier (ed.), *The Limits of Liability* (1996) pp. 2-3, 9, 12 et seq.
218 见 e. g. Italy no. 161; A. van Oevelen (*supra* fn. 217) p. 69; G. Viney (*supra* fn. 217) pp. 128 et seq.

荷兰也对航空公司在过错推定条件下对乘客应负的责任进行了法定数额[219]的限制。另外，在意大利，对交通事故中的轻微生理损害也只能在一定限额内得到赔偿。[220] 德国[221]与旧奥地利[222]严格责任法也包含了对责任的上限，这种限制既适用于金钱损失也适用于非金钱损失。在荷兰，无过错责任范围应限于可保险数额范围内[223]，西班牙法也对交通事故案件[224]的赔偿范围做出了限制。再者，在核能问题上，一些国家遵循国际公约的建议，在其国内法[225]中引入了最高限额赔偿制度。最后，一些国家[226]的产品责任法对责任范围既规定了上限也规定了下限。

即使是侵害了人格权，特别是关乎特殊利益的人格权，往往各国对责任适用的上限也是很低的。如在荷兰，乘客最多只能得到137,000欧元[227]。在奥地利，对机动车事故的受害人的赔偿额不得超过292,000欧元（在多个受害人的情况下，赔偿总额不得超过876,000欧元，这个数额平均到每个受害人的数额更低）。而在德国，2002年8月1日之前，单个受害人的损害赔偿总额为255,646

---

[219] 本条仅适用于存在交通运输合同的情况下，比如不包括陪伴司机的家庭成员：Netherlands no. 43.
[220] Italy no. 163.
[221] 见 Germany no. 74; Ch. von Bar, Limitation and Mitigation in German Law, in J. Spier (ed.), *The Limits of Liability* (1996) pp. 17 et seq.
[222] Austria no. 93; *cf.* furthermore H. Koziol, Mitigation of Damages under Austrian Law and Ideas for Future Regulations, in J. Spier (ed.), *The Limits of Liability* (1996) pp. 59 et seq.
[223] J. Spier, How to keep liability within reasonable limits? A brief outline of Dutch law, in J. Spier (ed.), *The Limits of Liability* (1996) pp. 110 et seq.
[224] Spain no. 131.
[225] 见 *e. g.* Belgium no. 75; Sweden no. 131.
[226] 比利时法在财产损害赔偿问题上作了限制，*cf.* Belgium no. 75; A. van Oevelen (*supra* fn. 217) p. 70. 德国的法定最高赔偿额为8,500万欧元（Germany no. 58）。但是对药品责任，法定最高赔偿额为1.2亿欧元（Germany no. 57）。奥地利（no. 91）和英国（no. 70）在人身伤害中的产品责任上还未引入上限和下限。
[227] 本条仅在存在运输合同的情况下适用，Netherlands no. 43.

欧元或者每年的赔偿数额为 15,339 欧元,每起事件的赔偿总额限制为 383,469 欧元,而 2002 年 8 月 1 日之后的赔偿额都已翻倍[228]。

80 简言之,我们可以认为,即使全部赔偿原则已经被普遍接受,但在侵权法几个重要领域实践中的适用上还存在很大限制。有趣的是,现在关联国家之间也出现了很大分歧:德国法规定了一些(很低的)法定限额,而瑞士法则完全排斥这种做法。

3. 对收入损失的赔偿

81 除前文所提及的限制,所有国家的报告都强调受害人对其收入的损失应得到全额赔偿。[229] 虽然所有的方法总体上都是为了确定实际损失[230],但是对评估方式的一些争论可能会影响到评估方法的确定,进而对实践造成重大影响。

4. 遭受痛苦的损害赔偿金

82 各国在遭受痛苦的损害赔偿金额的判定上有很大区别[231]。这是因为非物质性损失本身并不能用金钱来衡量,所以在计算赔偿额时,应适当考虑其他因素和评判标准,如生活费支出、生活水平、妨害的概念以及责任应限制在合理范围内的理念。

83 到目前为止,各国判定的人身伤害过程中产生的痛苦的赔偿金最高额分别如下:荷兰 100,000 欧元,瑞士 140,000 欧元,奥地利 220,000 欧元,比利时 237,000 欧元,德国 250,000 欧元,英国

---

[228] Germany nos. 52 et seq. 对多个受害人案件的赔偿总额已经提高到 3,000,000 欧元。

[229] Austria no. 56; Belgium nos. 70 and 72; Germany no. 82; England no. 44; France no. 74; Italy no. 138; Netherlands no. 61; Spain no. 98; Switzerland no. 75.

[230] 见 e.g. England no. 46(运用所谓"乘数")。比利时运用的"指导性表格",见 Belgium no. 72;评估健康损害的指导性表格见 Italy no. 168. 依据西班牙交通事故法,损害赔偿额依法定指导表格计算(Spain no. 131)。Cf. France nos. 4 et seq.

[231] Cf. Austria no. 67; Belgium no. 73; England no. 71 - 72; Netherlands no. 86; Spain no. 142; Sweden nos. 132 et seq. (标准范围广泛);以及 W. V. H. Rogers, Non-Pecuniary Loss CR (supra fn. 110) after no. 69 和下文所述各国官方报告作出的总结。亦见 P. Scarabello, [2001] DAR 583 et seq.

333,000 欧元。正如罗杰斯所说,所有经调查的国家[232]中,此项赔偿数额最低的国家是荷兰,最慷慨的法院在英国,奥地利和瑞士的赔偿额低于平均水平,比利时和德国的赔偿额略高于平均水平[233]。

5. 丧失生活费的损害赔偿金

几乎所有国家都为失去已故受害人支持的被扶养人提供全面赔偿。[234] 只有德国对此有所限制:即使已故受害人曾经的收入超出了此项法定标准下的总额,被扶养人也只能得到在标准下的充足资助的赔偿。[235]

84

6. 死者的被扶养人的非金钱损失

对身体痛苦进行赔偿的数额也相当不同。[236] 死者的配偶在英国可获得的赔偿是 16,000 欧元,在法国[237]大约是 23,000 欧元左右,在瑞士为 27,000 欧元。而在德国[238]和荷兰并没有这种赔偿。最近荷兰的立法草案预测该项赔偿金额为 10,000 欧元[239]。

85

各国的赔偿范围在 0 和 40,000 之间,德国和荷兰处在最低水平,而瑞士则处在最高水平。

86

---

[232] 丹麦、希腊和葡萄牙对遭受痛苦的赔偿额更低;见 Ch. von Bar, *Gemeineuropäisches Deliktsrecht* II (1999) no. 156; S. Beck Nielsen/J. M. Scherpe, Aktuelle Entwicklungen im Recht der Personenschäden in Dänemark, [2001] *Versicherungsrecht*, *Beilage Ausland* (VersRAI) 57.

[233] W. V. H. Rogers, Non-Pecuniary Loss CR (*supra* fn. 110) no. 45, 58.

[234] Austria no. 77; England nos. 63 *et seq.*; Italy no. 152; Netherlands no. 73; Spain no. 119; Switzerland nos. 95 *et seq.*

[235] Germany no. 78.

[236] 见 the references cited *supra* in no. 71 所引参考资料。在奥地利,最高法院仅对一起 8 岁女儿死亡案件作出此类赔偿判决:[2001] *Zeitschrift für Verkehrsrecht* (ZVR) no. 73. 法院驳回原告(女孩父亲)提出的 7,300 欧元的赔偿请求,因为侵权行为人没有重大过失。

[237] France no. 86.

[238] Germany no. 79.

[239] Netherlands no. 95.

7. 利息

87 根据各国报告对利息问题的处理方式的讨论,[240] 我们可以得出,损害赔偿金的利息也是应当赔偿的。同样,各国对利息赔偿的时间起点和范围的规定区别都很大。在奥地利,侵权行为人必须从提出全部赔偿请求之时起支付4%的利息,如果是定期金方式支付,起算点分别计算[241]。在英国,对利息的赔偿范围通常限于庭审开始之前的损害,而不包括未来损失,在非金钱损失情况下,利息率更低,通常限制在2%。[242] 在荷兰,利息从损害发生时就开始计算,现在的利息率是7%。[243] 西班牙法规定,利息的计算从原告提出要求侵权行为人支付损害赔偿金之日起计算,利息率可以超过法定利率两个百分点;而但针对保险公司要求损害赔偿时,利息率可以超过法定利率的50%。[244] 在瑞士,原告从损害发生之日起可以得到5%的利息,在迟延支付情况下,会适用更高的利息率。

88 可以看出,西班牙的做法,特别是希望以此强迫保险人尽快赔偿受害人的立法目的很有特点。

8. 总结

89 在对永久性伤害进行赔偿时,虽然各国在一次性给付还是定期金给付上有分歧,但似乎大多数国家更倾向于一次性给付。

90 各国都把对受害人的全部赔偿作为一般原则。一般只在损害赔偿是依国际公约(尤其是交通事故和核能责任上)规定判定的才适用限制性规定。一些国家在其严格责任立法中引入了损害赔偿金额上限。从地理的角度看各国在这方面的区别,效果尤为明显。与瑞

---

240 *Cf.* 及 Belgium no. 78.
241 Austria no. 94. 如果对损害进行客观评价,利息应从损害发生之日起计算:这在人身伤害案件中意义不大(除了仅存在工作能力损失而没有实际收入损失的情况)。
242 England no. 70.
243 Netherlands no. 78.
244 Spain nos. 147, 148.

士法明确反对任何种类的损害赔偿金限额的做法相反,德国制定的几部责任法中都包含了损害赔偿金上限。

各国都规定收入损失应得到全部赔偿。 91

一般情况下,被扶养人也会在生活费损失方面得到全面赔偿。 92

各国对人身伤害案件中的非金钱损失赔偿数额的规定区别很大。其中荷兰的赔偿额最低,英国的赔偿额最高,处在两者之间的国家占多数。 93

各国对因近亲属去世而产生的痛苦的损害赔偿金数额的规定也有很大差别:从德国和荷兰的0赔偿到瑞士的40,000欧元的赔偿。 94

在损害赔偿金的利息方面,西班牙的做法与其他国家有所不同,其以对保险人适用特殊高利息率刺激保险人尽快向受害人做出赔偿。 95

(八) 第三方责任保险对受害人的重要意义

第三方责任保险并不仅仅保护受害人。一个运作良好的责任体系加上高效率的实施机制同样也能使侵权行为人免于面对给其经济利益造成威胁的诉讼。但是保费率和潜在赔偿金的差距越大,被保险人采取措施以避免损害发生的动机越弱,尤其在采取措施的费用超过保险费用时,这种现象尤为严重。再者,此种对预防损害的消极影响可以通过价值定价系统得以减少(正如通常所规定的[245])。 96

法律越是把保护受害人作为引入责任规则的主要立法目的,越有可能同时给侵权行为人施加了参加保险或采取其他补抵方式的义务。[246] 结果,大多数的侵权责任法都包含了一些强制保险条款,或至少与强制保险条款相关联。[247] 所以,所有的交通赔偿法规中通常都带 97

---

[245] Austria no. 95.
[246] *Cf.* Belgium no. 78; Switzerland no. 145.
[247] Germany no. 84; Italy nos. 173 *et seq.*; Austria nos. 96 *et seq.*; Switzerland no. 145; Spain nos. 150 *et seq.*

有一些强制性交通责任保险。[248]

98　　由于保险金额是由各国自行规定的,所以彼此间有很大区别。荷兰[249]和奥地利[250]规定的最低保险金额为一百万欧元(事件中通常会超过一百万)。而瑞士规定的金额是它们的二倍。[251] 在进行比较分析时,应注意到比利时和英国都没有在强制保险规定中引入任何法定限额。[252]

99　　虽然并不是所有保险制度都允许受害人直接对保险人提起诉讼,但在交通责任保险中,为实用的目的,可以认为允许受害人直接向保险人提起诉讼已成为一项国际标准。[253] 在由保险人提供的保险基金或其他类似基金制度上,各国也达成了相似的统一意见。这种制度规定:在不能确定侵权行为人或侵权行为人没有参加保险的案件中,由保险基金为受害人提供损害赔偿金。[254]

(九) 结论

100　　如上文所述,不同国家在诉因和损害赔偿金数额问题上的规定有一些显著的区别。但并不能认定哪个国家的制度特别有利于或不利于受害人。有些国家对诉因的规定十分宽泛(如法国[255]),但在对损害赔偿范围的规定上并不作广义解释。此外,对责任制度的分析往往需要考虑个别国家的社会保险机制,这可能会对整体上的判断

248　Belgium no. 78; Netherlands nos. 80 et seq.; Austria nos. 97-98; Sweden no. 138; Switzerland no. 145; Spain no. 150.
249　Netherlands no. 80.
250　Austria no. 98.
251　Switzerland no. 145. 德国法现规定最低保险金额为三百万; Germany no. 53.
252　Belgium no. 79; England no. 73.
253　Belgium nos. 79-80; Germany no. 85; Italy no. 178; Netherlands no. 82; Austria no. 103; Switzerland no. 146; Spain nos. 158 et seq. 瑞典法中存在一个例外 (no. 140), 亦见 the Fourth Motor Insurance Directive, 2000/26/EC, O. J. L 181 of 20. 7. 2000, p. 65.
254　England no. 73; Austria no. 99; Switzerland no. 116; Spain no. 53.
255　Cf. Supra nos. 18, 21.

起到很大影响。

在诉因方面,所有国家都规定了十分标准化的过错责任。[256] 法国对侵权人向其他人承担责任规定得很宽泛,而奥地利则仅限于少量的案件。瑞典则处于二者之间范围中偏上的水平。[257] 法国对严格责任规定得也很宽泛,但英国却例外地对引入无过错责任持怀疑态度。比利时法在交通责任领域做出了特殊限制,即使这种做法并非普遍存在于比利时法中。[258] 瑞士正计划通过拟议的一般原则对其严格责任规则进行重大修改。在产品责任领域,各国都遵循欧盟指令的规定。

大多数国家都赞同在人身伤害领域应赔偿伤害所致的金钱损失。欧洲国家在失去赚得收入能力而未遭受实际损失案件的处理上出现了两种观点:法国和奥地利支持这种诉求,而比利时和瑞士并未规定这种赔偿。但另一方面,法国法院在对未成年人未来收入损失赔偿问题上持谨慎态度。[259]

值得注意的是,德国和瑞士的法律排除了对轻微痛苦的损害赔偿;比利时是唯一否认对昏迷受害人进行损害赔偿的国家。我们还应注意到比利时、法国和瑞士在对受害人近亲属进行非金钱损害赔偿方面起到的领头作用,而德国和荷兰除在极端案件中外,几乎不对这种损害进行赔偿。

在伤害致人死亡案件中,奥地利限制性规定只赔偿法定被扶养人的生活费损失。在英国,这种赔偿也只能判给法定的被扶养人。另一方面,意大利和瑞士在这种赔偿上是非常谨慎的。各国在对近亲属进行非物质性损害赔偿问题上也有大量区别:德国法和荷兰法对受到创伤的被扶养人进行损害赔偿问题上非常谨慎,在其他案件

101

102

103

104

---

[256] *Supra* nos. 8 *et seq.*
[257] No. 13.
[258] Nos. 17 *et seq.*(特别是22)。
[259] *Supra* no. 49.

上也对非金钱损失赔偿责任进行严格限制。而瑞士法却明确排除了对此种赔偿的限制。

各国一般都将全面赔偿作为一般原则,一般只在适用国际公约案件中才规定赔偿的上限和下限。也有一些国家对严格责任规定了拟制的法定上限。即使是地理上十分相近的国家在这一问题上也存在差别:与瑞士、比利时不同,德国的严格责任立法大部分包含了可获得赔偿额的上限。再者,各国对非金钱损害赔偿范围的规定迥异:荷兰的范围最窄,英国的范围最宽,比利时和瑞士处于二者之间。在对亲属的非物质损害赔偿上,各国同样有着很大差别。

二、案例

(一) 案例1

16岁的学生P酷爱运动,一天P在没有任何过失的情况下被D1所有、D2驾驶的一辆卡车撞倒,导致P瘫痪,一生都需要别人的照顾。P既不能开始学习他想学的医学,也不能从事其他工作。而在P所偏爱的医学领域,医生入职时的年薪大约是6万欧元,退休时一般医生的年薪大约为20万欧元,而顶尖医生的年薪则为50万欧元。

1. P可以提出什么诉讼请求?

(1) 诉因

在对机动车交通事故规定严格责任的国家[260](英国[261]除外),D1将作为卡车的所有人承担责任,除非他可以使用某些抗辩理由。[262] 法

---

[260] Germany no. 48; France no. 79; Italy no. 78; Netherlands no. 24; Austria no. 109; Switzerland no. 38.

[261] England no. 23.

[262] Cf. e.g. Netherlands nos. 24 et seq. and supra nos. 25 et seq.

国《巴丹泰法》下，对此种责任的抗辩的适用范围最窄：不考虑不可抗力或第三方行为；只有在受害人故意造成自己伤害情况下才追究受害人的与有过失。[263]

无论是在将替代责任规定在一般规则中，还是规定在交通损害赔偿特别法中的国家[264]，D1 都可能会进一步承担责任，不是因 D1 自身的过错而是因为 D2 的行为。所以 D1 作为 D2 的雇主在某些国家也可能被起诉。[265] 但是在西班牙，D1 只会在 D2 需要负刑事责任的情况下例外地为其承担责任，一般情况下，除对保险人直接提起诉讼外，D1 只对其自身的过错负责，如在选择或监督 D2 过程中的过错。在这类案件中实行举证责任倒置对原告更有利。[266]

107

A. P 诉 D2

如果事故是由于 D2 的过失行为引起的，P 在所有国家都可以直接向 D2 提起侵权损害赔偿之诉。这在 P 对 D1 提起了平行诉讼的情形中也是如此。[267]

108

B. P 诉 D1 和 D2 的保险人

至于过错程度对责任的确定到底有什么影响，各国都给出了不同的答案。但是各国都一致规定了强制性交通保险。[268] P 可以直接起诉保险人。[269]

109

---

[263] France no. 79.
[264] 依据奥地利法，D1 的替代责任在 EKHG 法下的责任比在一般侵权法规则下的责任广得多（§ § 1315 ABGB）。Austria no. 109. 亦见 Germany no. 90。
[265] England no. 76; France no. 79; cf. 以及 Italy nos. 53 – 55, 183.
[266] Spain no. 163.
[267] Germany nos. 89 et seq.; England no. 76; Italy nos. 55, 183; Netherlands no. 86; Austria no. 109; Switzerland no. 151; Spain no. 163; 亦见 S. Galand-Carval (*supra* fn. 48), no. 20.
[268] Austria nos. 95 et seq.; Belgium no. 91; England no. 73; France nos. 17, 53; Italy no. 183; Netherlands nos. 80, 86; Sweden nos. 21 et seq.; Switzerland no. 145; Spain no. 150.
[269] References *Supra* fn. 253.

C. P 诉社会保险机构

110 一般来说，医疗费会由社会保险承担（虽然不必然完全承担）。[270] 但是，各国在是否允许社会保险机构向侵权人行使追索权问题上并没有达成一致。[271]

（2）赔偿范围

A. 一般赔偿方式

111 在一般规则下，P 的损害赔偿在任何国家都会得到支持。但是在责任的限制问题上，各国有实质区别。虽然所有报告都强调各种医疗费用都应该得到赔偿[272]，但是一旦适用法律上限，总体结果就会出现很大差别。虽然过错责任在奥地利和德国并没有法定限制，但如果他以严格责任为基础[273]，则被告的赔偿额也仅限于法定数额内。

112 在交通事故（如本案）中，西班牙所采用的一套复杂的法定数据和表格值得关注。这些法定数额为评估受害人一次性得到的损害赔偿提供了指导和规范。损害赔偿的计算是基于一套特殊的积分点数系统，这些积分和点数是依据伤害程度和反映特殊案情的参数做出的。只有实际的医疗和药品费用才会得到赔偿。[274]

B. 医疗费

113 一般来说，P 可以请求赔偿所有必要的急救费用、治疗费用以及因伤而致的后续护理费用。[275] 但在一些国家也规定了法定限额。

---

[270] Austria nos. 4 *et seq.*

[271] *Supra* no. 2（fn. 8 中有进一步说明）。

[272] Belgium no. 82; Germany no. 90; France no. 79; Italy no. 183; Austria no. 110; Spain no. 165.

[273] Germany nos. 52 *et seq.*（2002 年 8 月 1 日之前，没有遭受痛苦的赔偿，最高赔偿额为 255,646 或有 15,339 欧元的租金；8 月 1 日以后，最高赔偿额为 600,000 或有 36,000 欧元的租金）；Austria no. 113（最高赔偿额为 292,000 或有 36,000 欧元的租金）。

[274] Spain nos. 164 *et seq.*

[275] *Supra* nos. 41 *et seq.*

C. 附加损失

各国都赞同 P 未来生活的附加费用的可赔偿性。[276] 一旦责任确立,被告需要支付轮椅费用、对房屋或公寓做出改变的费用、护理人员的费用[277]。上述的法定上限也同样适用,这些上限在实践中(虽然在理论中没有)可能会导致排除损害赔偿金的某些部分。

D. 收入损失

各国法都认同 P 应当得到未来收入损失的赔偿[278]。但在某些国家,问题在于在计算 P 的未来收入损害范围时,是否应考虑到 P 计划从事医生职业这个因素。奥地利[279]、德国[280]、荷兰[281]、瑞典[282]、瑞士[283]认为应当考虑,而比利时[284],法国[285]和西班牙[286]法律则认为 P 未来是否能够从事医疗行业是不能确定的,考虑这个因素只会使得收入损失的赔偿数额过高[287]。

E. 非金钱损失

再者,作为一般原则,P 在各国都可以要求非物质性损害赔偿。但是,各国的赔偿范围差距很大。虽然没有报告预测精确的数额,但其变化范围是从 50,000 欧元到 300,000 欧元。荷兰[288]的赔偿数额最低,处于中间水平的是奥地利、法国、瑞士[289],英国和德国的赔偿

---

276 *Supra* no. 46.
277 Austria no. 110; Belgium no. 82; Netherlands no. 86.
278 Austria no. 111; Belgium nos. 82 *et seq.*; Italy nos. 154; 185.
279 Austria no. 111.
280 Germany no. 90.
281 Netherlands no. 87.
282 Sweden nos. 143 *et seq.*
283 Switzerland nos. 154 *et seq.*; *cf.* 亦见 England no. 78.
284 Belgium no. 83 ("可能性不大")。
285 France no. 85.
286 Spain no. 169.
287 意大利法院似乎相应限制赔偿额, *cf.* Italy no. 185.
288 Netherlands no. 86 (55,000 – 100,000 欧元).
289 Austria no. 112 (约 220,000 欧元); France no. 86; Switzerland no. 161.

2. 亲属有权提起诉讼请求吗？

117　　任何国家都不允许 P 的父母直接提起损害赔偿请求。虽然父母在 P 的治疗过程及以后生活中付出的心血和金钱支出也包含在 P 的损害赔偿请求中，但这种请求权一般要由 P 本人向侵权行为人主张（虽然他可能会将该赔偿项目内部转移给父母）[291]。

118　　然而，有些国家规定受害人父母因自身遭受的损害而支出的某些费用可以由受害人父母直接向侵权行为人主张赔偿。在荷兰，亲属可以为其交通费或护理费直接提出赔偿请求[292]。在比利时和法国，侵权行为人应对父母因事故而遭受的间接损失承担责任，包括父母照顾残疾孩子的负担和义务等。[293] 在西班牙，在事故中遭受严重永久性残疾的受害人的近亲属也可以以自己的名义提起损害赔偿请求。以上文提到的法定数额计算的一次性损害赔偿金不仅包括金钱损失，还包括因事故而给亲属带来的任何形式的额外负担。瑞士法律明确允许有关第三方以遭受痛苦为由提起损害赔偿请求。[294]

119　　此外，有人认为，父母在听到孩子遭遇严重事故的消息时受到了创伤，所以应将这种创伤作为父母遭受的直接伤害。父母可以因自身的直接损失而得到赔偿，包括非金钱损害。但是在不接受近亲属可以直接提起损害赔偿请求的国家可能也不会允许父母在这种情况下得到赔偿（即使他们可能因 P 在事故中死亡而遭受创伤）。[295]

---

[290] England no. 77（183,000 – 233,000 欧元）；Germany no. 89（250,000 欧元，也可能达到 500,000 欧元）。

[291] Austria no. 114；England no. 79；Italy nos. 181 et seq. 另见 Netherlands no. 71.

[292] Netherlands no. 88.

[293] Belgium nos. 54, 93；France nos. 87 et seq.

[294] Brehm（Switzerland no. 163）认为 25,000 欧元是父母双方因丧亲而获得的赔偿。

[295] Cf. Austria no. 114；Italy no. 150. 此种请求现已废除在荷兰（no. 74）及德国（no. 91）。

（二）案例 2

P 是两个小学生的母亲，并照顾家庭，在做了膝关节手术后出现了并发症，有必要进一步进行手术并进行 6 个月的治疗。

1. 如果 P 在 D1 的医院做了第一次手术，而并发症是由于 P 的主治医师 D2 的医疗过失造成的，P、P 的孩子和 P 的丈夫分别有什么诉讼请求权？

（1）诉因

在很多国家，本案发生在公立医院和私人医疗机构的处理方式不同。[296] 但在英国二者的处置方式是相同的。[297] 一些法律制度下，向公立医院提起的诉讼甚至不会交由常规民事法庭处理，而是遵循其他诉讼程式，而这种程式可能会出现因主管机关[298]的不同而产生不同结果的情况。更重要的是，P 的诉求可能会因医疗机构性质不同而适用的实体法不同。如果 P 在法国或西班牙的公立医院受伤，赔偿责任可能会由医疗机构承担，D2 只在少数情况下才承担个人责任。[299]

120

此外，P 与 D1、D2 之间以及 D1 与 D2 之间是否存在合同关系也很重要。因为在这种案件中有合同关系对原告实现诉求更有利。[300] 需要注意的是，除法国法规定合同关系的提出会排除依侵权法提出的诉讼（所谓的非竞合原则）外[301]，在其他国家，两种诉因都可以同时提出。

121

---

296 Belgium no. 55; France no. 93; Switzerland no. 164; Spain nos. 173 et seq.
297 England no. 80.
298 参见法国最高法院及国家议会对"不当生命"的反对意见：France no. 31。
299 France no. 93; Spain no. 175. Cf. 另见 Switzerland nos. 33, 164（同时发生的向医生提起的赔偿请求问题依州法解决）。
300 见注解 97 对举证责任问题的解释。
301 France nos. 95；另见 no. 45 现行法律在父母权利方面所做的改变（fn. 137 旧法的规定）。

122   如果 P 只与 D2 有合同关系,医院不会对 D2 的行为承担替代责任[302](当然不排除医院基于自己组织方面或类似方面的过错承担责任)。相反,D2 应为他邀请参与 P 的治疗的医院工作人员[303]的不当行为承担替代责任。

(2) 赔偿范围

123   如案例 1 所述,各国都规定,所有医疗费用及附加费用都应得到全部赔偿。但本案中的特殊问题在于:P 能在多大程度上因其暂时或永久性丧失照顾家庭能力这个损失得到赔偿?

作为一般原则,在所有国家 P 都可以提起此种诉求,但在评估方法上各国却有很大不同。[304] 在比利时,P 的损害赔偿数额的计算是以当地相对较低的工资水平计算的(除非损失十分具体详细)。[305] 瑞士法院在这方面慷慨得多,在计算损害赔偿数额时,法院并不仅仅依据当地工资水平,法院认为:一个家庭主妇对家庭的照顾比专业人士效率更高,所以她的劳动报酬应当高于一般家政人员的工资水平。[306]

(3) P 的家人的请求

124   在本案情况下,所有国家的报告都认同 P 的亲属自身并不享有对被告的诉权[307]。比利时法在适用这个一般原则时,出现一个有限制的例外规定:如果亲属亲眼目睹受害人遭受"极度痛苦",亲属可以

302　France no. 96; Switzerland no. 164.
303　France no. 97.
304　见 Germany no. 93; England no. 80; Italy no. 142; Spain no. 177.
305　一个孩子几乎不超过每小时 16 欧元,每增加一个孩子,每小时工资加 3.2 欧元;Belgium nos. 71, 86.
306　Switzerland no. 166 ("eigene Einsatz der Hausfrau wirkungsvoller")。
307　Gennany no. 96; England no. 81; Italy no. 186; Netherlands nos. 90 - 91 (注解 132 中所述案例除外,即 P 的配偶掌管家务及家庭花销):Austria no. 117; Switzerland no. 165; Spain no. 179.

以自己遭受到痛苦为由得到损害赔偿。[308]

2. 如果不能确定并发症是由 D2 的过失行为还是 P 的易患病体质引起的，P 的请求应该是什么？

英国和德国对这种假设的解决方式是直接以缺少因果关系为由驳回诉求。[309] 意大利和法国的做法正相反；意大利法认为，只要 P 先前的身体状况是可以查明的，P 就可以得到全额赔偿。[310] 除了这两种极端做法外，至少还有三种可以对不确定案件得出公平结论的方法。[311]

125

第一种是适用"传统方法"，改变证明标准或证明的程度。荷兰法规定，如果确定医生有过错，且医生的不当行为是可能产生并发症的原因[312]，则可以适用改变证明程度的方式。依德国法，如果已经事先证明了 D2 的行为有重大过失[313]，也可以采举证责任倒置的方式。

126

在法国和比利时，可以运用机会丧失理论重新定义 P 所遭受的损害。[314] 依据机会丧失理论，应考虑的不是 P 最终遭受的身体伤害，而是因为 D2 的不当行为使她失去了一个可以使其身体状况好转的现实机会。[315]

127

第三种可能解决本案的方式是上文所述奥地利法提出的。[316] 它指出，D2（或 D1 作为雇主）应对其以一种极其危险的方式进行手术，而使自己的不当行为引起 P 的并发症的几率上升的行为负责任。[317]

128

---

308 Belgium no. 86.
309 Germany no. 97; England no. 82.
310 Italy no. 187.
311 见 *supra* nos. 30 *et seq.*; M. Faure, Comparative Analysis, in: M. Faure/H. Koziol (eds.), *Cases on Medical Malpractice in a Comparative Perspective* (2001) p. 267 (pp. 276 *et seq.*).
312 Netherlands no. 92（认为医生的抗辩"十分困难"）。另见 Switzerland no. 169; Spain nos. 182 *et seq.*
313 Germany no. 66.
314 Belgium no. 96; France no. 106.
315 *Cf. supra* no. 31.
316 *Supra* no. 32.
317 Austria no. 117.

（三）案例 3

D 因过失而导致一场交通事故的发生，顶级律师 S 在事故中丧生。S 去世后家中还有妻子和一个 12 岁的女儿。S 家庭的基本需求中还包括支付在里维埃拉所有的一幢度假别墅的费用。此外，S 每个月给其妻 5,000 欧元，而 S 每月的收入是 20,000 欧元。

1. S 的遗孀和女儿的诉求

（1）诉因

正如案例 1 中所述，除司机的个人过错责任外，这类事故在大多数国家会归类于严格责任领域。所以汽车的所有人应当承担严格责任。[318] 但在比利时和荷兰法上，S 是作为行人还是另一辆车的驾驶人而在事故中丧生是不同的。在这两个国家，损害赔偿规定的特殊保护仅适用于"易受伤害的受害人"，如行人或骑车人，但并不包括机动车驾驶活动参与人。后者只能依常规侵权法（过错责任）提起诉讼。[319]

（2）赔偿范围

A. 生活费损失

本案中的特殊争议在于对被扶养人的生活费损失请求的评估。虽然各个国家都规定生活费损失可以得到赔偿，但在评估方式上有所不同。此外，各国在此类请求的整体范围确定上有着实质区别。西班牙对此采用了单独的制度，在法定数额确定上适用《道路交通责任法》。[320]

相比大多数注重 S（或其家庭作为一个整体）先前收入的国家，瑞士法院更注重维持被扶养人未来的生活水平，这很可能会使瑞士

---

[318] Cf. supra nos. 20 et seq. 以及各国的报告。
[319] Belgium nos. 54, 89; Netherlands nos. 28 et seq.
[320] Spain no. 187.

的损害赔偿计算基准高于其他国家。[321]

许多国家都将损害赔偿中的很大一部分分配给死者的遗孀。依主要规则，在奥地利，死者的妻子将得到死者净收入三分之一的赔偿（减去对孩子的赔偿部分）。[322] 在德国，将得到死者净收入的七分之三[323]；在瑞士，将得到死者净收入的二分之一[324]；在法国，将得到死者净收入的 60% 以上[325]；在英国将得到死者净收入的三分之二[326]。在比利时，实际损失将得到赔偿，但是如果不能证明实际损失的具体数额，损失的计算方式是家庭总收入除以家庭人口总数加一。[327]

132

因此，各国对死者遗孀的赔偿数额差别很大。如果在进行比较分析时将西班牙计算在内，这个数额的变化范围会更大，因为西班牙采用的是法定一次性支付赔偿金方式（本案中的总额为 144,166 欧元）。这个数额刚刚达到一个法国遗孀 1 年的赔偿额。

133

同样，再看女儿的诉讼请求时，我们也能发现类似的区别。一般情况下，赔偿额是有限度的。只要未成年人达到一般认为的自立条件，赔偿就会终止。[328] 除法国[329]外，各国对具体的年龄都未作规定。在奥地利，女儿可以得到已过世父亲净收入的 22% 以上的赔偿，但赔偿金有最大数额限制（现已达到 1,031 欧元）。这使得此项制度原本的慷慨性以另外一种不同的形式显现出来。[330] 但在瑞士，未成年

134

---

[321] Cf. Belgium no. 90（先前家庭收入）; Germany no. 99; England no. 84; France no. 111; Italy nos. 153, 188; Netherlands no. 93（除先前家庭收入外，还需对家庭财务状况进行评估）; Austria no. 119; Sweden no. 149（家庭收入）。另见 Switzerland no. 170.
[322] Austria no. 119.
[323] Germany no. 99.
[324] Switzerland no. 170; Sweden no. 149.
[325] 所有生活费赔偿的最高上限为 85%：France no. 111.
[326] 只有在未成年人需要抚养的情况下：England nos. 64, 84.
[327] Belgium no. 90.
[328] Austria no. 122; Switzerland no. 100; cf. England no. 85.
[329] 此处似乎有年龄达到 18 岁的限制：France no. 114.
[330] Cf. also Germany no. 100：对女儿赔偿的最高限额为 538 欧元，如有必要，可加以调整（但不仅仅依据父母先前的收入）。

人只能得到 12% 的赔偿，而赔偿总值为 297,500 欧元。在西班牙，女儿的损失固定为 79,317 欧元，且法律规定为一次性支付。这个数额仅相当于瑞士或法国的四分之一。[331]

B. 非金钱损失

135 并不是所有国家都会判定侵权行为人对死者亲属承担非金钱损害责任。例如，荷兰完全排除了此项规定，直到最近荷兰最高法院才做出赔偿对极端感情创伤的判决。[332] 德国也将此类诉讼请求的实现限于亲属受到严重创伤的案件中。[333] 奥地利法院直到最近才判定对"纯粹的"悲痛进行赔偿，但至今仍旧限定在重大过失案件中。

136 瑞士法律已经明确规定了此项请求，瑞士也是对死者亲属非金钱损失的赔偿额最高的国家，例如，遗孀的赔偿额接近 27,000 欧元，女儿的赔偿额在 20,000 欧元左右。在法国，母亲能得到的赔偿额会比瑞士少 15%[334]，而女儿能得到的赔偿额会比瑞士少 40%。在比利时赔偿额数额更低：死者被扶养人能得到的赔偿还不足瑞士的三分之一。[335]

2. S 自身的与有过失会产生什么后果？

137 总体来说，如果类推适用与有过失规则（即 S 幸存，亲自索赔[336]），死者亲属的赔偿数额将会减少。在比利时、法国和瑞典[337]，在法定的交通责任领域，只有在极端案件中才能适用与有过失进行抗辩，所以仅仅是 S 的过失不能对其亲属的诉权产生影响。[338]

---

331 France no. 114.
332 Netherlands no. 95（提及依当前一个草案，其妻子和女儿分别可以得到 10,000 欧元的赔偿）。
333 *Cf.* Germany no. 79.
334 France nos. 112, 115.
335 Belgium no. 91.
336 England no. 89; Italy no. 189; Austria no. 124; Switzerland no. 175; Spain no. 195; 亦见 Belgium no. 93.
337 Belgium no. 92; France no. 116.
338 Sweden no. 152.

结　论

　　本研究表明，对于人身伤害而言，在请求权构成要件和赔偿给付方面都存在显著差异。但是，并不能说其中某一个国家的法律对于受害人而言就尤为有利或尤为不利。虽说在某些国家中请求权构成要件对受害人尤为有利（例如在法国），但是赔偿的内容则并非总是同样有利。并且，在判断某个国家的责任法体系对受害人是否有利时，也总应当考虑到该国的社会法。

　　关于请求权构成要件，所有的国家都规定了过错责任，就此差别不大。关于替他人承担的责任，法国法规定得尤为宽泛，奥地利法规定得很狭窄，瑞士则处在中上水平。在危险责任上，法国也是走在前面，英格兰则尤为保守；在核心的领域如交通事故责任中，比利时作了不同寻常的限制。瑞士处于广阔的中间地带，但是在立法修订草案中写入了一项一般条款，从而正在面临突破。产品责任则完全是与欧盟的指令保持一致。

　　在身体伤害的场合，关于应当赔偿哪些财产损害的问题，各国有着广泛的一致。对于并无实际收入损失时劳动能力降低的赔偿，欧洲各国分成了两派：一派作出了肯定的回答，例如法国和奥地利，另一派则拒绝予以赔偿，如比利时和瑞士。另一方面，对于未成年人将来的收入损失的赔偿，法国极为保守。

　　值得注意的是，对于轻微伤害，德国法和瑞士法中不赔偿抚慰金。引人瞩目的是，在受害人成为植物人的场合，只有比利时拒绝给予精神损害赔偿。另外还有一点也值得一提，一方面，关于对受害人的亲属的抚慰金赔偿,比利时、法国和瑞士走在前面;另一方面,荷兰的判例则拒绝给予赔偿。

5 在受害人死亡的场合,奥地利和英格兰的权利人范围比较狭窄,只考虑到了法定的扶养权利人;与之相反,意大利和瑞士的权利人范围则非常广泛。关于死者的近亲属能否请求精神损害赔偿的问题,各国之间存在着巨大的差异:德国和荷兰的法律对于惊吓损害的赔偿表现得非常保守,拒绝对这种精神损害予以赔偿;瑞士法则规定了这种类型的赔偿。

6 各国的法律大多主张完全赔偿,仅在国际公约有规定时才承认责任最高限额或免赔额。不过,有些国家在危险责任领域中规定了最高限额。需要强调的是,甚至是在相邻国家的法律中,也存在相当的差异:德国法规定了许多的责任最高限额,瑞士和荷兰则原则上拒绝责任最高限额。对于收入损失,在各国都要完全赔偿。与之不同,在受害人所应获得的抚慰金数额上,各国之间存在巨大的差异,荷兰所判决的抚慰金是最低的,英格兰则是最高的;瑞士和比利时处于中上水平。各国判给死者亲属的抚慰金的数额也存在巨大的差异:在法国,判决支付给死者配偶的抚慰金大概为 23,000 欧元,在瑞士甚至判到了 27,000 欧元,在比利时则只有将近 10,000 欧元,在英格兰大概为 16,000 欧元,在德国和荷兰死者的配偶目前完全得不到任何抚慰金。

# 索 引

以下数字指向各报告中的边码，按下列字母指示：A—奥地利，B—比利时，CA—比较分析，CH—瑞士，D—德国，E—西班牙，ENG—英国，F—法国，I—意大利，NL—荷兰，S—瑞典。

Act of God 不可抗力 see *force majeure* 见不可抗力

action directe 直接诉讼 see *insurance* 见保险

air transport 航空运输　A 36，41，100，105，CH 27，40，118，D 7 - 8，47，E 41，49，54，58 - 63，76，150，154，ENG 24，I 103 - 105，161，S 94，CA 23

animals 动物　A 35，B 48 - 49，59，CH 12，22，D 6，8，47，E 41，78，ENG 24，F 22，I 33，74，S 94，CA 23

assessment of damages 损害评估 see *compensation* 见赔偿

assumption of risk 自担风险 see *defences* 见抗辩

Burden of proof 举证责任　A 42 - 45，B 35 - 36，55，57 - 63，CH 41 - 58，D 64 - 68，E 78 - 83，ENG 33 - 35，F 63，I 38，106，NL 48 - 52，S 101 - 109，CA 33，35 - 37

　　causation 因果关系 see *causation* 见因果关系

　　contributory negligence 与有过失 see *contributory negligence* 见与有过失

　　damage 损害 see *damage* 见损害

　　fault 过错 see *fault liability* 见过错责任

　　standard of proof 证明标准 CA 33

　　strict liability 严格责任 see *strict liability* 见严格责任

burial costs 丧葬费 see *damages for fatal injuries* 见致命伤害的损害赔偿

Capacity 能力 A 30, B 38, CH 13, 17, D 9, 17 – 21, E 19, 32, F 24, I 56 – 59

    age 年龄 A 30, B 38, E 88, F 24, S 83, 123

    insanity 精神失常 B 38, 51, CH 17, D 21, E 88, S 123

    mental illness 精神疾病 A 30, B 38, 51, CH 17, D 21, E 88, S 123

caps 上限 see *compensation, statutory limits* 见赔偿、制定法上的限度

causation 因果关系 A 9, 14 – 19, B 54, 56 – 57, CH 11, 35 – 36, 48, D 59 – 61, 67, E 20, 69 – 73, ENG 18, F 33 – 35, NL 2, 9 – 10, 36 – 42, 65, S 97 – 99, CA 9

    alternative ~ 选择因果关系 A 16, CH 36, D 59, ENG 32, NL 39 – 40, 52, S 99, 106 – 108, CA 30 – 33

    burden of proof 举证责任 A 43, 138, B 35, 57 – 61, CH 48, D 59, 64 – 68, E 69 – 70, ENG 30, 33, F 33, I 38, NL 38 – 42, 48 – 52, S 57, 105 – 109, CA 9

    loss of chance 机会丧失 B 55 – 56, CH 35, D 61, E 71 – 73, ENG 30, 31, F 32, NL 42, S 97 – 98, CA 30 – 31

    uncertainty 不确定 A 15 – 18, B 56, 70, D 59 – 61, ENG 30 – 32, F 32 – 34, I 101, NL 36 – 42, S 97 – 99, CA 30 – 33

compensation 赔偿 A 86 – 94, B 73 – 77, CH 115 – 141, D 80 – 83, E 122 – 148, ENG 70 – 72, I 159 – 172, NL 76 – 78, S 73, 131 – 137

    ad hoc mitigation or reduction 特别的缓解或减少 D 13, E 26, NL 11 – 12, S 69, 82, 119,

    ~ in kind 类比补偿 A 50, 88, B 69, CH 97, 136, CA 74

    ~ in money 现金补偿 A 50, 88, B 69, CH 97, 136, CA 74

    contractual exclusion of liability 合同除外责任 D 31, ENG 11, 38, F 2, I 44, 100, 160, NL 32, S 72

    full ~ 完全赔偿 A 5, B 35, 40, 69, 73, CH 117, D 13, 73, E 98, F 8, 14, 32, 74, I 7, 133, 143, 159, NL 1 – 2, 61, 64, CA 1, 40

    funds 基金 A 99, B 29 – 30, 55, CH 32, 52, 116, E 53, 99, 145, ENG 73, F 17, 60, 65, 69, 71, S 52, CA 99

    interest 利息 A 94, B 77, CH 141, D 83, E 147 – 148, ENG 70, F 6, NL 78, CA 87 – 88, 95

    loss of earnings 收入损失 A 56,

索 引

89-91, B 71, CH 75-91, D 74-75, 82, E 98, 133, ENG 44, 46, F 74, I 153, NL 87, S 135, CA 49, 81, 91

loss of maintenance 生活费用的损失 A 77, 79, 89, B 72, CH 95-103, D 78, E 119, ENG 63, 66, F 77, I 152, CA 84, 92

means 方法 E 143-148, NL 76-78, CA 74-95

non-pecuniary loss 非金钱损失 see non-pecuniary loss 见非金钱损失

periodic or lump sum payments 分期支付或一次性支付 A 79, 88-92, B 76, CH 107, 137, 141, D 81, E 129, 133-134, 143-145, ENG 44-46, 52, 70, F 6, 73, I 172, NL 62, 77, S 135-137, CA 74-75, 89

statutory limits 法定限额 A 11, 40, 93, B 74-75, CH 115, 117-119, D 13, 52-53, 57, 58, 80, E 18, 46-50, 51-52, 122, ENG 11, 25, 70, I 100, 159-163, NL 43, 44, 76, S 69, 82, 96, 131, CA 28, 78-80, 90

method of assessment 评估方法 B 69, 71-72, CH 80-91, D 82, E 123-126, 130-131, 133, ENG 46, F 4-6, 32, 74, I 163, 165-171, NL 60-64, S 135

conflict of laws 法律冲突 A 107-108, CH 149-150, D 86-88, F 2-3

consent 同意 see defences 见抗辩

contractual liability 合同责任 A 8, B 41, CH 19, 57-58, D 6, 26, ENG 10, 19, 34, F 29-48, S 70-71, 85-86

differences to tort liability; 与侵权责任的区别; see also vicarious liability 另见替代责任 A 10, 44, B 40, 62, CH 19, 57-58, D 17, 65, E 26-30, 81-83, ENG 26, 34, F 2, I 45-48, 106, S 70-71, 86, 93, CA 37

contributory negligence 与有过失 A 18, 46-48, 81, B 36, 64-68, CH 59-65, D 17, 20, 69-72, E 84-96, ENG 9, 36-40, 61, F 49-51, 58, 64, I 107-131, NL 44, 53-59, S 96, 110-123, CA 38-39, 66

burden of proof 举证责任 ENG 40

motor vehicles 机动车 see motor vehicles, 见机动车

social security 社会保障 see social security 见社会保障

Damage 损害 A 11-13, CH 11, I 1-18

burden of proof 举证责任 A 42,

B 35, 57, 70, CH 41 – 47, D 64, ENG 33, 41, I 18, 38, 134, NL 60, CA 9

 notion 概念　F 4 – 9, 30 – 32

damages for personal injury 人身伤害赔偿 see also compensation 另见赔偿 A 49 – 71, B 69 – 71, CH 3, 66 – 92, D 73 – 76, E 97 – 112, ENG 41 – 59, F 72 – 78, NL 60 – 74, S 124 – 128, CA 40 – 62

 disfigurement 毁容　A 49, 59, F 7, CA 52,

 housekeeping 家务管理　A 57, B 71, CH 79, D 74, E 102, ENG 51, F 74, I 142, S 124, CA 51

 impairment of old age provision 养老金损害　B 71, CH 89, D 75, E 101, ENG 50, I 148, NL 61, CA 50

 impediment of professional advancement 职业发展障碍　A 59, B 71, CH 66, 82, 85 – 88, E 101, ENG 49, F 74, I 141, NL 61, S 124, CA 49

 increased expenses 支出增加　A 53, B 71, CH 74, D 73, E 91, 99, ENG 3, 43, I 144, NL 61, CA 46

 legal advice and representation 法律咨询与代理人　A 71, 75, CH 92, 142 – 144, D 75, E 106 – 112, ENG 54 – 59, F 8, I 147, NL 63, CA 60

 loss of earnings 收入损失　A 2 – 3, 49, 56 – 58, B 10, 13, 71, CH 28, 75 – 91, 80 – 84, D 74, E 98, 100 – 102, ENG 44, 47, 53, F 13 – 14, 64, 74, I 14, 136, 138 – 140, NL 61, S 124, CA 47 – 49

 medical expenses 医疗费用　A 2, 49 – 51, B 10 – 11, CH 7, 67 – 70, 74, D 73, E 3, 6, 98 – 99, ENG 42, F 13 – 14, 64, 73, I 20, 135, NL 3, 61, S 124, CA 41 – 43

 non-pecuniary loss 非金钱损害 see non-pecuniary loss 见非金钱损害

 nursing costs 护理费用　A 2, 55, B 10 – 11, 71, CH 68 – 70, 73, D 73, E 99, ENG 42, F 13 – 14, I 135, NL 61, S 124 – 125, CA 45

 third party-claims 第三方索赔　A 69 – 70, B 70, D 76, ENG 53, F 76 – 78, I 145 – 146, NL 68 – 74, CA 56 – 58

 third party costs 第三方费用　A 52, CH 71 – 73, F 77, S 125, CA 44

 transferability by inheritance 通过继承移转　A 83, E 117, ENG 67, I 151, CA 56

damages for fatal injuries 致命伤害的赔偿 see also compensation 另见赔偿 A 72 – 85, B 72, CH 93 – 104, D 77 – 79, E 113 – 121, ENG 60 – 69, I 1

49 – 158, NL 75, S 129 – 137, CA 63 – 73

burial expenses 丧葬费用 A 74, CH 93 – 94, D 77, E 114, ENG 67, I 152, NL 73, S 129, CA 64

claims of the deceased 死者的索赔 E 117 – 118, ENG 67 – 68, CA 67

housekeeping 家务管理 A 78, CH 97, I 152, CA 65

legal advice and representation 法律咨询与代理人 A 75, CH 104, 142 – 144, E 106 – 112, 121, ENG 69, F 8, I 158

loss of maintenance 生活费用的损失 A 72, 76 – 82, B 72, CH 2, 95 – 103, D 77 – 78, E 6, 114, ENG 61 – 66, F 77, I 152, 155 – 157, NL 73, 75, S 129, CA 65

non-pecuniary loss 非金钱损失 see *non-pecuniary loss* 见非金钱损失

scope of persons entitles to assert a claim 有权提出索赔人员范围 A 73 – 85, E 114, 119 – 120, ENG 61, 66, I 152, NL 68, 73, CA 65

transferability by inheritance 通过继承移转 B 70, ENG 67, I 149, CA 63

death 死亡 see *damages for fatal injuries* 见致命伤害的损害赔偿

defences 抗辩 A 26, B 36, 38, E 18, 38 – 40, 55, 57 – 58, 63, 75, 81, NL 14, CA 25 – 27

assumption of risk 自担风险 ENG 38

capacity 能力 see *capacity* 见能力

consent 同意 A 24, S 115

contributory negligence 与有过失 see *contributory negligence* 见与有过失

force majeure 不可抗力 see *force majeure* 见不可抗力

unavoidable event 无法避免的事件 see *force majeure* 见不可抗力

utmost care 高度注意 NL 22, CA 26

duty of care 注意义务 see *fault* 见过错

Electricity 电 CH 27, D 7, I 83

employer/employee-relationship 雇主/雇员关系 A 4, 7, 29, 58, B 4, 13, 18 – 23, CH 12, 75, D 3, 20, E 32, ENG 14, 27, 73, F 14, 22 – 23, 27, 60 – 64, 67, 74, I 21 – 22, 92, 129 – 131, 138 – 139, NL 5, 8, 17, 58, 68, 72, S 15 – 16, 34 – 38, 87, 88 – 93, CA 12 – 13

enterprises, liability of 企业责任 see also *vicarious liability* 另见替代责任

B 42, D 41 – 45, E 32, 35 – 37, 39, ENG 20, F 27, I 49 – 52, NL 8, S 88 – 93, CA 12 – 13

expenses, increased 增加支出 see *damages for personal injury* 见人身伤害赔偿

explosives 爆炸 B 53, CH 14, 27

Fault liability 过错责任 A 8 – 30, B 31 – 36, 37 – 41, CH 11, 16 – 20, D 6 – 12, 16 – 31, E 16 – 30, ENG 8, 12 – 19, F 21 – 28, I 25 – 38, 39 – 48, NL 8 – 12, 13 – 16, S 69, 81, 84 – 87, CA 5, 8 – 11

    burden of proof 举证责任 A 10, 42, 44, B 53, 55, 57, 62, CH 20, D 6, 8, 64 – 66, E 24 – 25, 78 – 83, ENG 35, F 35, I 38, NL 2, 29, S 102 – 104, CA 26, 29, 36 – 37

    duty of care 注意义务 B 39 – 40, E 20, ENG 13 – 17, CA 10

    insanity 精神失常 see *capacity* 见能力

    mental illness 精神疾病 see *capacity* 见能力

    minors 未成年人 see *capacity* 见能力

    standard of care 注意标准 A 27 – 29, B 39 – 40, CH 17 – 20, 33, D 18, 25, 27 – 28, E 17, 19, 21 – 23, 26, ENG 15 – 17, 37, F 35 – 48, NL 15 – 16, 18, S 83, 85, CA 11

force majeure 不可抗力 A 40, B 36, 38, CH 14 – 15, 29, 53, D 49, 53, E 57, 81, F 26, 28, 49, 57, NL 14, 24 – 26, 43, 49, CA 25 – 26

Gas 气 D 7, ENG 24, I 83

genetic engineering 基因工程 A 104, D 7, 56, 67, 84

Health insurance scheme 医疗保险方案 see *social security* 见社会保障

housekeeping 家务管理 see *damages for personal injury*; *damages for fatal injuries* 见人身伤害赔偿；致命伤害赔偿

hunting 狩猎 B 53, CH 27, D 7, E 41, 43 – 44, 47, 150, 155, I 19, 83

Incapacity 能力 see *capacity* 见能力

insanity 精神失常 see *capacity* 见能力

insolvency of tortfeasor 侵权人破产 see *insurance* 见保险

insurance, first party insurance 保险，第一人保险 CH 6 – 10, D 30, 46, ENG 48, S 14, CA 6

Insurance, third party liability insur-

ance 保险，第三方责任险　A 95 – 106, B 78 – 80, Ch 6 – 10, 145 – 147, D 84 – 85, E 95 – 96. 149 – 161, ENG 73, I 55, 173, NL 79 – 85, S 138 – 141, CA 3, 6, 96 – 99

 mandatory liability insurance 强制责任险　A 96 – 104, 155, B 55, 78 – 80, CH 145, D 84, E 149 – 151, ENG 73, F 17, I 55, 173 – 178, 192, NL 79 – 80, S 21, 49 – 50, 138, CA 97 – 99

 recourse 追偿　CH 7, E 4, ENG 42, F 3, NL 27, S 54

 action directe 直接诉讼　A 105, B 79 – 80, CH 146, 150, D 84 – 85, E 95, 158 – 161, ENG 74, F 3, I 178, NL 82, S 140, CA 99

 insolvency of tortfeasor 侵权人破产　B 80, D 85, ENG 74, F 16, NL 81 – 85, S 141

Jurisdiction 司法　CH 148, F 2

Limits of liability 责任限制　see *compensation, statutory limits* 见赔偿、制定法上的限制
loss of chance 机会丧失　see *causation* 见原因
loss of earnings 收入损失　see *compensation; damages for personal injury* 见赔偿、分期支付或一次性支付

Lump sum 一次性支付　see *compensation, periodic payments or lump sum* 见赔偿、分期支付或一次性支付

Mandatory liability insurance 强制责任险　see *insurance* 见保险
medical expenses 医疗费用　see *damages for personal injury; damages for fatal injuries* 见人身伤害赔偿；致命伤害的损害赔偿
medical malpractice 医疗事故　A 25, B 53, 55, 63, 67, CH 33, 58, D 54 – 57, 66, 68, E 25, 64 – 66, 80, 82 – 83, ENG 29, F 11, 17, 19, 29 – 48, 51, 64, I 19, 36 – 37, 83, 106, NL 31 – 33, S 39 – 57

 consent 同意　see *defences* 见抗辩
mental illness 精神疾病　see *capacity* 见能力
minors 未成年人　see *capacity* 见能力
motor vehicles 机动车　A 36, 97 – 99, 105, B 20, 24, 29 – 30, 36, 53 – 54, 60 – 61, 79, CH 14, 18, 28 – 32, 38, 51 – 54, 145, 149, D 3, 7 – 8, 20, 47 – 53, 84, E 41, 43 – 45, 54 – 57, 77, 113, 120, 135, 143, 150, 152, 159, 161, ENG 7, 23, 73, F 2,

17, 52 – 60, 65 – 66, I 19, 36 – 37, 53 – 55, 68, 78, 85 – 86, 163, 176, NL 8, 24 – 30, 59, 80, 82, S 21 – 33, 54, 94, CA 20 – 22

contributory negligence 与有过失 B 54, CH 29, D 20, E 86, F 49, 57 – 58, I 109, 128, NL 25 – 26, 44, 59, CA 21 – 22, 27, 39

non-pecuniary loss 非金钱损失 A 11, CH 105 – 114, D 14, 80, E 73, F 75, 78, I 1 – 18, 47, 143, S 18, 35, 73 – 75, CA 40, 82 – 83

compensation 赔偿 A 87, 92 – 93, B 75, CH 107, 120 – 135, 136 – 141, E 142, ENG 44, 52, 71 – 72, NL 86, CA 82 – 83, 85 – 86, 93 – 94

fatal injuries 致命伤害 A 83 – 86, B 72, CH 105 – 114, 120 – 135, D 79, E 114, ENG 62, F 78, I 155, NL 75, CA 63, 68, 73

method of assessment 评估方法 A 63 – 66, 92, B 71, CH 120, E 137 – 142, ENG 71, F 7, 75, NL 60, 66, S 127 – 128, 132, 133 – 135

mourning 丧亲之痛 A 85, B 72, E 119, I 150, NL 74 – 75, CA 69, 71

personal injury 人身伤害 A 49, 60 – 68, B 71, CH 105 – 114, 120 – 135, D 73, E 97, 103 – 105, ENG 52,

F 75, 78, I 143, L 66 – 67, S 18, 74, 124, 126 – 128, CA 53 – 55, 62

scope of persons entitled to a claim 有权索赔的人员范围 A 70, 84 – 85, B 70, CH 108, 111 – 114, D 79, E 119 – 120, ENG 53, 62, F 78, I 146, 150, 152, 156 – 157, NL 74 – 75, CA 58, 69 – 71

social security 社会保障 A 5, B 10, D 3, ENG 3, 38, F 14, 64, I 20, NL 1, 4, S 18, CA 3

strict liability 严格责任 A 60, CH 34, D 4, 14 – 15, 53, 57, 58, E 45, CA 53

transferability by inheritance 通过继承的移转 A 83, B 70, 72, E 117 – 118, I 151, CA 56

nuclear power 原子能 A 36, 101, B 53, 61, 74, CH 14, 145, D 7, 47, 84, E 41, 50, 150, 153, ENG 24, F 11, I 88 – 91, 176, S 94, 131, CA 23

nursing costs 护理费用 see *damages for personal injury* 见人身伤害赔偿

Oil pollution 油污染 ENG 24, I 83

old age provision 养老金 see *damages for personal injury* 见人身伤害赔偿

Pain and suffering 疼痛和痛苦 see

non-pecuniary loss 见非金钱损失
periodic payments 分期支付 see *compensation, periodic payments or lump sum* 见赔偿、分期支付或一次性支付
parte d'une chance 机会丧失 see *causation, loss of chance* 见因果关系、机会丧失
pharmaceuticals and medical products 医药产品 D 7, 55, I 83
pipes and mains 管道和干线 A 102, CH 14, 27, 145, D 7, ENG 24
product liability 产品责任 A 37, 60, 103, B 34, 42, 52, 59, 74, CH 27, 34, 55 – 56, 149, D 7, 47, 58, 66, E 41, 44 – 45, 47 – 48, 67 – 68, 78, 150, ENG 25 – 26, F 2, 41 – 44, 68, I 67, 93 – 100, 109. 177, NL 8, 20, 34 – 35, S 54, 59, 85, 94, 96, CA 23
professional advancement 职业发展 see *damages for personal injury* 见人身伤害赔偿

Quota priority 配额优先权 see *social security* 见社会保障

Railways 铁路 A 36, B 54, CH 14, 27, 39, D 20, 47, E 54, 76, S 94, CA 20

recourse 追偿 see *social security; insurance* 见社会保障；保险

Ships 船舶 E 151, 156, NL 20
social security, interplay with tort law 社会保障，与侵权法的相互作用 A 1 – 7, B 1 – 30, CH 1 – 5, D 2 – 5, E 1 – 15, ENG 1 – 7, F 10 – 20, 61, I 19 – 24, NL 1 – 7, S 1 – 65, CA 1 – 3
　　contributory negligence 与有过失 A 7, D 4, ENG 4, 7, NL 4
　　health insurance scheme 医疗保险方案 A 2, E 3 – 4, 8 – 11
　　non-pecuniary loss 非金钱损失 see *non-pecuniary loss* 见非金钱损失
　　quota priority 配额优先权 CH 5, NL 7
　　recourse 追偿 A 6 – 7, B 15, 21, 26, 28, 30, CH 2, 4, D 3, 5, E 4, 11, ENG 1 – 2, 4, 6 – 7, F 15, I 22, 24, 131, 139, NL 4 – 7, S 6 – 7, CA 2 – 3
　　workers' compensation scheme 工人赔偿方案 A 3, B 4 – 5, E 6 – 7, F 60, I 1
strict liability 严格责任 A 35 – 40, B 32, 34, 48 – 55, 68, CH 12, 14 – 15, 22 – 23, 25 – 34, D 6 – 12, 47 – 58, E 16 – 17, 41 – 68, ENG 8, 23 –

29, F 22 – 28, I 27 – 38, 68 – 105, NL 8 – 12, 17 – 23, S 21, 23 – 25, 34, 81, 85, 94 – 96, CA 14 – 29

 air transport 航空运输 see *air transport* 见航空运输

 animals 动物 see *animals* 见动物

 burden of proof 举证责任 B 60, CH 50 – 56, D 7, 49, ENG 33

 gas 气 see *gas* 见气

 keeper 管理人 A 40, CH 29 – 31, D 48, E 55, F 55, CA 24

 motor vehicles 机动车 see *motor vehicles* 见机动车

 nuclear power 原子能 see *nuclear power* 见原子能

 oil pollution 油污染 see *oil pollution* 见油污染

 pain and suffering 疼痛和痛苦 see *non-pecuniary loss* 见非金钱损失

 pipes and mains 管道和电源 see *pipes and mains* 见管道和电源

 products 产品 see *product liability* 见产品责任

 railways 铁路 see *railways* 见铁路

 sewage 污水 see *water and sewage* 见水和污水

 structures 结构 see *structures* 见结构

 waste 废品 see *waste* 见废品

 water 水 see *water and sewage* 见水和污水

structures 结构 A 35, B 48, 50, 59, CH 12, 22, D 8, E 41, 78, F 22, I 75 – 77, NL 8, 19, S 85, CA 23

Thresholds 门槛 see *compensation, statutory limits* 见赔偿、制定法上的限度

traffic accident 交通事故 E 54 – 63, NL 24 – 30, S 21 – 33, 94, CA 20

 air transport 航空运输 see *air transport* 见航空运输

 motor vehicles 机动车 see *motor vehicles* 见机动车

 railways 铁路 see *railways* 见铁路

transport law 交通法 A 41, CH 37 – 40, D 7 – 8, 62 – 63, E 54, 74 – 77, 151, I 102, NL 43 – 47, 76, S 100, CA 34, 78

 air transport 航空运输 see *air transport* 见航空运输

 motor vehicles 机动车 see *motor vehicles* 见机动车

 railways 铁路 see *railways* 见铁路

Unavoidable event 不可避免的事件 see *force majeure* 见不可抗力

Vicarious liability 替代责任 see also enterprises 另见企业 A 10, 29, 31 - 33, B 33, 42 - 47, CH 21 - 24, D 8, 32 - 40, 41 - 46, E 31 - 40, ENG 20 - 22, F 22, 25, 27 - 28, 45 - 48, I 33, 49 - 67, NL 17 - 23, S 69, 81, 88 - 93, CA 12 - 13

differences between contractual and tortuous liability 合同责任与侵权责任的区别 A 33, CH 21 - 24, D 32, E 37, F 45, S 93, CA 12

Waste 废物 ENG 24

water and sewage 水和污水 B 53, D 7, ENG 24

workers' compensation scheme 工人赔偿方案 see social security 见社会保障

wrongful birth 错误出生 A 13, F 30

wrongful life 错误生命 A 13, F 31

wrongfulness 错误 A 9, 20 - 26, B 37, 39, CH 11, E 20, NL 14, CA 10, 33

burden of proof 举证责任 A 42, CH 49, D 64, ENG 33, NL 2

图书在版编目（CIP）数据

比较法视野下的人身伤害赔偿/（奥）科赫，（德）考茨欧主编；陈永强等译．—北京：中国法制出版社，2012.12

ISBN 978－7－5093－4232－9

Ⅰ.①比… Ⅱ.①科…②考…③陈… Ⅲ.①人身权－侵权行为－赔偿－对比研究－世界 Ⅳ.①D913.04

中国版本图书馆CIP数据核字（2012）第314117号

北京市新闻出版局出版境外图书合同登记号　图字01－2010－1145
Translation from the English, German and French language edition:
Compensation for Personal Injury in a Comparative Perspective by
Bernhard A. Koch and Helmut Koziol
Copyright © Springer-Verlag Wien New York
All Rights Reserved

策划编辑：戴蕊　　　　责任编辑：戴蕊　　　　封面设计：蒋怡

比较法视野下的人身伤害赔偿
BIJIAOFA SHIYE XIA DE RENSHEN SHANGHAI PEICHANG

主编/伯恩哈德·A.科赫（Bernhard A. Koch），赫尔穆特·考茨欧（Helmut Koziol）
译者/陈永强等
经销/新华书店
印刷/三河市紫恒印装有限公司

开本/880×1230毫米 32	印张/16.75 字数/491千
版次/2012年12月第1版	2012年12月第1次印刷

中国法制出版社出版

书号 ISBN 978－7－5093－4232－9　　　　　　　　　　定价：45.00元

北京西单横二条2号　邮政编码100031　　　　　　传真：66031119
网址：http://www.zgfzs.com　　　　　　　　　编辑部电话：66070042
市场营销部电话：66017726　　　　　　　　　　　邮购部电话：66033288